지도로 보아야
보인다 2

"바다에게 전해 주세요, 내가 그녀에게 품은 모든 애정을."
- 프랑수아-르네 드 샤토브리앙(프랑스 낭만주의 문학을 연 대표 작가)

바다를 사랑하는 마음을 제게 물려준 생말로의 가족에게.
- 에밀리 오브리

카트린과 우리의 세 아이들에게,
배움의 갈증을 일깨워준 모든 제자들과 학생들에게,
그리고 사유를 풍요롭게 해준 동료들과의 변함없는 우정과 대화에게.
- 프랭크 테타르

지도로 보아야 보인다 2

지금의 세계는, 다가올 세상은
해협과 바닷길이
새로운 지정학적 격전지가 된다

에밀리 오브리, 프랭크 테타르
이수진 옮김

사이

차례

21세기 '힘의 대결'은 바다에서 진행되고 있다

프랑스 아르테 방송국에서 지정학 프로그램인 「지도의 이면(Le Dessous des Cartes)」의 연출과 진행을 맡아온 이래로 나는 '해양'을 주제로 한 회차에 특별한 애정을 갖게 되었다. 바다는 실제로 서로 다른 지역과 사람들을 이어주기도 하지만 그들을 대립하게 만들기도 하고, 여전히 복잡다단한 지정학적 문제들이 응축되어 있는 곳이기도 하며, 동시에 오랜 세월 동안 드넓은 세상에 대한 사람들의 호기심과 모험심을 자극해온 곳이기 때문이다. 그리고 무엇보다도 바다는 언제나 인간의 야망보다 훨씬 더 강한 힘을 갖고 있기 때문이다. 호메로스는 『오디세이아』(제8권 138번째 구절)에서 이렇게 말했다.

"인간을 굴복시키는 것들 중 바다보다 더 두려운 것은 없다."

여러 계절이 지나도 나의 기억 속에 깊이 남아 있는 것은 다름 아닌 전 세계 바다와 해양 지역을 다룬 내용이었다. 지구 표면의 71퍼센트를 뒤덮고 있는 '블루의 50가지 그림자'(미국 소설 『그레이의 50가지 그림자』에 빗댄 표현)에 속하는 대양, 바다, 만, 곶 그리고 무엇보다도 해협에 나는 크게 사로잡혔다. 유럽과 아프리카 대륙 사이에 위치해 있어 지중해의 전략적 관문 역할을 하는 지브롤터 해협, 인도양에서 출발해 아덴만과 홍해를 거쳐 지중해로 이어지는 항로 한가운데 있으며 앙리 드 몽프레(Henry de Monfreid)[1]의 모험담이 펼쳐지는 배경이 되기도 한 바브엘만데브 해협(아랍어로 '눈물의 문'이라는 뜻), 이란과 오만이 통제하고 있는 호르무즈 해협, 그리고 길이가 800킬로미터로 세계에서 가장 긴 해협 중 하나이자 오늘날 전 세계 유조선의 절반과 컨테이너선의 3분의 1이 통과하는 등 세계화를 직접 육안으로 확인케 해주는 말라카 해협까지.

전 세계 무역의 90퍼센트가 선박을 통해 이루어지고 인터넷 데이터의 98퍼센트가 해저 케이블을 통해 오가는 오늘날, 육지에 머무르기만 해서는 21세기의 쟁점들을 이해할 수 없다. 그러니 21세기의 역사는 바로 바다에서 진행되고 있고 '힘의 대결' 또한 바다에서 이루어진다고 할 수 있다. 이제 그 어떤 국가도 바다 없이는 강대국이 될 수 없다.

프랑스 소설가 쥘 베른은 "바다가 전부다"라고 말했다. "살아라, 바다 한가운데 살아라. 오직 그곳에만 진정한 자유가 있을지니!" 비록 20세기 들어 국제법이 이 자유를 점점 제약했지만 말이다. 여기서 말하는 국제법이란 1982년에 채택된 유엔해양법협약(UNCLOS)

---

1 19세기 말~20세기 초 프랑스의 모험가이자 작가로 홍해와 아라비아 해역을 누비며 밀수, 항해, 무역 활동 등을 펼쳤으며 자신의 경험을 바탕으로 한 여러 권의 자전적인 모험 소설을 출간하기도 했다.

을 말한다. 이 협약은 각 나라가 해안에서 200해리까지의 바다를 자국의 '배타적 경제수역(EEZ)'으로 보유할 수 있도록 규정했다. 이 구역 안에서는 그 나라가 바닷속 모든 자원에 대해 독점적 권리를 행사할 수 있다. 이렇게 바다는 더 이상 '누구나 자유롭게 이용하는 공간'이 아니라 국가별로 권리가 나누어진 '법적 구역'으로 바뀌게 되었다. 이처럼 바다가 '영토화'되는 흐름은 21세기 들어 특정 국가들이 바다의 일부를 사실상 자기들의 것으로 만들려는 새로운 제국주의적 움직임으로 이어지고 있다. 이 책에서 우리는 그중에서도 중국이 남중국해와 동중국해 일대의 작은 섬들을 점유해온 과정과 러시아가 우크라이나의 육상 국경을 침범하는 동시에 아조프해를 장악하며 이 작은 바다를 사실상 자신들의 바다처럼 만들어 버린 사례 등을 함께 살펴볼 것이다.

바다는 세계의 패권을 두고 중국과 미국이 각축전을 벌이고 있는 '갈등의 공간'이기도 하다. 내가 이 글을 쓰고 있는 지금 이 시점에는 미 해군이 전 세계 바다에서 기술적으로, 물리적으로 여전히 우위를 점하고 있지만 과연 언제까지 그럴 수 있을까? 앞으로 살펴보겠지만 시진핑 체제하에서 드러나는 중국의 끝없는 야망이 가장 극적인 방식으로 펼쳐지는 곳은 아마도 바다일 것이다. 시진핑 이전에도 덩샤오핑은 중국 본토에서 가까운 바다를 우선적으로 통제하고 방어하겠다는 '근해 방어'를 전략 목표로 제시하며 해군 예산을 대폭 증액했다. 이는 중국의 해군력이 강화되는 출발점이 되었다. 그 과정에서 중국은 국제 해양법과는 점차 거리를 두기 시작했고, 일명 '9단선' 이후에는 '10단선'[2]을 내세우며 자국의 독자적인 지도와 법적 논리를 근거로 남중국해 해상 공간에 대한 영유권 주장을 해왔다. 이러한 움직임은 1974년에 파라셀 제도 점령, 1980년대부터는 스프래틀리 군도 진출로 이어지면서 더욱 공고해졌다.

우리는 중국이 추진하고 있는 일대일로 프로젝트에서 해양 분야가 차지하는 비중과 중국 해군력의 급속한 부상 속도를 종종 잊곤 한다. 언론에 대서특필된 중국 최초의 항공모함인 랴오닝함 이후 중국은 빠르게, 그것도 매우 빠르게 '세계 2위의 해양 강국'으로 우뚝 섰다. 하지만 이미 세계 1위의 무역 강국이기도 한 중국은 그것만으로는 만족할 수 없다는 확고한 일념으로 전 세계 대륙의 항만에 투자하고 있다. 그리스의 피레우스에서 파키스탄의 과다르와 홍해의 지부티에 이르기까지 중국은 상업적 목적만큼이나 군사적 목적을 갖고 자신의 체스 말을 옮기고 있다.

이러한 중국의 야심은 인류가 태곳적부터 바다를 손에 넣고자 했던 세 가지 이유를 다시금 상기시킨다. 그것은 바로 첫째 수산 자원과 에너지 자원 등 해양 자원을 손에 넣기

---

2 중국이 남중국해 해역에 대해 자국의 역사적 권리가 있다고 주장하며 임의로 지도에 그어 놓은 가상의 경계선으로, 9개의 점선으로 표시되어 있어서 9단선이라고 한다. 이후 선 하나를 더 추가해 10단선이 되었지만 국제적으로는 인정받지 못해 인접국들과 분쟁의 원인이 되고 있다. 중국은 9단선에 근거해 남중국해 전체의 90퍼센트가 자국의 해역이며 따라서 여기에 포함된 모든 섬에 대한 역사적 권리와 관할권을 주장하고 있다.

위해, 둘째 교역을 용이하게 하기 위해, 셋째 세력 확장을 위한 전략적 거점을 확보하기 위해서다. 국제관계 전문가인 막상스 브리슈는 자신의 저서 『바다의 지정학(*Géopolitique des mers*)』에서 이렇게 설명한다.

"대영제국은 지브롤터에서 홍콩에 이르기까지 몰타, 수에즈, 아덴, 싱가포르 등을 거점으로 한 전략적 해군기지를 기반으로 해서 점진적으로 구축되었다. 이 네트워크를 통해 영국 해군은 전 세계 바다에 개입할 수 있는 능력과 주요 지협 및 해협을 통제할 수 있는 힘을 갖추게 되었다. 영국은 그 힘을 바탕으로 타의 추종을 불허하는 세계적 위상을 누릴 수 있었다."

현재 세계 1위의 해양 강국인 미국은 중국과는 달리 직접적으로 바다를 '소유'하려고 하지는 않는다. 오히려 동맹국들에 배치된 해군기지(대표적으로 태평양의 일본)들과 세계에서 가장 넓은 자국의 배타적 경제수역을 통해 전 세계 바다를 '통제'하려 한다.

하지만 이러한 세력 균형은 언제든지 뒤바뀔 수 있다. 사실 불과 2백 년 전만 해도 미국은 유럽의 압도적 해양 강국들에 비하면 너무나도 뒤떨어져 있었다. 따라서 당시의 미국은 '바다로의 세력 확장'은 꿈도 꾸지 못했다는 것을 기억하는 사람이 과연 얼마나 될까?

그랬던 미국 해군 역사의 흐름을 단번에 바꿔놓은 사람이 있었으니 바로 알프레드 마한(Alfred Mahan)이다. 그는 아직 바다를 향해 떠날 생각조차 하지 못했던 19세기 말 미국에서 성장했다. 당시 미국은 자신들의 광활한 내륙 영토를 개발하는 것만으로도 충분히 바빴고 특히 내부적으로 남북전쟁이 한창이었다. 하지만 유럽 해양 강국들의 성장은 미국인들에게 새로운 위기의식을 일깨웠다. 그렇게 미국은 목재나 철강으로 만든 자신들의 배가 얼마나 취약한지, 영국의 기술력에 의존할 수밖에 없는 자국 해군이 얼마나 무능한지 깨닫게 되었다.

마한은 해군참모대학에서 강의를 하면서 곧 크게 주목받게 될, 해양력이 역사에 미친 영향력과 미국이 아메리카 대륙을 뛰어넘어 세력을 확장해야 할 필요성을 다룬 한 권의 저서를 집필하게 된다. 그는 미국이 "바다로 눈을 돌려야 한다"고 부추겼다. '해양력(Sea Power)'이라는 개념을 제시하면서 세계의 강대국이 되고자 하는 국가에게 바다를 지배하는 것이 얼마나 중요한지 보여주었다. 마한은 페니키아에서 그리스 도시국가에 이르기까지 고대의 모든 해상 제패 역사에 열광했고(그는 분명 고대 그리스의 역사가인 헤로도토스의 저서를 읽었을 것이다), 고대 로마의 해군력에 정통했으며, 대영제국과 그들의 해상 지배를 흠모했다. 세상을 떠나면서 그는 지금도 여전히 유효하며 모든 세대의 위대한 해군 전략가들을 매혹시킨 『해양력이 역사에 미치는 영향』(1890년 출간), 『미국 해양력의 현재와 미래』(1897년 출간)를 통해 해양력에 관한 구체화된 이론을 후대 세대에게 남겼다.

방송 프로그램을 위해 떠난 몇 년에 걸친 여러 차례의 답사는 이 책의 집필에 많은 도움을 주었다. 2019년 겨울에는 호르무즈 해협을 끼고 있어 세계 해상 무역에서 주요 역할을 하는 오만을 방문했고, 2022년 겨울에는 폴란드, 발트 3국, 칼리닌그라드 인근 해역에서 러시아-우크라이나 전쟁과 관련된 현안을 직접 취재하기 위해 NATO 소속 프랑스 해군 호위함에 승선해 발트해를 항해했다. 이어 2023년 6월에는 대만해협을, 2024년 겨울에는 지브롤터 해협을 찾았다. 이 모든 여정은 한 가지 생각을 더욱 확신하게 해주었다. 즉 해안이 아니라 바다 한가운데서 우리가 살고 있는 이 세계의 이야기를 들려주는 새로운 지도책을 만들겠다는 구상 말이다. 이는 곧 앞으로의 세계를 이해하기 위해서는 단단한 육지를 떠나 광활한 바다에서 세상의 쟁점을 바라볼 줄 알아야 한다는 것을 보여주기 위함이다.

지난 몇 년간 암울한 국제 정세는 '해양 공간'이 지니는 전략적 중요성을 다시 한번 상기시켜 주었다. 러시아의 우크라이나 침공으로 벌어진 전쟁의 중심에는 흑해가 있으며, 홍해는 최근 하마스-이스라엘 분쟁의 영향을 직접적으로 받고 있다. 특히 예멘의 후티 반군이 하마스를 지지한다는 명분으로 홍해를 지나는 상선들을 공격하면서 세계 해상 무역이 사실상 큰 타격을 받았다.

넓은 바다를 한 권의 책 속에 담아내는 것은 아찔할 정도로 방대한 동시에 많은 어려움에 직면케 하는 일이기도 하다. 처음부터 경계를 어떻게 설정할 것인가라는 문제가 수면 위로 떠올랐다. 수많은 지리적, 역사적, 문화적 요인들로 세분화될 수 있는 이 드넓고 광활한 지구상의 바다를 어떻게 나누는 것이 가장 좋을까? 게다가 시대와 장소에 따라 특정 바다를 지칭하는 이름도 달라졌다. 또한 대양을 태평양, 대서양, 인도양, 북극해 이렇게 네 곳으로 구분해야 할지, 아니면 남극해까지 더해 다섯 곳으로 구분해야 할지에 대한 논쟁 또한 계속되고 있다.

수많은 고민 끝에 우리는 지구의 5대양 113개 바다 중에서 21곳을 선별했다. 이들 하나하나는 21세기의 중요한 이슈들을 보여준다. 여러분들과 함께 항해를 떠나는 동안 우리는 뱃머리를 단단히 부여잡을 것이다. 우리 시대의 지정학적 쟁점들을 또 다른 시각으로 바라보기 위해 바다로, 저 먼바다로 항해를 떠날 것이기 때문이다.

에밀리 오브리

스물한 곳의 경유지

21세기 새로운 지정학적 쟁점을 이해하기 위한 여정

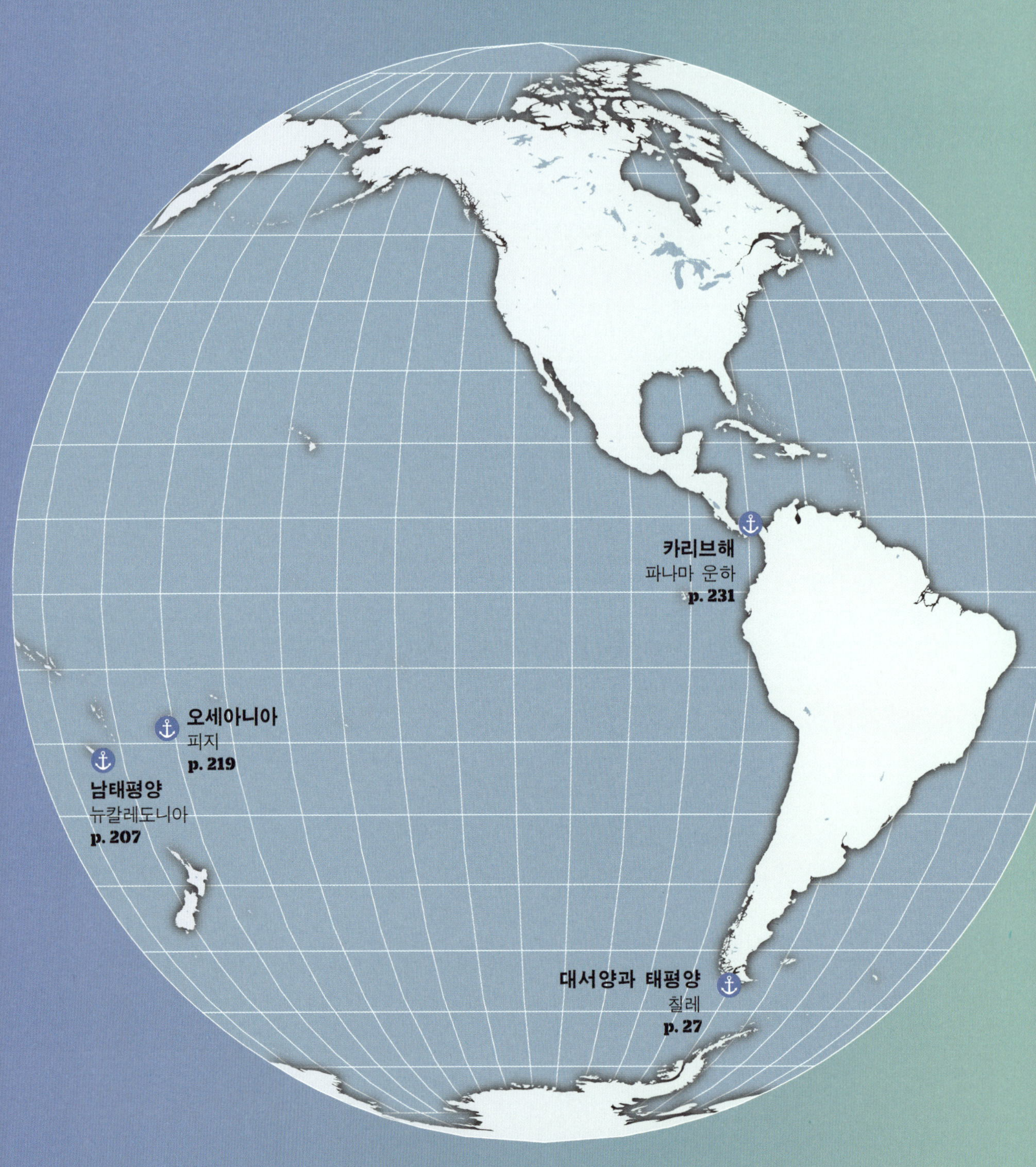

북극해
러시아
p. 255

발트해
폴란드
p. 65

영불해협
프랑스
p. 77

아조프해
크림 반도
p. 123

카스피해
카자흐스탄
p. 111

해양 강국
포르투갈
p. 13

제노바
이탈리아
p. 101

흑해
튀르키예
p. 133

지중해
지브롤터 해협
p. 89

수에즈 운하
이집트
p. 45

호르무즈 해협
오만
p. 161

인도양
인도
p. 183

남중국해
대만
p. 195

홍해
예멘
p. 143

말라카 해협
말레이시아
p. 171

케이프 코스트
가나
p. 55

케르겔렌 제도
p. 243

#1

첫 번째 경유지,
포르투갈 리스본

포르투갈의 아름다운 수도 리스본을 방문하면서 발견기념비(Padrão dos Descobrimentos)를 보러 가지 않을 사람은 아마 아무도 없을 것이다. 건축가 호세 안젤로 코티넬리 델모와 조각가 레이폴도 데 알메이다의 작품으로, 1960년에 타구스강 기슭의 벨렝 지역에 세워진 발견기념비는 특히 작은 국가에 불과했던 포르투갈을 15세기와 16세기에 세계적인 강국으로 만들어준 자국 항해사들의 위대한 발견을 기리기 위해서 제작되었다. 하지만 웅장한 이 발견기념비는 동시에 안토니우 디 올리베이라 살라자르 총리 시절의 어두운 독재정권 시대를 떠올리게도 한다. 살라자르는 1932년부터 1968년까지 철권통치로 포르투갈을 이끈 독재자로 유럽 지도자들 가운데 식민 제국에 끝까지 매달린 마지막 인물이었다.

1974년에 독재정권이 막을 내리고 포르투갈의 지배를 받던 해외 식민지들이 차례로 독립하면서 이 나라는 다시 작은 영토로 돌아왔다. 하지만 과거 제국주의 시대에 자신들의 '힘의 토대'가 되어주었던 바다를 향한 본능적인 애착, 바다로의 진출에 대한 강렬한 집착은 여전히 간직하고 있었다.

16세기 전성기 시절의 포르투갈 제국은 무려 세 대륙에 걸쳐 있었다는 사실을 기억해야 한다! 크기는 작지만 바다 덕분에 강국이 될 수 있었던 포르투갈의 역사를 또 다른 해양 강국인 영국 출신 작가이자 탐험가인 월터 롤리는 다음과 같은 단 하나의 문장으로 완벽하게 묘사한다.

"바다의 교역을 지배하는 자가 세계의 부를 지배하며, 따라서 그가 세계 그 자체를 지배한다."

바다는 과거에도 그래 왔고 현재도 그렇고 미래에도 더욱더 '지정학적 힘의 핵심 요소'가 될 것이다. 그 이유는 다음과 같은 기능과 역할을 바다가 수행하기 때문이다.

- 상업적 측면: 경쟁력 있는 상선을 발전시킬 수 있다.
- 군사적 측면: 적절한 장비로 해상과 해저에서 전쟁을 수행할 수 있다.
- 영토적 측면: 중국처럼 작은 섬들을 점유해 전략적 거점을 확보할 수도 있고, 미국처럼 신뢰할 수 있는 동맹국들의 거점을 합법적으로 활용해 세력을 확장할 수도 있다.
- 자원적 측면: 바다는 인간이 먹고 살 수 있는 식량을 제공하고, 어업을 가능하게 해줄 뿐 아니라 해저에는 가스와 석유가 매장되어 있고, 해상 풍력 발전소 설치도 가능하게 해준다.
- 기술적 측면: 오늘날 전 세계 통신의 98퍼센트는 해저 케이블을 통해 이루어진다.

따라서 이번 장에서는 본격적으로 전 세계의 바다와 해협을 살펴보기 전에 프랑스 학자 시릴 P. 쿠탕세의 연구를 바탕으로 전 세계 해양 강국의 역사를 간략히 살펴보겠다.

해양 강국이
곧 세계적인 강대국

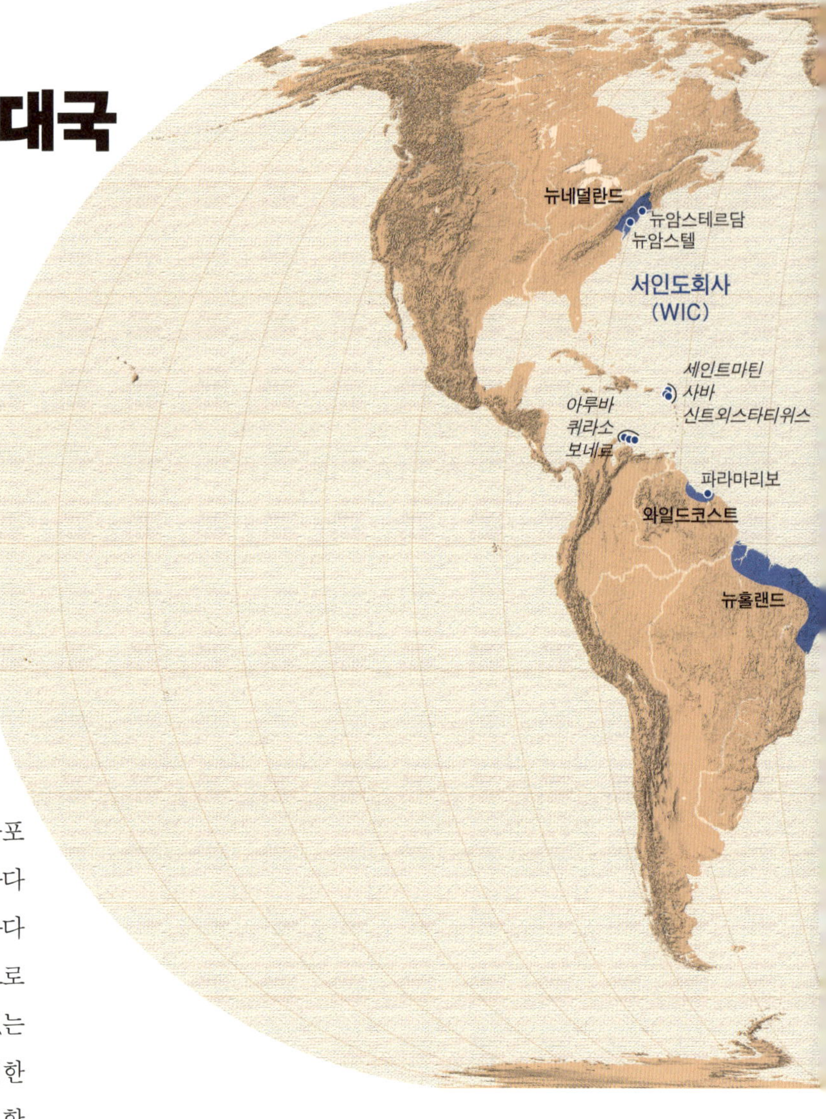

오랫동안 바다는 인간에게 두려움과 공포의 대상이었다. 인간의 상상 속에서 바다는 괴물들이 살고 있는 곳, 동시에 아름다운 노랫소리로 선원들을 유혹해 죽음으로 이끄는 그리스 신화 속 세이렌이 살고 있는 곳으로 그려졌기 때문이다. 하지만 이러한 인식은 무엇보다도 호메로스 같은 당시 학식 있는 사람들의 관점에서 비롯된 것으로 매우 유럽 중심적인 시각이기도 하다.

반면 다른 지역에서 바다는 인간에게 가장 중요한 삶의 터전으로 여겨졌다. 크레타섬이나 인도네시아에서 발견된 네안데르탈인의 유해는 인류가 배를 타고 바다를 건너와 이 섬들에 거주했다는 사실을 보여준다. 이후 10세기 말에서 11세기 초부터 태평양의 폴리네시아인들, 북대서양의 바이킹들은 거대한 바다를 항해하고, 탐험하고, 나아가 지배하는 데까지 이르렀다.

하지만 나머지 유럽 지역에서는 세계를 탐험하기 위해 나서기 전에 먼저 바다에 대한 두려움부터 극복해야 했다. 그중 포르투갈은 항해왕으로 불리는 엔리케 왕자의 주도로 주요 교역 항로를 개척하는 데 핵심 역할을 했다. 그때부터 '바다를 통한 교역'은 강대국이 되는 주요 수단으로 작동했다. 그러나 상업용 선단과 군용 함대를 동시에 갖춘 최초의 해양 강국이 등장한 것은 근대

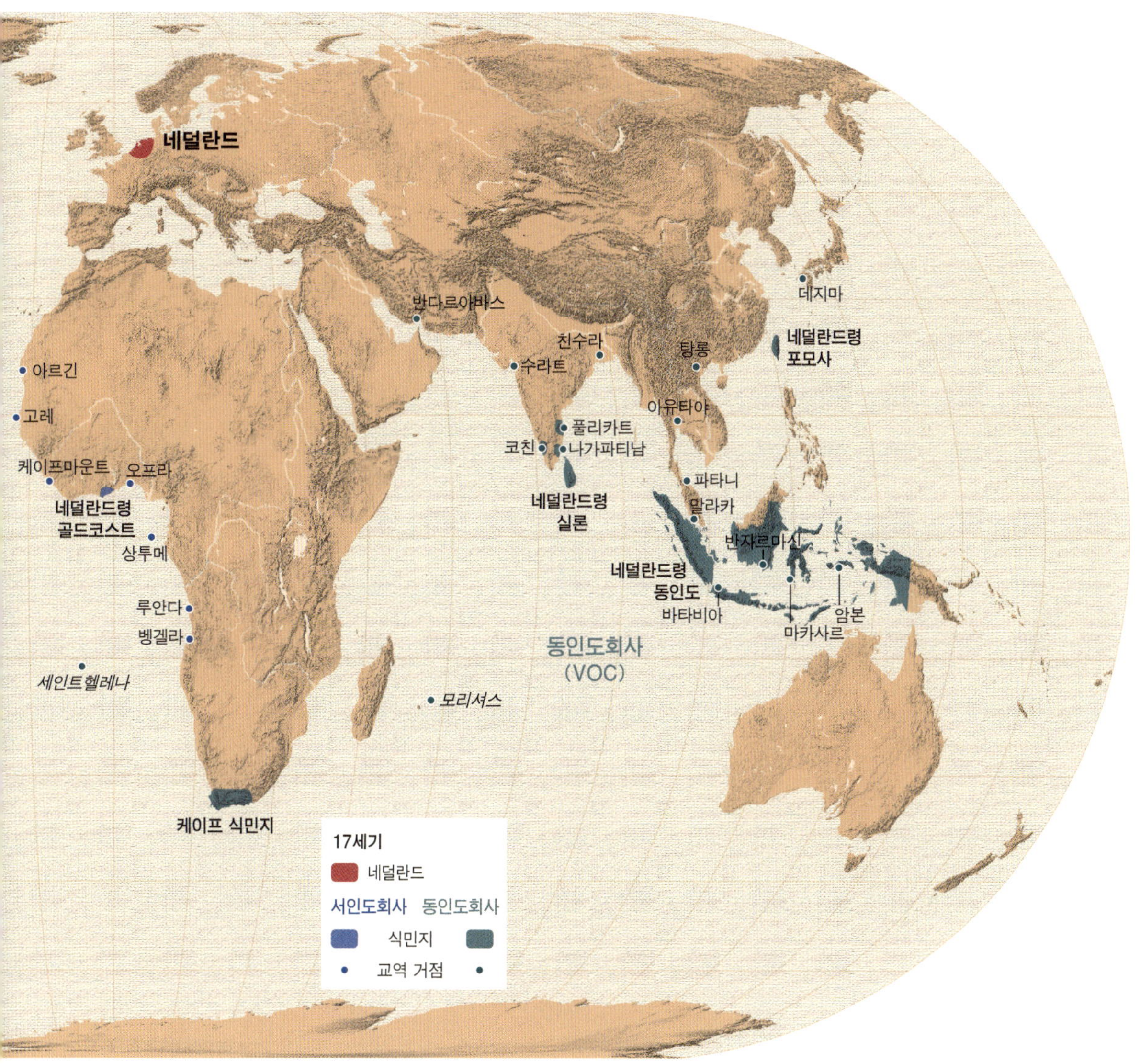

에 들어오면서부터다. 실제로 유럽, 아메리카, 인도를 잇는 해상 항로가 열리면서 인간의 탐욕을 자극했고 그 결과 16세기부터 바다는 '대립과 전쟁의 각축장'이 되었다.

네덜란드, 바다 덕분에 강대국이 된 나라

네덜란드는 17세기부터 바다를 통해 세계 교역을 장악한 최초의 국가가 되었다. 스페인이 아메리카 식민지와의 교류에 국한되었던 반면, 네덜란드는 세계의 여러 지역과 폭넓은 상업적 관계를 유지했다. 이러한 우위를 기반으로 특정 지역에서 독점적으로 거래할 수 있는 권한을 확보하는 동시에 서로 다른 지역 간에 상호 보완적인 교역도 발전시킬 수 있었다. 예를 들면 그들은 일본으로 향하는 배에 중국산 비단을 싣고 가 일본산 은으로 거래하고, 다시 그 은을 싣고 중국으로 건너가 중국산 도자기를 구입한 후 인도로 가 당시 매우 수요가 많았던 향신료를 구입해 유럽으로 향했다. 이 같은 방식을 통해 빈 배로 항해하는 것을 막아 운송 비용을 줄일 수 있었고 주요 해양 강국으로 발돋움할 수 있었다.

바다가 없었다면 네덜란드는 결코 강대국이 되지 못했을 것이다. 그들의 경제 구조가 해양 중심으로 재편되면서 국가의 산업화 또한 촉진되었다. 이는 수입한 원재료를 가공해 높은 부가가치를 지닌 완제품으로 만들어 파는 산업 구조를 탄생시켰다. 그렇게 암스테르담 교외 지역에 설탕 정제 공장, 담배 제조 공장, 비누 공장, 다이아몬드 세공소 등이 들어섰는데 이는 섬유 산업 중심이었던 네덜란드의 산업을 다변화하는 데에도 기여했다. 또한 발트해 지역에서 곡물을 수입해 오는 것도 적극적으로 장려했는데 이를 통해 네덜란드는 곡물 대신 부가가치가 훨씬 더 높은 꽃, 채소, 낙농 제품 등을 중심으로 한 수출 위주의 농업을 발전시킬 수 있었다. 특히 네덜란드산 치즈는 유럽 시장을 사로잡았다. 그러나 영국이 부상하면서 이 나라는 점차 쇠퇴의 길을 걷게 된다.

영국, 바다에서 상업력과 군사력 모두를 장악

18세기 말까지 영국은 바다에서 우위를 점하기 위해 잇따라 전쟁을 벌여 경쟁국들을 물리쳤다. 우선 1588년에 스페인의 무적함대를 물리쳤고, 1652년부터 1674년 사이에는 세 번에 걸쳐 네덜란드와 전쟁을 치러 승리했으며, 1763년에는 7년 전쟁에서 승리하면서 프랑스가 지배하고 있던 북아메리카와 인도의 식민지 대부분을 손에 넣었다. 이로써 영국은 세계 최강의 해양 강국이자 식민 제국으로 부상했다. 이 같은 영국의 성공은 해군을 제도적으로 정비하고 전쟁 자금을 합법적으로 마련하기 위해 1799년에 소득세를 도입하는 등의 다양한 조세 개혁에 힘입은 바 크다. 이와 함께 영국은 항해에 필요한 육분의(태양이나 별의 고도를 측정해 선박의 위치를 알아내는 항해 도구) 등을 비롯한 다양한 신기술도 발전시켰다.

그러나 이러한 영국의 해양력은 전 세계에 걸친 지상 거점 확보 없이는 불가능했을 것이다. 당시 대영제국은 훗날 미 합중국이 된 북미의 13개 식민지를 비롯해 바베이도스, 자메이카, 바하마 등 카리브해 지역을 포함한 아메리카 대륙을 장악하고 있었다. 인도에서는 동인도회사의 교역 거점인 뭄바이, 마드라스, 콜카타를 통해 연안 지역에서 세력을 다지고 있었다. 동시에 아프리카에도 발을 들이기 시작했는데, 남아프리카공화국의 케이프 식민지(현재의 케이프타운 중심 지역)에서 네덜란드를 몰아내는 것을 시작으로 19세기에는 아프리카 대륙을 차지하려는 유럽 열강들의 영토 쟁탈전인 이른바 '교회 종탑 경쟁'에도 가담했다. 여기서 '종탑 경쟁'이란 유럽 강대국들이 아프리카 대륙에 자신들의 국기를 먼저 꽂기 위해 속도전을 벌이는 모습을 마치 종탑을 향해 달려가는 경주에 비유한 것으로, 유럽 열강들의 아프리카 쟁탈전을 묘사할 때 주로 사용된다.

이제 전 세계 곳곳의 영토를 장악하게 된 영국은 지브롤터에서 몰타, 싱가포르, 홍콩

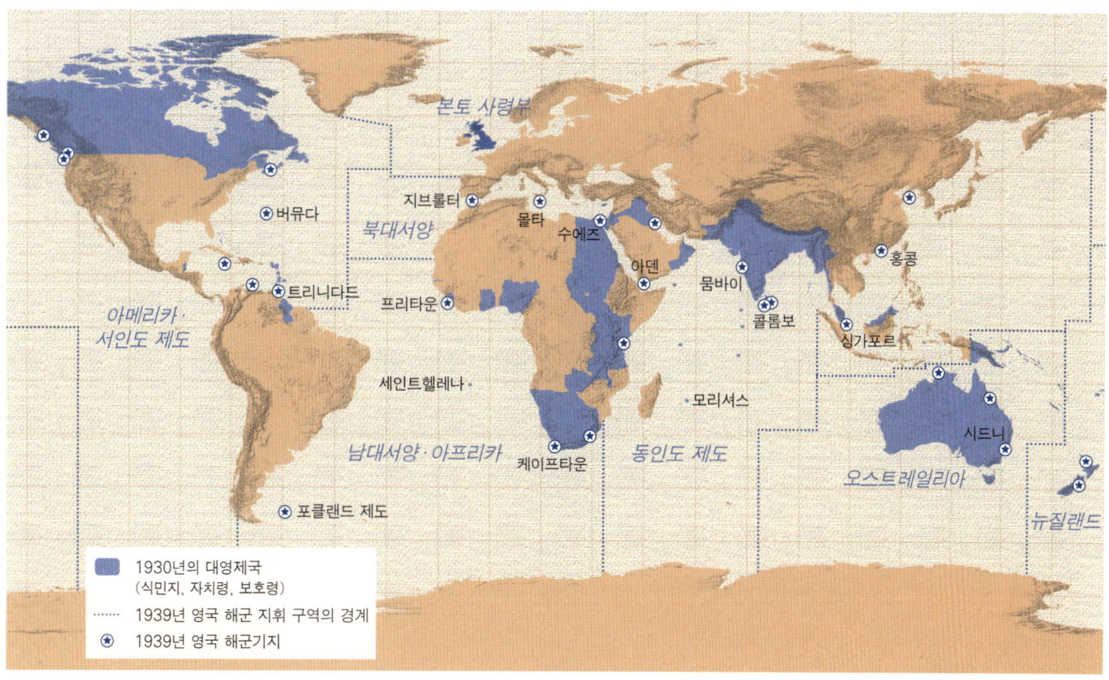

에 이르기까지 자국 함대를 위한 주요 거점들을 확보할 수 있었는데 이를 통해 세계의 주요 교역 항로까지 장악할 수 있었다. 또한 해외에서 원자재를 수입해 오게 되면서 네덜란드와 마찬가지로 산업화가 이루어졌다. 게다가 1869년에는 수에즈 운하가 개통되면서 해상 항로와 철도망을 기반으로 한 국제 운송 시스템이 확립되면서 전 세계 다섯 대륙의 사람들이 상호 연결되는 새로운 시대가 열렸다. 특히 수에즈 운하의 개통으로 런던과 콜카타 간 이동 시간이 3개월에서 17일로 크게 단축되면서 두 도시를 잇는 교역과 교류 또한 훨씬 활발해졌다.

바다에서의 패권과 함께 기술적 우위까지 갖춘 19세기의 영국은 진정한 세계적인 초강대국이 되었다. 미국의 알프레드 마한이 1890년부터 1905년에 걸쳐 총 3권으로 발간한 『해양력이 역사에 미치는 영향』에서 강조한 것처럼, 영국의 해양력은 상업적 측면에서뿐만 아니라 군사적 측면에서도 강력했다. 많은 상업용 선박이 안전하게 항해하기 위해서는 이들을 지켜줄 발전된 군사적 보호 수단이 반드시 필요했기 때문이다. 또한 그 누구도 대적하지 못할 바다의 주인이 되기 위해 영국은 '투 파워 스탠더드(Two-power standard, 두 강국 기준)' 원칙을 도입했는데, 이는 영국 해군의 군사력(즉 함정의 총 톤수)은 세계에서 두 번째와 세 번째로 강한 두 강대국 해군의 군함 톤수를 '합친' 것과 같아야 한다는 원칙이다.

이 원칙은 1908년에 한 단계 더 발전해 '투 파워 플러스 텐 퍼센트(Two-power plus ten percent)' 원칙이 된다. 이는 다른 두 경쟁국의 해군 군함 톤수를 합친 것과 같은 정도로는 안 되며 거기에 또다시 10퍼센트를 추가해 그만큼 더 강해야 한다는 뜻이다. 그 어느 시대에도 세계는 이처럼 압도적인 해양 패권을 지닌 국가를 경험한 적이 없다.

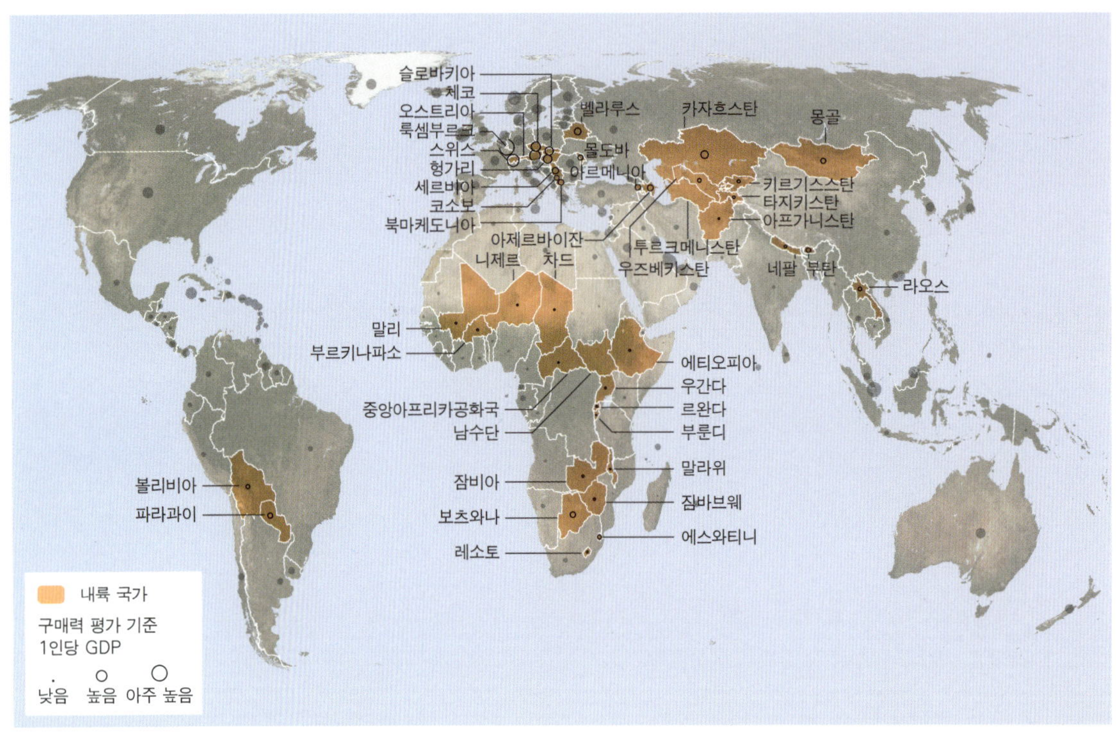

바다의 여왕, 사촌 미국에게 왕위를 빼앗기다

시어도어 루스벨트 대통령의 친구였던 알프레드 마한의 저서는 미국 정치권에 커다란 영향을 미쳤다. 그는 미국도 영국처럼 적국으로부터 자국을 방어하고 전략적 요충지와 해상 교역로를 보호하기 위해 강력한 해군 함대를 보유해야 한다고 주장했는데 이는 1898년 스페인과의 전쟁을 치르면서 실제 정책으로 이어졌다.

미국은 쿠바와 아메리카 대륙에서 스페인을 몰아낸다는 명분(먼로 독트린)을 내세워 자국 해상 교역로를 통제하는 데 필요한 전략적 거점인 쿠바, 푸에르토리코, 괌, 웨이크, 미드웨이, 사모아, 하와이, 필리핀 등을 장악하게 된다. 그렇게 1909년 루스벨트 대통령의 임기가 끝나갈 즈음에 미국은 세계에서 두 번째로 강력한 해군 함대와 그것을 배치하는 데 필요한 주요 거점들을 확보하게 되었다.

제1차 세계대전이 발발하면서 강력한 해군력을 갖추는 것은 매우 중요한 과제가 되었다. 총력전을 주장하던 독일군 장교 에리히 루덴도르프는 1916년에 기존에 제한적으로만 사용하던 잠수함을 전쟁의 핵심 수단으로 삼아 적극적으로 활용했다. 이는 결국 1917년에 미국이 참전하는 계기가 되었다. 한편 영국에서는 인류 역사상 최초의 항공모함인 HMS 아거스(HMS Argus)가 1918년에 건조되었다.

하지만 지중해와 노르망디 상륙 작전, 미국과 일본이 대립한 태평양 전쟁 등에서 볼 수 있듯이 미 해군의 위력이 진정으로 강해진 것은 제2차 세계대전 기간 중이었다. 1945년 이후 미 해군은 전 세계 해군 함정 총 톤수의 70퍼센트를 차지하며(바다 위에 떠 있는 군함 10척 중 7척이 미국 것이라는 뜻) 세계 1위의 해군력을 자랑하게 된다. 또한 미사일 개발과 핵추진 군함의 발전으로 해군 함대의 전술적 운용 방식도 바뀌게 되었는데 이때부터 더 넓은 작전 범위와 더 큰 자율성을 갖추게 되었다. 결국 세계 각 해역에 배치된 여섯 개의 주요 함대를 중심으로 조직화된 해군기지 네트워크를 통해 전 세계의 바다를 통제할 수 있게 된 미국은 바야흐로 '세계의 바다 경찰'로 자리매김하게 된다.

세계 최대 규모의 배타적 경제수역(약 1,200만 제곱킬로미터)을 보유한 미국의 경제적, 전략적 이해관계는 당연히 바다의 안전과 긴밀하게 연관되어 있다. 그래서 미 해군은 특히 말라카 해협과 아덴만에서 해적이 활보할 경우 그들을 퇴치해 해상 교역이 안전하게 행해지도록 보호하는 역할도 한다. 버락 오바마 대통령 재임 시절에 채택한 '아시아로의 전략적 중심축 이동' 이후 미국은 중국의 세력 부상을 이유로 아시아-태평양 지역으로 해군력을 집중시켜 왔다. 하지만 이스라엘이나 NATO 회원국 등 동맹국이 위협을 받고 있을 때, 2023년과 2024년에 예멘 후티 반군의 공격으로 홍해가 위험해지면서 국제 무역에 차질이 생길 때, 또 2022년 러시아의 우크라이나 침공 이후 발트해에서 긴장이 고조될 때 등 미국은 세계의 다른 지역에도 계속해서 개입해야 하는 상황이다.

이제 바다는 '무력 충돌의 장'이 되어버렸다

하지만 2010년 이후부터 전 세계 국가들이

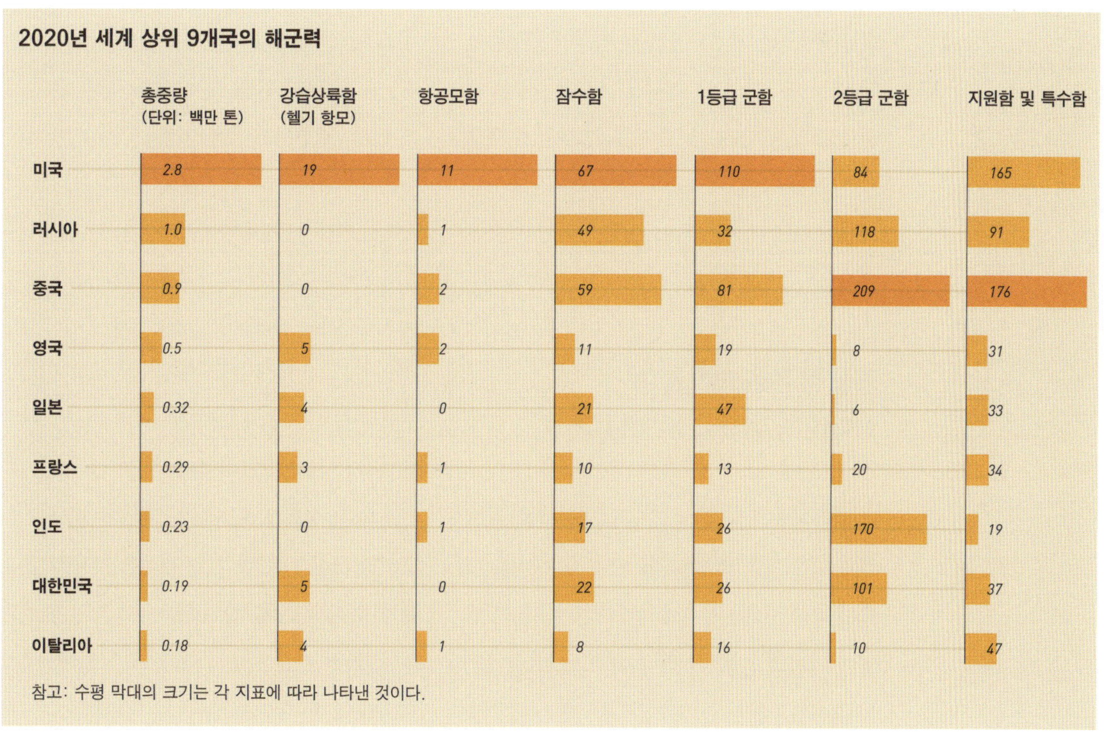

2020년 세계 상위 9개국의 해군력

	총중량 (단위: 백만 톤)	강습상륙함 (헬기 항모)	항공모함	잠수함	1등급 군함	2등급 군함	지원함 및 특수함
미국	2.8	19	11	67	110	84	165
러시아	1.0	0	1	49	32	118	91
중국	0.9	0	2	59	81	209	176
영국	0.5	5	2	11	19	8	31
일본	0.32	4	0	21	47	6	33
프랑스	0.29	3	1	10	13	20	34
인도	0.23	0	1	17	26	170	19
대한민국	0.19	5	0	22	26	101	37
이탈리아	0.18	4	1	8	16	10	47

참고: 수평 막대의 크기는 각 지표에 따라 나타낸 것이다.

해군력을 대폭 강화하면서 미국이 오랫동안 누려온 '세계 최강의 해군' 지위가 흔들리고 있다. 모든 해역에서 찾아볼 수 있는 각국의 해군 재무장의 배경에는 두 가지 원인이 있다. 첫째, 90퍼센트가 바다를 통해 이루어지는 '무역의 해양화'에 대응하기 위해서이며 둘째, 미국의 패권에 도전하는 중국의 부상에 대응하기 위해서다. 해군의 재무장이 특히나 두드러지는 지역은 바로 인도-태평양 지역이다. 중국은 남중국해, 동중국해, 대만해협 등 주변 해역에 대한 영토 확장주의와 함께 미국과 전략적 균형을 이루겠다는 목표로 해군력 강화에 박차를 가하고 있다. 이러한 중국의 부상은 이웃한 국가들뿐만 아니라 서구 국가들의 전반적인 재무장까지 불러왔다.

그 결과 바다는 다시금 세계적인 '무력 충돌의 장'이 되었다. 러시아-우크라이나 전쟁의 주요 전선 중 하나인 흑해, 미국과 영국 주도의 다국적 연합군과 이란의 동맹이며 팔레스타인의 하마스를 지원하는 예멘의 후티 반군이 대립하는 홍해가 그 대표적인 사례라 할 수 있다. 특히 홍해에서는 무역 선박들이 후티 반군에게 지속적으로 공격을 당하고 있다.

해군 예산을 8배 늘려 바다에서 미국을 뛰어넘다

1990년부터 2020년 사이에 중국의 선박 건조 능력은 30년에 달하는 기술적 격차를 따라잡으며 급속도로 발전했다. 오늘날 미 해군이 여전히 함정 총 톤수에 있어서는 세계 1위의 자리를 고수하고 있지만 숫자로만 따지면 중국 해군의 함정 수가 미 해군보다 2.5배나 더 많다. 이러한 성장은 미국과 전략적으로 동등해지기 위해 중국이 20년이 채 안 되는 기간 동안 해군 예산을 무려 8배나 증가시킨 덕에 가능했다. 미국은 중국이 우위를 점하려는 곳이 바로 해양 지역이라는 것을 잘 알고 있다. 따라서 새롭게 떠오른 라이벌에 맞서기 위해 미 해군은 특정 군사 능력을 드론화하는 것, 예를 들면 무인 선박, 무인 함정 혹은 무인 잠수 장비 등에 주력하고 있다.

작전 측면에서 중국 해군은 두 가지 목표를 달성하기 위해 노력 중이다. 첫째는 동중국해와 남중국해 등 중국해에 대한 외부 세력의 접근을 차단해 그 지역의 안전을 확보하는 것이고, 둘째는 전 세계에 걸쳐 중국의 이권을 수호하는 것이다. 이를 위해 중국은 정규 해군뿐만 아니라 먼바다까지 작전을 수행할 수 있는 해안 경비대, 상선이나 어선 등 민간 자원을 동원할 수 있는 준군사 조직인 해양 민병대를 함께 운용하고 있다. 또한 기술적 측면에서는 전자기식 사출장치(전자기력을 이용해 항공모함 갑판에서 항공기를 가속시켜 이륙시키는 장치)와 강력한 방어 및 지휘 시스템을 갖춘 항공모함인 푸젠호와 같이 서방 국가들에 결코 뒤처지지 않는 최첨단 장비들을 보유하고 있다.

마지막으로 중국 해군은 마치 '진주 목걸이'(16장 참조)처럼 남중국해와 인도양을 포위하듯 둘러싸고 있는 전략적 거점들을 확보했다. 마치 진주가 실에 꿰어서 연결된 것과 같은 형태로 배치되어 있는 이 거점들은 중국 해군의 세력 확장을 용이하게 해주고 탄화수소와 원자재 등의 공급망 안전을 확보해 준다. 이러한 형태의 거점 배치는 일대일로 프로젝트 중 해상 부문의 주요 골자를 이루기도 한다.

　전 세계 해상 패권을 차지하기 위한 전략의 일환으로 중국은 최우선 목표를 대만과 대만해협으로 삼고 있는데, 세계적인 파급 효과를 지닌 이곳에서의 해상 분쟁 가능성을 협박의 수단으로 내세우기도 한다. 또한 남중국해에 인공섬을 건설하고 그곳의 여러 작은 섬과 암초들을 점유하면서 그곳도 자신들의 땅이라는 영토 확장주의를 펼치고 있는데 이는 국제법과 충돌한다. 중국은 자신들의 이러한 주장의 근거로 자국의 지도에 표시된 9단선(이후 10단선)이라 불리는 가상의 경계선을 제시하면서 그 선 안에 포함된 해역과 도서에 대해서는 자국이 관할권을 갖는다고 주장한다. 하지만 이는 국제법에서 인정하지 않고 있다.

해상 패권을 상징하는 항공모함과 잠수함

중국의 이러한 부상은 세계적인 해양 강대국들 사이에 큰 변동을 불러일으켰다. 제2차 세계대전 때까지 세계를 호령했던 서양의 해양 강대국들은 오늘날 새롭게 떠오른 경쟁자들에게 추월당한 지 오래다. 세계에서 가장 많은 함정을 보유한 중국 해군 이외에도, 조금 늦긴 했지만 지난 20년간 인도가 급성장하고 있는 중국에 맞서 해군의 현대화와 전력 강화에 막대한 노력을 쏟아붓고 있다. 인도는 2030년까지 해군 함정 수를 127척에서 175척까지 총 38퍼센트 늘리겠다는 계획을 세웠다.

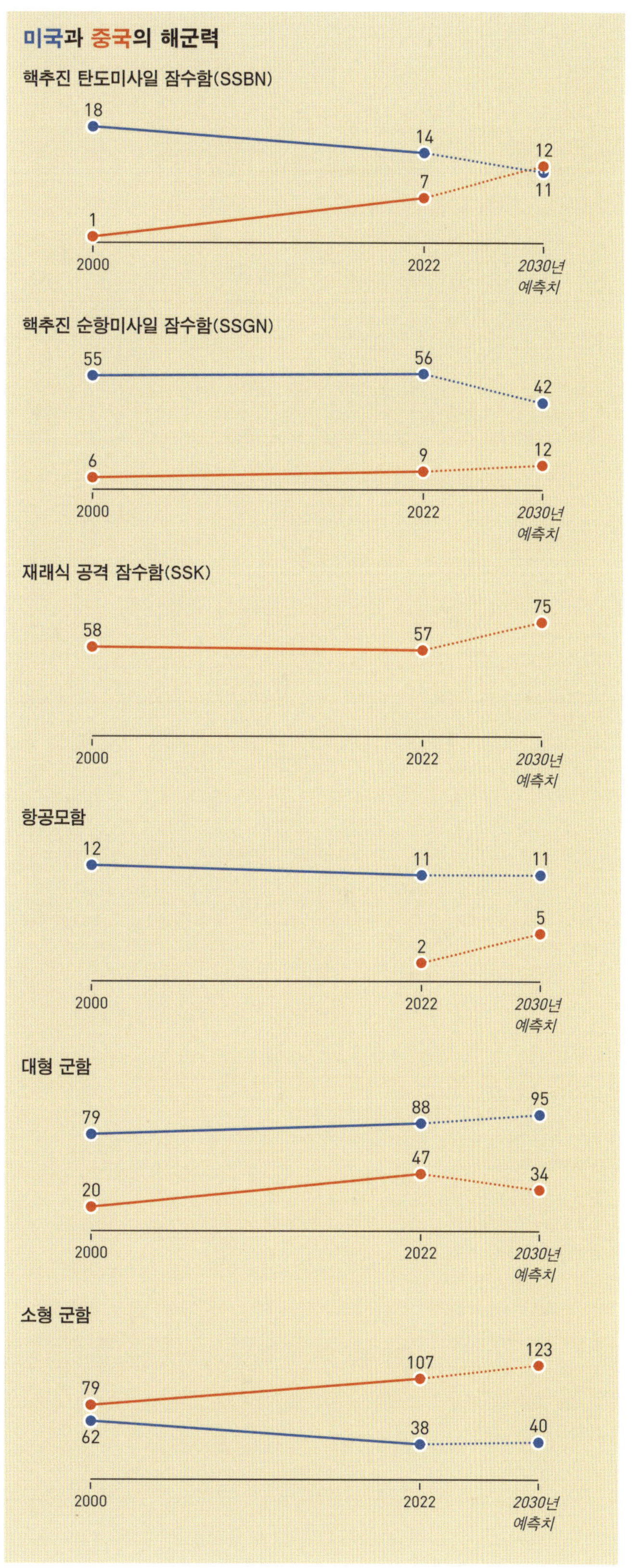

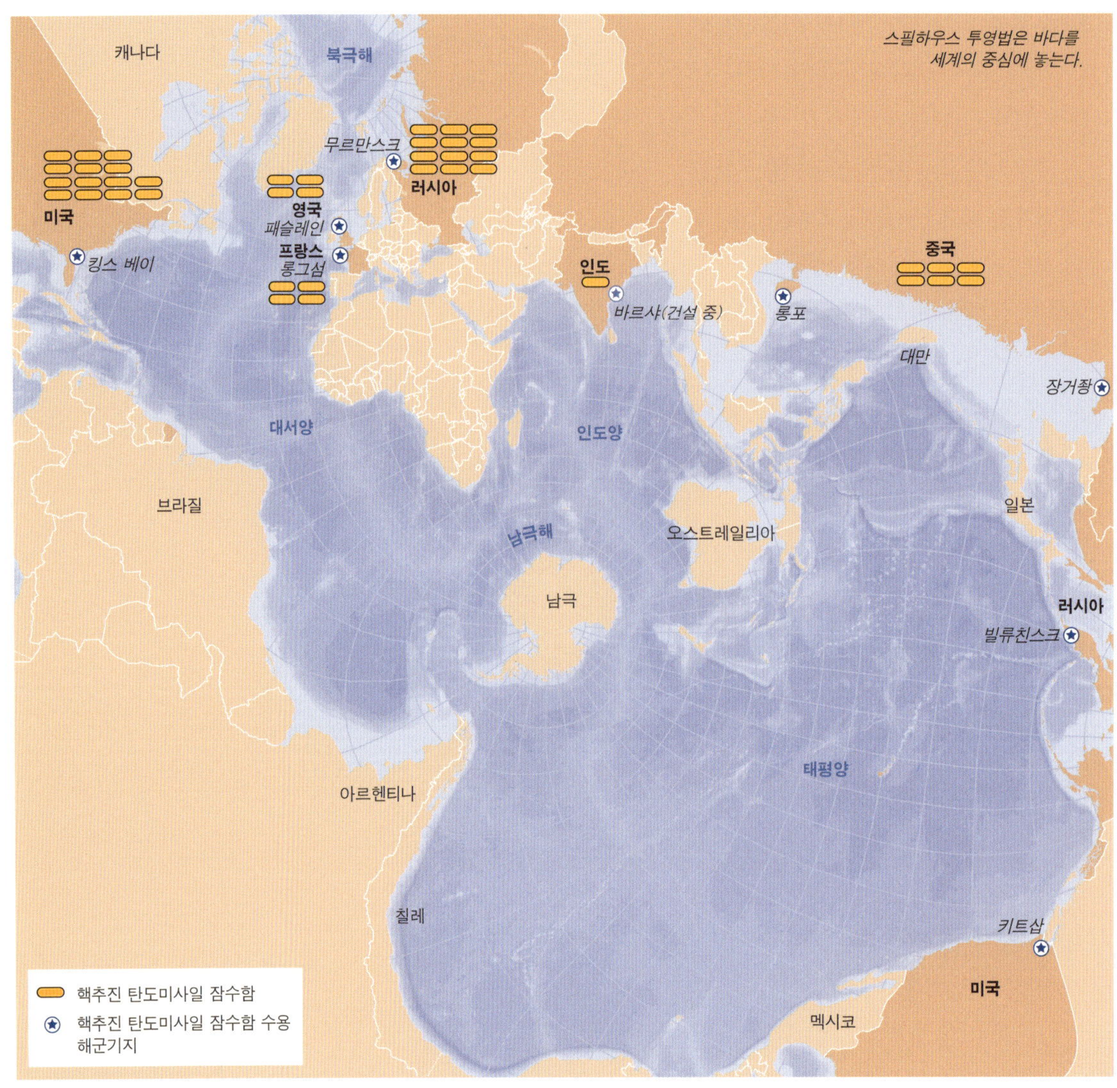

해양 강국의 가장 큰 자산

현재 해상에서 핵 억지력(즉 핵무기를 탑재한 핵추진 탄도미사일 잠수함)을 보유한 나라는 세계에서 오직 여섯 곳뿐이다. 이 해상 핵전력은 항공모함 전단의 전력을 보완하는 등 해양 강국의 힘을 결정짓는 진정한 핵심 자산이 된다.

따라서 해양 강국의 지위는 더 이상 서양 국가들만의 전유물이 아니다. 그러나 해군력을 평가할 때 단순히 함정의 수만을 세는 것은 적절하지 않다. 각 해군이 보유한 무기의 수준, 견고한 산업 기반을 바탕으로 한 연구개발 능력, 함대의 작전 활동과 정비 및 운용 능력 또한 고려해야 한다. 게다가 오늘날 해군력을 결정하는 핵심 요소는 전력 투사 능력(자국 영토 밖 먼 곳까지 군사력을 신속히 보내서 영향력을 행사할 수 있는 능력)인데, 이는 항공모함을 중심으로 한 해상 항공 전력과 핵무기를 탑재한 잠수함 등 핵 억지력에 달려 있다.

제1차 세계대전 중에 본격적으로 등장한 항공모함은 태평양 전쟁으로 대표되는 제2차 세계대전에서 비로소 그 진가를 발휘했다. 오늘날에도 항공모함은 최고의 군사력을 보여주는 상징적인 수단으로 여겨진다. 핵추진 방식이든 재래식 추진 방식이든, 이제 항공모함은 전 세계 어디든 배치될 수 있으며 동시에 다양한 작전을 수행할 수 있는 일종의 '이동식 공군기지' 역할을 한다.

이로 인해 오늘날에는 바다에 배치된 전력만으로도 지구의 거의 모든 육지 지역에 군사적 영향력을 행사할 수 있게 되었다. 여기서 한 가지 기억할 점은 항공모함은 절대 단독으로 항해하지 않고 반드시 호위 함대와 함께한다는 사실이다. 항공모함 전단은 여러 척의 최정예 수상함(surface ship, 수면 위를 항해하며 작전하는 모든 군함)과 공격용 핵추진 잠수함으로 구성되는데 이들 모두 하늘에서, 바다에서, 해저에서 가해 오는 위협으로부터 자국의 항공모함을 보호한다. 또한 항공모함에 탑재된 항공기와 함께 합동 공격 작전을 수행할 수도 있다.

무엇보다도 항공모함 전단의 가장 큰 장점은 국제법상 항행과 비행의 자유가 보장된 국제수역에서 외국의 항구나 군사기지에 의존하지 않고도 독자적으로 장기간 안전하게 머무를 수 있다는 점이다. 이는 다른 국가에 통항 허가를 요청하거나 작전 수행 전에 외국 영토에 자국 병력을 미리 배치하지 않아도 된다는 이점이 있다. 1척당 전투기 80대를 탑재할 수 있는 항공모함 11척을 보유한 미국은 여전히 세계 1위에 빛나는 해군력을 보유하고 있다. 반면 중국은 단 3척의 항공모함을 보유하고 있으며 유럽에서는 오로지 영국과 프랑스만이 보유하고 있다. 605척의 군함을 보유한 러시아는 숫자로만 따지면 세계 2위의 해군력이지만 인도와 마찬가지로 항공모함은 단 1척만 보유하고 있다.

항공모함과 더불어 바다에서 군사력을 보여주는 또 다른 주요 수단으로는 잠수함이 있다. 제1차 세계대전 당시 본격적으로 투입된 잠수함은 해전의 양상을 혁명적으로 바꾸어 놓았다. 강력하고 기동성이 뛰어난 잠수함은 물속에 있을 때 매우 조용하고 탐지가 어려워 작전을 은밀히 수행할 수 있고 위협 또한 분산시킬 수 있다.

잠수함은 추진 방식에 따라 핵추진과 재래식 추진으로 나뉜다. 이 추진 방식은 잠수함의 자립도와 해저 잠항 능력에 영향을 주며 나아가 잠수함의 활용도까지 결정한다. 핵추진 공격 잠수함은 항공모함 보호와 같은 방어 임무를 주로 수행하며 항공모함 전단의 일원으로서 해상 통제에도 투입된다. 반면 핵추진 탄도미사일 잠수함은 타격 능력을 통한 핵 억지력과 그로 인한 힘의 투사를 목표로 한다. 이들 잠수함은 핵 미사일이나 재래식 미사일을 발사해 지상의 목표물뿐만 아니라 모든 종류의 수상함에도 공격을 가할 수 있다. 이처럼 거의 절대적 무기라 할 수 있는 잠수함의 한계는 지리적 조건과 소리에 있다. 수심이 얕은 바다에서는 적이 쉽게 접근할 수 있다는 문제가 있고, 잠수함이 운항할 때 내는 소리는 바다의 압력, 기온, 염도 등 환경 요인에 영향을 받는데 이러한 요소는 계절이나 해양 조건에 따라 달라진다.

현재 핵추진 공격 잠수함과 핵추진 탄도미사일 잠수함의 대다수는 여섯 국가, 즉 공식적으로 핵보유국으로 인정받은 미국, 러시아, 중국, 영국, 프랑스와 함께 사실상 핵보유국인 인도 또한 보유하고 있다. 미국은 2위인 중국과 큰 격차를 벌리며 세계 최대의 핵추진 탄도미사일 잠수함을 보유하고 있다. 한편 인도는 이러한 격차를 줄이기 위해 부단히 노력 중이다.

FOCUS

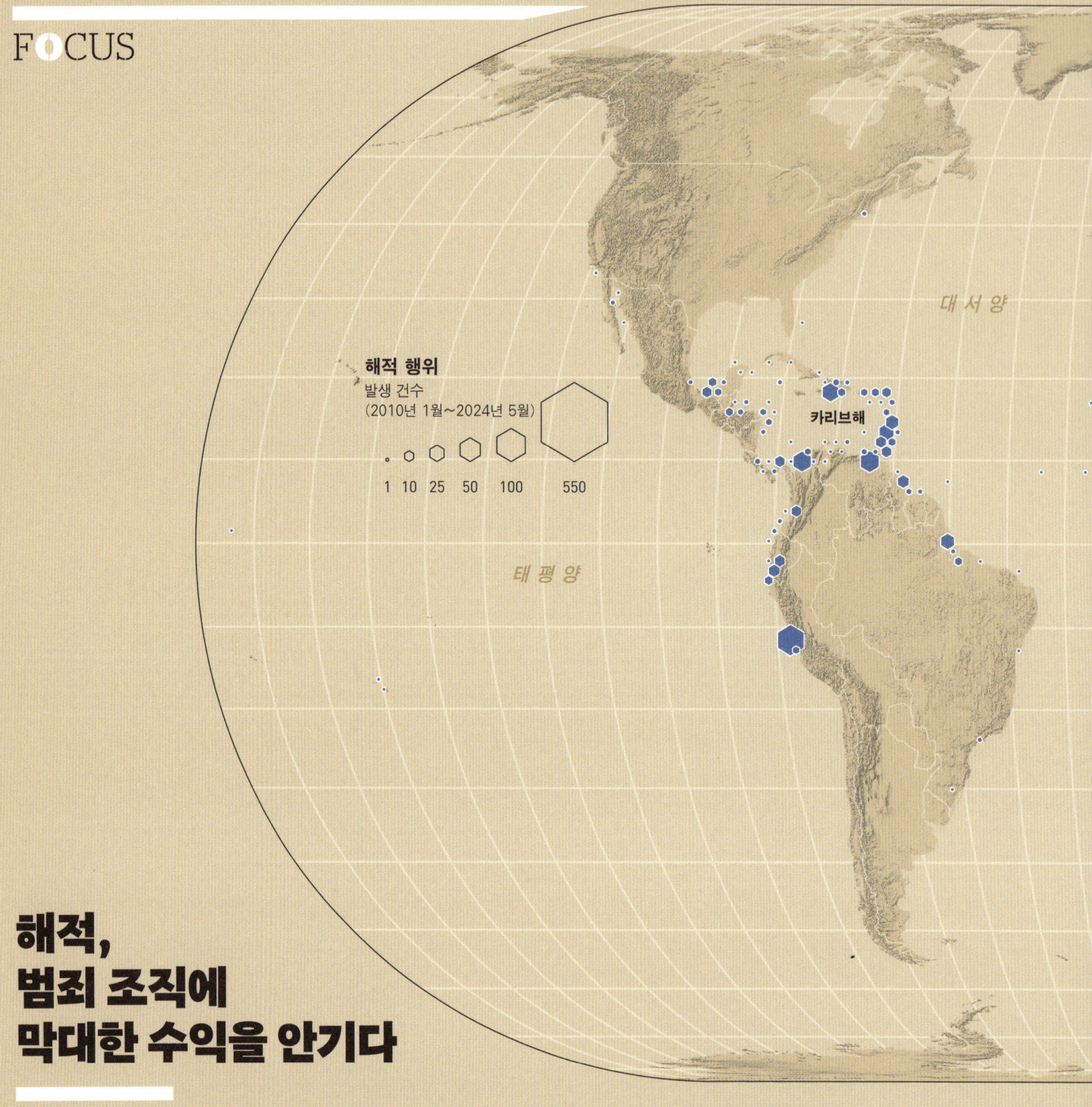

해적,
범죄 조직에
막대한 수익을 안기다

통념과 달리, 18세기 범선 시대의 대서양 무역이 역사 속으로 사라지고 해군의 역량이 발전했음에도 불구하고 해적 행위는 아직도 근절되지 않고 있다. 실제로 해적은 인류가 항해를 시작한 이래로 계속해서 존재해 왔다. 이런 와중에 1990년대에 무역의 세계화와 함께 해적들이 다시 한번 눈부시게 부활했다.

아시아와 유럽을 잇는 항로 중 말라카 해협과 바브엘만데브 해협 같은 병목 구간은 해적들이 가장 선호하는 공격 지점이다. 이곳에서 활동하는 해적 때문에 국제 해상 운송에 커다란 혼란이 발생하자 선진국들은 대응에 나섰다. 대표적인 해적 행위 사례로는 2023년 말 예멘의 후티 반군이 홍해를 지나는 상선들에 퍼부은 공격을 들 수 있다. 2024년 기준 대다수의 해적 행위가 집중된 지역은 총 네 곳으로 말라카 해협, 홍해 인근(소말리아 연안 포함), 기니만, 카리브해 등을 들 수 있다. 해양정보협력및인식센터(MICA)에 따르면 해적 행위는 2008년과 2009년에 발생한 소말리아 인근에서의 인질 사건 이후 2011년에 최고점(집계된 건수만 668건)을 경신한 뒤 하락세로 돌아섰다.

이러한 감소 현상은 해적 행위 근절을 위한 유엔의 다국적

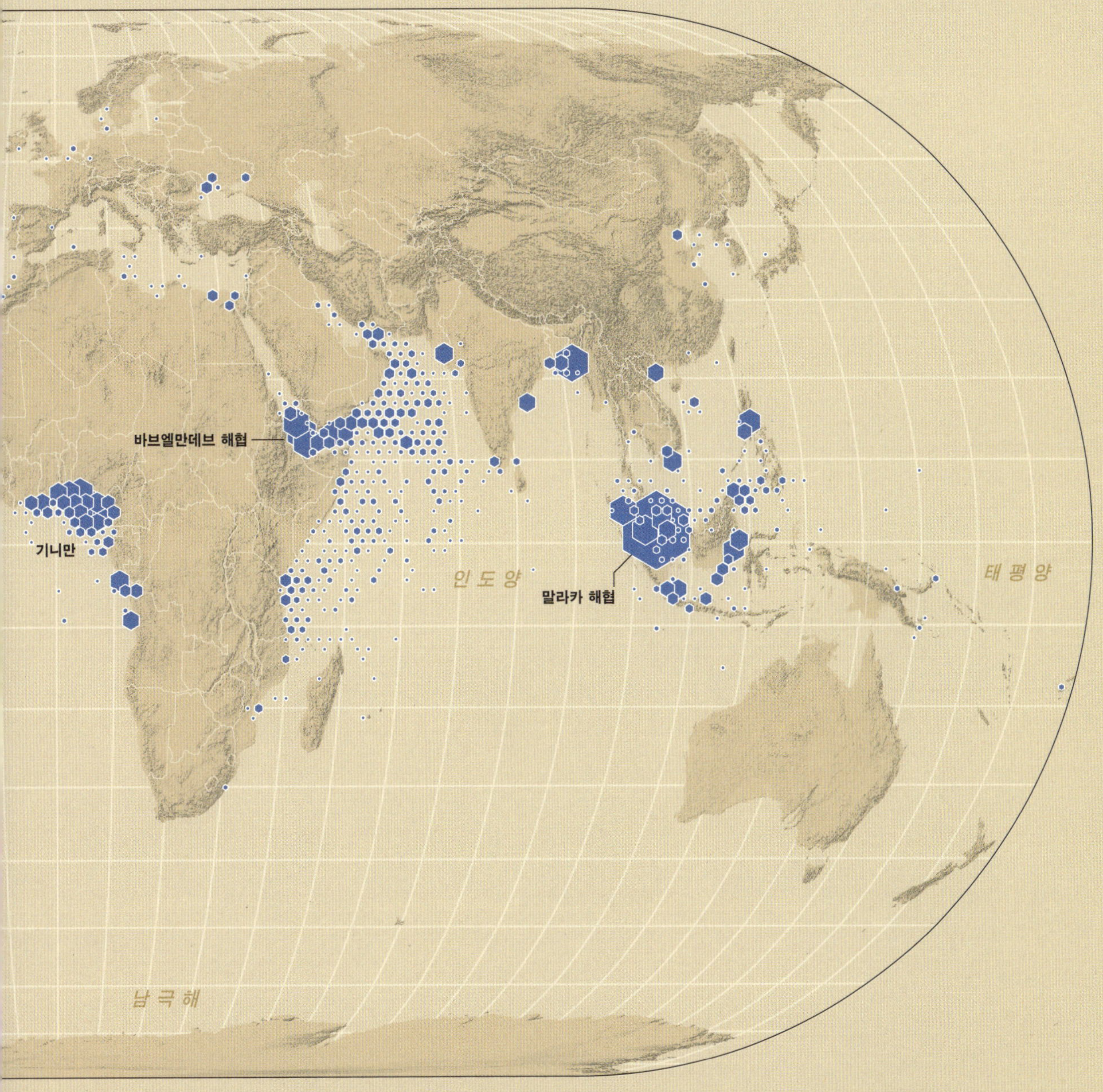

기동 부대나 유럽연합 회원국들이 수행한 애틀랜타 작전 등을 통해 여러 국가들이 적극적으로 나선 결과로 설명될 수 있다. 말라카 해협의 경우도 인접한 연안 국가들의 협력으로 해상 항로의 안전을 지킬 수 있었다.

반면 오늘날 아프리카 중서부 해안의 기니만은 그곳에 매장된 풍부한 석유와 광물, 수산 자원 때문에 지구상에서 가장 위험한 해양 지역으로 손꼽힌다. 특히 범죄 조직과 연계된 해적 무리들이 니제르 삼각주 주변과 가나와 가봉 사이의 연안에서 유조선과 대형 화물선을 공격하고 있다. 다행히 이곳 연안 국가들 간의 협력과 다른 나라 해군의 지원으로 해적의 공격은 줄어들었지만 아직은 안심하기에 이르다. 유엔에 따르면 이 지역에서 활동하는 해적들이 범죄 조직에 약 20억 달러에 달하는 수익을 안겨준다고 한다. 이 같은 사실을 감안할 때 이곳에서 유독 해적 행위가 빈번하게 발생하는 근본 원인인 이 지역의 빈곤, 정치적 불안정, 국가적 무능력, 환경 파괴 등과 같은 요소를 고려하지 않은 채 해상에서 '해적과의 전쟁'만 치른다면 결코 좋은 결과를 가져올 수 없을 것이다.

#2

두 번째 경유지,
칠레 혼곶

혼곶(Cape Horn)에 오신 것을 환영한다.

이곳은 세계에서 가장 큰 두 대양인 태평양과 대서양이 자연스럽게 만나는 곳으로, 커다란 암석들이 뒤엉켜 있고 맹렬한 바람도 불고 거센 파도도 휘몰아친다. 또한 이곳은 역사 속 위대한 항해사들을 공포와 두려움에 떨게도 하고 동시에 꿈꾸게 했던 곳이기도 하다. 따라서 오늘날에는 프랑스 서부에서 출발해 중간 기착이나 외부 지원 없이 남극해를 돌아 다시 출발지로 되돌아오는 세계에서 가장 극한의 1인 요트 경기인 방데 글로브(Vendée Globe)의 참가자들을 제외하면 굳이 이곳에서 위험을 감수하려는 사람은 찾아볼 수 없다. 그마저도 혼곶 주변의 끔찍한 항해 조건과 악천후 때문에 때때로 선수들도 경기를 포기하곤 한다.

혼곶은 한 세계에서 다른 세계로, 한 대양에서 다른 대양으로 넘어가는 곳, 즉 대서양에서 태평양으로 넘어가는 길목에 위치한다. 대서양(Atlantic Ocean)이라는 이름은 그리스 신화에서 하늘과 땅을 가르는 기둥을 떠받드는 임무를 지닌 거인 아틀라스에서 유래한다. 태평양(Pacific Ocean)이라는 이름은 당시 그 대양을 지나던 포르투갈 항해사가 그곳 물결이 매우 잔잔하고 평온하다고 해서 붙인 Mar Pacífico, 즉 스페인어로 '평화로운 바다'라는 뜻에서 유래한다. 그 항해사는 바로 페르디난드 마젤란이었다.

마젤란은 다른 사람들이 아직 혼곶을 발견하기 전인 1520년에 대서양에서 태평양으로 진입하는 항로를 세계 최초로 발견했는데 이 해협은 이후에 그의 이름을 따서 '마젤란 해협'이라고 불렸다. 하지만 1616년 1월에 네덜란드 항해사 빌럼 코르넬리스 스하우튼과 야콥 르 메르가 마젤란 해협보다 아래에 위치한 혼곶을 처음으로 돌아 항해했다. 혼곶이라는 지명은 이들이 출발한 모항이 있는 네덜란드 도시 '호른(Hoorn)'의 이름을 따서 지은 것이다. 당시 이들의 목표는 네덜란드 동인도회사가 독점적으로 장악하고 있던 마젤란 해협을 대신할 새로운 항로를 찾는 것이었다. 이들이 마침내 혼곶을 경유하는 항로 개척에 성공하면서 20세기에 파나마 운하가 개통되어 해상 항로에 근본적인 변화가 찾아오기 전까지 이 새로운 항로는 두 세기 동안 마젤란 해협을 대체하는 주요 교역로로 자리매김했다.

대서양과 태평양은 서로 다른 시대를 상징한다고 볼 수 있다. 대서양은 '지난 두 세기' 동안의 주요 쟁점들이 집약된 곳으로, 특히 승리한 서구와 냉전 시대에 탄생한 NATO로 대표되는 미국과 유럽의 동맹이 이 지역을 중심으로 형성되었다. 반면 태평양은 세계 3대 군사 강국인 미국, 중국, 러시아를 비롯해 아시아의 신흥 국가들이 각축을 벌이는 해양 공간으로 '21세기의' 새로운 지정학적 쟁점들이 집약된 곳이다. 실제로 현재 세계 교역의 60퍼센트가 태평양을 통해 이루어지고 있으며 대서양은 그에 비해 13퍼센트에 불과하다.

대서양,
기세가 한풀 꺾인
세계화의 주요 축

9,400만 제곱킬로미터의 면적을 지닌 대서양은 태평양에 이어 세계에서 두 번째로 큰 대양으로, 아메리카 대륙과 유럽 및 아프리카 대륙 사이에 넓게 펼쳐져 있다. 평균 수심은 3,900미터이지만 가장 깊은 곳은 9,200미터에 달하기도 한다. 또한 대서양 해저에는 여러 지각판이 교차하는 해령(해저에 형성된 거대한 산맥)이 길게 뻗어 있는데 이 해령의 중심부에서 강력한 지진이 빈번하게 발생하고 있다. 그 결과 대서양의 면적 자체가 점점 더 넓어지고 있다. 실제로 대서양 해저에서는 지금도 지각이 새롭게 생성되고 있으며 그로 인해 기존 해양판이 지속적으로 확장되고 있다. 그 결과 유럽은 매년 아메리카 대륙에서 몇 센티미터씩 멀어지고 있다.

이처럼 끊임없이 움직이는 대서양에는 따뜻한 해류와 차가운 해류가 교차하며 지

**지구에서
두 번째로 큰 바다**

대서양은 북쪽으로는 북극해, 남서쪽으로는 태평양, 남동쪽으로는 인도양과 직간접적으로 접해 있다. 또한 북해, 발트해, 지중해, 래브라도해, 사르가소해, 카리브해 등 20여 개의 하위 해역들로 세분화된다. 평균 수심은 3,900미터이지만 가장 깊은 곳은 9,200미터에 달하기도 한다. 대서양은 따뜻한 해류를 통해 서유럽에 온난한 기후를 선사하는 데에도 큰 역할을 한다. 흔히 사람들이 생각하는 것과는 달리, 서유럽 해안가를 따뜻하게 하는 것은 멕시코 만류가 아니라 그 지류 중 하나인 북대서양 해류다. 하지만 북대서양의 이러한 해류 시스템은 기후변화로 인해 약해질 위기에 처해 있다.

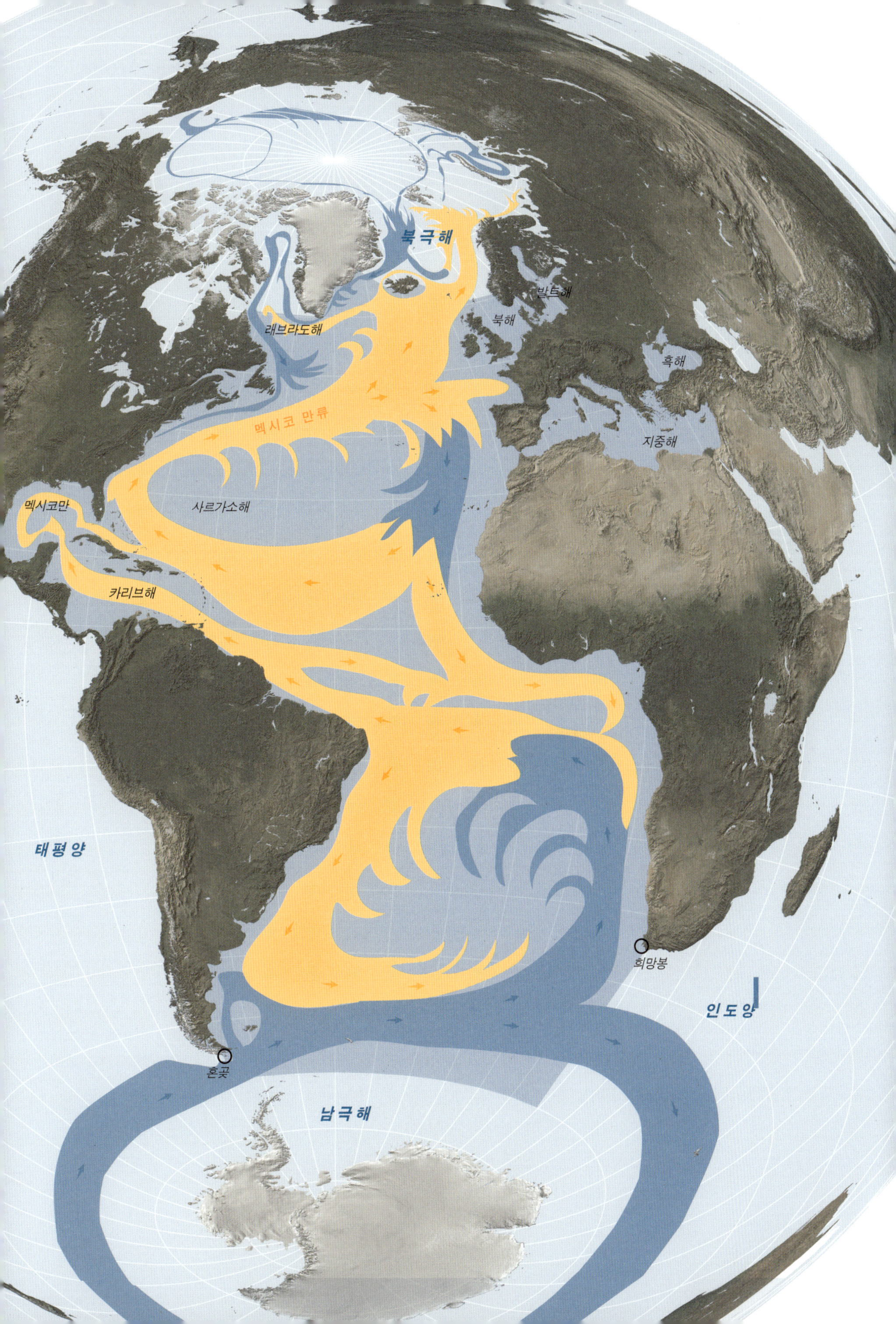

북극해
발트해
북해
래브라도해
흑해
지중해
멕시코 만류
멕시코만
사르가소해
카리브해
태평양
희망봉
인도양
혼곶
남극해

나는데 이는 인접한 해안 지역의 기후에도 영향을 미친다. 멕시코만에서 발원해 유럽 해안가에 도달하기까지 무려 6천 킬로미터 이상을 흘러온 멕시코 만류와 같은 따뜻한 해류는 흔히 '해양성 기후'라 불리는 온난한 기후를 이 지역에 선사한다. 그러나 과학자들에 따르면 지구온난화로 인해 이러한 기후에도 문제가 생길 수 있다고 한다. 그린란드의 빙하와 빙상이 녹아내리면서 바닷물의 염분 농도가 낮아지게 되면 따뜻한 해수가 위로 올라오는 현상이 억제되기 때문이다.

태평양에는 밀리지만 어쨌든 세계 2위의 어장

대서양의 해류는 이곳에 다양한 해양 생물들이 서식하기에 좋은 환경을 제공해 준다. 집계된 수만 1,100종이 넘는 이곳의 다양한 어종은 수많은 나라들의 주요 식량 자원이 된다. 전 세계 어획량의 58퍼센트를 차지하는 세계 1위의 어장인 태평양과는 큰 격차를 보이고 있긴 하지만 대서양은 오늘날 어획량의 25퍼센트를 차지하는 세계 2위의 어장이다.

하지만 어획량과 어류 소비가 증가하면서 대구, 연어, 명태와 같은 일부 어종이 고갈되고 있기도 하다. 플라스틱 쓰레기로 인한 대대적인 오염으로 이미 골머리를 앓고 있는 대서양에서 이러한 남획은 또 하나의 커다란 문제가 되고 있다. 플라스틱 쓰레기는 지중해의 일부 해역들도 오염시키지만, 무엇보다도 해류의 순환 때문에 아메리카 대륙 연안과 서아프리카 연안 사이 그리고 남아프리카와 브라질 연안 사이에 두 개의 거대한 플라스틱 소용돌이를 만들어 낸다. 이들 소용돌이는 해양 생물종과 조류를 위협하고 대서양의 해양 환경 또한 악화시키고 있다.

수천 년 동안 대서양 연안의 주민들은 이 대양의 풍부한 수산 자원을 식량으로 이용해 왔다. 하지만 광활하고 신비로운 이 대양을 위험한 곳으로 여겨왔기 때문에 연안을 벗어난 항해에는 쉽게 나서지 않았다.

15세기 말이 되어서야 인류에게 횡단을 허락한 대양

대서양 탐험의 역사는 10세기 무렵 용감무쌍한 바이킹들이 북대서양을 항해하면서 처음 시작되었다. 바이킹들은 브리튼 제도와 아이슬란드를 정복한 후 그린란드에 도착했는데 서기 982년에 '붉은 머리 에리크'라 불린 에리크 토르발손은 그곳에 식민지를 세웠다. 바로 그곳 그린란드에서 출발한 바이킹들은 북대서양을 횡단해 992년에 훗날 아메리카 대륙으로 불리게 될 땅을 발견하게 된다. 대서양과 접한 래브라도 해안을 따라 항해하고 세인트로렌스강을 거슬러 올라간 그들의 탐험은 지금의 캐나다 지역인 랑스 오 메도스까지 이어졌다. 그곳에서는 바이킹 탐험가들이 세운 것으로 추정되는 대규모 정착지 유적이 발견되기도 했다. 하지만 바이킹의 진출은 더 이상 이어지지는 못했다. 원주민의 저항뿐만 아니라 13세기 이후 소빙하기가 시작되면서 기후가 악화되어 더 이상 나아가는 것이 불가능했기 때문이다.

대서양의 나머지 지역에 대한 탐험은 15세기 말이 되어서야 가능했다. 그 무렵 항해에 큰 도움이 되는 세 가지 혁신품이 등장했는데 바로 기동성이 뛰어난 중소형 범선, 나침반, 항해용 지도가 그 주인공이다. 이로써 유럽의 선원들은 또다시 대서양 연안을 벗어나 위대한 횡단 여정을 시도할 수 있게 되었다.

이 시기 대서양 횡단 항해는 두 해상 강국인 스페인과 포르투갈의 주도하에 이루어졌다. 크리스토퍼 콜럼버스를 필두로 한 스페인은 1492년에 카리브해에 최초로 상륙하면서 아메리카 식민지 개척의 길을 열었다. 한편 포르투갈은 15세기 내내 아프리카 서해안을 따라 남하하며 여러 교역 거점을 구축해 왔다. 그 과정에서 1498년에 바스쿠 다 가마가 희망봉을 돌아 인도로 향하는 직항로를 개척했다. 그 뒤를 이어 1500년에는 페드루 알바레스 카브랄이 인도로 향하는 항해 중 서쪽으로 크게 벗어난 항로를 따라가다가 우연히 브라질 해안에 도달했다.

하지만 이러한 일련의 신대륙 발견과 항로 개척은 최초로 세계를 분할하는 계기가 되기도 했다. 1494년에 체결된 토르데시야스 조약을 통해 스페인과 포르투갈은 대서양 한가운데에 선을 긋고 그 선을 기준으로 서쪽의 바다와 땅은 스페인이, 동쪽의 바다와 땅은 포르투갈이 갖는 것으로 정했다. 하지만 이 같은 분할은 프랑스, 영국, 네덜란드를 필두로 한 다른 유럽 강대국들의 반발을 샀다. 그 결과 이들 유럽 국가들은 16세기부터 해상 무역의 주도권을 장악하기 위해, 또 아메리카 대륙이라는 새로운 영토를 차지하기 위해 치열한 경쟁을 벌이게 된다.

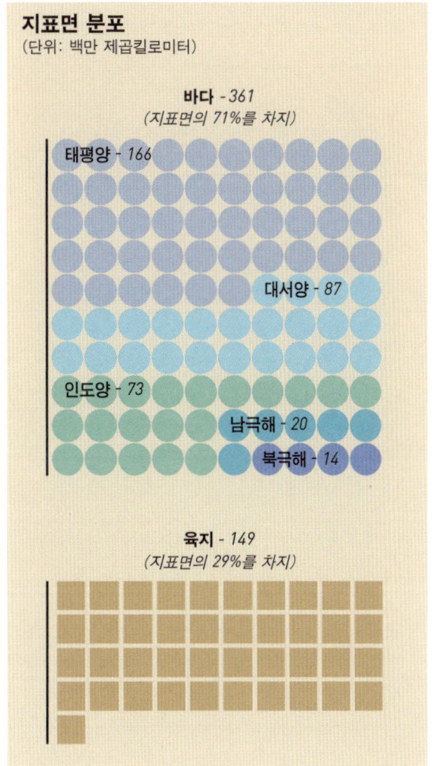

1970년대까지 세계 교역의 중심축

1492년 아메리카 대륙의 발견은 대서양을 세계 무역의 중심축으로 변모시켰다. 유럽, 아메리카, 아프리카를 잇는 대서양의 해상 항로를 통해 섬유, 무기, 도구, 노예, 금, 은, 보석, 향신료, 식료품 등이 오가게 되었기 때문이다. 일명 '삼각무역'이라 불린 세 대륙 간의 이러한 교역은 인류 역사상 '최초의 세계화'를 이루어냈다. 이로 인해 유럽 국가들은 번영을 이루었고 저마다 식민 제국 또한 확장할 수 있었다.

19세기에 증기선이 발명되면서 대서양 횡단 무역은 더욱 활발해졌다. 프랑스 르아브르 항구에서 뉴욕까지 15일밖에 걸리지 않게 되었다. 그 결과 유럽에서는 로테르

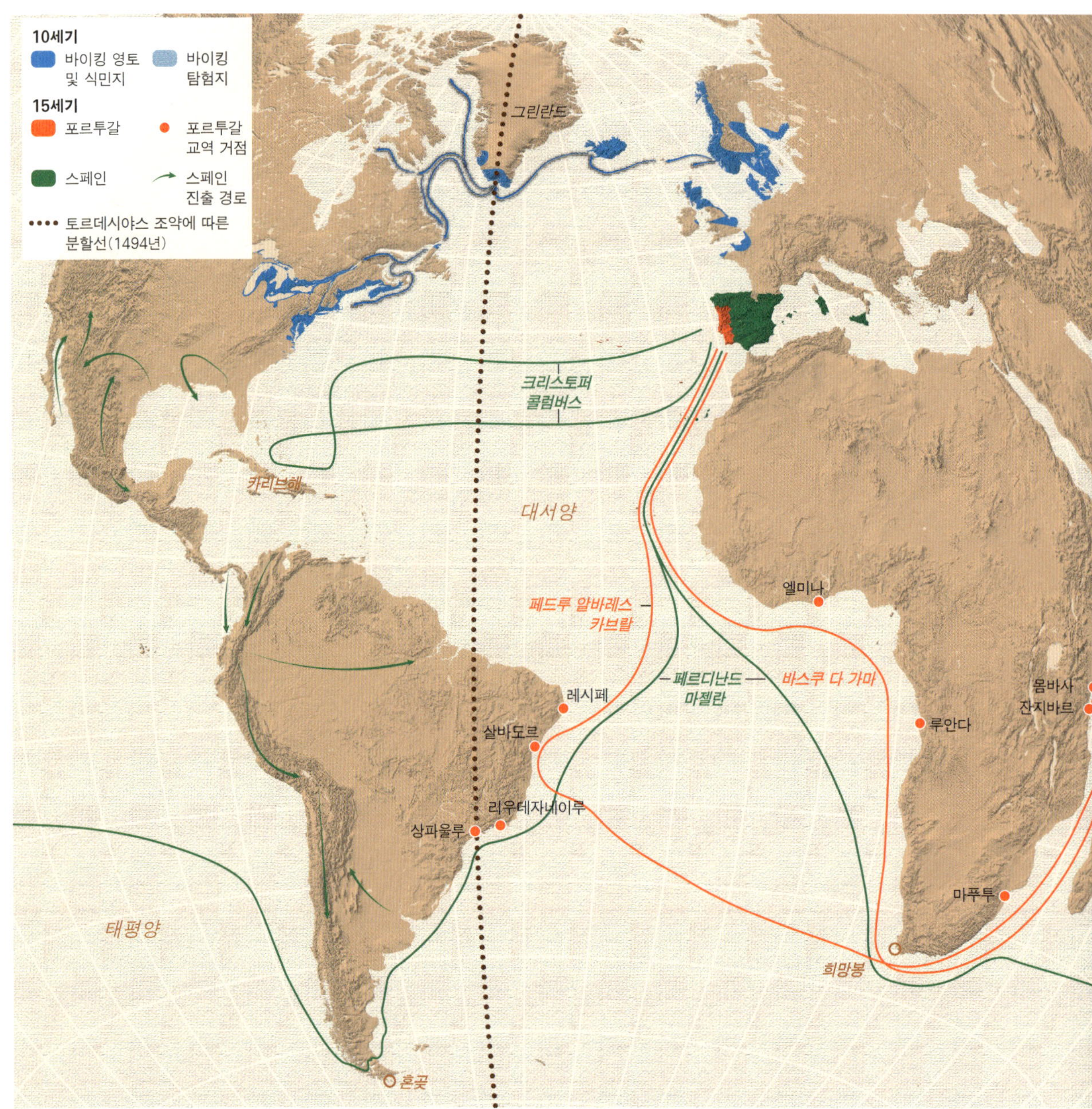

대서양 횡단 도전기

유럽인들의 대서양 탐험은 주로 15세기에 이루어졌다. 본격적으로 대서양 횡단에 나서기 전까지 바이킹을 포함한 유럽인들의 탐험은 연안 주변을 항해하는 정도에 그쳤다. 이후 포르투갈은 항해왕으로 불리는 엔리케 왕자의 지휘하에 아프리카 해안을 탐험하기 시작했다. 그들은 제노바 상인들이 쌓아온 항해와 무역 경험을 기반으로 해서 새로운 교역로를 찾기 위해 아프리카로 향했다. 그 결과 1434년에는 보자도르곶을 통과했고 1443년에는 블랑곶까지 항해했으며, 1462년에는 오늘날 가나 남부 해안에 위치한 악심 지역에 무역 거점과 요새를 세우고 동시에 상 조르제 다 미나 요새를 설립했다.

1488년에는 바르톨로메우 디아스가 이끄는 탐험대가 아프리카 남단, 즉 현재의 희망봉인 '폭풍의 곶'을 항해했다. 이후 1498년에 바스쿠 다 가마가 인도로 가는 항로를 개척하면서 포르투갈의 탐험은 향신료를 얻기 위한 항해가 되었다.

한편 크리스토퍼 콜럼버스를 앞세워 서쪽으로 항해를 떠난 스페인 탐험대는 아시아와 향신료로 향하는 지름길을 찾기 위해 대서양을 횡단하는 모험을 감행했는데 그 과정에서 1492년에 아메리카 대륙을 발견했다. 하지만 이 신대륙은 이미 500년 전에 바이킹들이 다녀간 곳이다.

담, 앤트워프, 함부르크, 브레멘 등의 항구 도시가, 북아메리카에서는 뉴욕, 마이애미, 산후안 등의 항구 도시가 눈부시게 발전했고, 유럽에서 신대륙으로의 이주도 크게 증가했다.

하지만 1869년에 수에즈 운하, 이어 1914년에 파나마 운하가 개통되면서 해상 교역은 지중해를 중심으로 재편되었다. 이로 인해 아프리카 남단의 희망봉을 우회하는 긴 항로와 남아메리카 남단의 험난한 혼곶을 이용하는 항로는 점차 외면받게 되었다. 그럼에도 불구하고 세계 경제의 중심이 여전히 유럽과 북아메리카에 있었기 때문에 이 두 지역을 잇는 북대서양 항로는 계속해서 세계 무역의 핵심축으로 남았다. 이제 북대서양은 인도양과 태평양과 직접 연결되면서 1970년대까지 세계 교역의 중심 역할을 하게 되었다.

최초의 대서양 횡단 비행

20세기 초 비행기의 발명과 최초의 대서양 횡단 비행으로 대서양 양쪽 연안인 유럽과 북아메리카는 한층 더 가까워졌다. 1927년 5월 21일 찰스 린드버그가 뉴욕에서 파리로 곧장 비행하는 데는 33시간 30분밖에 걸리지 않았다. 여객선으로는 꼬박 2주가 걸렸는데 말이다. 이렇게 해상 항로에 항공 노선까지 더해지면서 대서양을 사이에 둔 유럽과 북아메리카는 문화적으로, 상업적으로 훨씬 더 깊은 유대관계를 맺을 수 있었다. 게다가 그들 사이에는 일종의 지리적 연결감도 형성되었다.

소련이 만들어준 북대서양 국가들의 끈끈한 연대

대서양, 그중에서도 특히 북대서양 장악이 지정학적 주요 쟁점으로 떠오른 것은 바로 제2차 세계대전 시기였다. 독일군과 연합군은 군수품 보급로와 병력 이동로를 확보하기 위해 구축함과 잠수함을 동원해 이 지역에서 치열하게 대치했다. 실제로 미국, 캐나다, 영국 군사들이 나치 세력을 물리치기 위해 유럽 대륙에 상륙할 때도 바로 이 대서양을 건너 들어왔다. 그리고 북대서양 지역을 감시하고 통제해야 할 필요성은 세계 대전이 끝난 이후에도 사라지지 않았다. 왜냐하면 소련이 자유주의 서방 진영의 새로운 적으로 떠올랐기 때문이다.

이런 상황으로 인해 1949년에 북대서양 연안에 있는 일부 국가들은 동맹을 맺고 북대서양조약기구, 즉 NATO를 창설했다. 이 기구의 목적은 회원국 중 어느 한 나라가 공격을 받으면 회원국 전체에 대한 공격으로 간주하여 함께 대응에 나서는 집단 방위 체제를 구축하고, 공산주의 진영이 가하는 위협에 대비하기 위해 감시 체계를 가동하는 것이다. 대서양 양쪽 연안 국가들의 끈끈한 연대를 기반으로 한 NATO는 냉전 시대에 매우 활발하게 활동했다. 특히 미국과 그 동맹국들은 NATO라는 동맹 체제 덕분에 대서양의 전략적 요충지에 잠수함 기지와 정교한 수중 감청 시스템을 구축할 수 있었다. 이를 통해 북극해 연안 무르만스크에 기지를 둔 소련 잠수함의 움직임을 조기에 탐지할 수 있었다.

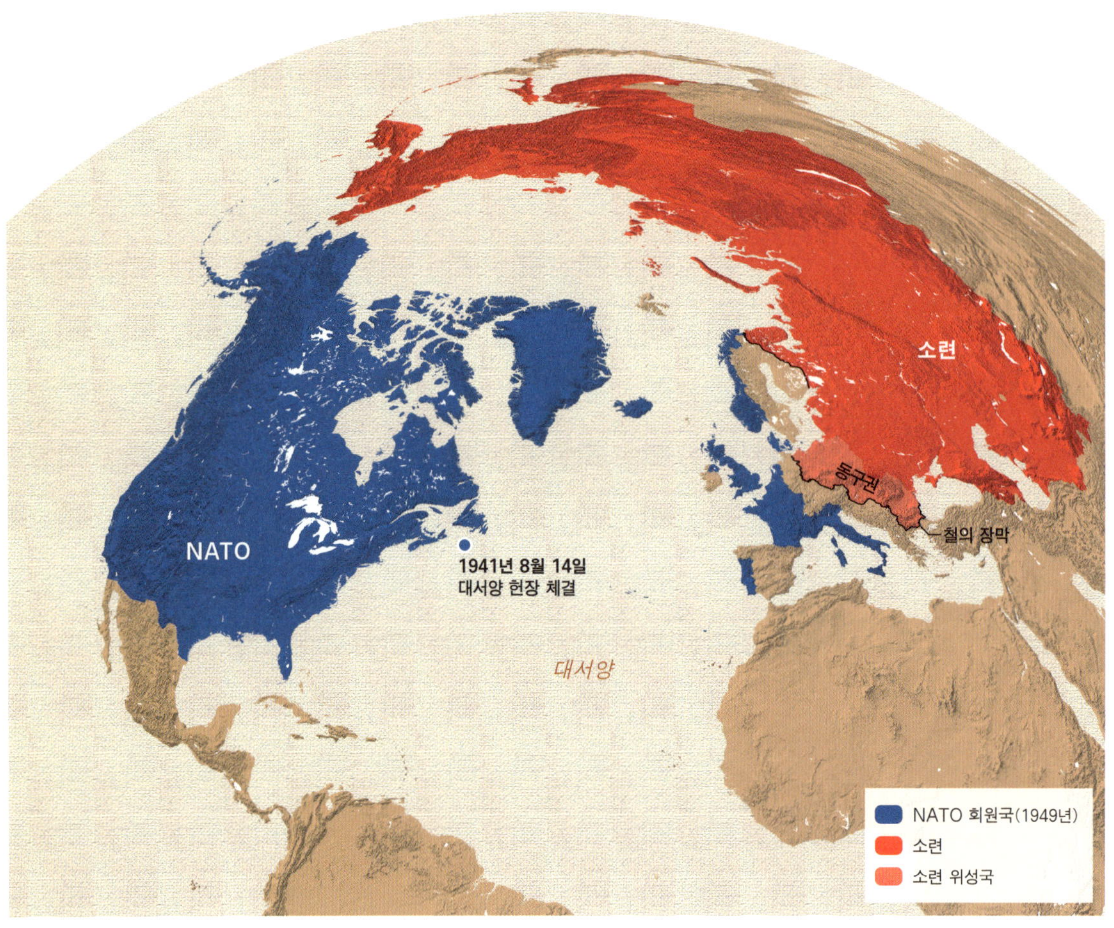

전쟁이 맺어준 연대

제2차 세계대전은 북대서양 연안 국가들 사이에 연대 의식을 강화하는 계기가 되었다. 이러한 흐름은 1941년 8월 14일 당시 영국 수상 처칠과 미국 대통령 루스벨트가 뉴펀들랜드 인근 해상에서 서명하면서 체결된 대서양 헌장(Atlantic Charter)을 통해 구체화되었다. 이후 소련의 위협에 대응하기 위해 1949년 4월 4일 서유럽 10개국, 미국, 캐나다 등이 참여한 NATO가 창설되면서 이들 간의 연대는 더욱 공고해졌다.

뇌사상태에서
다시 한번 힘을 얻은 NATO

하지만 1989년 이후 소련 공산권이 붕괴하기 시작하면서 이제 공산주의 진영을 감시해야 할 필요성은 줄어들었다. 게다가 비슷한 시기에 중부유럽 국가들이 NATO에 가입하기 시작하면서 더더욱 그러했다. 과거 소련의 위성국이었던 이들에게 NATO 가입은 유럽으로의 진정한 편입과, 특히 미국의 보호에 대한 갈망을 의미했다. 냉전이 종식되면서 그 역할이 줄어들어 한때 '뇌사상태에 빠졌다'라는 평가를 받기도 했던 NATO는 러시아의 2014년 크림 반도 병합과 2022년 우크라이나 침공으로 다시 한번 서방 국가들의 군사 및 안보 전략에 있어 핵심 조직으로 부상하며 그 위상이 높아졌다. 또한 새로운 회원국까지 받아들이며 보다 더 확대되었다. 실제로 러시아의 공격적인 행보가 NATO 감시 시스템의 현대화와 회원국 간의 파트너십 강화를 불러왔다. 2024년 3월 핀란드에 이어 스웨덴까지 가입하면서 NATO 회원국은 현재 32개국으로 늘어나게 되었다.

오늘날 대서양에 대한 감시는 과거만큼 중요하지는 않게 되었다. 전 세계에서 태평양을 통과하는 컨테이너선의 비율은 60퍼센트에 달하고 대서양을 통과하는 비율은

13퍼센트에 불과하기 때문이다. 하지만 감시 시스템은 여전히 필요한데 특히 GIUK 해협(그린란드, 아이슬란드, 영국을 잇는 북대서양 해상 항로)을 감시함으로써 러시아 항공기와 잠수함의 움직임을 포착할 수 있다. 이러한 감시 활동은 디지털로 연결된 경제에 매우 중요하다. 특히나 북미와 유럽 사이에 데이터를 전송하는 해저 케이블들을 보호하는 데 필수적인데 이들 케이블은 현재 러시아의 잠재적인 공격 표적이 되고 있기 때문이다.

예전만 못한 대서양, 이제 지정학적 무대에서 내려올까

최근 몇 년간 남중국해와 대만을 향해 중국이 가하는 위협은 미국이 태평양에 집중할 수밖에 없게끔 압박하고 있다. 따라서 무역에서와 마찬가지로 북대서양은 세계 지정학적 무대에서도 그 지위를 점차 잃을 것으로 예측된다. 하지만 그럼에도 여전히 자유민주주의 국가들에게 북대서양은 전략적으로 매우 중요한 곳으로 남아 있다. 왜냐하면 2020년에 북대서양 연안 국가들은 전 세계 무역량의 33퍼센트, 전 세계 GDP의 50퍼센트가량을 차지했는데 이는 중국과 브릭스(BRICS)의 나머지 국가인 브라질, 러시아, 인도, 남아프리카공화국의 GDP를 모두 합친 것보다 많기 때문이다. 따라서 북대서양은 여전히 민주주의 국가들에게 중요한 전략적 공간으로 남아 있다.

태평양,
기세가 최고조에 달한
세계 경제의 핵심축

지구 표면의 3분의 1을 뒤덮고 있는 태평양은 세계에서 가장 넓은 대양이다. 일본 요코하마와 미국 샌프란시스코는 태평양을 사이에 두고 9천 킬로미터 떨어져 있으며, 필리핀 마닐라와 파나마는 1만 6천 킬로미터 떨어져 있다. 1억 6,900만 제곱킬로미터, 즉 대서양 면적의 두 배에 달하는 광활한 태평양 덕분에 지구는 '푸른 행성'이라는 별명을 갖게 되었다. 또한 태평양은 세계에서 가장 깊고 험준한 대양으로 이곳 해저에는 히말라야 산맥에 비견되는 해령과, 아직 제대로 탐사되지 않은 깊이가 무려 1만 1천 미터에 달하는 마리아나 해구(대양 밑바닥에 좁고 길게 도랑 모양으로 움푹 들어간 곳)가 있다. 이렇게 보면 어쩌면 세계에서 가장 높은 산은 해수면 위로 솟구쳐 나온 높이는 4,200미터밖에 되지 않지만 해저에서부터 측정하면 높이가 무려 1만 200미터가 넘는

지구에서 가장 넓은 바다

태평양은 아메리카, 아시아, 오세아니아 등 세 대륙과 접해 있으며 세 개의 다른 대양과도 서로 연결되어 있다. 북쪽에서는 러시아와 미국 사이에 있는 베링 해협에서 가로막히고, 동쪽에서는 아메리카 대륙의 험준한 해안선과 그곳의 깎아지른 듯한 거대한 산맥들에 파도가 부딪치고, 남쪽에서는 혼곶에서 르윈곶에 이르는 구간을 따라 남극해와 연결된다. 또한 서쪽에서는 러시아에서 동남아시아 끝단까지 이어지는 아시아 대륙의 굴곡진 해안선을 따라 흐른다. 그 길목에서 일본에서 인도네시아까지 펼쳐진 수많은 군도 사이를 스치며 지나간다. 마지막으로 이 거대한 대양 태평양은 파푸아 뉴기니에서 오스트레일리아 동부 해안과 뉴질랜드에 이르기까지 무수한 섬들을 오가며 오세아니아 대륙을 감싸듯 둘러싸고 있다.

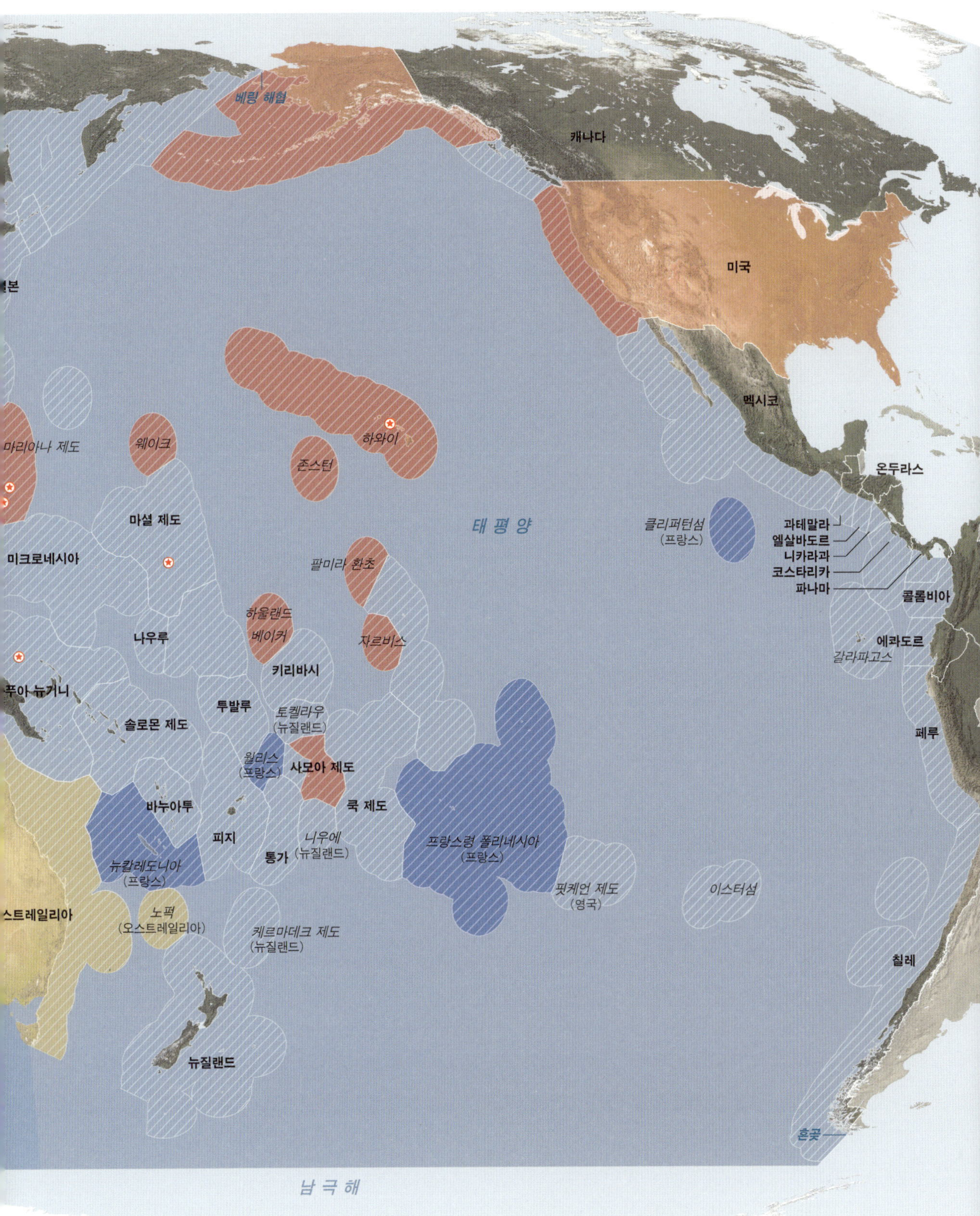
베링 해협
캐나다
일본
미국
마리아나 제도
웨이크
하와이
존스턴
멕시코
마셜 제도
온두라스
태평양
클리퍼턴섬
(프랑스)
과테말라
엘살바도르
니카라과
코스타리카
파나마
미크로네시아
팔미라 환초
콜롬비아
하울랜드
베이커
자르비스
에콰도르
갈라파고스
나우루
키리바시
푸아 뉴기니
투발루
솔로몬 제도
토켈라우
(뉴질랜드)
페루
월리스
(프랑스)
사모아 제도
바누아투
쿡 제도
피지
니우에
(뉴질랜드)
프랑스령 폴리네시아
(프랑스)
통가
뉴칼레도니아
(프랑스)
핏케언 제도
(영국)
이스터섬
스트레일리아
노퍽
(오스트레일리아)
케르마데크 제도
(뉴질랜드)
칠레
뉴질랜드
혼곶
남 극 해

데이터를 전송하는 바다

전 세계 컨테이너 물동량의 60퍼센트가 통과하는 등 활발한 상업적 교역이 행해지는 것 외에도 이곳 태평양에는 수많은 해저 케이블이 매설되어 있다. 이 케이블들은 방대한 양의 정보를 전 세계로 실어 나르면서 오늘날 세계 경제에서 없어서는 안 될 주요 역할을 하고 있다.

하와이의 거대한 화산인 마우나케아산이 될 수도 있겠다.

이곳 해령들은 지각판들이 서로 만나는 지점으로, 4만 킬로미터에 달하는 '불의 고리'(태평양 주변의 활발한 지진 및 화산 활동 지대를 일컫는 말)를 형성한다. 그 결과 태평양 연안 지역은 화산 폭발, 지진, 쓰나미 등으로 요동치는데 전 세계 화산의 4분의 3이 이곳에 집중되어 있는 것도 바로 이 때문이다.

태평양이 품고 있는 다양한 자원

태평양은 매우 풍부한 자원을 보유하고 있다. 이곳의 어류와 갑각류는 수십억 인류에게 주요 단백질원이 되고 있다. 하지만 오늘날 태평양의 어류 자원은 남획과 불법 어업으로 위협받고 있다. 그중에서도 중국과 인도네시아는 세계 최대 규모의 어획국에 속한다. 또한 이곳 심해에는 광물 자원도 매장되어 있다. 망간, 니켈, 구리, 코발트 등 산업적으로 중요한 금속을 다량 함유하고 있는 광물 퇴적물 덩어리인 다금속 단괴가 해저에서 발견되고 있는데 아직까지는 보호를 받고 있는 상황으로 상업적 채굴은 이루어지지 않고 있지만 산업계의 관심은 점점 높아지고 있다.

이처럼 풍부한 자원 때문에 태평양 연안 국가들은 저마다 배타적 경제수역을 주장하고 있다. 해당 국가는 그 수역 안에 매장된 자원에 대해서는 독점적 권리를 행사할 수 있다. 태평양에서 가장 넓은 배타적 경제수역을 보유한 국가는 미국과 오스트레일리아이며 프랑스가 그 뒤를 잇고 있다.

21세기 세계 경제의 새로운 핵심축으로 등장

태평양이 워낙 광활한 탓에 그 연안 국가들끼리 서로 교역을 하는 데도 오랫동안 쉽지 않았지만 지난 20년 사이 세계 경제의 중심축은 미국과 중국 사이, 즉 태평양으로 이동했다. 2021년 미국은 세계 GDP의 25퍼센트를, 중국은 17퍼센트 이상을 차지했다. 그 결과 세계 교역의 주요 통행로 중 하나가 된 태평양은 오늘날 매년 약 50억 톤의 화물이 오고가는 등 지구상에서 가장 많은 해상 운송이 이루어지는 곳 중 하나가 되었다. 또한 태평양 해저에는 케이블들이 대규모로 집중 매설되어 있는데 이는 오늘날 '초연결 세계'가 기능하는 데 없어서는 안

될 중요한 역할을 한다.

태평양 서쪽에 위치한 아시아 연안 국가들은 이 해역에서 가장 인구가 많은 곳인 동시에 경제 및 무역의 중심지이기도 하다. 실제로 2023년 세계에서 컨테이너 물동량이 가장 많은 상위 20개 항구 중 두바이, 로테르담, 앤트워프, 뉴욕 등 단 4개 항구를 제외한 나머지가 모두 태평양 연안에 위치해 있다.

중국의 존재감이 커지면서 태평양에서 인도양으로 이어지는 해상 항로 또한 전략적으로 더욱더 중요해졌다. 이 통로로 이용되는 곳이 바로 오늘날 국제 무역에 없어서는 안 될 존재가 된 말레이시아 및 인도네시아 해협의 복잡한 항로들이다. 그중에서도 말라카 해협은 가장 붐비는 병목 구간으로 매년 9만 척의 선박과 바다로 운송되는 세계 원유의 절반가량이 지난다. 바로 이곳에 컨테이너 물동량으로 세계 2위이며 항만산업단지를 갖춘 덕에 세계 5위의 석유 정제 허브로 성장한 싱가포르가 자리 잡고 있

플라스틱의 바다들

태평양에서는 북쪽과 남쪽에 거대한 플라스틱 쓰레기 더미가 형성되어 둥둥 떠 있다. 이러한 현상은 대서양과 인도양에서도 나타나고 있다.

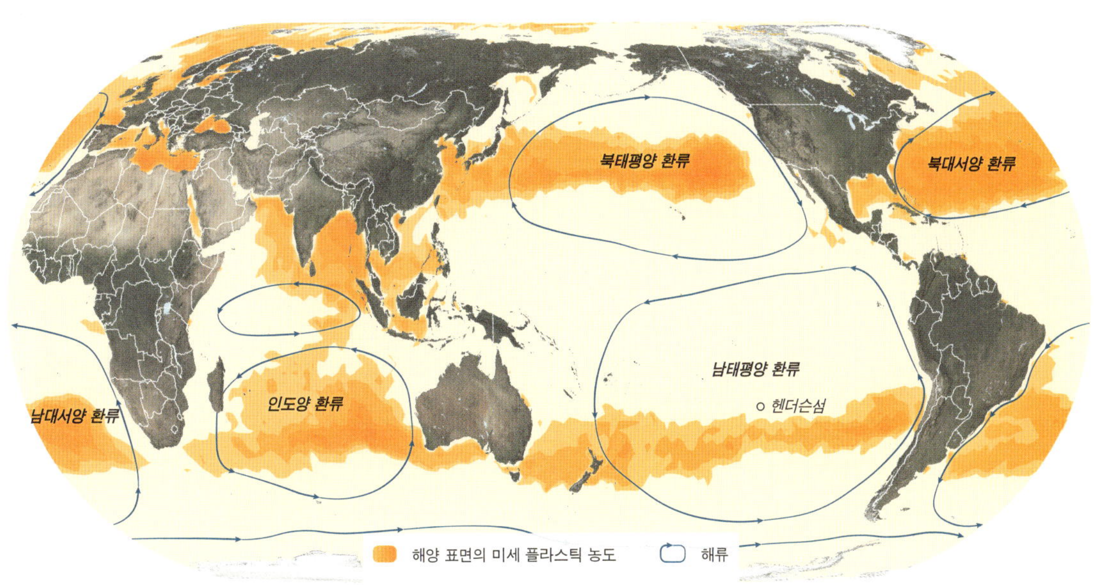

다. 하지만 말라카 해협은 해적으로도 악명이 높고, 수심도 얕고, 해상 물동량도 거의 포화 상태에 이르렀다. 따라서 대형 선박들은 말라카 해협 대신 인도네시아의 롬복 해협과 마카사르 해협을 통과하는 것을 선호하고 있다.

해양 오염과 해수면 상승

태평양은 선박 통행량도 늘어나고 연안 지역의 인구밀도도 높아지면서 갈수록 더욱 다양한 오염에 시달리고 있다. 대서양과 마찬가지로 태평양 북쪽과 남쪽에서도 플라스틱 쓰레기가 거대한 소용돌이를 형성하고 있다. 특히 남태평양에 위치한 영국령 핏케언 제도의 헨더슨섬은 1제곱미터당 평균 240개의 플라스틱 조각이 발견되는 등 세계에서 플라스틱 쓰레기에 가장 많이 오염된 해변이라는 불명예를 안고 있다.

이 밖에도 태평양의 섬들은 또 다른 중대한 생태학적 문제에 직면해 있는데 바로 이상기후로 인한 해수면 상승이다. 이는 인구의 4분의 3 이상이 해안가에서 1킬로미터 이내에 거주하는 지역에는 특히 큰 위협이 된다.

태평양으로 집중되는 미중 군사력

태평양은 또한 중국과 미국이라는 두 초강대국이 힘을 겨루는 '군사적 경쟁의 공간'이기도 하다. 미국과 프랑스가 19세기 말부터 태평양에 진출했다면, 중국은 이제야 막 발을 들이면서 해군력을 과시하며 영향력을 확대하고 있다. 미국은 1898년에 획득한 괌과 하와이에 병력을 주둔시키고 있고, 1945년부터는 일본에 제7함대 사령부를 두고 있다. 1950년부터 1953년까지 벌어진 한국전쟁 이후에는 한국에도 군사력을 배치해 오고 있다. 또한 오스트레일리아의 다윈섬과 파푸아 뉴기니의 마누스섬에 전략적으로 중요한 해군기지를 두고 있으며, 필리핀과 싱가포르에도 미군이 이용할 수 있는 군사 시설을 확보해 놓고 있다. 미국은 전 세계 해역에 걸친 이러한 자국군의 주둔을 중국의 패권에 대한 야망을 누군가는 견제해야 한다는 이유로 정당화하고 있다. 여기서 중국은 자신들의 야망을 다음과 같은 세 가지 방식을 통해 드러내고 있다.

첫째, 항공모함 3척과 잠수함을 포함한 90척의 신형 군함을 확보해 해군의 군사력을 강화한다. 둘째, 하이난섬에 군사기지를 설치해 적국 함정을 침몰시킬 수 있는 미사일을 배치한다. 셋째, 남중국해 섬들에 대한 실효 지배를 강화해 대만, 베트남, 필리핀, 말레이시아, 브루나이 등 여러 주변국과 영유권 분쟁 또는 갈등의 대상이 되는 작은 섬들을 사실상 점유한다.

이러한 상황 속에서 미국과 중국의 갈등 한복판에 있는 대만은 갈수록 격화되는 긴장의 진원지가 돼가고 있다. 중국은 대만을 단 한 번도 국가로 인정한 적이 없으며, 1949년 이후 대만이 사실상 독립적인 주권을 유지해 왔는데도 재통일하겠다는 의지를 주기적으로 드러내고 있다. 이런 상황에서 조 바이든 대통령 재임 기간에 미국은 대만에 무기와 각종 군사 지원을 제공했는데 만약 중국이 대만을 병합한다면 이는 미중 전쟁의 명분이 될 수도 있다.

과거에는 태평양만 전략적으로 중요하게 봤다면 이제는 인도양 동부까지 포함한 광활한 지역을 하나의 핵심 지역으로 보면서 그곳을 '인도-태평양'이라고 부른다. 인도양까지 전략적으로 중요한 지역으로 보는 이유는 중국의 해양 진출이 태평양에만 머무르지 않고 인도양까지 확장되고 있기 때문이다. 따라서 이 지역 중견국(middle power)들은 중국의 세력 확장을 우려하는 동시에 새롭게 펼쳐지는 21세기 지정학적 경쟁 구도 속에서 자국의 입지를 어떤 식으로든 재정립하려는 움직임을 보이고 있다.

중국의 영향력을 우려하는 오스트레일리아

이 지역 주요 강국인 오스트레일리아는 인근 이웃 국가들에 대한 자국의 영향력을 강화하고자 노력하고 있다. 동시에 파푸아 뉴기니 등에서 중국의 힘이 커지는 것을 우려하고 있다. 과거 영국의 식민지였던 오스트레일리아의 입장은 최대 무역 파트너인 중국, 그리고 미국과 영국을 필두로 한 역사적인 서구 동맹국들 사이에서 '섬세한 균형'을 유지하는 것이다.

2021년 9월 오스트레일리아는 미국, 영국과 함께 새로운 3자 안보 협력체인 오커스(AUKUS)를 발족시키고 최소 8척의 미국산 핵추진 잠수함을 도입하겠다고 발표했다. 당시 오스트레일리아 정부의 목표는 자국 영토에서 첩보 활동을 벌이면서 악의적인 사이버 공격을 한 것으로 의심되는 중국에게 강력한 경고의 신호를 보내는 동시에 그들이 인도-태평양 지역을 은밀하게 잠식해 나가는 것을 저지하는 것이었다. 하지만 이 과정에서 오스트레일리아는 미국산

잠수함을 구매하기로 변경하면서 프랑스와 체결했던 잠수함 구매 관련 계약을 파기했는데 이로 인해 프랑스와 외교적 갈등을 빚는 사태까지 초래되기도 했다.

군사적 영향력까지 행사하는 프랑스

프랑스는 뉴칼레도니아에서 폴리네시아까지 태평양 지역에 많은 도서 영토를 보유하고 있어 이 지역에서 나름 꽤 존재감을 발휘하고 있다. 이 섬들 덕분에 프랑스는 900만 제곱킬로미터에 달하는 배타적 경제수역을 보유하고 있기도 하다. 또 뉴칼레도니아의 수도 누메아와 폴리네시아의 수도 파페에테에 각각 합동 군사 사령부를 두는 등 이를 통해 태평양 지역에서 군사적 영향력도 발휘하고 있다.

한편 이 지역의 두 강대국인 인도와 일본은 '자유롭고 열린 인도-태평양(Free and Open Indo-Pacific)' 구상을 지지한다. 이는 중국의 영향력 확대에 대응하기 위한 것으로 '중국 견제 구상'이라고도 할 수 있다. 두 나라는 미국, 오스트레일리아와 함께 중국을 견제하기 위해 4자 안보 협의체인 쿼드(Quad)를 출범시키기도 했다.

경제적으로 긴밀하게 협력하는 인도-태평양 국가들

정치적으로, 군사적으로 긴장감이 흐르는 곳이라고 해서 우리가 이 지역의 중요한 사실 하나를 간과해서는 안 된다. 바로 인도-태평양 지역 국가들은 경제적으로 서로 밀접하게 협력하고 있다는 점이다. 2022년 1월에 발효된 역내포괄적경제동반자협정(RCEP)이 이를 뒷받침한다. 이 협정은 중국, 동남아시아국가연합(ASEAN), 한국, 일본, 오스트레일리아, 뉴질랜드 등이 참여하는 세계 최대 규모의 자유무역 협정으로, 전 세계 인구의 절반에 가까운 35억 명의 인구를 포괄한다.

이 협정의 주요 목표 중 하나는 1989년에 미국과 캐나다 등을 포함한 태평양 연안 국가들을 중심으로 해서 창설된 아시아태평양경제협력체(APEC)와 경쟁하는 것이다. APEC의 주요 목적은 아시아-태평양 지역의 경제 성장을 함께 도모하는 것이지만 세계 최대의 두 강대국인 중국과 미국 간의 갈등을 완화하는 데도 어느 정도 기여를 하고 있다. 실제로 2025년 10월 경주에서 열린 APEC 정상회의에서 미국과 중국은 공식 대화를 재개했다.

3

세 번째 경유지,
수에즈 운하

2021년 3월, 중국에서 출발해 네덜란드로 향하던 거대한 컨테이너선 한 척이 수에즈 운하를 통과하다 운하의 우측 모랫바닥에 뱃머리가 끼면서 옴짝달싹 못하는 사고가 발생했다. 이로 인해 홍해와 지중해를 잇는 인공 수로인 수에즈 운하는 6일 동안 선박 통행이 전면 차단되었다. 전 세계 교역의 15퍼센트가 수에즈 운하를 통해 이루어진다는 점을 감안할 때 이 사고로 수십 척의 선박들이 오도 가도 못하게 되면서 발이 묶이자 수많은 운송 지연과 막대한 금전적 손실이 발생했다. 이는 곧 자연스레 세계 주식 시장까지 혼란에 빠뜨렸다.

수에즈 운하는 세계에서 가장 긴 갑문 없는 인공 운하로, 인간의 기술력이 자연 지형과 바다의 질서까지 전복시켰다는 점에서 그곳을 지나는 모든 이들을 매료시킨다. 여기서 갑문이란 운하나 수로에서 수위가 다른 두 구역을 연결하기 위해 물의 높이를 조절하는 장치를 말하는데 배가 오르내릴 수 있도록 물을 채우거나 빼면서 수위를 맞추는 역할을 한다. 파나마 운하는 여러 개의 갑문을 사용하지만 수에즈 운하는 지중해와 홍해의 수위의 차이가 거의 없어 갑문이 필요 없다.

1869년에 개통된 수에즈 운하는 프랑스 외교관 페르디낭 드 레셉스의 아이디어에서 출발했다. 그는 당시 이집트 총독과 가까운 사이였는데 1858년에 그를 통해 '만국 수에즈 해양 운하 회사'를 설립할 권리를 얻어냈다. 그 회사를 통해 프랑스와 이집트의 자금으로 일단 운하 개발 공사를 시작했는데

1875년에 재정적으로 어려움을 겪게 된 이집트가 영국에 지분을 매각하게 된다. 그때부터 운하는 프랑스-영국 공동 관리 체제로 전환되었다.

수에즈 운하는 엄밀히 말하면 단순한 상징물 그 이상의 의미를 지닌다. 기술적 진보와 토목공학의 발전뿐만 아니라 운하 건설에 동원된 이들에 대한 노동 착취와 함께 이집트가 유럽 열강의 지배를 받던 당시의 시대상 또한 상징한다. 이에 1956년 7월, 가말 압델 나세르 당시 이집트 대통령은 수에즈 운하의 국유화를 선언하면서 식민 지배의 종식과 함께 새로운 시대의 시작을 알렸다.

하지만 서구 국가들은 이집트의 이 같은 조치에 반발하며 군사적으로 대응했다. 1956년 10월 29일, 이스라엘이 이집트 동부의 시나이 반도를 침공하자 프랑스와 영국이 이를 지원하며 운하 주변 지역을 폭격하는 등 군사 행동을 일으킨 것이다. 그러자 유엔, 미국, 소련 등은 이들 외국 군대가 이집트에서 철수할 것을 요구했다. 소련과 미국 모두 교역로로서 중대한 가치를 지닌 수에즈 운하의 안정화를 위해 이집트와 우호적인 관계를 유지할 필요가 있었기 때문이다. 그 결과 1956년부터 이집트는 전략적 축이라 할 수 있는 수에즈 운하를 관리하는 유일한 국가가 되었다. 수에즈 운하는 중국 상하이에서 네덜란드 로테르담까지의 거리를 최소 30퍼센트 단축시켰는데 이는 시간과 비용 면에서 상당한 이득을 가져다주었다.

세계의 주요 바닷길

15세기 말, 서방 국가들은 선박 건조 기술이 발전하고 혁신적인 항해 도구가 등장하면서 마침내 해안가를 벗어나 드넓은 대양으로 탐험을 나설 용기를 낼 수 있었다. 그 중 제노바 출신의 크리스토퍼 콜럼버스는 인도로 가는 바닷길을 찾기 위한 항해 중 대서양을 가로지르는 항로를 개척하게 된다. 그 과정에서 그는 의도치 않게 1492년에 새로운 대륙에 정박하게 되는데 그곳은 바로 인도가 아닌 아메리카였다. 실제로 인도로 향하는 항로는 서아프리카 해안을 따라 항해한 후 희망봉을 돌아 1498년에 인도양에 도달한 포르투갈 탐험가 바스쿠 다 가마가 개척했다. 이들 두 탐험가의 새로운 항로 개척은 '바다 정복의 시대'를 여는 기폭제가 되었고 그 덕에 18세기 말에 이르러 전 세계는 바다를 통해 상업적으로 연결되었다.

그로부터 한 세기가 지난 후 대양을 가로지르는 두 개의 운하가 차례로 개통되었는데 바로 이집트의 수에즈 운하와 중앙아메리카의 파나마 운하가 그 주인공이다. 이로 인해 새로운 항로들도 열리게 되었고 해상 교통량 증가와 교역의 확대도 더욱 가속화되었다.

연간 10억 달러의 수익을 안기는 파나마 운하

수에즈 운하가 개통된 지 몇십 년이 지난

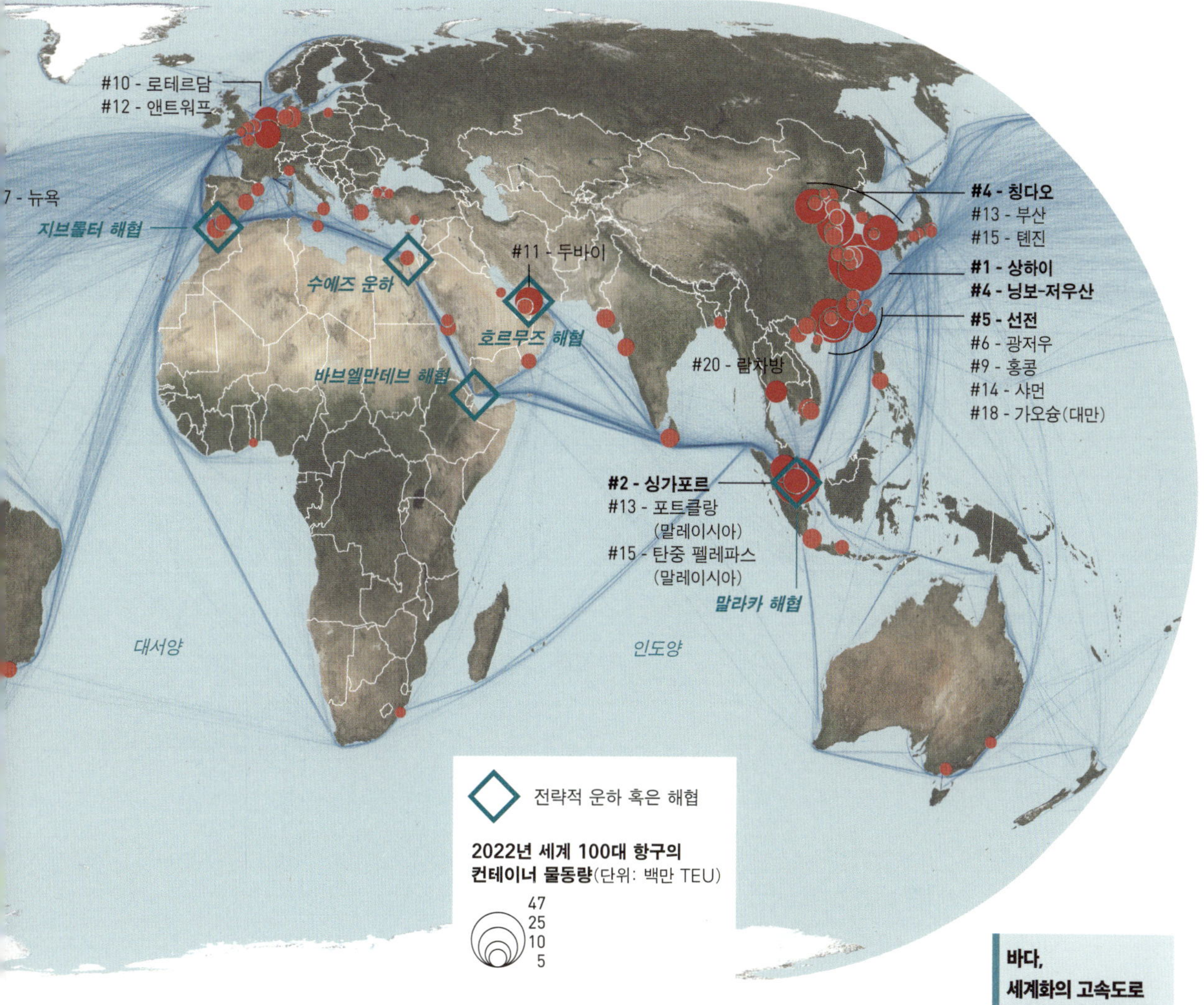

후, 미국은 1881년에 프랑스가 착수했지만 열대 기후로 인한 공사의 어려움과 대규모 금융 스캔들로 인해 결국 중단될 수밖에 없었던 파나마 운하 건설 프로젝트를 다시 추진했다. 이후 10년에 걸친 공사 끝에 마침내 1914년 8월에 정식으로 운하가 개통되었다. 덕분에 거칠고 위험천만한 남아메리카 최남단의 혼곶을 돌아 항해해야만 갈 수 있었던 기나긴 대서양-태평양 항로를 이제는 파나마 운하를 이용하면서 1만 2천 킬로미터 이상 단축할 수 있게 되었다. 운송 비용 또한 당연히 크게 줄일 수 있었다.

파나마 운하는 중앙아메리카를 가로지르는 77킬로미터 길이의 인공 수로다. 전 세계 해상 교역량의 5퍼센트가 이곳을 통과하는데 파나마는 운하 통행료로 연간 10억 달러의 소득을 올린다. 또한 새로운 갑문 시스템을 포함한 대규모 확장 공사를 시행한 덕에 2016년에는 운하의 수용량이 두 배로 늘어났다. 따라서 기존 4,500개에서 최대 1만 4천 개의 컨테이너까지 동시에 적재가 가능한 '포스트 파나맥스(Post-Panamax, 파나맥스란 파나마 운하를 지나갈 수 있는 선박의 크기를 말하는데 이보다 클 경우를 포스트 파나

**바다,
세계화의 고속도로**

세계의 상품 무역은 아시아에서 유럽과 아메리카로 향하는 동서 방향의 해상 항로를 중심으로 이루어지고 있다. 반면 원자재 무역은 석유 생산국이나 개발도상국에서 선진국이나 신흥국 쪽으로 향하는 남북 방향의 흐름이 주를 이룬다. 세계 최대 수출국인 중국은 가장 많은 세계적인 항구를 보유하고 있는데 이들 항구는 대규모 항만 및 산업 복합단지를 구성하고 있고 동시에 글로벌 교역의 허브 역할을 한다.

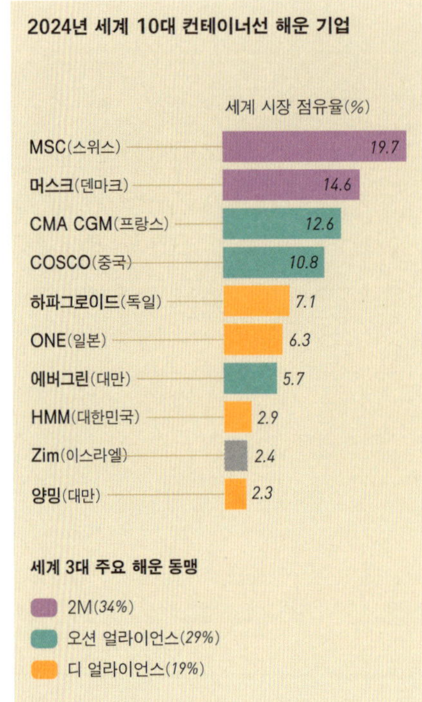

해상 무역을 지배하는 세 개의 해운 동맹

2017년부터 주요 해운 기업들은 세 그룹으로 나뉘어 동맹을 결성해 왔는데 이들 기업은 2022년 기준 세계 화물 운송의 84퍼센트를 차지했다. 이들 기업 간의 협력은 비용 절감과 규모의 경제를 통한 경쟁력 강화, 운행 횟수 증가와 최적의 항로 이용을 통한 서비스 극대화, 더 넓은 지역을 아우르는 운송망 구축, 높아지는 환경적 우려에 대한 대응책을 강화하는 등 여러 긍정적인 효과를 가져왔다. 하지만 이들 동맹은 무엇보다 기업 차원의 전략적 제휴에 불과하다. 실제로 A. P. 몰러-머스크와 MSC는 2025년 1월 1일부로 동맹을 종결하기로 발표하면서 향후 해상 운송 업계의 새로운 재편 가능성을 열어두었다.

맥스라고 한다)'급 대형 선박들도 운하를 통과할 수 있게 되었다.

전 세계 교역량의 90퍼센트가 해상으로 운송

수에즈 운하와 파나마 운하라는 두 거대한 운하의 개통은 실로 혁명적이었다. 컨테이너를 이용할 수 있게 되면서 선박의 적재량이 크게 늘어났는데 그로 인한 효과 또한 상당했다. 1956년에 말콤 맥클린이 발명한 규격화된 철제 상자인 컨테이너(길이 약 6.09미터)는 항만에서 화물 적재와 보관, 하역 등을 손쉽게 할 수 있게 해줄 뿐만 아니라 무엇보다도 컨테이너를 선박에서 내려 트럭이나 열차로 옮겨 싣는 복합운송까지 가능케 했다. 이러한 컨테이너화 덕분에 운송 비용은 35퍼센트, 운송 시간은 84퍼센트나

줄일 수 있었다.

오늘날에는 선박 한 척으로 운송되는 물량이 100년 전보다 100배 더 늘어났으며 그 결과 해상 운송이 전 세계 교역량의 90퍼센트를 차지하는 주요 운송 수단이 되었다. 이는 육로와 철로로 운송되는 것보다 압도적으로 많은 수치다. 반면 항공 화물은 전 세계 교역량의 단 1퍼센트에 불과하다. 그렇게 2023년 기준 100만 척이 넘는 선박들이 '바다의 고속도로'를 누볐다. 1950년대에 5억 5천만 톤이었던 해상 화물 운송량은 2021년에는 약 110억 톤으로 증가했는데 그중 벌크 화물(주로 광물, 석탄, 곡물)이 40퍼센트, 탄화수소(석유와 가스)가 32퍼센트, 일반 상품이 27퍼센트를 차지했다.

한편 해상 운송이 발전할수록 소수의 대형 해운 회사가 시장을 장악하게 되었다. 국제적인 해운 기업인 덴마크의 A. P. 몰러-머스크 그룹, 스위스의 MSC, 중국의 COSCO, 프랑스의 CMA CGM 등은 2017년부터 전 세계 해상 화물 운송량의 절반을 책임지고 있다. 이들은 중국 해운 기업인 COSCO가 그리스의 피레우스 항만 지분을 사들여 투자한 것처럼 서로 동맹을 결성해 각국의 항만 터미널에 투자하며 영향력을 넓히고 있다. 이러한 집중화는 해상 운송이 주요 대형 항로 중심으로 재편되도록 만들었고 그 항로들은 다시 대형 항만 허브로 집중되는 구조를 낳았다.

세계적인 항구들이 모여 있는 아시아

해상 운송은 과거 유럽과 아메리카 대륙을 이어주던 전통적인 대서양 항로에서 벗어

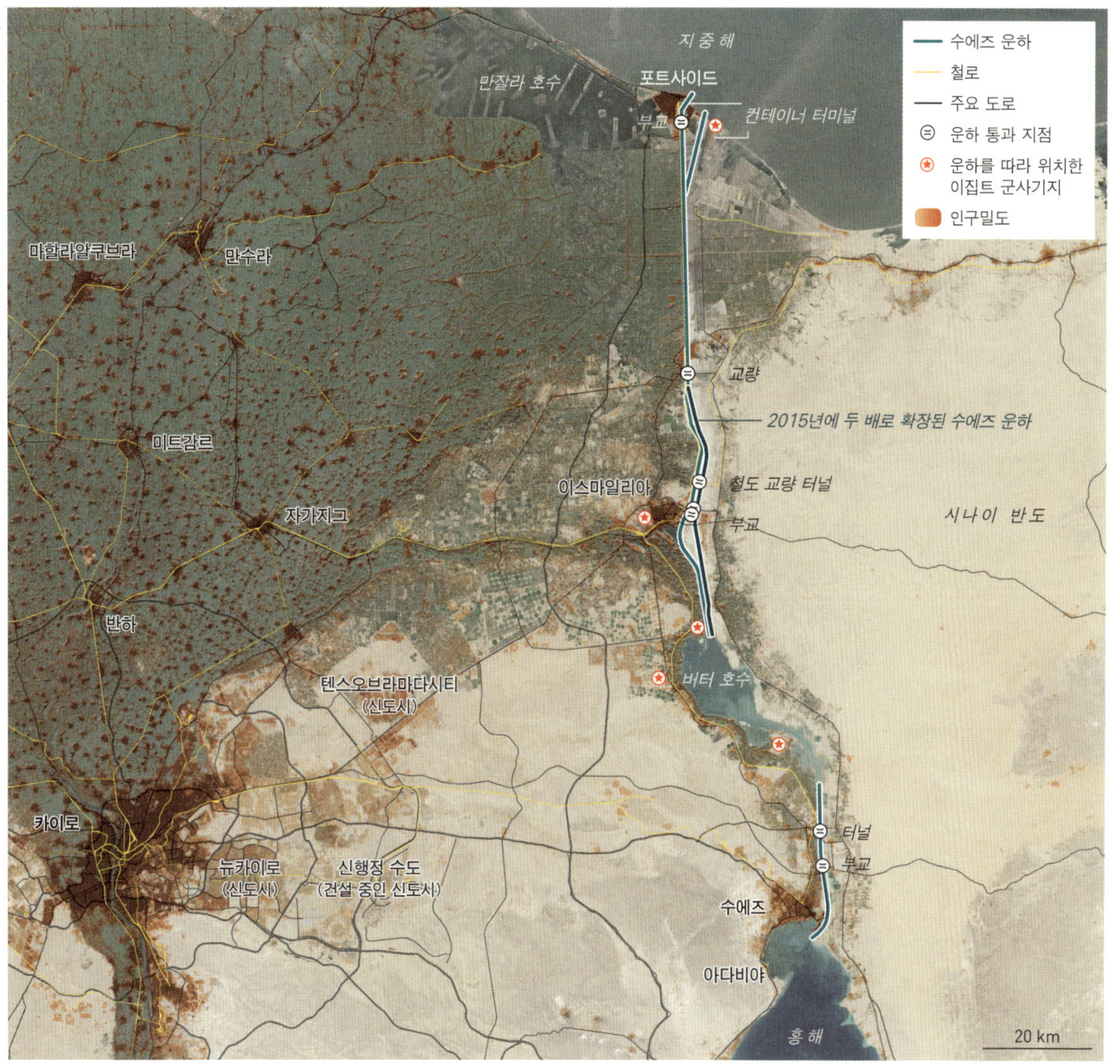

나 점차 석유는 중동이, 공산품은 아시아가 교역의 출발점이 되었다. 하지만 최근에는 미국이 세계 최대 석유 생산국으로 떠오르고 액화천연가스 개발 또한 진전되면서 오늘날 에너지 자원의 운송 경로는 여러 곳으로 분산되고 있다. 특히 러시아-우크라이나 전쟁 이후 미국과 카타르에서 유럽으로 향하는 석유와 가스의 해상 운송이 크게 늘어났다.

세계의 무역을 주도하는 중국과 그 이웃 국가들은 이미 세계 경제 시스템의 중심이

사막을 가로지르는 160킬로미터의 수에즈 운하

2022년부터 2023년까지 수에즈 운하는 주로 통행세 명목으로 이집트에 86억 유로(약 14조 9천억 원)의 수익을 가져다주었는데 이는 이전 기간에 비하면 35퍼센트나 상승한 수치다. 이 기록적인 수익은 이집트 대통령 압델 파타 엘시시가 2014년에 착수한 대규모 운하 확장 공사 덕분에 가능했다. 이 공사는 기존의 운하를 확장하고 준설한 뒤 35킬로미터의 새로운 운하 구간을 추가로 건설해 한쪽에서 오는 선박이 완전히 지나갈 때까지 다른 쪽에서 오는 선박은 기다려야 하는 필요 없이 양쪽에서 오는 선박들이 동시에 교차 항해가 가능하게 해주었다. 그 결과 공사 이전에는 49척에 불과했던 수에즈 운하의 일일 통행 선박 수가 2023년에는 71척으로 늘어났다.

상하이, 세계 최대 항구

세계 1위의 항구인 상하이는 도심에서 약 100킬로미터 떨어진 여러 섬들의 주변 바다를 매립해 조성한 인공 심해항(수심이 깊어 대형 선박이 정박할 수 있는 항구)인 양산을 포함하고 있다. 이 새 심해항은 거대한 둥하이 대교를 통해 상하이 도심과 양쯔강 하구에 위치한 기존의 상하이 항구와 연결된다. 양산항과 기존 상하이 항구는 모두 빠르게 성장 중인 상하이 산업 지역과 연결되어 있으며 난징, 우한, 충칭 등 양쯔강 유역 주요 도시들에서 운송되는 화물량이

되었다. 그 결과 전 세계 상품 교역은 두 개의 주요 항로를 중심으로 이루어진다. 하나는 아시아와 미국 서부를 잇는 태평양 횡단 항로이고, 다른 하나는 인도양과 수에즈 운하를 통과해 아시아에서 유럽으로 가는 항로다. 국제 교역에서 아시아가 이처럼 중요한 위상을 갖게 된 이유는 값싼 노동력에서 기인한 경제적 역동성과 함께 컨테이너 처리에 적합한 현대식 항만을 갖추고, 또 항만 인근에 대규모 산업단지를 조성할 수 있었기 때문이다. 그 결과 2023년 기준 세계 상위 20대 무역항 가운데 15곳이 아시아에 위치해 있는데 그 가운데 8곳은 중국에 있다. 그중 1위는 상하이가 차지했고 싱가포르가 그 뒤를 잇고 있으며 유럽 최대 항구

인 로테르담은 두바이의 제벨알리 항구를 제치고 10위를 기록했다.

말라카 해협, 이미 포화 상태가 된 병목 구간

화물 운송량과 교역의 증가는 실제로 해상 무역에 꼭 필요한 통로인 운하와 해협의 전략적 중요성을 한층 더 높였다. 그 결과 '바다의 빗장'(혹은 전략적 요충지) 역할을 하는 운하와 해협을 통제하는 국가들은 더욱 커다란 힘을 손에 쥐게 되었다. 이들이 빗장을 걸어 잠그면 전 세계 해상 운송은 엄청난 대혼란을 겪게 되기 때문이다.

많은 통로 가운데 가장 중요한 곳 중 하나는 바로 인도네시아, 말레이시아, 싱가포르 사이에 있는 말라카 해협이다. 채 30킬로미터가 안 되는 좁은 폭의 이 해협은 전 세계 해상 물동량의 15퍼센트에서 20퍼센트가 몰리고 있는 탓에 이미 포화 상태에 도달했다. 자국으로 향하는 에너지의 수급 안정성(중국이 수입하는 석유의 90퍼센트가 말라카 해협을 경유한다)과 해외로 나가는 자국 수출품의 안전에 매우 민감한 중국은 사고나 해적의 위험에 대비해 이곳 해협에 대한 더욱 철저한 경계와 관리를 요구하고 있다.

또한 중국은 17세기에 검토하다 무산됐던 태국 크라 지협에 건설하려던 150킬로미터가 넘는 운하 프로젝트를 재개할지의 여부도 검토하고 있다. 이 프로젝트가 성공하면 말라카 해협을 통과하는 것보다 항해 시간을 3~5일 단축시킬 수 있다. 하지만 이는 인구 대다수가 무슬림인 태국 최남단 지역을 그 나라의 나머지 지역과 단절시킬 수

있고 그로 인해 오히려 태국 무슬림 인구의 분리 독립 욕구를 자극할 위험이 있다.

일반적으로 해협을 끼고 있는 연안 국가들과 그 해협을 이용하는 국가들은 해협에 대해 서로 다른 시각을 지니고 있다. 일례로 말라카 해협의 경우 근처 연안 국가들은 말라카 해협을 취약하고 불안정한 내해(inland sea)로 여기며 그곳을 생계의 터전으로 삼고 있는 주민들이 처한 열악한 상황을 우려한다. 반면 이 해협을 이용하는 국가들은 세계 경제의 원활한 기능을 위해 없어서는 안 될 전략적 중심축으로 여긴다.

한편 인도네시아는 말라카 해협의 대안으로 자국의 마카사르 해협을 내세우고 있다. 수심이 1천 미터 이상으로 말라카 해협보다 훨씬 깊고 폭도 120~180킬로미터로 훨씬 넓어 초대형 선박들도 지나갈 수 있다. 하지만 중국 잠수함이 이 경로를 통해 은밀하게 인도양으로 이동할 수 있다는 가능성도 상존한다.

이란의 빗장, 호르무즈 해협

첫 번째 바다의 빗장이 말라카 해협이라면, 두 번째 바다의 빗장은 호르무즈 해협이다. 전 세계 석유 생산량의 39퍼센트, 천연가스 생산량의 33퍼센트가 폭 30킬로미터인 이 좁은 호르무즈 해협을 경유한다. 이 해협은 오만과 이란 두 나라의 영해에 걸쳐 있다.

이란과의 갈등이 고조되자 서방 국가들은 여차하면 이란이 호르무즈 해협을 봉쇄해 세계 석유 시장을 흔들 수도 있다고 우려한다. 실제로 이미 지난 수년 동안 여러 척의 선박이 호르무즈 해협 인근에서 이란

이 자행한 것으로 의심되는 공격을 받곤 했다. 이 같은 위험 때문에 아랍에미리트는 아예 호르무즈 해협을 우회하는 육상 송유관을 건설하기도 했다. 실제로 2012년에 개통된 이 송유관은 아부다비 인근 해상에 있는 합샨 유전에서 출발해 호르무즈 해협을 통과하지 않은 채 오만만 연안에 위치한 푸자이라 원유 수출 터미널까지 이어진다. 이 프로젝트에는 석유와 가스 수출 경로를 다각화하려는 미국과 아랍 동맹국들의 숨은 전략이 깔려 있다고 볼 수 있다.

이란-이라크 전쟁(1980~1988년) 당시 같은 위협을 느꼈던 사우디아라비아 역시 동쪽의 페르시아만 연안에서 서쪽의 홍해 연안까지 이어지는, 즉 자국의 영토를 동서로 가로지르는 육상 송유관을 건설했다. 일명 '페트롤라인(Petroline)'이라고 불린 이 동서 횡단 송유관은 카타르 국경 인근의 페르시아만 연안 아브카이크 유전에서 출발해 사우디아라비아 내륙을 가로질러 홍해에 위치한 얀부 항구까지 이어진다. 길이는 약 1,200킬로미터로 사우디아라비아에서 생산되는 일일 원유 생산량의 3분의 1을 운송할 수 있다. 나머지는 계속해서 호르무즈 해협을 이용해야 한다.

하지만 이러한 우회로가 모든 문제를 해결해 준다고는 볼 수 없다. 홍해 연안의 얀부 항구에서 유럽으로 가는 해상 항로는 매우 수월한 반면, 얀부에서 사우디아라비아산 원유의 주요 소비국인 아시아 국가들로 가는 해상 항로에는 아직도 많은 어려움이 있기 때문이다. 즉 홍해에서 인도양으로 가기 위해서는 또 다른 바다의 빗장인 바브엘만데브 해협을 통과해야만 한다.

늘어나면서 그 혜택을 톡톡히 보고 있다. 그 결과 매년 상하이 항구를 통과하는 화물은 총 6억 5천만 톤에 달한다.

**지구온난화로 위협
받는 파나마 운하**

2016년에 대규모 확장
공사를 마친 파나마 운
하는 이제 수에즈 운하
와 북미 대륙을 횡단하
는 육상 운송로에 맞서
경쟁력을 되찾기를 기대
하고 있다. 파나마 운하
는 여전히 미국이 주로
이용하는 해상로다. 그
러나 2023년 파나마 당
국은 지구온난화로 인한
가뭄으로 하루 40척이
었던 일일 통행 선박 수
를 32척으로 줄여야 했
다. 파나마 운하는 바닷
물이 아니라 담수를 이
용해서 운영되는데 선박
한 척이 통과할 때마다
2억 리터의 담수가 소실
되는 격이기 때문이다.

지부티와 예멘 사이에 있는 바브엘만데
브 해협은 폭이 30킬로미터가 채 안 되는
곳으로 2015년에 발발한 예멘 내전 이후 극
도의 긴장감 속에 싸여 있다. 이 내전은 이
란의 지원을 받는 후티 반군, 사우디아라비
아의 지원을 받는 예멘 정부, 아랍에미리트
의 지원을 받는 남부 분리주의 세력 간의
충돌로 이어지고 있다. 이 문제와 더불어
페트롤라인의 제한적인 수송 용량도 문제
가 되기 때문에 사우디아라비아는 아라비
아 반도를 가로지르는 950킬로미터 길이의
운하를 건설하자는 의견을 내기도 했다. 하
지만 예멘의 불안정한 정세로 인해 800억
달러가 드는 이 프로젝트가 실제로 실현될
가능성은 매우 낮다. 이러한 대규모 프로젝
트와 별개로, 최근에는 북극의 빙하가 녹아
내리면서 자연스럽게 새로운 해상 항로가
생겨나고 있는데 이 변화 또한 점점 더 주

목받고 있다.

북극 항로,
새로운 해상 항로의 등장

지구온난화로 인해 지난 40년 동안 북극의
빙하가 녹아내리면서 아시아와 유럽을 잇
는 새로운 해상 항로들이 열리고 있다. 하
지만 아직까지는 일년에 여름 몇 달 동안
매우 강력한 쇄빙선이 있을 경우에만 이용
할 수 있다. 이러한 어려움에도 불구하고
중국은 일대일로 프로젝트에 북극을 통과
하는 이 새로운 해상 항로들을 포함시켰다.
특히 중국은 북극을 가로질러 상하이에서
유럽으로 가는 새로운 바닷길을 생각하고
있다. 이 항로를 이용하면 지금보다 거리를
40퍼센트나 단축시킬 수 있고 번잡한 말라
카 해협을 지나지 않아도 된다. 하지만 이

러한 구상은 현재로서는 아직 초기 단계에 머물러 있다.

　과거에는 빙하가 녹는 짧은 여름 동안에만 항해가 가능했던 두 개의 북극 항로도 있다. 하나는 미국, 캐나다, 그린란드 해안가를 따라 이어지는 북서항로이며, 다른 하나는 러시아 해안을 따라 이어지는 항로로 현재는 5월부터 10월까지 접근이 가능한 북동항로다. 러시아는 북극권에 있는 자국 도시에 물자를 보급하고 야말 반도에서 생산되는 자신들의 가스를 중국으로 수출하기 위해 이미 북동항로를 이용하고 있다. 그들은 핵추진 쇄빙선 함대를 확충하고 수많은 기지와 군사 시설을 현대화하는 등 미래의 잠재적 가치를 보고 이 항로에 막대한 투자를 쏟아붓고 있다. 향후 이 북동항로가 제대로 정비되면 상하이에서 로테르담까지의 항해 시간은 기존 경로보다 약 3분의 1 가까이 단축되고, 거리는 수에즈 운하를 경유할 때보다 4천 킬로미터, 파나마 운하를 경유할 때보다 1만 킬로미터 가까이 단축될 것이다. 전문가들에 따르면 북동항로는 2050년경에는 쇄빙선 없이도 일년 내내 항해가 가능할 것으로 예상된다. 그렇게 되면 러시아는 국제 무역에서 전략적으로 매우 유리한 입지를 확보할 수 있고 중국과의 관계도 더욱 강화할 수 있다.

　그러나 이 북동항로는 수심이 얕은 여러 해협들을 통과해야 하기 때문에 항해하기가 매우 까다롭고 운송 비용도 많이 든다. 게다가 주변 항구들의 인프라도 부족해 컨테이너 운송에는 더더욱 적합하지 않다. 바로 이러한 이유로 일부 해운 기업들(CMA CGM, MSC, 하파그로이드)은 북동항로의 이용을 포기했는데 그러면서도 표면적으로는 환경적 요인을 내세우고 있다. 즉 이 지역의 취약한 자연환경을 보호하기 위해 항로의 이용을 자제한다는 것이다. 따라서 현재 이 항로를 통한 물류 운송은 극히 제한적이다.

바다는 이미 '군사화'되었다

세계화로 인해 전 세계 무역량의 90퍼센트가 경유하는 해상 공간은 전략적으로 그 중요성이 한층 더 커졌다. 따라서 바다와 대양의 '군사화'는 무엇보다 무역 행위를 보호하려는 목적에서 등장했다고 볼 수 있다. 미국은 전 세계에 군사력을 투사할 수 있는 유일한 국가로 필요할 경우 지구상의 어디든 감시하고 개입할 수 있다. 영국, 프랑스, 중국, 인도 등 다른 강대국들도 제한적이지만 그와 같은 해상 안보 활동에 참여하고 있다.

　바다와 대양의 전략적 중요성을 누구보다 잘 이해한 나라 중 하나가 바로 신흥 강대국 중국이다. 현재 중국은 함대를 확충하고, 여러 해협과 지협 인근에 군사기지를 설치하고, 때로는 중국 본토에서 멀리 떨어진 세계 각지의 운하 및 항구에도 꾸준히 투자하고 있다. 중앙아메리카의 파나마 운하 인근, 유럽의 아테네 항구가 중국 자본이 투입된 대표적인 사례라 할 수 있다.

I BELIEVE IN GOD

#4

네 번째 경유지,
가나 케이프 코스트

가나의 수도 아크라에서 200킬로미터도 채 떨어지지 않은 곳에 위치한 케이프 코스트(Cape Coast)는 대서양에 면한 항구 도시로 포르투갈, 네덜란드, 스웨덴, 영국의 지배를 차례로 받아 왔다. 원래 이름인 카보 코르소(Cabo Corso)는 포르투갈어로 '짧은 곳'을 뜻한다. 이 도시는 한때 대규모 노예무역의 주요 거점이기도 했다. 옆의 사진 속 배들을 보면 색상은 화려하지만 크기는 작으며 어부들의 어망은 텅 비어 있거나 거의 비어 있다. 왜 이런 일이 벌어지고 있는 걸까? 그 이유는 이처럼 낡고 작은 배로 중국의 대형 저인망 어선들(선박 뒤쪽에서 넓은 그물, 즉 저인망을 펼쳐 바닷속을 긁듯이 물고기를 잡는 어선으로 트롤선이라고도 한다)과 불공정한 경쟁을 하고 있기 때문이다. 중국은 가나 사람들의 생존이 달린 바다에서 대형 선박을 동원해 그곳의 물고기들을 싹쓸이하고 있다.

수십 년 전부터 중국은 서아프리카와 중앙아프리카의 어류들을 대규모의 불법적인 방식으로 약탈해 가고 있는데, 해당 지역의 국가들은 이러한 상황에 처한 자국 연안을 단속할 만한 적절한 수단과 역량을 갖추지 못했다. 중국 어선 때문에 지속적으로 피해를 입고 있는 국가로 자주 언급되는 곳은 가나 외에도 여섯 나라가 더 있는데 바로 모리타니, 세네갈, 감비아, 기니비사우, 기니, 시에라리온 등이다. 설령 이들 국가가 중국을 상대로 법적 조치를 취할 여력이 있다 해도 그들은 외교 단절을 우려해 선뜻 나서지 못할 것이다. 이에 중국은 금전상의 대출을 미끼로 이들의 침묵을 사고 있다.

가나의 경우 중국의 약탈이 주민들에게 끼치는 피해는 매우 심각하다. 어업은 가나에서는 필수 산업이며 동시에 수많은 사람들의 식량안보를 보장해 주는 주요 수단이기 때문이다. 많은 비정부기구들이 꾸준히 중국의 행위를 문제 삼고 있지만 그때마다 중국은 자신들은 '합법적인 어업 국가'라고 대응한다. 비정부기구인 환경정의재단(EJF)은 가나 수역에서 조업하는 공장식 대형 저인망 어선의 90퍼센트가 현지에 설립한 페이퍼컴퍼니 뒤로 정체를 숨긴 중국 기업의 소유라고 밝혔다.

중국의 초대형 저인망 어선들은 밤이 되면 해안 가까이에서 조업하는데 이는 가나의 어업을 보호하기 위해 원칙적으로 금지된 행위다. 하지만 그들은 이를 싹 무시하고 밤에 가나인들의 주식이 되는 어종을 대량으로 잡아들인 후 그 선박에서 바로 냉동시킨다. 그리고 이를 다시 여러 마리로 합쳐 하나의 블록 형태로 만들어 가나인들에게 재판매한다. 가나에서는 이러한 행위를 가리키는 냉소적인 표현이 있는데 바로 '사이코(Saiko) 조업'이다. 바다의 물고기를 둘러싼 '그물 전쟁'은 바야흐로 이제 막 시작된 셈이다.

물고기를 둘러싼 전쟁

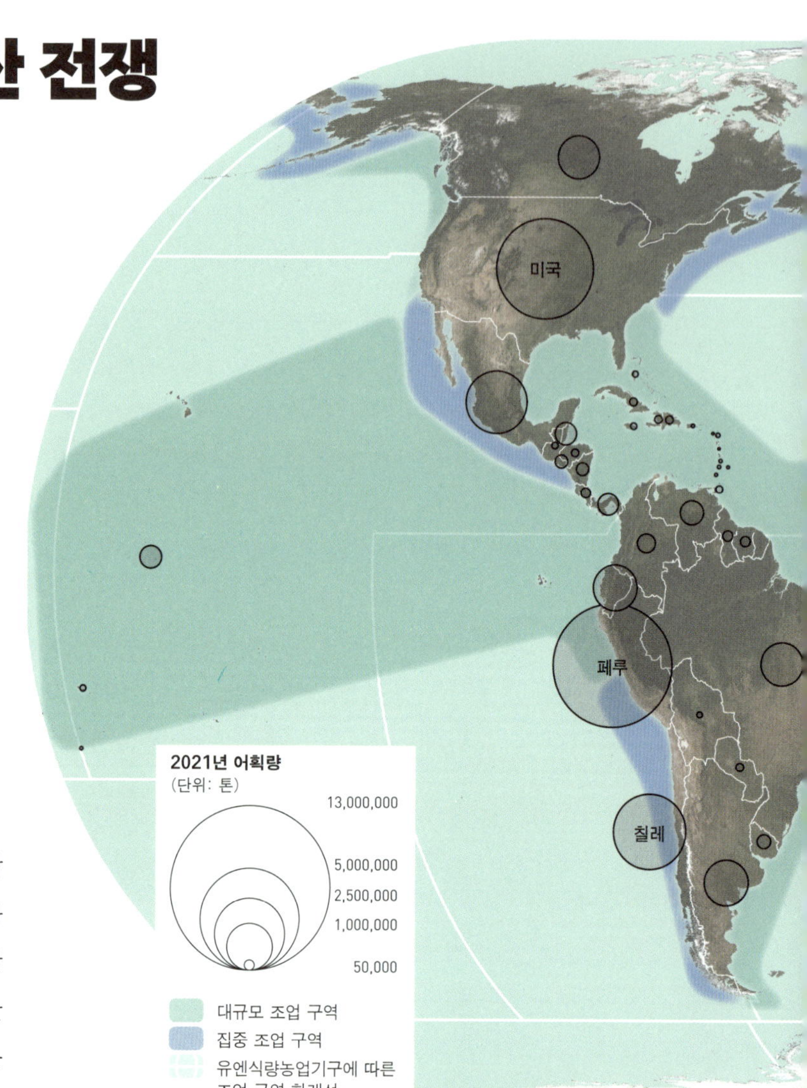

인류는 태초부터 어업을 해왔다. 어류, 갑각류, 해양 포유류는 해안 지역이나 강과 하천을 따라 거주하는 사람들이 쉽게 구할 수 있는 식량 자원이다. 또한 어류는 인간에게 풍부한 단백질을 제공하는데 이 때문에 어류 소비는 꾸준히 증가해 왔다. 실제로 유엔식량농업기구(FAO)에 따르면 2019년 기준으로 전 세계 사람들은 동물성 단백질의 17퍼센트, 전체 단백질의 7퍼센트를 어류를 통해 섭취했다.

약 3만 5천 종에 달하는 어류는 지구상에서 가장 큰 척추동물군이다. 절반은 강, 하천, 호수와 같은 민물에 서식하고 나머지 절반은 바다와 대양에 서식한다. 하지만 실제 어획은 소수의 종에 집중되어 있는데 단 70종이 전 세계 어획량의 절반을 차지한다. 또한 총 9,600만 톤의 어획량 중 87.5퍼센

주요 어업 지역 및 국가

지구상에서 가장 많은 조업이 이루어지는 세 구역은 태평양 북서부, 중서부, 남동부다. 어획량이 가장 많은 국가로는 중국, 인도네시아, 페루, 인도, 러시아, 미국, 베트남 등을 들 수 있는데 이들 국가가 세계 어획량의 절반을 차지한다. 상위 20개 국가까지 합치면 75퍼센트까지 달한다. 주요 수출국은 중국, 노르웨이, 베트남, 유럽연합이 있으며 주요 수입국은 미국, 중국, 일본을 들 수 있다.

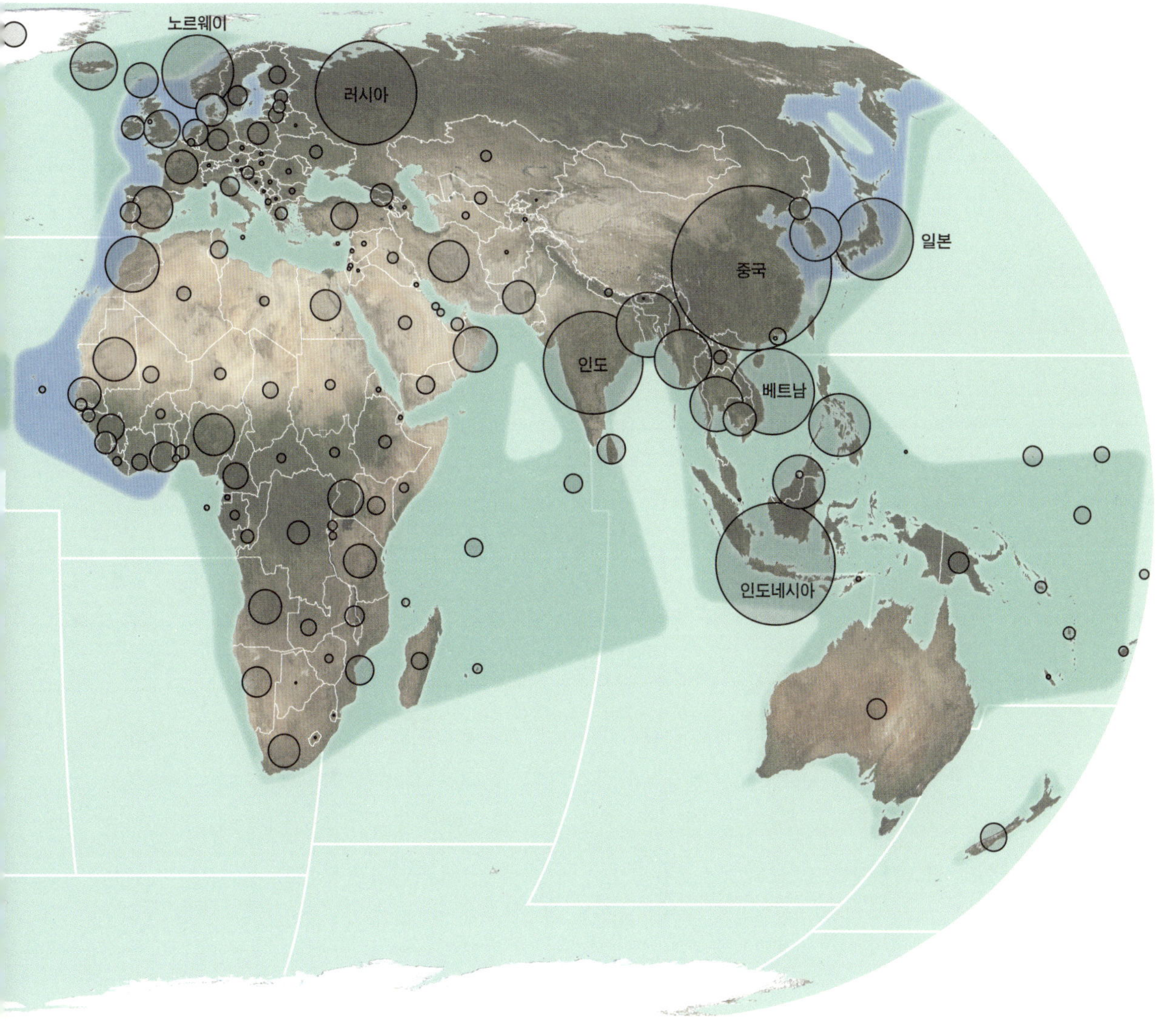

트는 바다와 대양에서, 12.5퍼센트는 강, 하천, 호수에서 잡은 것이다.

과도한 어획으로 고갈되는 자원

이들 어종 가운데 일부는 개체수가 감소했거나 심지어는 멸종위기에 처해 있기도 하다. 대부분의 참치류가 여기에 속하며, 국제자연보전연맹(IUCN)에 따르면 전 세계 상어와 가오리 종의 37퍼센트도 멸종위기에 처해 있다고 한다. 이 지경에까지 이르게 된 것은 지난 60년간 이들을 지나치게 많이 잡아왔기 때문이다. 전 세계적으로 바다에서 잡아올린 어류의 총량은 1950년대에는 2,000만 톤 미만이었는데 2018년에는 멸치류의 대규모 어획으로 8,450만 톤을 기록했다. 이후 2020년에는 다소 줄어 7,880만 톤을 기록했다. 실제로 페루산 멸치는 2018년에 700만 톤이 잡히면서 세계에서 가장 많이 잡힌 어종이 되었고 그 뒤를 알래스카 명태(340만 톤)와 참치과에 속하는 가다랑어(320만 톤)가 차지했다.

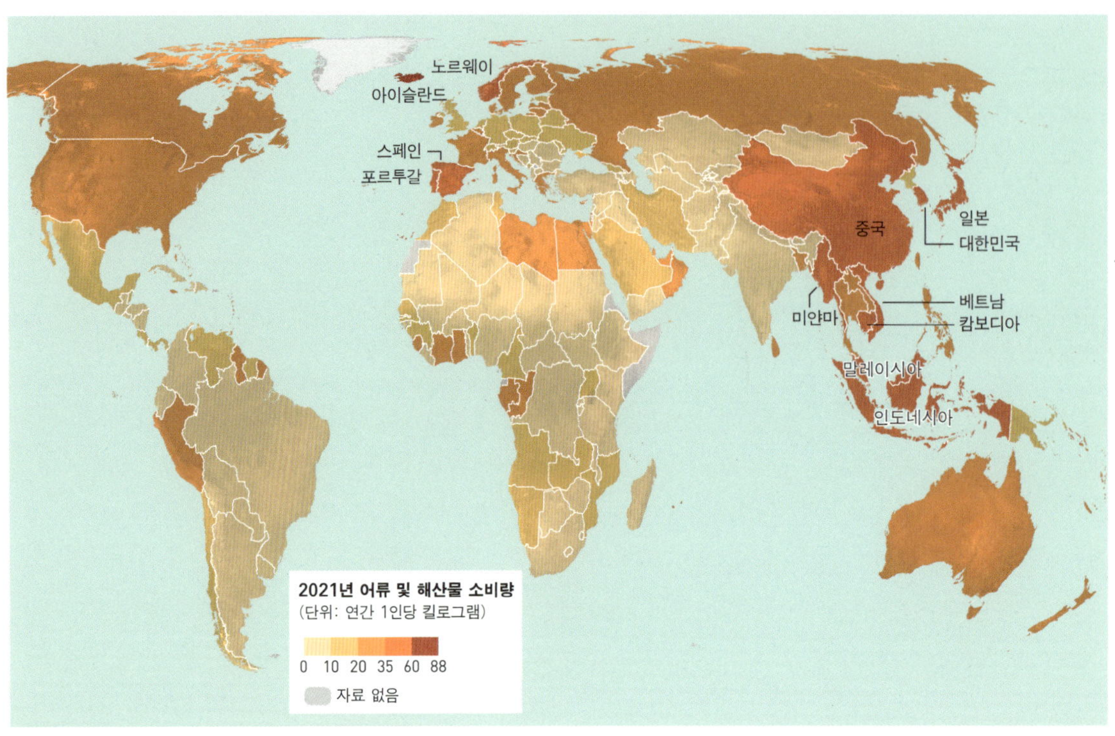

어류의 최대 소비국은?

아시아와 태평양(오세아니아) 지역 국가들이 연간 1인당 가장 많은 어류를 소비한다. 이는 지리적 환경과 연관된 식습관에서 일부 기인한다. 넓고 풍부한 어장을 보유하고 있을 뿐만 아니라 높은 구매력까지 갖춘 북아메리카와 유럽이 그 뒤를 잇는다. 반면 카리브해, 라틴 아메리카, 아프리카 지역들은 어류 소비량이 낮은데 이는 낮은 구매력과도 연관이 있다. 한편 2019년 세계 인구의 절반에 가까운 사람들은 동물성 단백질의 최소 20퍼센트를 수산물로 섭취했다.

이렇게 어획량이 급격하게 늘어난 것은 무엇보다도 어류에 대한 세계적인 수요가 증가했기 때문이다. 특히 중상위 소득의 신흥국과 개발도상국에서 소비가 늘었다. 중국에서는 1인당 수산물 소비량이 1961년에는 4.2킬로그램이었는데 수산 양식업과 어업이 발달하면서 2019년에는 무려 40.1킬로그램으로 급증했다. 전반적으로 해산물을 가장 많이 소비하는 곳은 아시아와 오세아니아이며 아이슬란드, 몰디브, 페로 제도와 같은 섬 지역에서도 1인당 연간 소비량이 80킬로그램을 초과하기도 한다.

선박의 대형화와 어업의 산업화

1950년대부터 어업은 어선의 대형화와 어선 내 냉동 설비, 물고기 떼를 감지하기 위한 수중 음파 탐지기 사용 등 기술의 비약적 발전 덕분에 효율성이 크게 향상되었다. 그 결과 전 세계 어선 보유 대수도 1950년의 170만 척에서 2018년에는 456만 척으로 늘어났다. 이제는 길이 12미터의 소형 저인망 어선에서 길이 150미터에 무게 9,500톤에 달하는 초대형 어선까지 등장했다. 그중 초대형 저인망 어선은 한 번에 200톤의 물고기를 잡아올리는데 그 과정에서 바다 생태계를 심하게 훼손한다. 또한 그들은 태평양과 같이 멀리 떨어진 곳까지 가서 조업을 할 수 있는데 어선 안에는 자동화된 설비를 갖추고 있어 현장에서 물고기를 손질하고, 냉동하고, 포장까지 할 수 있다.

이러한 어업의 산업화는 결국 해양 생태계에는 치명적인 재앙과도 같아서 여러 어종의 개체수 감소를 불러왔다. 대표적인 예로 오늘날 전 세계적으로 멸종위기에 놓인 대구를 들 수 있다. 대구는 전통적으로 북해와 대서양에서 가장 많이 잡혔는데 이곳에서조차 개체수가 크게 줄어들거나 붕괴 상태에 이르렀다. 태평양은 더욱 심각한데 전 세계에서 가장 조업이 많이 이루어지는 곳인 만큼 남획으로 인한 문제가 더더욱 우려되는 상황이다.

인류 역사상 어획은 대부분 해안가 근처에서 이루어졌다. 하지만 1994년에 발효된 유엔해양법협약에 따라 각국은 자국 해안에서 200해리까지는 자유롭게 어획 활동이 가능한 배타적 경제수역을 확보하게 되었다. 반면 다른 나라 어선은 허가 없이는 이곳에서 어획 활동을 할 수 없다. 그러나 인간이 설정한 이러한 해상 경계선쯤은 가볍게 무시한 채 수천 킬로미터를 헤엄쳐 다니는 참치 같은 어류 때문에 일부 어선은 허가증을 받아서라도 다른 나라의 배타적 경제수역 안에서 어획 활동을 하고자 한다. 또한 그들은 그 어느 국가의 배타적 경제수역에도 포함되지 않는 저 멀리 떨어진 공해를 포함한 국제수역으로 진출해 어획 활동을 하기도 한다.

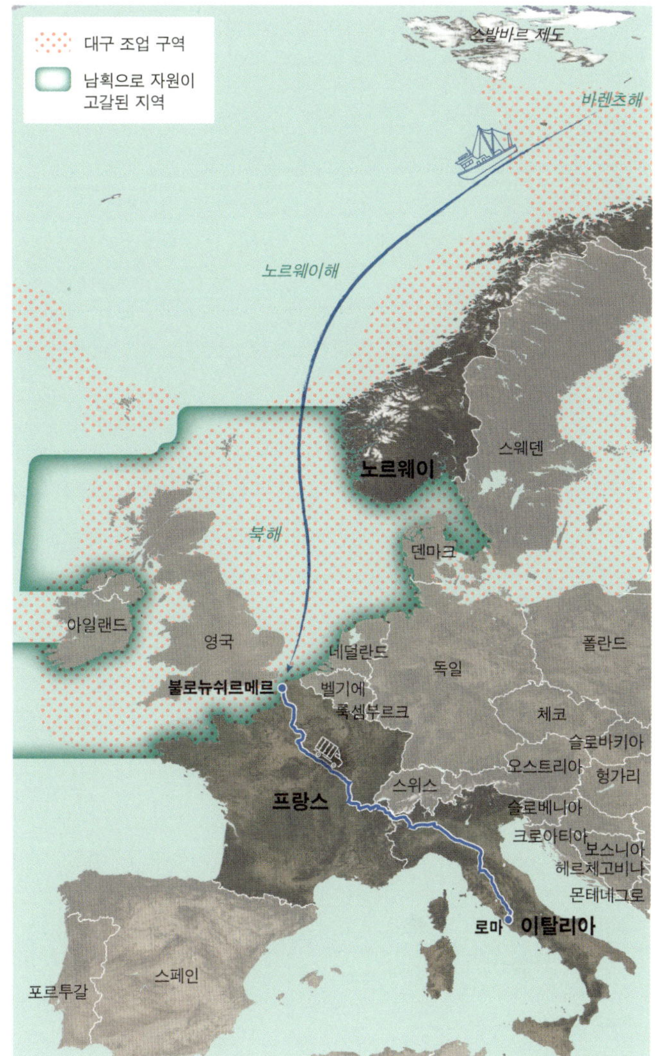

어획 활동이
국가 간 갈등을 초래할 때

배타적 경제수역과 각국의 어획 활동이 가능한 구역을 설정하는 것은 때때로 갈등을 낳는다. 브렉시트 이후 프랑스와 영국이 영불해협에서 겪고 있는 갈등이 그 대표적인 사례다. 2020년까지만 해도 유럽연합의 모든 어선은 수산 자원이 풍부한 영국 영해에 자유롭게 접근할 수 있었다. 그 결과 2011년부터 2015년 사이 프랑스가 영불해협에서 잡은 어획량은 연간 10만 톤으로 추정된다. 그러나 영국이 유럽연합을 탈퇴하게 되면서 이제 영국 영해에서 조업을 하려면 허가를 받아야 한다. 영국은 브렉시트 이후 자국 해역에서 조업할 수 있는 허가증을 발급할지 말지 자율적으로 결정할 수 있는 권한을 갖게 되었다. 그래서 특히 프랑스에게는 어획량을 줄일 것을 요구했다. 하지만 이는 프랑스 어민들에게는 경제적 이해관계가 걸린 중대한 사안이기 때문에 양국 간의 갈등 요인이 되었다. 수개월에 걸친 협

북극에서 이탈리아 가정의 식탁까지

콜드 체인(cold chain), 즉 냉장 및 냉동 유통 시스템의 발전은 더욱 빠른 어류 유통을 가능케 했다. 예를 들어 바렌츠해의 노르웨이 해역에서 잡힌 대구가 프랑스의 불로뉴쉬르메르에 하역된 뒤 가공을 거쳐 이탈리아 로마에서 팔리기까지는 사흘이 채 걸리지 않는다.

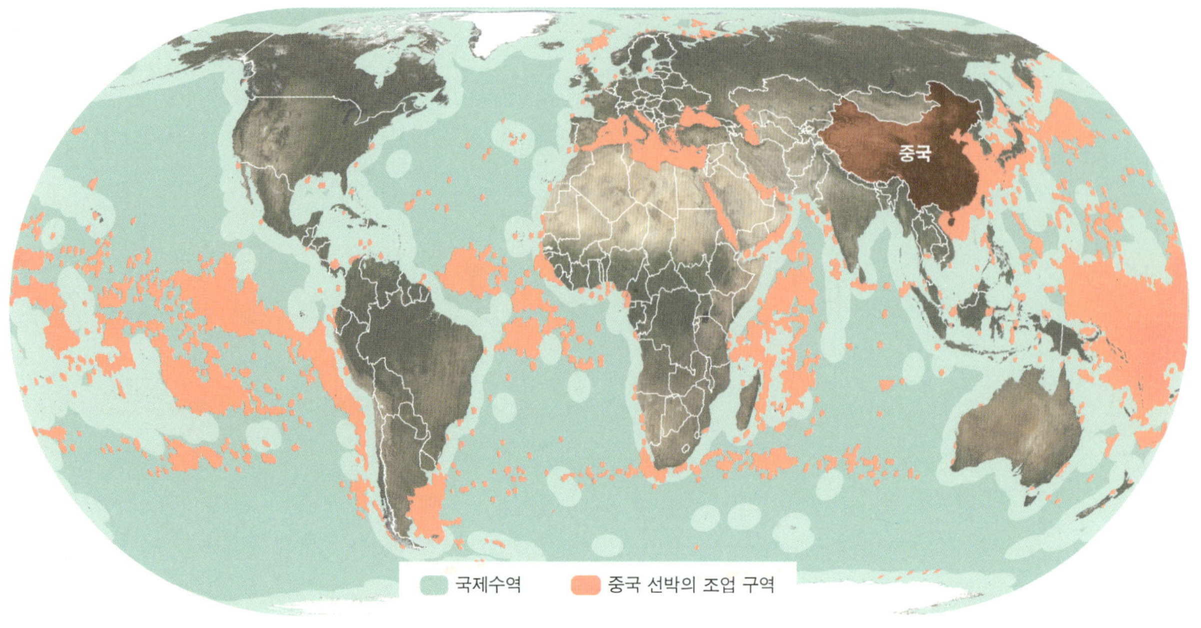

전 세계로 퍼진 불법 어업

자국 영해를 벗어나 활동 중인 것으로 관측된 어선의 수가 1만 2,500척에 달하는 중국은 전 세계 해상 곳곳에서 존재감을 떨치고 있다. 중국은 다른 국가의 배타적 경제수역과 공해를 포함한 국제수역에서도 조업을 하고 있는데 때로는 어획량과 취약한 해양 환경을 고려하지 않는 불법적인 방식으로 하기도 한다.

상 끝에 영국이 자국 영해에서 계속 조업하길 원하는 프랑스 어선들이 요청한 대부분의 허가증을 발급하기로 합의하면서 브렉시트 이후 양국 간에 벌어진 분쟁은 마침내 해결되었다.

법 위에 군림하는 중국 어선

자국 영해 밖에서의 어업권 분쟁은 때로는 더 심각한 양상을 띠기도 한다. 특히 그것이 자국 영해를 벗어나 전 세계 전역에서 조업하는 선박의 수가 1만 2,500척에 달하는 중국과 같은 국가가 연관된 경우라면 더더욱 그렇다. 2018년에 중국은 원양에서 포획한 어획량이 226만 톤에 달한다고 공식 발표했다. 중국의 원양 어업 활동은 1980년대부터 가나와 같은 서아프리카 국가들의 연안을 따라 행해져 왔다. 다른 여러 아프리카 국가들과 마찬가지로 이곳 서아프리카에서도 힘없고 부패한 정부들이 중국에

대규모로 조업 허가증을 발급해 왔다.

하지만 이렇게 허가를 받은 중국 어선들은 조업 구역을 지키지 않거나 생물다양성 보호 규정 등을 따르지 않는 경우가 많다. 그 결과 불법 조업이 광범위하게 행해지면서 전통적인 방식으로 조업하는 현지 어민들의 수입 감소는 물론 그 지역 어류의 고갈까지 초래하고 있다. 중국 어선들은 에콰도르 인근의 보호 해역인 갈라파고스 제도의 생태계 균형도 여러 차례 위협한 바 있다. 그들은 갈라파고스 해안 주변의 국제수역에서 대규모로 조업 활동을 벌였는데 그곳은 인간이 인위적으로 정한 해상 경계를 알 리 없는 보호종들이 자주 왕래하며 서식하는 곳이다.

글로벌 식문화의 변화

전 세계적으로 어류 소비가 계속해서 증가하는 것은 각종 과학적 연구가 어류의 영양

학적 이점을 강조해 왔기 때문이다. 생선은 심혈관 질환의 위험을 줄이는 오메가-3 지방산이 풍부하다. 또한 식생활 문화의 세계화도 영향을 끼쳤다. 초밥과 생선회에 대한 전 세계적인 유행과 최근 수년간 급증한 일본 음식점 수가 이를 증명한다. 일본 농림수산성에 따르면 2020년 기준 해외에 있는 일본 음식점 수는 2017년과 비교해 30퍼센트 증가했는데, 성장세가 가장 두드러진 아시아와 아프리카에서는 무려 50퍼센트나 증가했다. 일본 음식이 유행하면서 연어의 소비 증가에도 막대한 영향을 미쳤다. 연어는 참다랑어 같은 전통적으로 소비되던 어종의 개체수가 감소하면서 그 대체재로 1980년대부터 일본에서 널리 애용하기 시작했다.

양식업의 폐해

전 세계의 연어 소비량은 1980년대 이후 세 배로 급증했다. 다양한 연어종 가운데 소비자들이 선호하는 것은 대서양연어다. 하지만 현재 우리가 소비하는 연어는 단 25퍼센트만이 자연산이고 나머지는 양식을 통해 생산된다. 2020년 한 해에만 양식을 통해 생산된 해양 동식물은 8,750만 톤에 달한다. 양식업 분야에서 선두에 있는 국가로는 노르웨이를 들 수 있는데 이 나라는 대서양연어 전 세계 생산량의 절반을 책임진다.

하지만 현재 노르웨이는 양식장의 수를 제한하려는 시도를 하고 있다. 왜냐하면 좁은 공간에 많은 물고기를 빽빽하게 가둬 놓고 빠르게 키우는 집약적 양식은 스트레스 지수가 높고 질병에 걸린, 심지어는 항생제를 투여받은 양식 어류가 자연산 어류와 접촉하게 만들어 생태계에 악영향을 주기 때문이다. 실제로 양식장에서 발생해 전파된 질병으로 20년 사이에 자연산 대서양연어의 개체수가 절반으로 감소했다. 이 같은 질병 외에도 남획, 기후변화에 따른 해수 온도 상승, 해양 오염, 연어가 산란을 위해 강을 거슬러 올라가는 것을 방해하는 인간의 개발 등으로 인해 대서양연어는 지금도 계속해서 고갈되고 있다.

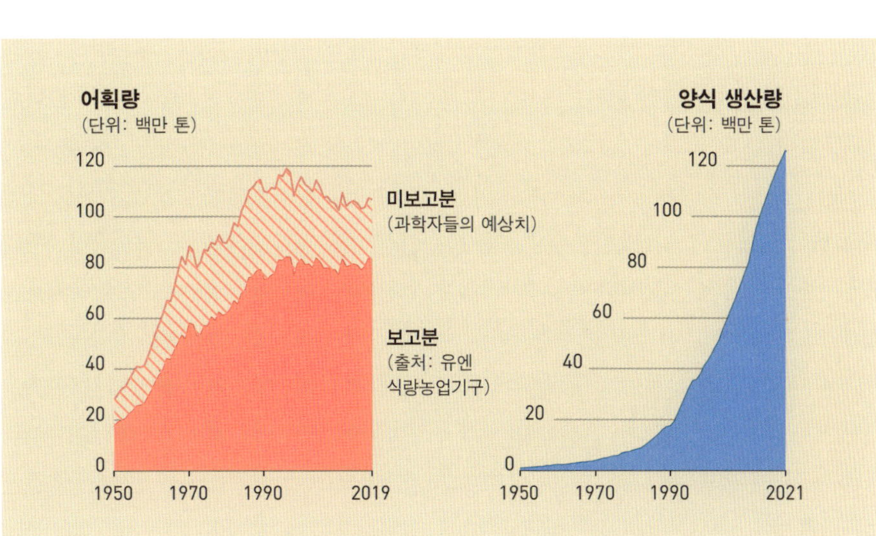

세계의 어업과 양식업의 발전

지난 수십 년간 수산물의 1인당 소비량은 공급량의 증가, 소비자 선호도의 변화, 기술 발전, 소득 증가 등에 크게 영향을 받았다. 하지만 무엇보다도 양식업이 발전하면서 가능했는데 지난 30년 동안 양식을 통한 생산량이 크게 증가했다. 유엔식량농업기구에 따르면 양식으로 생산된 수산물은 1950년의 1,900만 톤(생물 중량 기준)에서 2020년에는 8,750만 톤으로 증가했다.

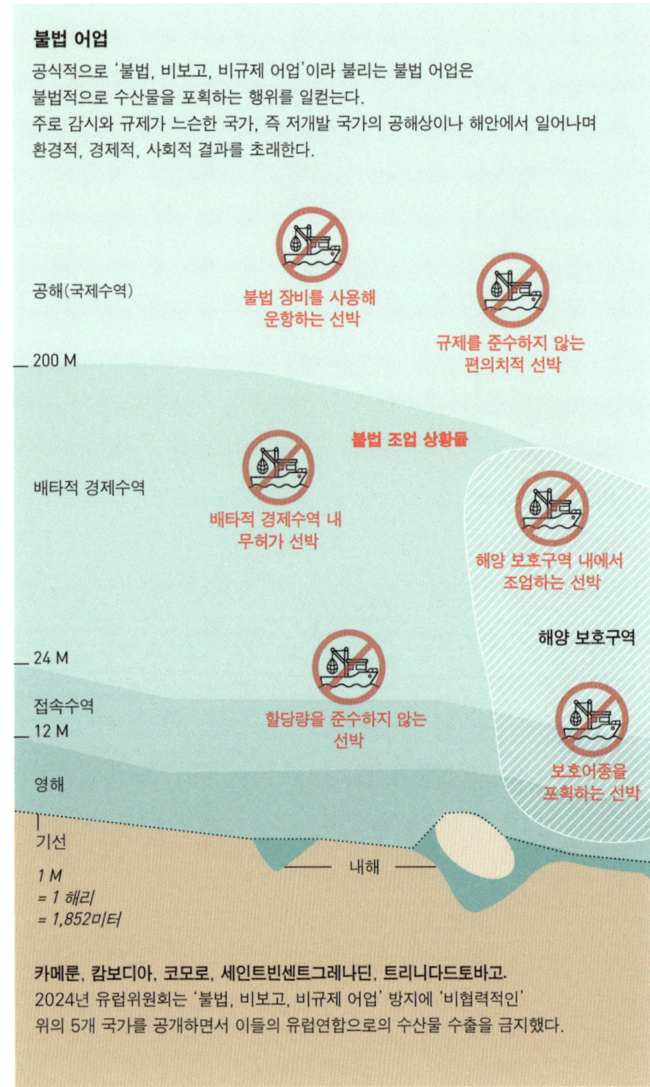

전체 어획량의 5분의 1이 불법 조업으로

양식업이 발전함에 따라 유엔식량농업기구는 '책임 있는 어업을 위한 행동 강령'을 1995년에 채택했다. 이 강령은 수산 자원을 적절한 수준으로 회복시키기 위해 어획 할당량을 정해주는 쿼터제를 실시하거나 경우에 따라서는 아예 어획을 금지하기도 했다. 쿼터제의 실시로 일부 참치 어종은 멸종위기에서 벗어날 수 있었는데 그 결과 대서양 동부 해역에 서식하는 참다랑어 개체수는 최근 4년 동안 그 수가 최소 22퍼센트나 증가했다.

하지만 쿼터제를 제대로 준수하게 하려면 관리 감독 및 통제가 필요한데 공해상에서는 이것이 쉽지가 않다. 게다가 참치와 같은 일부 어종은 수천 킬로미터를 이동하며 여러 조업 구역에 걸쳐 서식하기 때문에 더욱 어렵다. 행동 강령을 준수하지 않았을 때 가하는 제재 또한 충분한 효과를 내지 못하고 있다. 세계자연기금(WWF)은 오늘날 전 세계적으로 어종을 가리지 않고 매년 총 1,100만 톤에서 2,600만 톤의 어류가 불법적으로 포획되고 있다고 밝혔다. 이는 전체 어획량의 5분의 1에 해당하는 수치다.

여전히 부족한 해결책

어업이 엄격한 관리 대상이 된다면 바닷속 어류는 다시 회복될 수 있으며 이는 확고한 조치를 취하려는 어업 관계자들과 정부에 대한 신뢰도를 높이는 데도 기여할 것이다. 2020년 프랑스 본토로 하역된 40만 톤의 어류 중 60퍼센트는 어류가 줄지 않도록 잘 관리된 바다에서 잡은 것들이다. 이는 20년 전의 15퍼센트에 비하면 괄목할 만한 발전이다. 하지만 일부 국가와 지역에서의 긍정적인 성과만으로는 과도하게 남획하는 현재의 추세를 되돌리기에는 부족하다. 어업에 대한 관리가 제대로 행해지지 않고 있거나 아예 시행되지도 않는 지역에서는 어류가 심각하게 고갈되는 등 상황은 점점 더 악화되고 있다.

　이에 유엔식량농업기구는 식량안보를 강화하면서 해양 생태계를 보호할 수 있는 지속 가능한 방식의 양식업 발전에 기대를 걸고 있다. 일명 '블루 트랜스포메이션(Blue Transformation)'이라 불리는 이 전략은 환경 친화적 방식, 기술 혁신, 그리고 공공 및 민간 투자를 기반으로 하고 있다.

　다음 장부터는 각 해협과 바다에 대해 본격적으로 한 곳씩 살펴보겠다.

#5

다섯 번째 경유지,
폴란드 그디니아

러시아가 우크라이나를 침공한 지 거의 일년이 다 되어갈 즈음인 2023년 1월, 우리 「지도의 이면」 프로그램 팀은 NATO의 지휘 아래 작전 중인 프랑스 해군 호위함에 승선할 준비를 하고 있었다. 차가운 겨울 아침, 우리 팀과 프랑스 해군은 그디니아에서 만났다. 발트해 남쪽의 그단스크만에 위치한 주요 항구이자 폴란드의 해안 도시인 이곳 그디니아에서는 자국과 500킬로미터가 넘는 국경을 공유하고 있는 이웃 나라 우크라이나에서 벌어지고 있는 전쟁을 그 누구도 외면할 수 없었다. 그래서 이곳에서는 수많은 우크라이나 국기, 해변에서 아이들을 데리고 산책하는 난민 가족들, 기부를 호소하는 교회의 포스터까지 어렵지 않게 볼 수 있었다.

하지만 우리는 이 폴란드 땅에 그리 오래 머물지 못했다. 프랑스 해군은 우리를 태우기 위해 이곳 그디니아 항구에 잠깐 들른 것이다. 그들은 우리에게 방한 장비를 지급한 후 곧바로 고속단정(RIB, 파도에 강한 고속 고무 보트)에 태워 폴란드, 발트해, 핀란드 해역을 순찰하는 프랑스 군함 아키텐이 있는 곳으로 출발했다. 100여 명의 남녀 승조원을 태운 아키텐호는 고성능 탐지 장비와 16개의 순항미사일을 탑재한 다목적 호위함이다. 지휘관에 따르면 이번 작전에서 그들의 임무는 "우리의 모습을 드러내고, 정보를 수집하고, 공격 억제력을 행사하는 것"이라고 한다.

발트해는 러시아-우크라이나 전쟁의 불꽃이 언제든 옮겨붙을 수 있는 화약고와 같은 바다다. 왜냐하면 발티스크, 칼리닌그라드, 상트페테르부르크 같은 러시아 항구가 이곳에 위치해 있고 수년간 유럽 국가들을 러시아산 에너지에 의존하게 만든 가스 파이프라인이 그곳 해저에 깔려 있기 때문이다. 거기에 더해 해상 시추 시설, 해상 풍력 발전기, 그리고 각국을 디지털로 연결해 주는 해저 케이블도 빼놓을 수 없는데 이들 모두 러시아의 공격 대상이 될 수 있다.

우리가 아키텐호에 승선해 있는 동안 작전통제실의 상황 모니터에는 칼리닌그라드(우리가 있는 곳에서 100킬로미터도 채 떨어져 있지 않다)에서 이륙해 상트페테르부르크로 향하는 수호이(Sukhoi, 러시아의 대표적인 군용기 제작업체 및 브랜드) 전투기들로 구성된 러시아 비행 편대가 포착되었다. 러시아 전투기들은 NATO 영해를 아슬아슬하게 스치듯 비행하면서도 경계선을 넘지는 않았다. 이에 대해 한 승조원은 서방 국가들과 러시아는 "서로를 스치고, 노려보고, 견제하지만, 충돌은 하지 않는" 위험한 게임을 이곳에서 벌이고 있다고 말해 주었다. 하지만 어쩌면 '아직까지만' 그런 건지도 모른다.

발트해,
전쟁의 불꽃이
언제든 옮겨붙을 수 있는
화약고

그 크기가 38만 5천 제곱킬로미터에 달하는 발트해는 유럽 북부에 위치해 있으며 덴마크의 리틀벨트, 그레이트벨트(스토레벨트), 외레순 해협을 지나 북해를 통해 대서양과 연결된다. '북쪽의 지중해'라고도 불리는 이 발트해는 스웨덴, 핀란드, 러시아, 에스토니아, 라트비아, 리투아니아, 폴란드, 독일, 덴마크 등 아홉 개 국가와 접해 있다.

발트해는 처음에는 대양과 분리된 빙하호수(빙하가 녹은 물이 고여서 만들어진 호수)였다가 점차 빙하가 녹으면서 바다가 되었다. 그 결과 현재 지구상에서 가장 '젊은 바다'로 수심은 평균 55미터로 그리 깊지 않고 조수간만의 차도 거의 없다. 또한 담수의 유입량이 많아 바닷물의 염분 농도도 낮다. 겨울이면 북부 지역과 보트니아만, 핀란드만 등 발트해 대부분 지역은 얼음으로

뒤덮인다. 게다가 해류도 약해 마치 폐쇄된 공간과 같아 도시와 산업체에서 흘러 들어오는 각종 폐수와 비료 등의 다양한 오염원이 제대로 빠져나가지 못하고 있다. 이 때문에 물속의 산소를 빨아들여 해양 동식물을 질식시키는 해조류가 빠르게 번식하고 있다.

핵심 항로에서는 떨어져 있지만
그래도 중요한 교역로

발트해는 중세 시대부터 전략적인 교역로였다. 14세기에 독일 뤼베크에서 한자동맹이 탄생했는데 이는 발트해 연안과 그 주변 도시의 독일 상인들이 자유로운 교역을 위해 결성한 것이다. 뤼베크 외에도 단치히(현재의 그단스크), 쾨니히스베르크(현재의

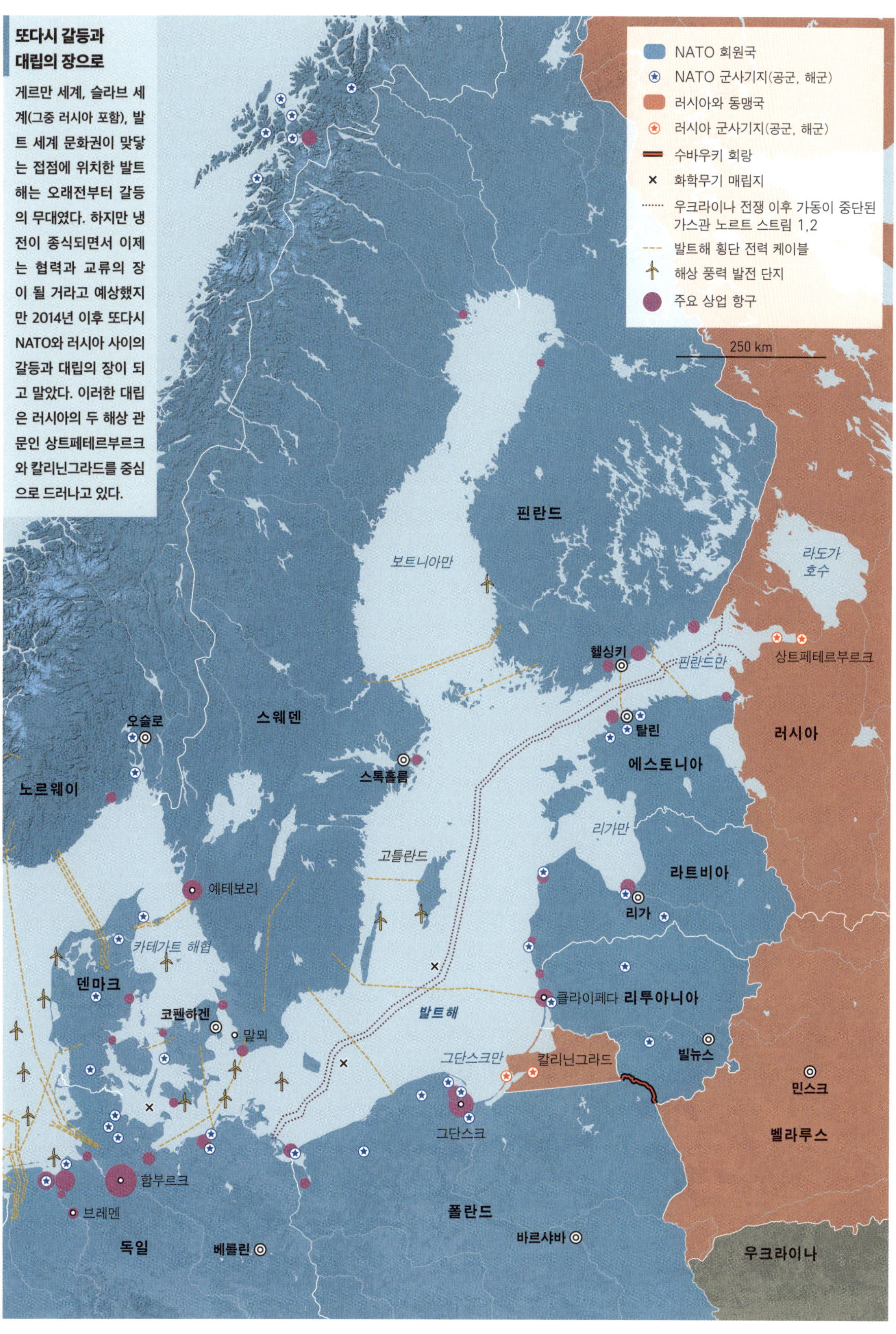

또다시 갈등과
대립의 장으로

게르만 세계, 슬라브 세계(그중 러시아 포함), 발트 세계 문화권이 맞닿는 접점에 위치한 발트해는 오래전부터 갈등의 무대였다. 하지만 냉전이 종식되면서 이제는 협력과 교류의 장이 될 거라고 예상했지만 2014년 이후 또다시 NATO와 러시아 사이의 갈등과 대립의 장이 되고 말았다. 이러한 대립은 러시아의 두 해상 관문인 상트페테르부르크와 칼리닌그라드를 중심으로 드러나고 있다.

NATO 회원국
NATO 군사기지(공군, 해군)
러시아와 동맹국
러시아 군사기지(공군, 해군)
수바우키 회랑
화학무기 매립지
우크라이나 전쟁 이후 가동이 중단된 가스관 노르트 스트림 1,2
발트해 횡단 전력 케이블
해상 풍력 발전 단지
주요 상업 항구

250 km

핀란드
보트니아만
라도가 호수
헬싱키
핀란드만
상트페테르부르크
오슬로
스웨덴
탈린
러시아
스톡홀름
에스토니아
노르웨이
리가만
고틀란드
라트비아
예테보리
리가
카테가트 해협
덴마크
코펜하겐
말뫼
발트 해
클라이페다
리투아니아
그단스크만
칼리닌그라드
빌뉴스
민스크
그단스크
벨라루스
함부르크
브레멘
폴란드
독일
베를린
바르샤바
우크라이나

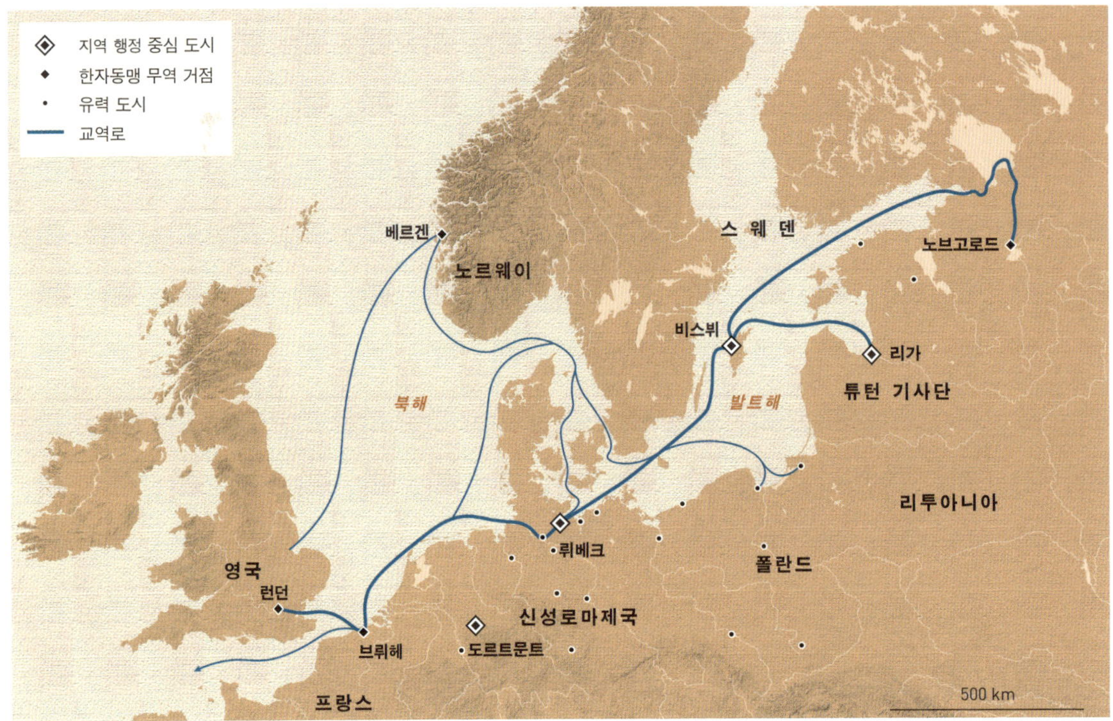

한자동맹, 발트해 경제 협력의 상징

한자동맹은 14세기에 발트해 연안과 내륙 지역의 약 130개 도시가 모여 결성한 상인들의 연맹으로 본부는 뤼베크에 있었다. 여러 국가에 설치된 교역소를 통해 노르웨이의 베르겐에서 러시아의 노브고로드에 이르기까지 북유럽 교역 발달에 기여했다.

칼리닌그라드), 리가(라트비아), 비스뷔(스웨덴) 같은 도시들도 한자동맹의 일원이었으며 노브고로드(러시아), 브뤼헤(벨기에), 베르겐(노르웨이) 등도 주요 무역 거점 역할을 했다.

오늘날에도 발트해는 전 세계 해상 운송량의 15퍼센트가 통과하는 중요한 곳이다. 비록 르아브르-노르망디 대학의 아르노 세리에 따르면 "서유럽의 주요 항만으로 연결되는 핵심 해상 항로와는 멀리 떨어져 있긴" 하지만 말이다. 1997년부터 2019년 사이에 발트해를 통과하는 선박 통행량은 두 배로 증가했는데 특히 동쪽 연안에서의 증가세가 두드러졌다. 하지만 러시아의 크림반도 병합과 그에 따른 국제적인 제재 이후 긴장이 고조되면서 이 지역 에너지 공급에 중대한 차질이 생겼다.

소련의 호수에서 유럽의 호수가 되기까지

냉전 시기에 소련과 그 동맹국들은 발트해 동쪽 연안 전체를 장악했다. 이곳의 네 항구인 레닌그라드(현재의 상트페테르부르크), 탈린-무가(에스토니아), 리가(라트비아), 클라이페다(리투아니아)는 당시 소련 해상 교역량의 약 4분의 1을 처리할 정도였다.

하지만 1990년대 초에 동구권이 붕괴되면서 상황은 러시아에 불리해졌다. 이제 러시아는 발트해 연안에서는 역외 영토인 칼리닌그라드와 본토에 위치한 상트페테르부르크 단 두 곳만을 통해 항해할 수 있게 되었다. 냉전 당시에는 NATO 회원국인 덴마크가 통제하던 해협들을 제외한 대부분을 소련이 지배했던 발트해는 점차 평화로운 '유럽의 호수'와 같은 모습으로 변모해 갔다.

독일에 이어 1973년에는 덴마크가 유럽 연합의 전신인 유럽경제공동체(EEC)에 가입했고, 1995년에는 스웨덴과 핀란드가, 그 뒤를 이어 2004년에는 폴란드와 발트 3국이 유럽연합에 가입했다. 한편 NATO에 대항하기 위해 소련과 동유럽 공산주의 국가들이 체결한 집단 군사동맹인 바르샤바조약기구가 1991년에 해체되면서 동유럽과 발트해 연안의 옛 소련 점령 지역들에서 소련군이 철수하게 되었다. 그러자 1991년에 폴란드가, 2004년에는 과거 소련에 속했던 발트 3국이 NATO에 가입을 신청하며 러시아의 분노를 불러일으켰다.

21세기 초의 발트해 지역은 이처럼 몇몇 갈등이 존재하긴 했지만 정치적으로, 경제적으로 비교적 안정된 상태를 누리고 있었다. 러시아가 크림 반도를 침공하기 전까지는 말이다.

2014년, 루소포비아(러시아에 대한 두려움)의 귀환

러시아가 크림 반도를 병합한 지 얼마 지나지 않은 2014년 10월, 스톡홀름 앞바다에서 정체불명의 소형 잠수함이 발견되자 스웨덴 사람들은 1981년에 겪었던 트라우마를 다시 떠올리게 되었다. 당시에 칼스크로나 스웨덴 해군기지에서 불과 몇 킬로미터 떨어지지 않은 곳에서 소련 잠수함 한 척이 좌초되면서 긴장이 조성된 적이 있었기 때문이다. 이후 2016년에는 러시아가 핵탄두 탑재가 가능한 이스칸데르 미사일 포대를 칼리닌그라드에 배치해 기지를 현대화하겠

다고 발표했는데, 이 미사일이 스웨덴 본토까지 도달 가능한 것으로 알려지면서 두 나라 사이의 긴장은 한층 더 고조되었다.

1815년부터 외교적으로 중립주의 입장을 고수해 오던 스웨덴은 이때부터 자국의 모든 군사기지를 현대화하는 대대적인 프로젝트를 진행하는 동시에 2010년에 폐지한 징병제까지 2017년에 재도입했다. 2018년 2월에는 외국 강대국에 의한 침공을 가정한 대규모 국가 안보 훈련을 시행하기도 했다. 이어서 스웨덴 군대를 고틀란드섬에 다시 주둔시켰다. 러시아의 크림 반도 병합 이후 4년이 지난 시점에 스웨덴이 이곳에 다시 군대를 상주시킨 것은 고틀란드섬이 지니는 지정학적 중요성을 다시 한번 상기시켜주는 셈이다.

실제로 고틀란드는 발트해의 '빗장'으로 여겨진다. 왜냐하면 러시아 전체 항구에서 처리되는 해상 물동량의 3분의 2가 몰리는 상트페테르부르크가 위치한 핀란드만과 발트해를 빠져나가는 출구 사이에 위치해 있어 러시아의 군용 및 민간 선박의 통행을 고틀란드가 통제할 수 있기 때문이다. 또한 러시아가 칼리닌그라드에서 공격을 가할 경우 고틀란드는 스웨덴 동부 해안을 방어하는 첫 전초기지가 되어 북쪽의 스톡홀름 군도와 남쪽의 욀란드섬으로 접근하는 모든 경로를 감시하고 차단할 수 있다. 하지만 그 무엇보다 스웨덴이 가장 우려하는 상황은 러시아가 발트 3국 중 한 곳을 공격할 경우, 해상 봉쇄를 유도하고 서방의 대응을 전면 차단하기 위해 고틀란드를 선제적으로 점령하는 것이다.

고틀란드, 침몰하지 않는 스웨덴의 항공모함

면적이 3,184제곱킬로미터인 고틀란드는 발트해에서 가장 큰 섬으로, 냉전 시기에는 스웨덴 방위 체계의 핵심 거점 중 하나로 인구 6만 명에 2만 5천 명의 군인(2개 포병 연대, 1개 기갑 연대, 1개 방공 대대)이 주둔하기도 했다. 발트해에서 한자동맹의 중심지였던 고틀란드는 11세기부터 요새화되었다. 2005년에는 스웨덴 정부가 고틀란드에 상주하는 모든 병력을 철수하겠다고 발표하면서 휴양지로 변모하기도 했다. 하지만 2014년 이후, 특히 2022년에 러시아의 위협이 고조되자 스웨덴 정부는 고틀란드 주둔 병력을 다시 세 배로 늘리겠다고 발표했다.

'핀란드화'의 종말

2022년 2월 러시아가 우크라이나를 침공하며 전쟁을 벌이자 다음에는 자신들이 공격 대상이 될 수도 있다는 두려움을 느낀 스웨덴은 방어 태세를 한층 더 강화하는 동시에 이웃 나라인 핀란드와 함께 NATO에 가입하기로 결정했다. 이로써 스웨덴과 핀란드는 오랜 기간 유지해온 중립주의 정책에 마침내 종지부를 찍고 2022년 5월 16일 NATO에 공식 가입 신청서를 제출했다. 이를 통해 두 국가는 NATO 헌장 제5조, 즉 회원국 일방에 대한 무력 공격을 전체 회원국에 대한 공격으로 간주해 함께 방어에 나선다는 집단방위 원칙의 보호를 받고자 했다. 레제프 타이이프 에르도안 튀르키예 대통령이 초반에 두 나라의 가입을 반대해 절차가 지연되긴 했지만 그럼에도 결국 핀란드는 2023년에 NATO의 31번째 회원국이 되었고 스웨덴은 2024년 3월 7일에 32번째 회원국이 되었다.

이로써 일명 '핀란드화(finlandisation)'라는 개념이 발트해에서 종말을 맞이하게 되었다. 핀란드화란 약소국이 강대국의 눈치를 보면서 외교와 안보에서 소극적인 정책을 펴는 것을 뜻하는 용어로, 냉전 시기에 핀란드가 인접국 소련의 비위를 거스르지 않기 위해 취했던 외교 정책에서 비롯된 말이다. 핀란드는 과거 나치 독일에 군사적으로 협력한 전력이 있는데 그 대가로 1947년에 자국 영토 일부를 소련에 양도해야 했고 이후 중립주의 노선을 유지해야만 했다. 하지만 러시아가 우크라이나를 침공하자 러시아와 1,300킬로미터에 달하는 국경을 맞대고 있는 핀란드로서는 위협을 느끼지 않을 수 없게 되었다.

러시아산 에너지 의존에서 벗어나려는 발트 3국

러시아와 국경을 접하고 있는 발트 3국인 에스토니아, 라트비아, 리투아니아 역시 자국의 안보를 우려하고 있다. 과거 소련에 속했던 이들 발트 3국은 1991년에 독립했지만 2014년까지도 러시아산 천연가스에 거의 전적으로 의존해 왔다. 그래서 러시아의 크림 반도 병합 직후 이들 나라는 러시아산 에너지에 대한 이러한 높은 의존도가 지닌 위험을 유럽 국가에 경고하면서 이 문제에서 벗어나기 위한 방안을 모색하기 시작했다.

　가장 먼저 에너지 공급원을 다각화한 나라는 노르웨이와 계약을 체결한 리투아니아였다. 노르웨이산 천연가스를 공급받기 위해 리투아니아는 클라이페다 항구에 연간 최대 50억 세제곱미터의 가스를 수용할 수 있는 부유식 저장 및 재기화(재가스화) 터미널을 설치했다. 터미널의 이름은 상징적이게도 '인디펜던스(독립)'로 정했다. 오늘날 리투아니아는 노르웨이뿐만 아니라 미국에서도 가스를 수입하는데 덕분에 러시아산 천연가스 수입량 비중을 30퍼센트 수준으로 줄일 수 있었다. 리투아니아의 이러한 정책 전환은 나머지 두 국가에도 영향을 미쳤지만 그 효과는 상대적으로 작았다. 우크라이나 침공 이전 러시아산 가스 수입 비중은 라트비아에서는 79퍼센트, 에스토니아에서는 68퍼센트에 달했다.

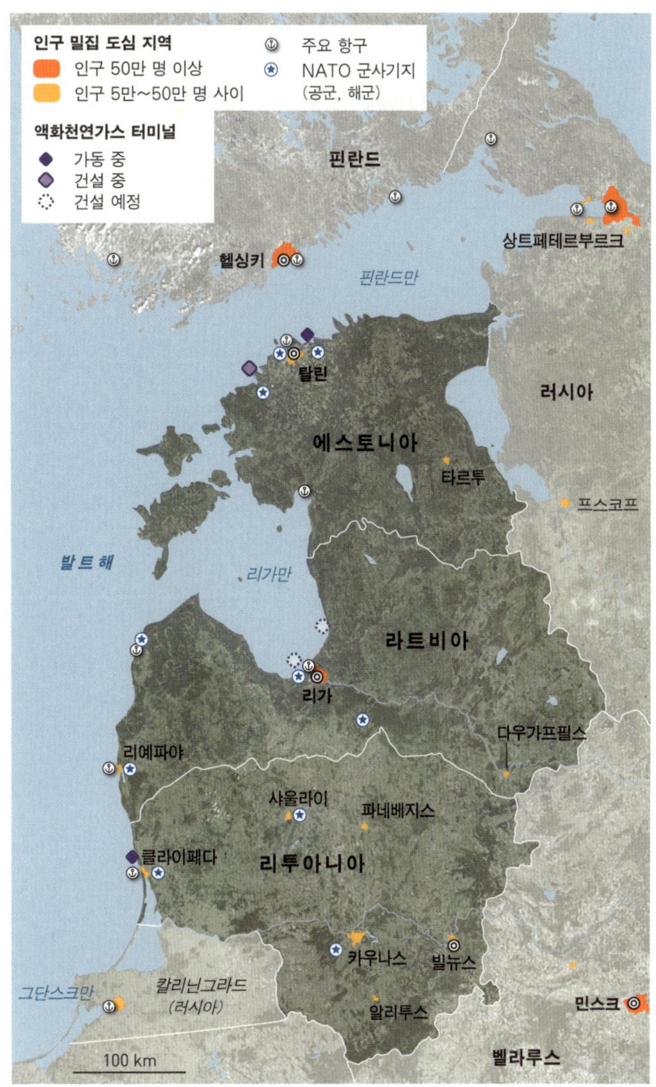

러시아와 이웃하고 있는 발트 3국

에스토니아는 발트 3국 중 가장 작은 나라다. 러시아와 라트비아와는 육상 국경을 접하고 있고, 스웨덴과 핀란드와는 해상 국경을 접하고 있다. 국토 대부분이 바다와 접하고 있는 에스토니아는 해안선이 3,800킬로미터에 달하고 2천 개가 넘는 섬이 있다. 2022년 기준 인구수는 130만 명에 달한다. 이웃 국가인 라트비아의 인구수는 190만 명이다. 마지막으로 리투아니아는 칼리닌그라드와 200킬로미터 이상의 국경을 공유하고 있다. 또한 발트 3국 가운데 가장 인구가 많은 나라로 290만 명이 거주하지만 나머지 두 국가와는 달리 러시아어를 사용하는 인구의 비중은 매우 낮아 약 10센트에 불과하다.

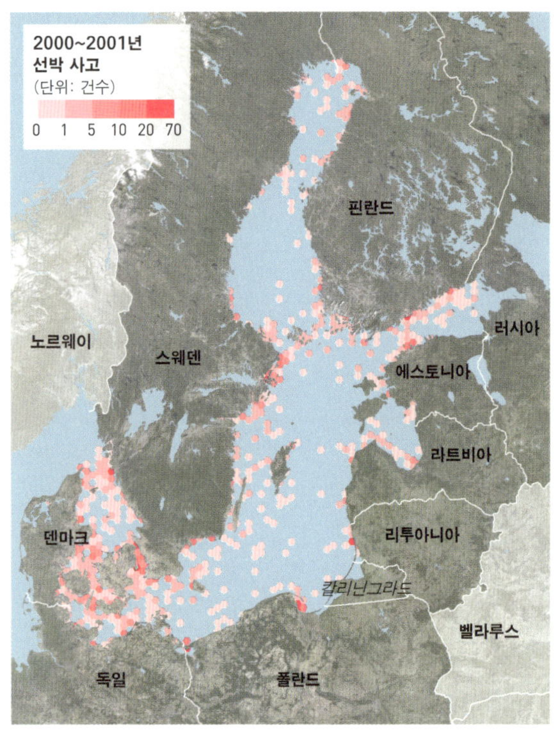

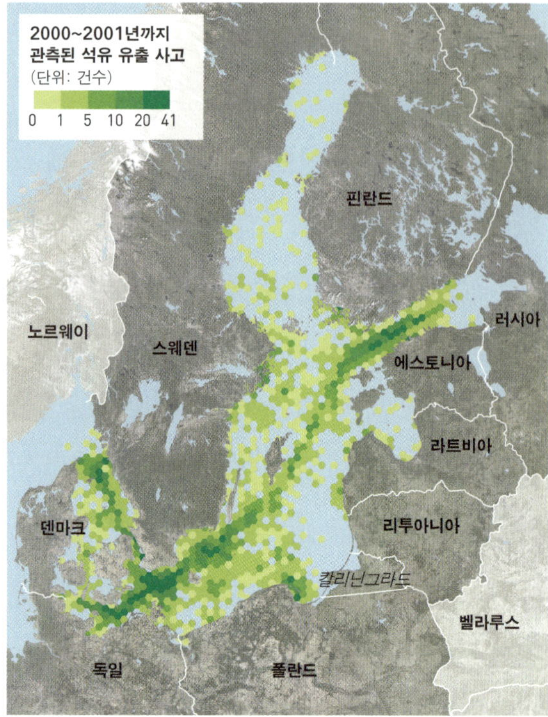

하지만 2022년 2월, 러시아의 우크라이나 침공 이후 발트 3국은 과감한 결단을 내렸다. 바로 유럽연합 회원국들 가운데 최초로 러시아산 가스 의존에서 완전히 탈피하는 것이다. 이를 위해 클라이페다 항구의 기존 가스 터미널 외에도 핀란드와 에스토니아 사이에 또 다른 가스 터미널을 설치했고 라트비아 지하에는 대규모 가스 저장 시설을 갖추기도 했다.

러시아-우크라이나 전쟁 이후 발트 3국은 자국의 영토 보전 역시 우려하고 있다. 러시아는 에스토니아, 라트비아 인구의 각각 30퍼센트와 40퍼센트를 차지하는 러시아어를 사용하는 사람들을 조종해 이들 나라에 내부적으로 혼란을 조성하는 전략을 펼칠 수도 있고, 발트해 함대 사령부가 있는 칼리닌그라드에서 출발해 이들 국가를 침공할 수도 있다. 실제로 2006년과 2022년에 러시아는 칼리닌그라드에 핵탄두를 탑재할 수 있는 이스칸데르 미사일과 러시아의 6대 신형 전략 무기 중 하나인 극초음속 미사일인 킨잘을 배치하기도 했다.

하이브리드 전쟁의 무대가 되어가는 발트해

발트해는 냉전 종식과 함께 적어도 2014년 이전까지는 항구, 도시, 지역, 국가 등 여러 차원에서 '협력의 공간'으로 재탄생했다. 그 과정에서 1992년에는 헬싱키 협약이 개정되면서 해양 환경 보호가 강화되었고, 1991년에는 발트해도시연합이, 1992년에는 발트해국가협의회가 설립되었다. 이러한 협력은 에너지 교역 측면에도 영향을 미쳤다.

또한 발트해는 러시아가 우크라이나를

거치지 않고 독일로 직접 가스를 공급할 수 있는 통로 역할을 한다. 이를 위해 2012년에는 러시아에서 출발해 곧장 독일로 향하는, 발트해 해저에 설치된 천연가스 파이프라인인 노르트 스트림 1이 가동되었다. 이후에는 독일이 대규모로 투자한 노르트 스트림 2도 가스 수송량을 두 배로 늘리기 위해 추진되었다. 노르트 스트림 2는 2021년 10월 시험 가동에 들어갔으나 2022년 2월 러시아가 우크라이나를 침공하자 독일 정부가 이를 전면 중단했다. 이러한 결정은 수년간 러시아산 에너지에 대한 의존도가 지나치게 높아져 왔음에도 슈뢰더와 메르켈 정부가 이에 대해 안이하게 대처해 왔다는 비판이 제기되는 와중에 내려졌다.

그러던 중 2022년 9월 26일 발트해의 노르트 스트림 1과 노르트 스트림 2 파이프라인 주변에서 세 차례의 폭발음이 울렸다. 이와 관련해 서방 국가들이 가장 먼저 의심한 나라는 러시아였다. 왜냐하면 자국의 에너지 자원을 유럽 국가들에 대한 압박의 수단으로 삼아온 러시아가 스스로 파이프라인을 폭발해 버림으로써 유럽으로 향하는 자국산 에너지 공급을 줄이거나 차단해 유럽에 더 강한 정치적 압박을 가하는 것이라고 판단했기 때문이다. 하지만 우크라이나 역시 의심을 받았다. 우크라이나 정부는 그동안 독일과 러시아가 추진한 노르트 스트림 프로젝트를 지속적으로 비판해 왔다. 우크라이나를 거치지 않고 발트해를 통해 직접 독일로 러시아산 가스를 보낼 수 있게 되면서 자국이 가스 운송 경유지로서 얻어왔던 상당한 수입을 잃게 되었다고 항의해 왔기 때문이다.

러시아의 우크라이나 침공 이후 발트해에서는 가스관 외에도 다른 많은 기반시설들 또한 안전을 위협받고 있다. 하마스가 이스라엘에서 벌인 테러 공격에 전 세계인들의 관심이 쏠려 있던 2023년 10월 7일에서 8일로 넘어가는 밤, 발트해에서는 핀란드와 에스토니아를 잇는 가스관인 발틱커넥터가 파손되는 동시에 두 나라를 연결하는 통신용 해저 케이블도 절단되는 사건이 발생했다. 그런데 2023년 10월 17일, 이번에는 스웨덴 당국이 자신들의 나라와 에스토니아를 연결하는 해저 케이블이 손상된 것을 발견했다. 이들 사건 이후 북유럽 국가들, 특히 스웨덴, 핀란드, 에스토니아, 라트비아와 러시아 사이에 긴장감이 고조되었는데 이들 유럽 국가는 러시아를 이 파괴 공작의 배후로 의심하고 있다.

비록 아직까지는 발트해에서 유럽연합 회원국들과 러시아 사이에 직접적인 충돌은 일어나지 않고 있지만 이제 이 지역은 점점 허위 정보 유포, 위협, 파괴 공작, 해상 및 영공 침해 같은 행위가 일상적으로 벌어지는 '하이브리드 전쟁'의 무대가 되어가고 있다.

칼리닌그라드,
'발트해의 홍콩'을 꿈꾼
작은 러시아

발트해 연안에 위치한 칼리닌그라드는 고도로 군사화된 지역으로 러시아의 발트해 함대 사령부가 주둔하고 있다. 1만 5,100제곱킬로미터의 작은 영토에 100만 명의 인구가 거주하고 있으며 그들 대다수가 러시아 출신이다. 또한 러시아 영토 중 가장 서쪽에 위치해 있다. 작은 면적 때문에 본토의 '큰 러시아'와 대비해 '작은 러시아'라고도 불린다.

칼리닌그라드는 1255년에 튜턴 기사단이 세운 프로이센의 요람이자 한자동맹에 속한 도시로 1945년 이전에는 쾨니히스베르크라고 불렸다. 1945년에 스탈린은 얄타 협정에 따라 독일의 동프로이센 북부 지역을 소련에 양도할 것을 요구했는데 그 결과 소련은 필라우(오늘날의 발티스크)와 쾨니히스베르크 항구를 손에 넣을 수 있었다. 이들 항구는 상트페테르부르크와 달리 일년 내내 바다가 얼지 않는 부동항으로 겨울에도 운항이 가능했다. 1946년에는 러시아 소비에트 연방 사회주의 공화국에 편입되면서 소련 최고회의 간부회 의장이었던 미하일 칼리닌을 기리는 의미에서 칼리닌그라드로 이름이 변경되었다. 당시 소련의 신조는 가장 서쪽에 위치한 칼리닌그라드를 소련의 모범이 되는 도시로 변모시키는 것이었다. 그 결과 이 지역에 거주하던 독일인들은 모두 독일로 추방되었고 그 자리를 소련인들이 채웠다.

하지만 발트 함대의 본부가 된 칼리닌그라드는 외국인들, 심지어 소련인들에게조차 폐쇄적인 곳이었다. 그 와중에 소련이 붕괴하면서 발트 3국이 독립하자 이 지역은 러시아 본토와 사실상 단절되었다. 그러자 러시아는 이 새로운 지리적 상황을 전략적으로 이용하고자 했다. 이에 칼리닌그라드는 개방 정책을 채택해 발트해에서 유럽과 세계를 향해 열린 작은 해양 도시로 자리매김하고자 했다. 특히 중국의 일국양제(한 나라 안에 두 체제가 공존) 원칙을 본떠 '발트해의 홍콩'이 되기를 꿈꾸었다. 하지만 모스크바는 이를 허락하지 않았다.

2004년 발트 3국의 NATO 가입, 2014년 크림 반도 병합, 2022년 2월 우크라이나에 대한 대대적인 공습 이후 칼리닌그라드는 다시 한번 러시아의 군사적 거점이 되면서 전략적 요충지로서의 역할을 수행했다. 또한 이 지역은 이른바 하이브리드 전쟁의 무대로 활용될 수도 있다. 2007년 에스토니아를 상대로 자행한 것처럼 허위 정보 유포와 사이버 공격을 통해 주변국을 감시하고 압박하고 심지어는 조종하는 역할을 할 수도 있는 것이다. 현재 이곳에 배치된 러시아 병력은 3만 명에 이르는 것으로 추산된다.

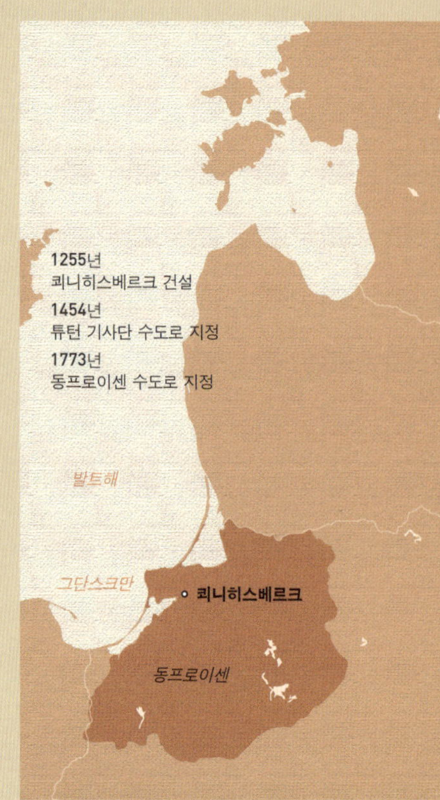

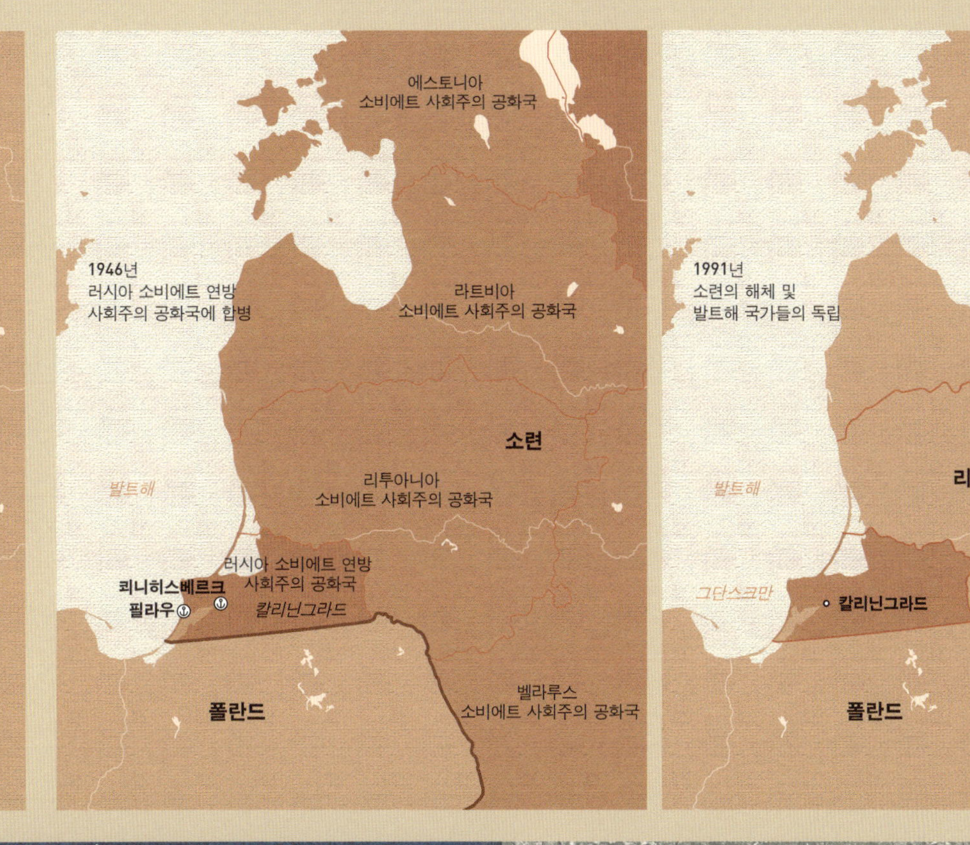
에스토니아
소비에트 사회주의 공화국
1946년
러시아 소비에트 연방
사회주의 공화국에 합병
라트비아
소비에트 사회주의 공화국
소련
발트해
리투아니아
소비에트 사회주의 공화국
쾨니히스베르크
필라우
러시아 소비에트 연방
사회주의 공화국
칼리닌그라드
폴란드
벨라루스
소비에트 사회주의 공화국

에스토니아
러시아
1991년
소련의 해체 및
발트해 국가들의 독립
라트비아
리가
소련
발트해
리투아니아
그단스크만
칼리닌그라드
빌뉴스
폴란드
벨라루스

클라이페다
리투아니아
피오네르스키
소베츠크
슬랍스크
네만
쿠로니아 석호
카우나스
폴레스크
칼리닌그라드
발티스크
그바르데이스코예
체르냐홉스크
비스틀라 석호
쿠세프
엘블라크
폴란드
수바우카
50 km

6

여섯 번째 경유지,
프랑스 칼레

광활한 해변, 하늘을 닮은 잿빛 푸른 바다, 저 멀리 영국이 손에 닿을 듯 보이는 칼레는 불로뉴, 덩케르크와 함께 프랑스 북부 3대 상업항에 속한다. 영국과 프랑스를 연결하는 철도용 해저 터널인 영불해협 터널(공식 이름은 '채널 터널(Channel Tunnel)'이며, 운영사 이름을 따 '유로터널'이라고도 한다)로도 유명한 곳으로, 연간 400만 대의 트럭이 오가고 유동 인구수만 1천만 명에 달하는 '물류의 허브'이기도 하다.

우리는 지금 관계가 늘 편하지만은 않았던 두 나라 사이의 해상 경계 지역에 와 있다. 이곳 프랑스 칼레에서 영국의 도버까지는 페리로는 90분, 차를 싣고 다니는 차량 전용 셔틀 열차로는 35분이면 갈 수 있다. 법규에 맞는 신분증을 제시하고 교통비를 지불할 수만 있다면 말이다. 브렉시트 이후 입출국 절차는 다소 길어졌지만 그래도 두 나라 사이의 통행은 여전히 원활하다. 정기 승객 외에도 불법 이주민들도 이곳에서 페리나 열차를 이용하는데 이들은 이란, 알바니아, 이라크, 아프가니스탄, 시리아, 아프리카 출신으로 끊임없이 유럽 대륙을 건너 이곳 칼레로 온다. 영국으로 건너가려는 희망 하나로 말이다. 영국이 다른 국가들에 비해 언어의 장벽이 낮고 정식 허가 없이도 '작은 일자리'를 구하는 것이 비교적 쉬워 정착하기에도 수월하다고 알려져 있기 때문이다.

하지만 시대가 바뀌었다. 영국은 2020년 1월 31일, 브렉시트 찬성론자들의 표현에 따르면 '주권 회복을 위해' 유럽연합을 탈퇴했다. 특히 그들은 이민자 문제에 있어서는 유럽연합이 아니라 자국이 직접 받아들일지 말지 결정하고자 했다. 하지만 오히려 2022년과 2023년에 영국의 순이민자 수는 사상 최고치를 경신했다. 그러나 국경 통제가 점점 더 강화되면서 기차에 몰래 올라타거나 트럭 안에 몸을 숨기는 방식으로 영불해협 터널을 불법적으로 건너는 것은 이제 거의 불가능해졌다. 그 결과 더 나은 삶을 열망하는 불운한 이주 희망자들이 자신들의 목숨을 걸고 바다를 건너고 있다.

불법 이민 단속을 한층 더 강화하기 위해 영국 정부는 리시 수낙 총리 시절 르완다와 협정을 맺어 불법 입국한 난민 신청자들을 출신 국가와 상관없이 동아프리카에 있는 르완다로 이송하기로 했다. 그곳에서 정식 이주 이전에 그들의 난민 신청을 사전 심사하도록 한 것이다. 하지만 후임 총리인 키어 스타머는 이 협정에 이의를 제기했다.

부유한 두 국가 사이의 해상 경계선인 영불해협은 이처럼 사람들을 끌어들이는 '자석'이자 동시에 그들을 바닷속에 가두는 '함정'이 되고 있다. 브렉시트 이후 이 해협을 사이에 둔 두 나라의 관계는 한층 더 긴장 속으로 빠져들고 있다.

영불해협,
누군가에게는
죽음의 문턱이 된
차가운 국경

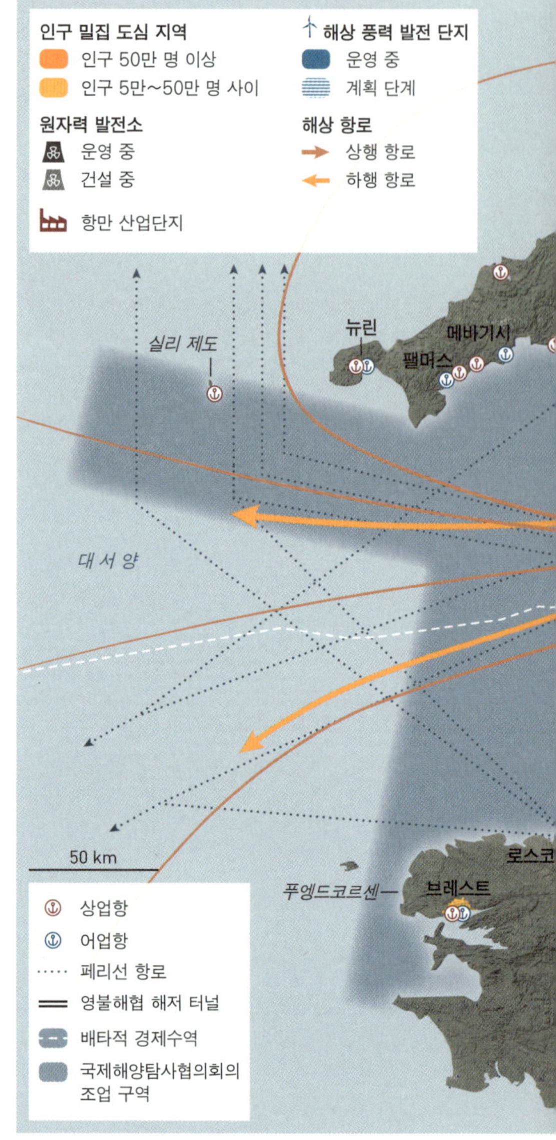

전 세계적으로 봤을 때 영불해협은 아주 작은 바다에 속한다. 면적은 7만 5천 제곱킬로미터로 아일랜드에 준하는 크기이며 대륙붕 위로 바다가 확장되면서 생긴 해협이다. 2만 년 전만 해도 유럽은 빙하로 뒤덮여 있었고 해수면은 지금보다 130미터나 더 낮았다. 당시 영불해협은 오늘날의 센강, 템스강, 라인강과 같은 작은 강들이 흘러들면서 형성된 거대한 강의 하류 지역이었다. 이후 빙하가 녹으면서 해수면이 상승했고 그 결과 현재 우리가 알고 있는 해협의 모습으로 바뀌었다.

실제로 영불해협은 수심이 얕은 바다로 구역에 따라 30미터에서 100미터 사이의 수심을 이룬다. 북쪽으로는 영국과 접해 있고 남쪽으로는 프랑스와 접해 있다. 또한 프랑스 코탕탱 반도 앞바다에는 영국령 채널 제도(Channel Islands)가 있는데 이곳은 영국 본토에는 속하지 않지만 영국 왕실의 역사적 속령이라는 독특한 지위를 지닌다. 한마디로 영불해협은 5,527킬로미터에 달하는 양국의 해안선을 가르는 동시에 연결해 주는 역할을 하고 있다.

영국을 지켜온 방패

영불해협은 북해, 아일랜드해, 대서양과 함

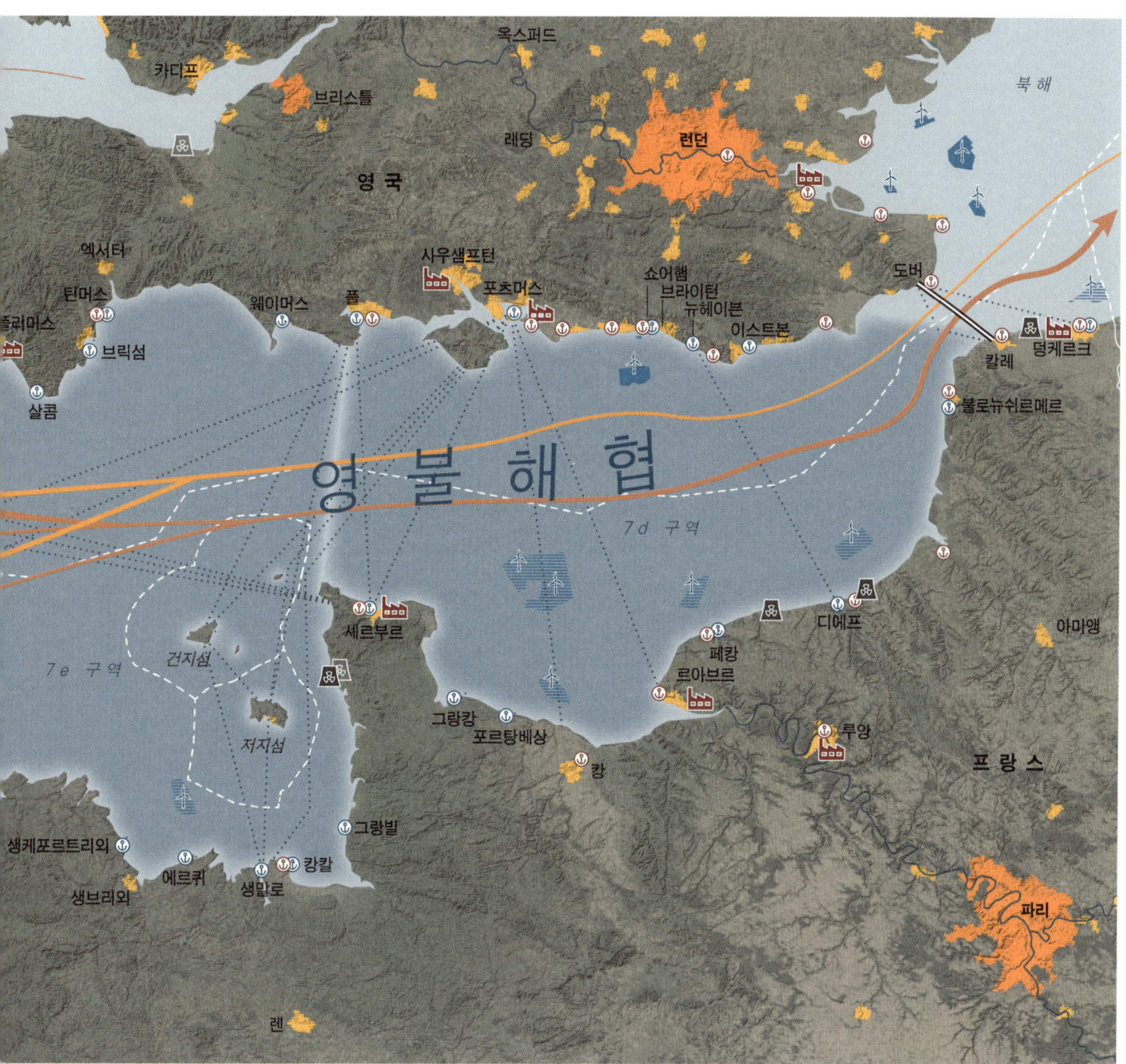

께 영국을 유럽 대륙과 완전 분리된 독립적인 섬나라로 만든다. 바다로 둘러싸인 특성 때문에 영국은 독립성을 유지할 수 있었고 동시에 대서양과 전 세계 바닷길로 연결되는 자신들의 지리적 위치를 국가 번영과 힘의 원천으로 삼았다. 이와 관련해 영국의 윈스턴 처칠 수상이 프랑스의 드골 장군에게 했던 다음과 같은 말은 굉장히 유명하다.

"명심하세요. 광활한 대양과 당신들(유럽

영국과 유럽 대륙을 잇는 해협

영어로는 공식 명칭이 '잉글리시 채널'(English Channel)인 영불해협은 프랑스의 코르센곶에서 영국의 실리 제도를 연결하는 가상의 선을 따라 대서양과 이어지며 폭은 약 150킬로미터에 이른다. 길이 약 500킬로미터의 통로 형태로 된 이 해협은 프랑스 칼레와 영국 도버 사이의 구간은 폭이 40킬로미터에 불과하다. 가장 좁다고 할 수 있는 이 지점에 일명 유로터널이라 불리는 해저 터널이 건설되었다. 터널은 1994년에 개통된 이후 유로터널 사가 운영 및 관리하고 있다.

채널 제도, 영국 왕실의 속령

코탕탱 반도 해안에서 20여 킬로미터 떨어진 곳에 위치한 채널 제도(프랑스어로는 '앵글로-노르망디 제도')는 법적으로는 영국이나 프랑스에 속하지 않는 영국 왕실의 속령이다. 노르망디 공작의 작위를 계승한 영국 왕실은 계속해서 채널 제도에 대한 통치권을 행사하고 있다. 이 곳의 총면적은 194제곱킬로미터로 가장 큰 두 섬인 저지섬과 건지섬에 약 15만 명의 인구가 거주하고 있다. 이들 섬은 유리한 조세 제도, 관광업, 어업 등을 통해 부를 축적하고 있다.

대륙을 상징) 중에서 하나를 선택하라면 우리는 언제나 대양을 택할 겁니다."

영국은 해양 지배력, 활발한 해상 무역, 유럽 대륙 너머까지 확장된 식민 제국 등을 통해 힘을 키울 수 있었다. 그런 상황에서 영불해협은 오랫동안 유럽 대륙의 국가들로부터 영국을 보호하고 그들과의 관계를 통제할 수 있게 해주는 방어막 역할을 해왔다. 그럼에도 영국은 유럽 대륙의 국가들과 역사적으로 깊은 관계를 맺어 왔는데 이를 잘 드러내는 것이 특히 두 번의 세계대전 동안 체결한 여러 안보 동맹일 것이다. 다만 영국은 '유럽 통합'이라는 프로젝트에 대해서는 언제나 모호한 태도를 취해 왔는데 결국 2020년 1월 31일 브렉시트 발효로 유럽연합에서 탈퇴하게 되면서 그들과의 관계에 종지부를 찍었다.

이러한 애매한 관계에도 불구하고 프랑스와 영국은 영불해협 해저에 두 나라를 잇는 철도 터널을 만드는 계획에 합의했다. 이 해저 터널 아이디어는 18세기 말 지리학자 니콜라 데스마레스트가 처음 제안한 것으로 알려져 있다. 결국 1984년에 프랑수아 미테랑 당시 프랑스 대통령과 마거릿 대처 영국 총리가 합의에 도달해 터널 공사를 유로터널 사에 위임하면서 공식적으로 착공에 들어갔다. 프로젝트를 진행한 회사의 이름을 따서 유로터널이라 불리기도 하는 이 해저 터널은 총 3개의 철도 터널로 구성되어 있다. 하나는 승객을 실어나르는 열차인 유로스타가 다니는 터널, 다른 하나는 화물 및 차량 수송용 열차가 다니는 터널, 나머지 하나는 점검과 비상 상황을 대비한 터널이다. 1994년에 완공된 이 거대한 해저 터널은 영불해협 아래 평균 40미터 깊이로 뚫려 있으며 영국의 포크스톤과 프랑스 파드

칼레주의 코켈을 연결한다.

해수욕 문화가 처음 탄생한 곳

파리와 런던 영향권을 포함한 영불해협 연안 지역에는 5,200만 명이 넘는 인구가 거주하고 있다. 여기에 매년 이 지역을 찾는 전 세계 관광객의 수만 5,700만 명에 이른다. 이 지역의 관광은 오랜 역사를 지니고 있는데, 19세기에 해변 휴양 문화(해수욕)가 처음 등장한 곳이 바로 이곳 연안에 위치한 영국의 브라이턴이었고 이어서 프랑스의 디에프에서도 발전했다.

파리와 런던은 몇몇 지역 거점 도시들과 수많은 중소 도시들을 통해 영불해협 연안 지역까지 그 영향력을 확장하고 있다. 이 연안 지역에는 무역, 어업, 레저, 두 연안을 오가는 페리 운항 등 다양한 기능을 수행하는 수많은 항구들이 분포해 있다. 그중에서도 르아브르, 덩케르크, 사우샘프턴 같은 주요 상업 항구들은 항만과 에너지 시설 인근에 대규모 산업단지를 조성했는데 지리학자들은 이러한 곳을 '항만 산업단지'라 부른다.

하지만 이러한 항만 산업단지는 유럽연합의 '세베소 지침'(1976년 이탈리아 세베소에서 발생한 다이옥신 누출 사고를 계기로 제정된 유럽연합의 위험관리 지침)에 의해 고위험 산업시설로 분류되는 설비들을 보유하고 있어 거주민과 자연환경에 잠재적인 위험 요소가 된다. 이 밖에도 영불해협 연안에는 원자력 발전소 다섯 곳이 가동 중이고 폐기물 처리 공장도 있는데 이들은 사고 위험을 높이는 요인이 될 뿐만 아니라 수질 오염에

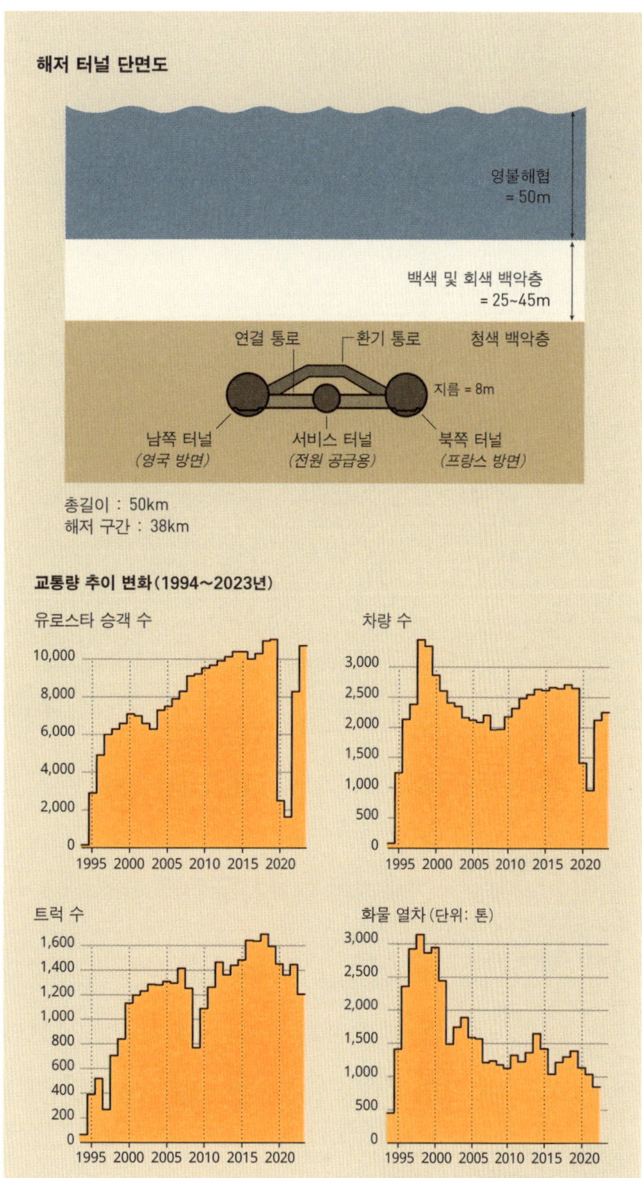

해저 터널의 혁명

영국과 프랑스를 연결하는 영불해협의 해저 터널 공사는 터널 건설의 역사에 중대한 전환점을 이루면서 수백 년 동안 품어온 인류의 꿈을 실현시켜 주었다. 1994년에 완공된 이 터널은 해저를 지나는 38킬로미터를 포함하여 총 50킬로미터 길이로 되어 있다. 양방향으로 오가는 두 개의 터널과 유지 관리 및 사고 발생 시 비상 탈출용으로 사용되는 터널 등 총 세 개의 터널로 구성되어 있다.

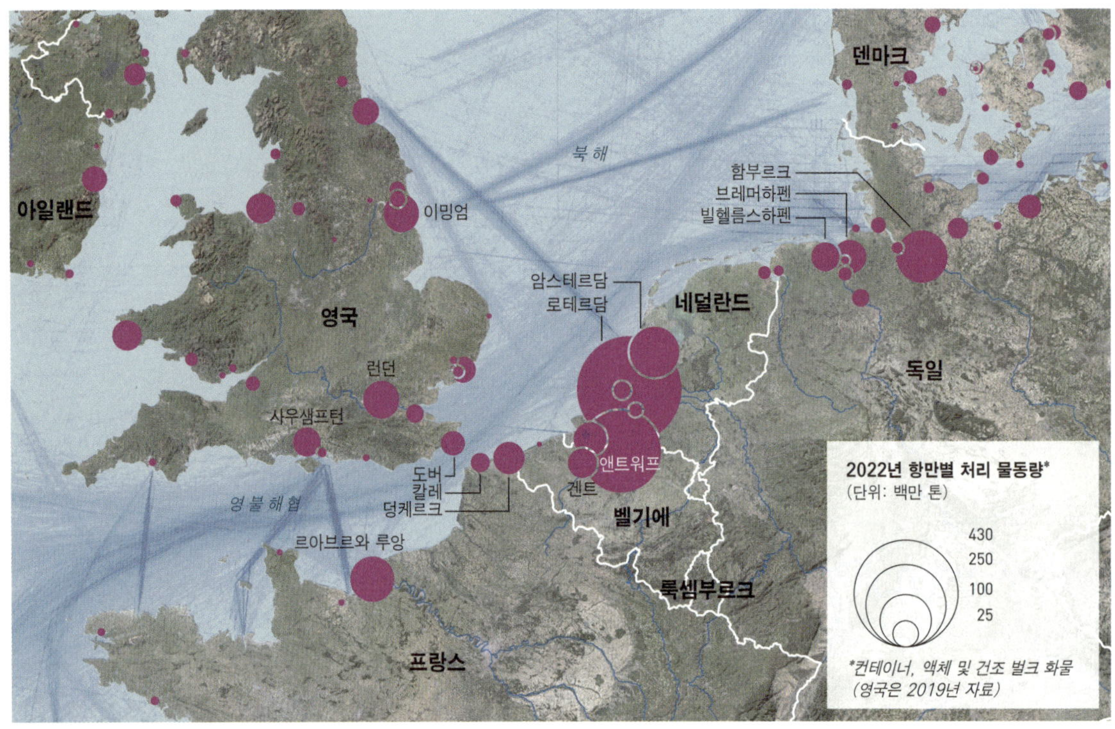

유조선, 화학물질 운반
선, 벌크선, 초대형 컨
테이너선 등 다양한 선
박들이 10분에 1척꼴
로 영불해협을 통과한
다. 이 선박들은 대부
분 물동량 기준으로 유
럽 최대의 두 항구인 로
테르담과 앤트워프를
비롯해 암스테르담, 브
레멘, 함부르크 등 유
럽의 주요 항만 산업단
지를 오간다. 마린트래
픽(MarineTraffic) 웹
사이트에서 하루 평균
1,000척이 넘는 선박이
이 해역을 오가는 놀라
운 해상 교통량을 실시
간으로 확인할 수 있다.

도 악영향을 끼치고 있다.

"우리의 물고기를 돌려 달라!"

어선, 페리, 화물선 등 영불해협을 오가는
수많은 선박들의 과도한 통행량은 이 지역
환경과 안전에 커다란 위협이 되고 있는데
특히 어업 분야에서는 영국과 프랑스 두 나
라의 공동 관리가 필요하다. 일반적으로 해
양 구역은 해양 자원 관리와 연구를 위해
국제해양탐사협의회(ICES)에 의해 행정적
으로 구분되는데 영불해협은 동부와 서부
두 구역으로 나뉜다. 프랑스와 영국이 각자
의 구역에서 어선의 등록 및 관리 시스템을
운영하는데 프랑스 측에는 선박 등록 구역
이, 영국 측에는 선박 등록 지구가 설치되
어 있다. 이 기관들은 조업 허가증을 발급
하고 어획 할당량(쿼터)을 관리한다. 2019

년 기준으로 프랑스 측에서는 1,657척, 영
국 측에서는 2,138척 등 총 3,795척의 어선
을 관리했다. 프랑스와 영국 모두 자국 어
획의 5분의 1이 영불해협에서 이루어지는
만큼 양국 어업에 있어 이 해협의 경제적
중요성은 매우 크다. 이곳에서 가장 많이
잡히는 어종으로는 가리비, 민대구, 소라고
둥, 고등어 등이 있으며 영국 쪽에서는 여
기에 정어리와 게가 추가된다.

유럽연합의 어민들은 브렉시트 이전까지
는 어획 할당량을 준수하기만 한다면 프랑
스와 영국 사이의 모든 해상 구역에서 조업
할 수 있었고, 또 잡은 어류들을 유럽연합
회원국 어디서든 판매할 수 있었다. 하지
만 2016년 6월 23일 영국에서는 브렉시트
가 국민투표로 가결되었다. 유럽연합에 속
했던 47년의 세월을 뒤로 하고 영국은 2020
년 1월 31일 공식적으로 유럽연합을 탈퇴

한 최초의 국가가 되었다. 이로써 제3국이 된 영국은 더는 유럽연합이라는 단일시장에도, 관세동맹에도 속하지 않게 되었다. 이는 곧 영국과 유럽연합 간 물자와 사람의 자유로운 이동이 더는 적용되지 않으며 영국을 오가는 모든 교역과 이주에 대해 통관 절차와 출입국 심사가 새롭게 부활한다는 것을 의미한다. 극도로 긴장된 분리 과정에도 불구하고 영국과 유럽연합 양측은 결국 서로 원만한 '협의 이혼'에 도달했다. 그러면서 둘은 새로운 파트너십을 맺었는데 그 중심에는 2020년 12년 24일에 체결된 무역 및협력협정(TCA)이 있다. 이 협정의 핵심은 유럽연합과 영국 간 무역 규모를 가능한 한 최대 약 7천억 유로로 유지하는 것이다. 양측은 여기에 어떠한 관세나 쿼터도 적용하지 않기로 했지만 통관 및 행정 절차는 다시 도입되었다.

그러나 영국이 브렉시트로 인해 자국 해역에 대한 주권을 온전히 회복하게 되면서 영국과 프랑스 두 나라 어민들과 정부 사이에는 갈등이 생기기 시작했다. 영국 어민들은 브렉시트 이전에는 유럽 어부들과 공유했던 어획량이 풍부한 자국의 어장을 이제는 자신들에게 반환할 것을 요구한다. 그들의 구호는 "우리의 물고기를 돌려 달라!"였다. 이와 관련해 주로 영국 해역에서 조업하는 프랑스 어민들은 자신들의 어획량이 대폭 감소할 것을 우려하고 있다. 하지만 이는 경제적인 측면보다 정치적인 성격이 더 강한 이슈다. 왜냐하면 실제로 영국에서 어업은 GDP의 단 0.1퍼센트만을 차지하기 때문이다. 결국 2020년 12월에 체결된 무역 및협력협정은 유럽 어민들이 영국 해역에

서 계속 조업할 수 있도록 보장했다. 하지만 여기에는 2026년 6월까지 그들의 어획량을 점진적으로 줄여 최종적으로 25퍼센트 감축해야 한다는 사항이 포함되어 있다. 그 이후에는 매년 새로 협상을 해야 한다.

수개월에 걸친 프랑스와 영국 두 나라의 갈등은 2023년 2월 유럽연합의 중재로 해결되었다. 프랑스는 영국과 채널 제도로부터 1,054건의 조업 허가증을 얻어내면서 브렉시트 이전과 동일한 조건으로 조업을 계속할 수 있게 되었다. 허가증을 받지 못한 어민들에게는 프랑스 정부가 개별적으로 지원 대책을 마련했다.

바다 위의 사고

영불해협은 항해하기에는 매우 혹독하다. 해류는 세계에서 가장 거센 축에 속하고 파도 또한 거칠고 불규칙하며 폭풍우도 잦고 바람도 거의 끊이질 않는다. 1960년부터 2017년까지 이곳에서만 350건 이상의 사고가 발생했다. 그중 가장 유명한 것이 아모코 카디즈호 침몰 사고다. 이는 1978년 3월 16일 프랑스 북서부 피니스테르주의 포르살 앞바다에서 유조선 아모코 카디즈호가 좌초하면서 원유 22만 톤과 중유 3천 톤이 인근 해안과 해변으로 유출되어 해양 생태계에 막대한 피해를 입힌 대형 사고였다. 참혹했던 이 사고 이후 해양 동식물군 보호를 위해 항로를 상행선과 하행선으로 분리하는 정책이 시행되었다.

이에 따라 선박이 네 곳의 해상 통항 분리구역(양쪽에서 오는 선박들이 서로 충돌하지 않도록 상행선과 하행선을 명확히 나누어 놓은 해

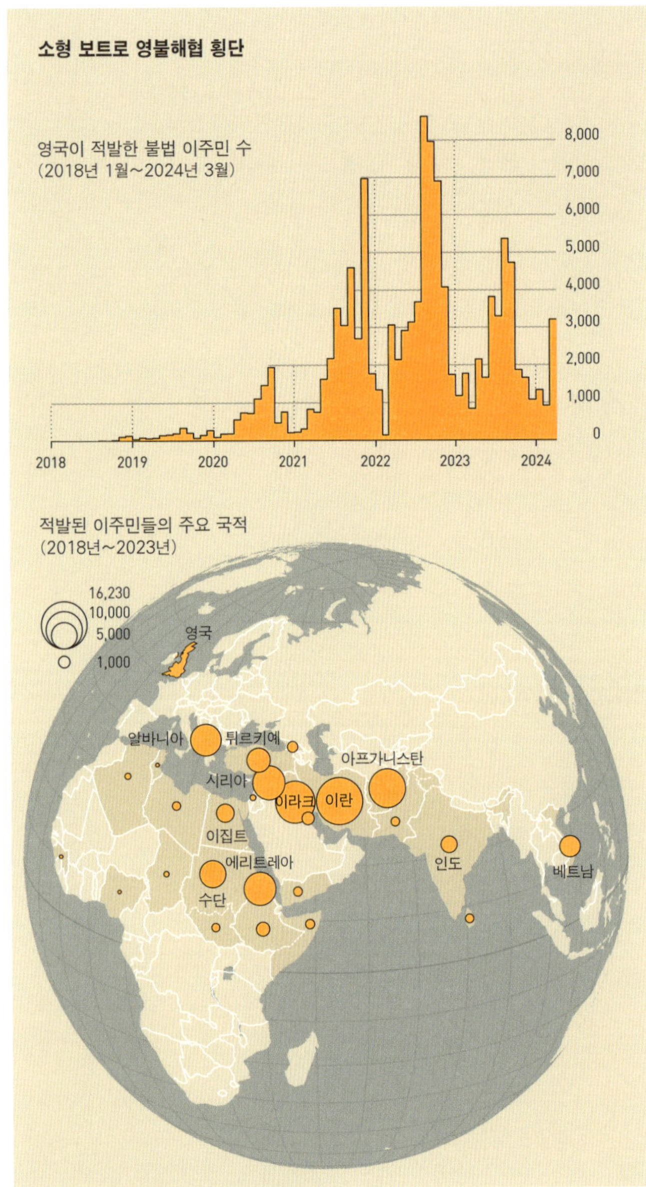

소형 보트로 해협을 건너는 난민들

2022년 한 해에만 약 4만 6천 명의 사람들이 소형 보트를 타고 프랑스에서 출발해 영불해협을 건넜다. 20여 년 전부터 중동이나 동아프리카 출신의 수많은 이주민들이 영불해협을 건넜는데 그 수가 2018년부터 가파르게 증가했다. 이들 중 92퍼센트가 난민 신청자인데 그 가운데 86퍼센트는 2018년부터 2023년 3월 사이에 난민 지위를 인정받았다.

상 항로) 중 하나를 통과할 때면 그 구역에 진입하기 전에 반드시 관할 지상 관제소에 자신의 항로와 화물 정보를 신고해야 하고, 구역을 통과하는 동안에도 관제소의 통제하에 있도록 신호를 유지해야 한다. 프랑스 관할 구역을 지나는 선박은 지역운영감시및구조센터(Cross)에, 영국 관할 구역을 지나는 선박은 해상구조조정센터(MRCC)에 신고해야 한다. 그래야 만약 사고가 발생하면 이들 감시 센터가 대규모 구조 지원을 즉시 투입할 수 있다.

화물과 사람의 어마어마한 이동량

영불해협은 세계에서 손꼽히는 국제 해상 항로 중 하나로, 일명 노던 레인지(Northern Range)라 불리는 북서유럽의 대형 항만 벨트를 전 세계와 연결해 주는 탯줄과 같은 역할을 한다. 센강에서 엘베강까지 이어지는 북서유럽의 노던 레인지에는 약 15개의 항구가 속해 있는데 그중 가장 규모가 큰 항구는 세계 15대 항구에 속하는 네덜란드의 로테르담과 벨기에의 앤트워프다. 2022년에 영불해협을 통과한 화물은 약 7억 5,400만 톤에 달하며 선박 수는 18만 척이 넘는다. 이러한 교통량은 이 지역에 대한 철저한 감시와 안전 관리가 반드시 필요하다는 것을 역설적으로 보여준다.

영불해협의 교통량이 이토록 많은 이유는 단순히 컨테이너선이나 유조선뿐만 아니라 승객 수송용 페리도 이곳을 활발히 다니기 때문이다. 주요 페리 운항사로는 프랑스의 브리타니 페리, 덴마크의 DFDS 시웨이즈, 영국의 P&O 등 세 곳이 있다. 이들은 이곳에서 매일 60회씩 운항하고 있는데 그중 대다수는 도버와 칼레 사이의 도버 해협(영불해협의 가장 좁은 구간)을 한 시간에 한 번씩 양쪽에서 운항한다. 그 결과 2018년에는 약 1,430만 명의 승객이 페리로 이 해협을 건넜으며 여기에 해저 터널을 통해 열차로 이동한 유로스타 승객 1,090만 명이 추가된다. 화물 운송의 경우 매일 5천 대가 넘는 트럭이 이곳을 통과한다. 이처럼 교통량은 많아도 다행히 계속해서 원활하게 유지되고 있으며 브렉시트 이후에도 크게 영향을 받지는 않고 있다.

영국과 프랑스의
에너지 자원이 되는 바닷바람

영불해협 지역은 해상 풍력 발전에서도 선구적인 역할을 해왔다. 2018년 서식스 앞바다에 건설된 영국의 램피온 해상 풍력 발전 단지는 116기의 풍력 터빈을 갖추고 있으며 400메가와트의 발전 용량으로 영국의 약 35만 가정에 친환경 에너지를 공급하고 있다.

프랑스의 경우 원자력 산업이 이미 경제적으로 중요한 입지를 차지하고 있는 망슈주의 코탕탱 반도 동부 해안에서 2023년 3월 정부 주도로 해상 풍력 발전 프로젝트가 시작되었다. 풍력 발전이 이곳에서 안정적으로 자리를 잡기까지는 여러 저항을 극복해야만 했지만 그래도 오늘날에는 조금씩 입지를 넓혀가고 있다. 이 지역에는 2031년까지 프랑스 최대 해상 풍력 발전 단지가 들어설 예정이다. 이 단지는 해안가에서 30킬로미터 이상 떨어진 먼바다에 건설되어 총 47기의 풍력 터빈을 통해 1기가와트의 발전 용량을 갖출 것으로 예상된다. 목표는 연간 150만 명 이상의 주민에게 전력을 공급하는 것이다.

아일랜드해,
브렉시트가 불러온 지정학적 변동

브렉시트로 인해 아일랜드섬에서는 영국에 속한 북아일랜드와 여전히 유럽연합 회원국으로 남아 있는 아일랜드공화국 사이의 국경 문제가 다시금 수면 위로 떠올랐다. 하지만 2020년 12월에 체결한 북아일랜드 의정서 덕분에 두 나라 사이에는 상품에 대한 검사나 통관 절차 없이 계속 자유로운 교역이 가능하게 되었고 섬 안에 국경이 다시 생기는 것도 막을 수 있었다. 그렇지 않았다면 영국으로의 통합을 주장하는 개신교 연합주의자들과 아일랜드섬의 통일을 지지하는 가톨릭 공화주의자들 간의 유혈 폭력 사태로 얼룩진 북아일랜드의 수십 년간 갈등을 종식시킨 1998년의 '성금요일 평화협정'(벨파스트 협정)이 흔들릴 수 있었다.

하지만 북아일랜드 의정서 때문에 유럽연합의 관세 규정을 일부 유지하고 있는 북아일랜드와 유럽연합을 완전 탈퇴한 영국 본토 사이에, 즉 아일랜드해에 사실상의 내부 국경선이 생긴 셈이다. 법적으로는 모두 영국이지만 브렉시트로 인해 북아일랜드와 영국 본토 간에 상품이 이동할 때 세관 검사 및 통관 절차 등이 필요해진 것이다. 이렇게 북아일랜드가 영국과 멀어질수록 영국으로의 통합을 원하는 연합주의자들은 자신들이 소수가 되어 영국 내에서 영향력을 잃는 상황이 올 수 있고, 또한 영국 국민이라는 자신들의 정체성이 부정당할 수도 있다고 느끼고 있다.

그 결과 북아일랜드는 정치적 위기에 빠졌고, 2022년 5월 선거에서 영국으로부터 독립해 아일랜드섬을 통일해 단일 자치 정부를 수립하자는 민족주의 정당인 신페인당이 사상 최초로 역사적 승리를 거두었다. 이에 연합주의자들은 자치 정부에 참여하는 조건으로 세관 검사를 중단할 것을 요구했다. 이 같은 위기를 해결하기 위해 영국과 유럽연합은 2023년 3월에 '윈저 프레임워크(Windsor Framework)'를 채택했다.

이 합의안은 우선 영국 본토에서 출발해 북아일랜드로 들어오는 상품에 대한 세관 및 통관 절차를 대폭 줄이는 것을 주요 골자로 하며, 또한 앞으로 유럽연합이 단일시장 규정을 새로 만들 때마다 북아일랜드가 그 규정을 따를지 말지 스스로 선택할 수 있는 권한을 부여하기로 했다. 따라서 북아일랜드는 2025년 이후 유럽연합의 규정을 계속 적용할지 말지의 여부를 직접 결정할 수 있다. 만약 유럽연합의 규정을 따르지 않기로 결정한다면 최대 2년 뒤에는 섬 안에 북아일랜드와 아일랜드공화국의 육상 국경이 다시 생길 수도 있다.

2년간의 정치적 갈등 끝에 미셸 오닐 총리가 이끄는 북아일랜드 자치 정부가 2024년 1월 드디어 출범했고 몇 주 후에는 자치 의회 역시 활동을 시작했다. 민족주의 성향의 이 정부가 들어서면서

아일랜드섬 전체 통일을 묻는 주민투표가 실제로 시행될 가능성이 생겼다.

글래스고
에든버러
스코틀랜드
애런섬
런던데리
란
케언리안
북아일랜드
벨파스트
뉴캐슬
맨섬
아일랜드 해
블랙풀
아일랜드공화국
더블린
리즈
맨체스터
리버풀
홀리헤드
앵글시
셰필드
영국
노팅엄
로슬레어
버밍엄
피시가드
웨일스
잉글랜드
펨브로크
카디프
브리스틀
런던

#7

일곱 번째 경유지,
지브롤터 해협

2024년 1월 우리 팀은 다시 한번 나를 매료시킨 지정학적으로 중요한 해상 요충지 중 한 곳으로 향했다. 그곳은 바로 지브롤터 해협이다. 우리는 유럽과 아프리카 대륙 사이에 있는 바로 그곳에서 격동의 세월을 이어온 두 대륙을 한눈에 조망하고 싶었다. 지브롤터 해협의 푸른 바다를 항해한다는 것은 종종 파도가 높게 이는 거친 지중해의 품속으로 들어선다는 것을 의미한다.

폭 14킬로미터에 수심 900미터인 이곳 지브롤터 해협은 중동으로 향하는 전략적 관문이자 유럽과 아프리카를 잇는 주요 해상 통로다. 매년 1,000척의 군함과 10만 척 이상의 상업용 화물선이 이곳을 지나간다. 이 해협을 다룬 한 학술지에서 정확히 요약한 것처럼 "지브롤터 해협은 언제나 전략적 요충지였고 …… 대서양과 지중해를 잇는 열쇠였다. (중략) 18세기 이후 이 해협은 처음에는 스페인에게, 그 다음에는 영국과 미국에게 전략적으로 중요한 역할을 해왔다. 지금도 서방의 안보를 위해서는 이 해협을 장악하는 것이 반드시 필요하다."

아프리카 대륙과 마주보고 있는 지브롤터 해협은 오늘날 영국, 미국, 스페인이 그곳에서 벌어지고 있는 군사 활동과 해상 이동 및 통신 등을 실시간으로 감시하고 있는 매우 중요한 해역이다. 왜냐하면 지브롤터 해협은 대서양과 지중해를 잇는 유일한 통로로 수많은 국가를 연결하는 광케이블들이 이 좁은 해저에 빽빽하게 깔려 있기 때문에 이곳을 장악하면 유럽, 아프리카, 중동으로 오가는 방대한 데이터를 염탐할 수 있기 때문이다. 영국은 지중해에 위치한 영국령 해외 영토인 '지브롤터 바위'(The Rock, 옆 페이지 사진 참조)를 여전히 보유하고 있으며, 미국은 스페인 남부 카디스 인근 로타에 자국 해군기지를 두고 있고, 스페인은 본토와 떨어져 아프리카에 위치해 있지만 자국령인 멜리야와 세우타를 통해 아프리카 대륙에 한 발을 걸치고 있다. 따라서 이들 세 나라 모두에게 지브롤터 해협은 지정학적 가치를 지닌 사이버 감시 공간이 될 수밖에 없다.

세우타는 북아프리카의 모로코 북서쪽 해안에 위치한 스페인령 항구 도시로 유럽과 아프리카라는 두 세계 사이에 자리 잡고 있다. 세우타에서는 유럽에서 선박으로 실어온 상품들을 볼 수 있을 뿐만 아니라 매일 수천 명의 모로코인들이 더 나은 일자리와 경제적 기회를 찾아 도보나 차량으로 국경 검문소를 통과해 이 작은 유럽 영토로 들어오고 나가는 모습도 볼 수 있다. 같은 모로코 안에 있어도 세우타는 스페인령이기 때문에 출입국 절차가 필요하다.

이 검문소는 부유한 유럽연합과 모로코를 비롯한 빈곤하지만 경제적 도약을 향해 나아가고 있는 아프리카 개발도상국들 사이에서 경제적 완충지대 역할을 한다. 동시에 아프리카 대륙으로 가는 출입구 역할도 한다. 이 국경은 또한 세계에서 가장 불평등한 경계선 중 하나로, 한쪽이 다른 한쪽보다 1인당 GDP가 10배 이상 적은데 이러한 격차는 지중해를 '위기 발생 가능성이 높은 지역'으로 만드는 데 일조하고 있다.

지중해,
21세기 지정학적 격전지로 떠오른
위기의 바다

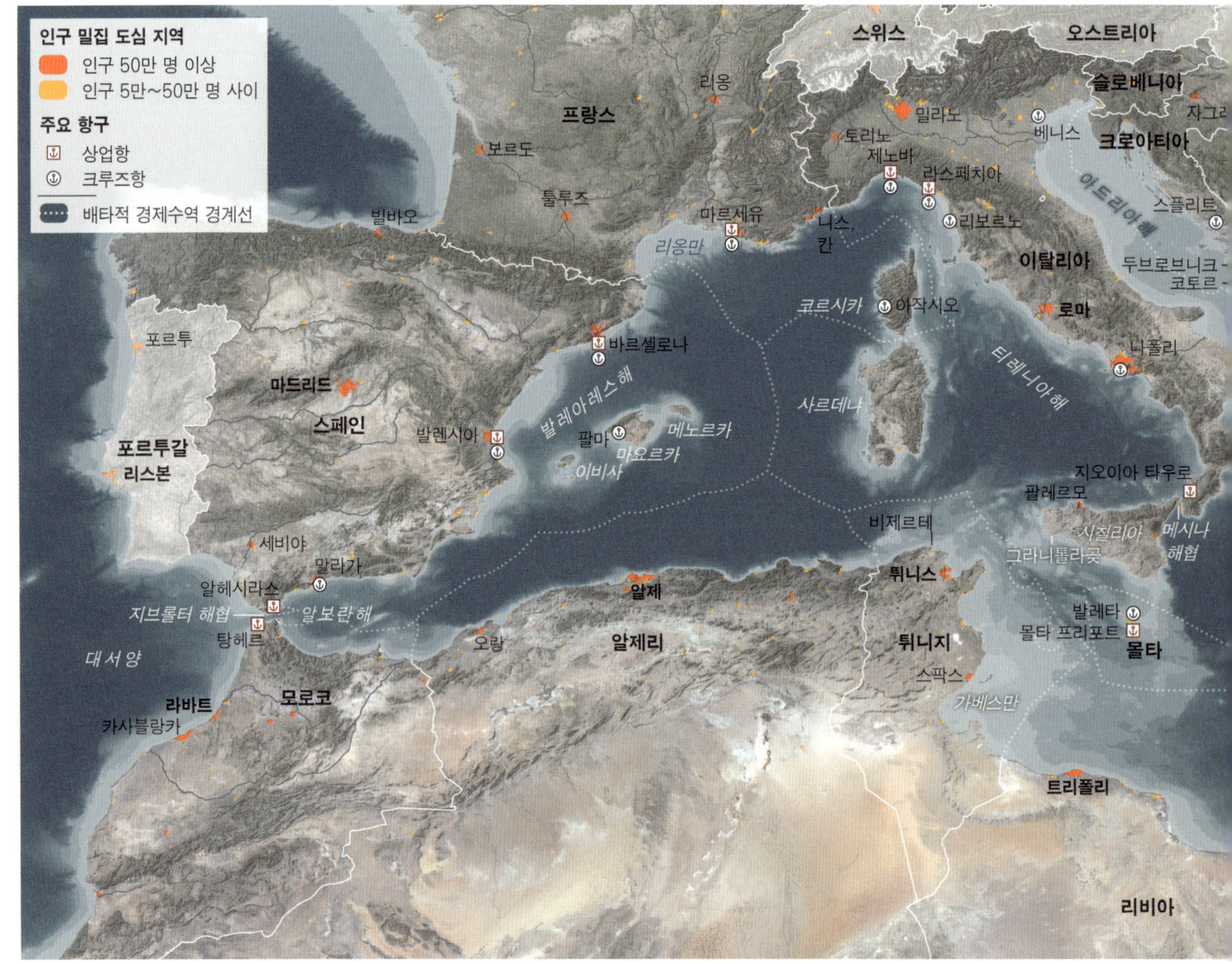

지금으로부터 약 2억 5천만 년 전부터 6,500만 년 전까지 이어진 지구의 중생대 동안 판게아라고 불린 초대륙(지구의 모든 대륙이 하나로 이어져 있던 거대한 땅덩어리)에서 격렬한 화산 활동이 일어났다. 이로 인해 대륙에 균열이 생기기 시작했고 그 틈으로 바닷물이 밀려들면서 훗날 지중해가 될 지역이 점차적으로 형성되기 시작했다.

이후 신생대 팔레오기(약 6,600만 년 전부터 2,300만 년 전까지)에 들어서면서 대륙 이동이 일어나 아프리카판과 유라시아판 사이에 바다가 갇히게 되었다. 이후 시간이 흐르면서 대부분의 바닷물이 증발하게 되었고 그 결과 훗날 지중해가 될 이 지역은 거의 60만 년 동안 거대한 소금호수로 남게 되었다. 세월이 흘러 약 530만 년 전에는 아프리카와 유럽을 잇던 좁은 육지가 내려앉으면서 현재의 지브롤터 해협 자리에 틈이 생겼고 그 틈으로 대서양의 바닷물이 급격히 유입되었다. 불과 2년이 채 안 되는 기간 동안 바닷물이 이 함몰 해역을 가득 채웠고 그로 인해 해수면은 하루에 10미터 이상 상승했다. 이 사건으로 오늘날 우리가 알고 있는 지중해가 탄생했다.

세 대륙 사이의 바다

지중해의 면적은 251만 1천 제곱킬로미터로 프랑스 면적의 다섯 배에 달한다. 동서 방향으로는 서쪽의 지브롤터 해협에서 동쪽의 레바논 베이루트까지 약 3,800킬로미터에 걸쳐 펼쳐져 있다. 남북 방향으로는 이탈리아의 제노바에서 튀니지의 비제르테 사이가 가장 넓어 약 800킬로미터에 달하지만, 시칠리아의 그라니톨라곶과 튀니지의 본곶 사이의 거리는 겨우 138킬로미터에 불과하다. 또한 지중해는 다르다넬스 해협과 보스포루스 해협을 통해 또 다른 폐쇄된 바다인 흑해와 연결된다.

지중해는 이처럼 독특한 지질학적 역사와 기후 조건으로 인해 전 세계 해양 면적의 0.8퍼센트밖에 차지하지 않지만 전 세계 해양 생물종의 8~10퍼센트가 서식하고 있다. 또한 북쪽으로는 유럽, 남쪽으로는 아프리카, 동쪽으로는 아시아 세 대륙이 만나는 교차로에 위치해 있어 이들 세 대륙의 연안을 모두 합치면 약 4만 6,000킬로미터의 해안선을 형성하게 된다. 이 지역은 여름에는 덥고 건조하며 10월에서 3월 사이에는 강수량이 집중돼 습하다.

복합적인 갈등이 곳곳에서 중첩되고 있는 곳

다른 바다와는 거의 단절된 채 육지로 둘러싸인 지중해 연안에는 22개 국가가 있고 총 5억 2천만 명의 인구가 살고 있다. 지중해 연안 국가들은 먼 옛날에는 로마제국이라는 하나의 정치적 공동체에 속해 있었지만 지금은 다른 혹은 거의 다른 정치적, 경제적 그룹에 속해 있다. 북쪽의 유럽연합 회원국들은 높은 수준의 경제적 발전을 이루었고 민주적 가치, 인권 존중과 같은 기본 원칙을 공유하고 있지만, 남쪽과 동쪽의 국가들은 아직 개발도상국으로 권위주의적 독재정권이 주를 이루고 있다.

이러한 맥락에서 프랑스 의회 국방군사위원회는 2022년 2월 지중해 방위에 관한 보고서에서 지중해를 '위기 발생 가능성이 높은 지역'으로 묘사했다. 지중해 남북으로 양쪽 연안 국가들 사이에 과거 식민 지배 시대의 문제들이 아직도 해결되지 않은 채로 남아 있고, 남쪽 연안의 북아프리카는

물론 리비아, 시리아, 이스라엘-하마스 등 동쪽 연안의 정세 불안까지 겹치면서 지중해 전 지역에 긴장이 극도로 고조되고 있기 때문이다. 이 밖에도 보고서는 서사하라를 둘러싼 알제리와 모로코 간의 분쟁, 사이프러스 분단 문제, 동지중해에서 발견된 탄화수소로 인한 갈등, 이주민 문제를 포함한 국경을 넘는 불법적인 범죄 활동들에 대해서도 언급하고 있다.

이처럼 위기가 복합적으로 중첩되면서 이 지역 강국들은 물론 세계적인 강대국들도 이곳에서 더 적극적으로 영향력을 드러내면서 세력을 넓히는 동시에 지역 정세에 깊이 관여하기 시작했다. 그 결과 각국은 광범위한 군비 증강과 재무장을 실행하고 있다. 그 예로 튀르키예는 전략적 자율성과 해군 역량을 강화하는 한편 유엔의 금수조치에도 불구하고 리비아에 무기를 공급했다. 러시아는 2015년부터 시리아의 타르투스와 라타키아에 있는 군사기지를 거점으로 해서 군사력을 강화했고, 중국은 그리스의 피레우스 항구에 투자한 사례를 통해 알 수 있듯이 지중해 전역에서 경제적 영향력을 확대하고 있다.

마지막으로 1945년부터 이 지역에 주둔해온 미국은 특히 제6함대와 스페인, 이탈리아, 그리스에 있는 자국 해군기지를 통해 존재감을 발휘해 오고 있다. 또한 2023년 10월 7일 하마스의 이스라엘 공격 이후에는 본격적으로 동지중해에 군사력을 추가 배치했다.

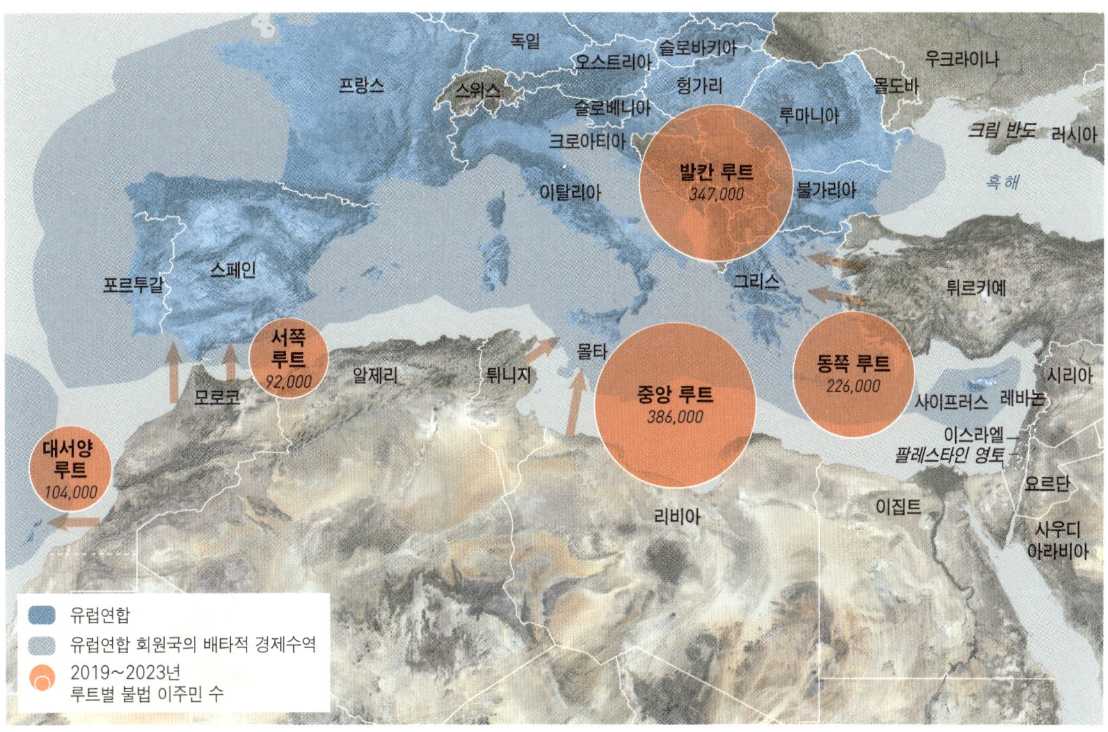

이주민 수만 명의 목숨을 앗아간 곳

불법 이주민의 증가는 지중해 지역에서 매우 중요한 문제로 떠올랐다. 유럽국경및해안경비대(Frontex)에 따르면 2023년 초부터 유럽으로 불법 입국한 사례는 27만 5천 건에 달한다고 한다. 이는 2022년의 18만 건보다도 훨씬 많은 수치이며 이 추세는 2020년 이후 꾸준히 증가하고 있다. 물론 시리아 전쟁이 한창이던 2015년에 유럽으로 유입된 150만 명에 비해서는 상대적으로 적지만 이 또한 무시할 수 없는 수치다.

2023년 유럽으로 향한 이주민의 대다수는 리비아와 튀니지 해안을 거쳐 이탈리아로 이어지는 루트를 택했다. 이곳을 지나간 총 15만 8천 명의 이주민 중 대다수가 사하라 이남 아프리카 출신이었다. 튀르키예와 발칸 반도 국가를 통과하는 동쪽 루트는 2015년 한 해에만 가장 많은 약 90만 명이 선택했지만 2023년에는 주로 시리아인을 포함해 팔레스타인인, 아프가니스탄인, 소말리아인 등 6만 명만이 이곳을 경유했다. 마지막으로 비교적 최근인 2023년에 5만 7천 명이 택한 북아프리카의 마그레브를 거쳐 스페인으로 향하는 서쪽 루트는 점점 단속이 강화되면서 통과하기가 어려워지고 있다. 이전에는 모로코 내에 위치한 스페인령인 세우타와 멜리야가 이 루트의 주요 허브 역할을 했지만 지금은 불법 이민을 막기 위한 두 나라의 협력이 긴밀해지면서 이곳을 이용하는 사람들의 수가 줄고 있다.

아프리카 북서부 대서양에 위치한 스페인 자치령인 카나리아 제도는 2023년 1월부터 10월까지 3만 2천 명이 넘는 이주민들이 유입되면서 심각한 위기에 직면했는데 이는 3만 1천 명이 유입되었던 2006년

한 해 동안의 수치를 뛰어넘는다. 2023년에는 이곳으로 향하던 사람들 중 최소 8백 명이 목숨을 잃었고 유럽 대륙으로 향하던 이주민 중 2,500명이 넘는 사람들이 지중해에서 죽음을 맞이했다. 이는 2022년 한 해보다 50퍼센트나 증가한 수치다. 결국 1990년대 초부터 총 5만 명이 넘는 사람들이 유럽연합 코앞에서 목숨을 잃었다. 이 수치는 여러 출처를 통해 집계된 것으로 실제 사망자 수는 이보다 훨씬 더 많을 것으로 추측된다.

동지중해,
누가 천연가스를 소유하느냐

지난 20년 동안 동지중해 연안을 따라 형성된 레반트 분지에서 대규모 탄화수소가 발견되면서 이 지역에서 갈등과 경쟁이 격화되고 있다. 매장된 천연가스의 양은 대략 2조 5천억 세제곱미터로 추산되는데 이는 카자흐스탄의 가스 매장량과는 비슷한 양이지만 러시아의 매장량보다는 훨씬 적은 양이다. 하지만 누가 이 해저 자원을 갖느냐를 두고 이 지역이 두 진영으로 갈라지면서 대립 구도가 형성되었다.

한쪽 진영은 사이프러스공화국, 이스라엘, 이집트, 그리스로 이들은 각국의 배타적 경제수역 경계를 국가 간 서로 합의해서 정하는 협정을 맺었다. 하지만 여기서 분명히 짚고 넘어가야 할 사안이 하나 있다. 사이프러스섬 북부에 위치해 있고 튀르키예가 개입하면서 1983년에 일방적으로 독립을 선언한 북사이프러스튀르크공화국은 튀르키예를 제외한 전 세계 어느 나라도 국가로 인정하지 않고 있다. 따라서 북사이프러스튀르크공화국에게는 배타적 경제수역이 있을 수 없다. 그 결과 사이프러스공화국이 사이프러스섬 전체를 자국 영토로 간주해 그 주변 바다를 자신들의 배타적 경제수역이라고 주장하고 있다. 그렇게 되면 사이프러스공화국은 그 수역 안에 있는 천연가스를 포함한 모든 자원에 대해 자국의 소유권을 행사할 수 있다. 이것이 바로 동지중해 지역의 긴장을 고조시키고 있는 주요 요인 중 하나라 할 수 있다.

반면 다른 한쪽 진영에는 이들의 협정을 인정하지 않고 더 넓은 자국의 배타적 경제수역을 주장하는 튀르키예가 있다. 튀르키예는 북사이프러스튀르크공화국과 사이프러스섬 북부 주변 해양을 탐사하는 협정을 체결했고, 리비아 정부와는 해양 경계 확정 조약을 맺으며 리비아-튀르키예 전선을 형성했다. 그러나 사이프러스공화국과 그리스는 리비아와 튀르키예가 둘만의 협정을 통해 정한 해양 경계선이 자국의 배타적 경제수역을 침범하고 있다며 강하게 반발하고 있다.

과도한 자원 개발과 양식업에 시달리는 곳

이러한 갈등 외에도 지중해 심해에서 석유 시추 활동과 가스 파이프라인 설치 작업이 활발해지면서 이곳의 생물다양성이 크게 위협받고 있다. 이스라엘 해안에서 135킬로미터 떨어진 대륙붕 해역에 위치한 레비아탄 가스전이 그 대표적인 사례다. 세계자연기금에 따르면 그 지역은 "독특하고 섬세

한 해양 생태계의 보고이며 동시에 풍부한 생물학적 다양성을 보유하고 있는 곳으로 희귀한 해면동물, 벌레, 연체동물, 수천 년 된 냉수성 산호(수온이 낮은 바다에서 자라는 산호) 등이 서식하고 있다"고 한다.

지중해는 집약적 조업과 양식업에 의해서도 위협받고 있다. 저인망과 자망(물고기가 지나가다가 그물코에 걸리도록 하는 그물)의 사용은 산호초 형성에 피해를 주고 남획은 여러 종의 멸종 위험까지 높이고 있는데 몰타가오리가 대표적이다. 또한 양식업은 해양 생태계의 악화를 초래한다. 지중해 연안 국가 중 양식업을 가장 활발히 하고 있는 국가는 튀르키예다. 튀르키예 남서부 에게해 연안에 위치한 귈뤼크만에서는 유럽산농어를 집중적으로 양식하는데 이것이 수중 산소 농도를 감소시켜 해양 오염을 일으키는 주된 요인으로 작동한다. 양식으로 인해 물속에 물고기 사료와 배설물 등이 쌓이면서 질소와 인의 농도가 높아지고 그것이 녹조 번식을 촉진시켜 해양 생물이 더는 살 수 없는 데드존을 형성하는 것이다.

한편 지중해의 포시도니아 해초 군락과 산호초 지대는 이곳의 생태계를 위해 다양한 역할을 한다. 여과 과정을 통해 바닷물을 정화하고, 산소를 공급하고, 해안 침식을 방지하고, 수많은 해양 생물에게 서식지를 제공한다. 또한 이들은 수천 년 동안 축적된 탄소를 빨아들이는 저장소 역할을 하면서 기후변화의 영향을 완화하는 데에도 한몫하고 있다. 하지만 이처럼 놀라운 지중해의 생태적 자산이 오늘날에는 사라질 위기에 처해 있다. 물론 해양 보호구역 지정은 축하할 만한 일이지만 말이다.

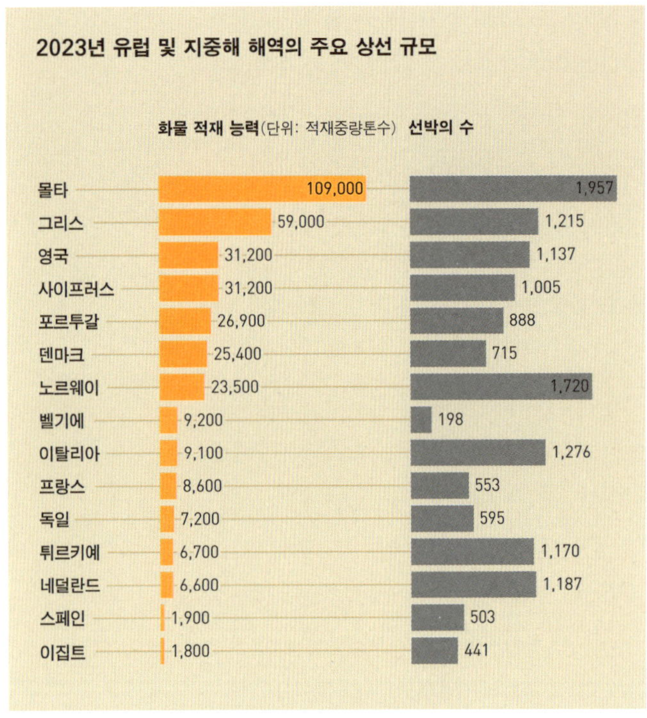

쇠퇴의 그림자

해양 지정학 전문가 피에르 루아에 따르면, 지중해는 세계화된 산업 시스템에서 '태평양만큼이나 중요한 축'이다. 아시아의 '공장'과 유럽의 '마트'를 연결하는 컨테이너선들이 오가는 곳이 바로 이곳 지중해이기 때문이다. 중국의 해운 회사들이 지중해 유역의 항구에 투자하는 이유가 바로 여기에 있다. 또한 지중해는 카스피해와 중앙아시아에서 생산된 석유와 가스가 흑해를 거쳐 운송되는 경로이기도 하다. 한편 지중해를 사이에 둔 유럽과 아프리카 간의 교역에서 유럽 국가들은 큰 이익을 얻고 있지만 북아프리카 국가들은 상대적으로 소외되고 있다. 그 결과 지중해 남쪽에 있는 아프리카 국가들을 대상으로 한 유럽연합의 무역 흑자는 몇 년 동안 꾸준히 증가해 왔다.

지중해는 여전히 세계화의 주요 경로 중 하나지만 더 이상 세계화의 '중심축'은 아니다. 몇 세기에 걸쳐 이 해역은 점점 그 중요성이 줄어들고 있다. 유럽, 이후에는 미국과 중국이 새로운 무역 강국으로 등장하면서 아시아-태평양 쪽으로 교역이 집중되자 지중해는 점점 더 빠르게 쇠퇴하고 있다.

지중해를 질식시키는 것들

지중해 연안 국가의 인구 5억 2천만 명 중 3분의 1이 해안 지역에 거주하고 있는데 이들은 과도한 도시화와 높은 인구밀도로 인한 문제를 직접적으로 겪고 있다. 여기에 매년 해수욕을 즐기러 이곳을 방문하는 전 세계 3억 명이 넘는 관광객과 2,600만 명의 크루즈 여행객까지 더해진다. 밀려드는 관광객 때문에 개발 압력에 시달린 대표적인 곳이 니스, 칸 등이 위치한 프랑스 남부의 코트다쥐르다. 이곳은 1950년대부터 관광업이 급성장하면서 해안의 인공화(자연 그대로의 해안선을 건물, 도로, 항구, 호텔 등으로 바꾸는 것)가 시작되었고, 도로와 항구에 공항까지 각종 교통 인프라도 확장되었으며, 호텔과 카지노 등 관광 시설이 건설되는 것은 물론 대규모 도시 개발 프로젝트도 빠르게 진행되었다. 그때부터 프랑스 남부 알프마리팀 지역 해안의 35.35퍼센트가 인공화되었다. 하지만 이는 결국 생물다양성을 크게 훼손시키고 새 환경에 적응하지 못한 일부 해양 생물종의 멸종을 초래하기도 했다.

이처럼 해안 지역으로 인구가 몰리고 관광객이 증가하면서 막대한 양의 쓰레기 또한 발생하고 있다. 생활 쓰레기, 중금속, 살

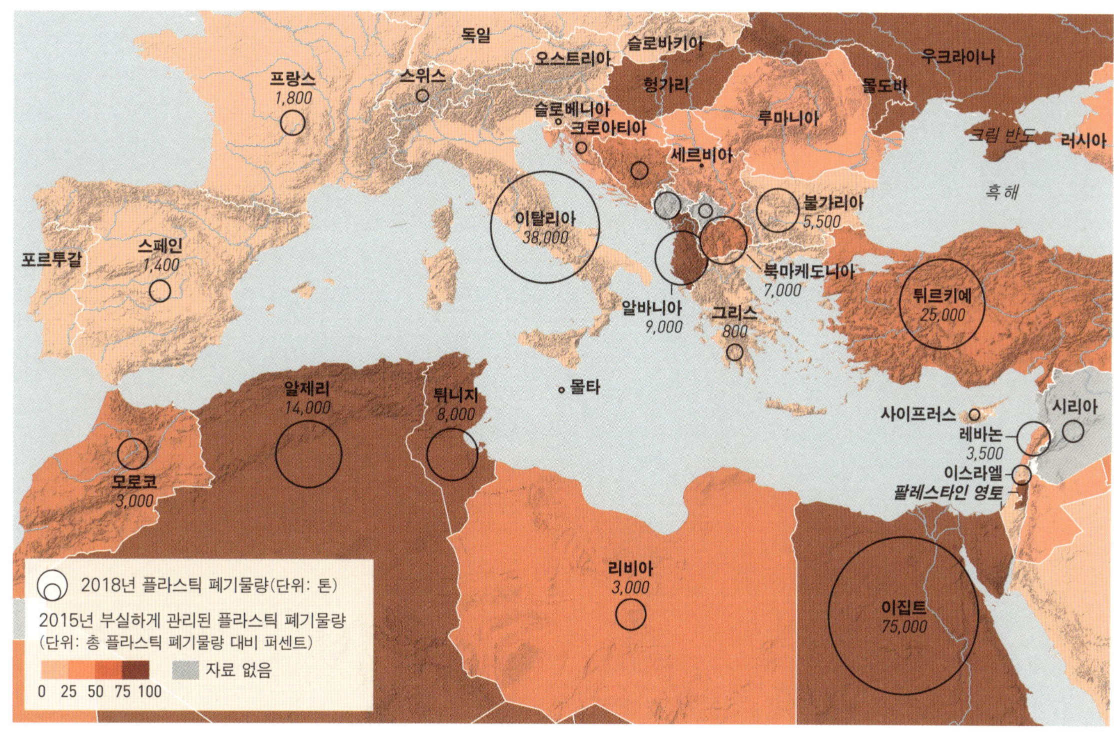

충제는 물론 그중에서도 특히 플라스틱 폐기물이 문제다. 국제자연보전연맹(IUCN) 보고서에 따르면 매년 지중해로 유입되는 플라스틱 쓰레기의 양은 15만 톤에서 60만 톤으로 추정된다. 또한 같은 보고서에서는 이집트 약 7만 4천 톤, 이탈리아 약 3만 4천 톤, 튀르키예 약 2만 4천 톤 등 이 세 나라가 지중해로 가장 많은 플라스틱 쓰레기를 흘려보냈다고 지적했다. 그리스의 비영리 단체인 에게안 리브레스는 잠수부들을 모집해 그리스의 섬들과 해안을 돌며 해양 쓰레기를 수거하는 활동을 펼치고 있다. 그들은 2017년부터 2022년까지 9만 개의 플라스틱 생수병, 21톤의 어망, 1,700개의 자동차 폐타이어를 수거했다. 또한 자원봉사자들이 확인한 바에 의하면 검사 대상 어류와 홍합의 20~45퍼센트의 내장에서 미세 플라스틱 입자가 발견되기도 했다.

플라스틱 쓰레기는 해안 지역에서만 발생하는 문제가 아니다. 지중해와 직접적으로 접해 있지는 않지만 지중해로 이어지는 강줄기를 따라 형성된 나라들도 적지 않은 양의 쓰레기를 흘려보낸다. 특히 수단은 나일강을 통해, 스위스는 론강을 통해 많은 양의 플라스틱 쓰레기를 지중해로 배출하고 있다.

플라스틱 바다

매년 지중해로 약 50만 톤에 달하는 플라스틱 쓰레기가 유입된다. 지중해로 가장 많은 플라스틱 쓰레기를 흘려보낸 국가는 이집트, 이탈리아, 튀르키예다.

사이프러스, 분열과 분단의 섬

면적이 9,200제곱킬로미터에 달하는 사이프러스섬은 1974년 이후 그곳에 거주하는 그리스계 사람들과 튀르키예계 사람들 간의 극심한 갈등 끝에 남북으로 분단되었다. 이에 북부 지역은 북사이프러스튀르크공화국을 선포하며 1983년에 스스로 독립국임을 선언했다. 하지만 이들을 국가로 인정하는 곳은 서로 언어와 문화를 공유하는 튀르키예뿐이다. 반면 과거 영국 식민지였다가 1960년에 독립한 남쪽의 사이프러스공화국은 국제적으로 인정받는 국가로 유엔에도 가입되어 있으며 2004년부터는 유럽연합 회원국이기도 하다.

이 두 지역을 나누는 경계선은 길이 180킬로미터에 폭 3미터에서 7킬로미터에 이르는 띠 모양의 땅인 '그린 라인'으로 이곳은 현재 유엔 평화유지군이 관리하고 있다. 사이프러스섬에는 두 곳의 영국 군사기지도 있다. 양측의 수도인 니코시아는 북쪽은 북사이프러스튀르크공화국이, 남쪽은 사이프러스공화국이 각각 관할한다. 도시 중앙에는 두 지역을 가르는 장벽이 설치되어 있는데 이렇게 한 도시가 두 곳의 수도로 나뉘어 운영되는 사례는 세계에서 니코시아가 유일하다. 니코시아 주민들이 도시의 양쪽을 여행할 수 있도록 '국경'을 넘을 수 있게 된 것은 2003년 이후부터다.

사이프러스섬은 경제도 남북으로 나뉘어 있다. 유럽연합과 유로존 회원국인 사이프러스공화국은 유럽 단일시장에 속해 있으며 주요 교역 상대국은 언어와 문화를 공유하는 이웃 국가인 그리스다. 경제는 관광업에 크게 의존하고 있는데 튀르키예와 이집트가 불안정한 국가로 인식되면서 두 나라로 향하던 관광객들이 이곳으로 방향을 틀게 되면서 크게 수혜를 입었다. 인구의 약 80퍼센트는 서비스 산업에 종사한다. 또한 세계 11위, 유럽 3위 규모의 선박 보유량을 가진 해상 운송업은 이 나라 경제의 또 다른 핵심축이다.

북사이프러스튀르크공화국은 1983년부터 국제 사회의 제재를 받고 있어 오직 튀르키예하고만 경제 협정을 체결할 수 있다. 화폐도 튀르키예의 리라를 사용한다. 2007년 이후부터는 튀르키예가 이곳 연간 예산의 15-30퍼센트를 지원해 왔다. 2018년부터 튀르키예에 닥친 경제와 통화 위기는 이 작은 지역에도 많은 영향을 끼쳤는데 그 결과 2021년에는 물가가 한 해 동안 평균 46퍼센트 이상 상승하기도 했다.

9 9
튀르키예
가지파샤
아나무르
아나무르곶
샹앙드레곶
북사이프러스튀르크공화국
카르파스 반도
코르마키티곶
키레니아
키레니아 산맥
'그린 라인'
1974년 이후
유엔이 통제하는
비무장지대
모르포우만
모르포우
파마구스타만
파마구스타
크리소쿠스만
아르나우티스곶
니코시아
파랄림니
폴리스
그레코곶
트 로 도 스 산 맥
데켈리아
영국 군사기지
라르나카
파포스
키티곶
사이프러스공화국
리마솔
아크로티리
영국 군사기지
가티곶
50 km
인구밀도
영국이 주권을 갖고 있는
군사기지 지역
통행지점

#8

여덟 번째 경유지,
이탈리아 제노바

2019년, 한 이탈리아 항구의 선원들은 중국인들이 상륙하고 있는 것을 목격했다. 실제로 그해 전 세계 언론에서는 중국의 일대일로 프로젝트에 이탈리아의 제노바 항구가 포함될 것이라고 발표했다. 그 계획에는 특히 중국이 49퍼센트를 투자하는 방파제 확장과 새로운 화물 터미널 건설이 포함되었다. 이에 대한 경고의 목소리도 적지 않았다. 공공 부채를 줄이겠다는 명분으로 G7 국가 중 유일하게 중국의 일대일로 프로젝트에 참여한 이탈리아는 이를 통해 제노바와 트리에스테 등 자국 도시들이 중국의 유럽 진출 시 관문 역할을 할 것이라는, 즉 '트로이의 목마'가 될 것이라는 우려를 불러일으켰다.

하지만 2023년 9월 이탈리아 정부의 기조가 바뀌었다. 조르자 멜로니 총리는 전임 마리오 드라기 정부의 노선을 따라 중국의 일대일로 프로젝트에서 탈퇴하겠다고 외교적으로 공식 선언했다. 동시에 이탈리아의 전략적 산업 분야에 대한 외국의 바람직하지 않은 투자를 차단하기 위해 정부가 가진 거부권을 행사했다. 이는 중국과의 협력 확대라는 기존의 노선을 접고 한 걸음 뒤로 물러서는 결정이었다. 이것은 결국 제노바가 이탈리아 최대의 산업 및 상업 항만이자 지중해의 주요 항구 중 하나로서 국가 전략에서 결코 가벼이 여길 수 없는 자산이라는 점을 다시금 깨닫게 된 결과이기도 하다.

제노바는 이탈리아 북부와 프랑스, 스페인의 주요 항구뿐 아니라 북아프리카 항구들까지도 해상 운송로로 이어주는 전략적 요충지다. 이것이 바로 제노바의 심해가 총길이 4만 5천 킬로미터로 현재 세계에서 가장 긴 해저 케이블인 '2Africa'의 첫 번째 구간이 시작될 장소로 낙점된 이유다. 메타가 주도하고 오랑주, 보다폰, 차이나모바일, MTN, STC, WIOCC, 텔레콤이집트 등 전 세계 기업들이 참여하는 이 프로젝트를 위한 컨소시엄의 목표는 유럽 국가들과 아프리카, 중동 국가들 간의 통신망을 강화하는 것이다. 이는 곧 제노바가 전 세계의 인터넷 데이터가 오가는 핵심 출발지가 된다는 의미다.

오늘날 우리는 스마트폰, 태블릿, 컴퓨터 없이는 살 수 없는 세상에 살고 있으며 이메일을 주고받고, 영화를 다운로드하고, 소셜 네트워크에 접속하는 일이 일상이 되었다. 이런 시대에는 이에 걸맞는 인프라가 필요한데 그 대부분은 현재 바다 밑에 구축되어 있다. 바다와 대양 깊숙한 곳에 깔려 있는 수천 킬로미터의 해저 케이블은 대륙 간 초고속 통신을 가능하게 한다. 하지만 그와 동시에 사고나 공격, 감시에 노출될 경우 전체 통신망이 파손되어 우리를 고립시킬 수도 있다. 따라서 이러한 해저 케이블을 둘러싸고 벌어지는 경제적, 상업적, 지정학적 전쟁은 그 어떤 강대국도 외면할 수 없는 문제다.

해저 케이블, 세계의 패권 경쟁은 바다 밑에서도 진행 중이다

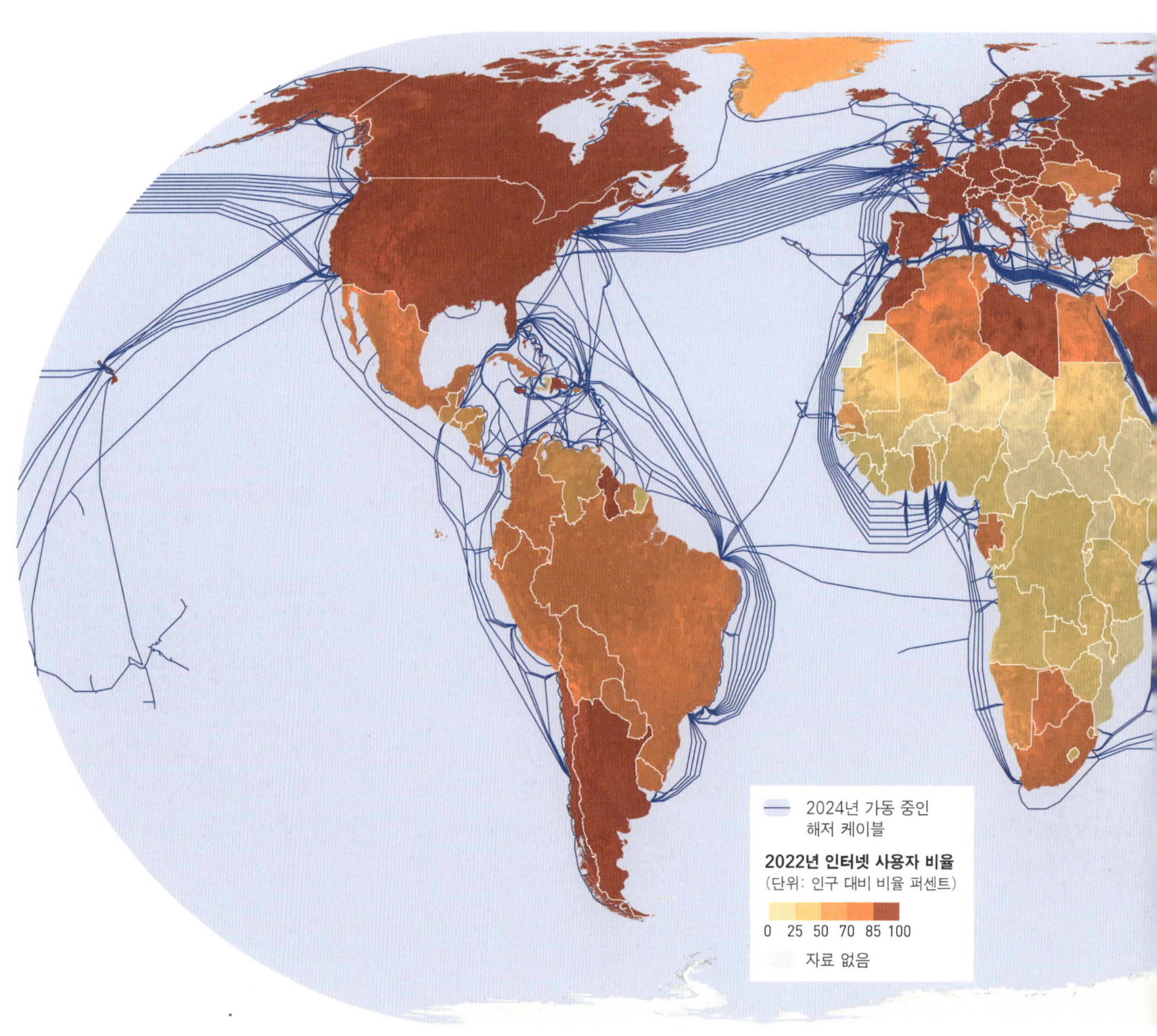

최초의 해저 케이블은 19세기로 거슬러 올라간다. 1851년에 영국의 도버와 프랑스의 그리네곶을 잇는 영불해협 밑에 전신 통신을 위해 최초의 해저 케이블이 설치되었다. 이를 통해 런던과 파리의 증권거래소는 두 나라의 시세를 몇 분 만에 파악할 수 있게 되었다. 몇 년 뒤인 1858년에는 아일랜드와 북아메리카의 뉴펀들랜드를 잇는 최초의 대서양 횡단 케이블이 설치되었다. 그 이후 케이블의 수는 폭발적으로 증가해 1900년에는 설치된 해저 케이블의 총길이가 20만 킬로미터에 달했다. 런던과 뭄바이는 1870년에 이미 해저 케이블을 통해 연결되었지만 태평양을 횡단하는 최초의 케이블이 설치된 것은 1902년이었다. 첫 번째 태평양 횡단 케이블은 오스트레일리아와 뉴질랜드를 피지와 키리바시를 경유해 캐나다와 연결했고, 이어 샌프란시스코–호놀룰루–마닐라–상하이를 잇는 또 다른 태평양 횡단 케이블도 가동되기 시작했다.

케이블 부설선(해저 케이블을 부설하거나 수리하는 배)을 통해 설치된 이러한 해저 케이블들은 전 세계 경제를 더욱 빠르고 긴밀하게 연결해 주었다. 이처럼 늘어나는 케이블을 관리하기 위해 국제전기통신연합의 전신인 국제전신연합(ITU)이 1865년에 설립되었다. 이들의 임무는 모든 국가의 통신망을 서로 이어주고 기술적 발전에 발맞춰 전 세계 네트워크 연결이 끊기지 않도록 관리하는 것이다.

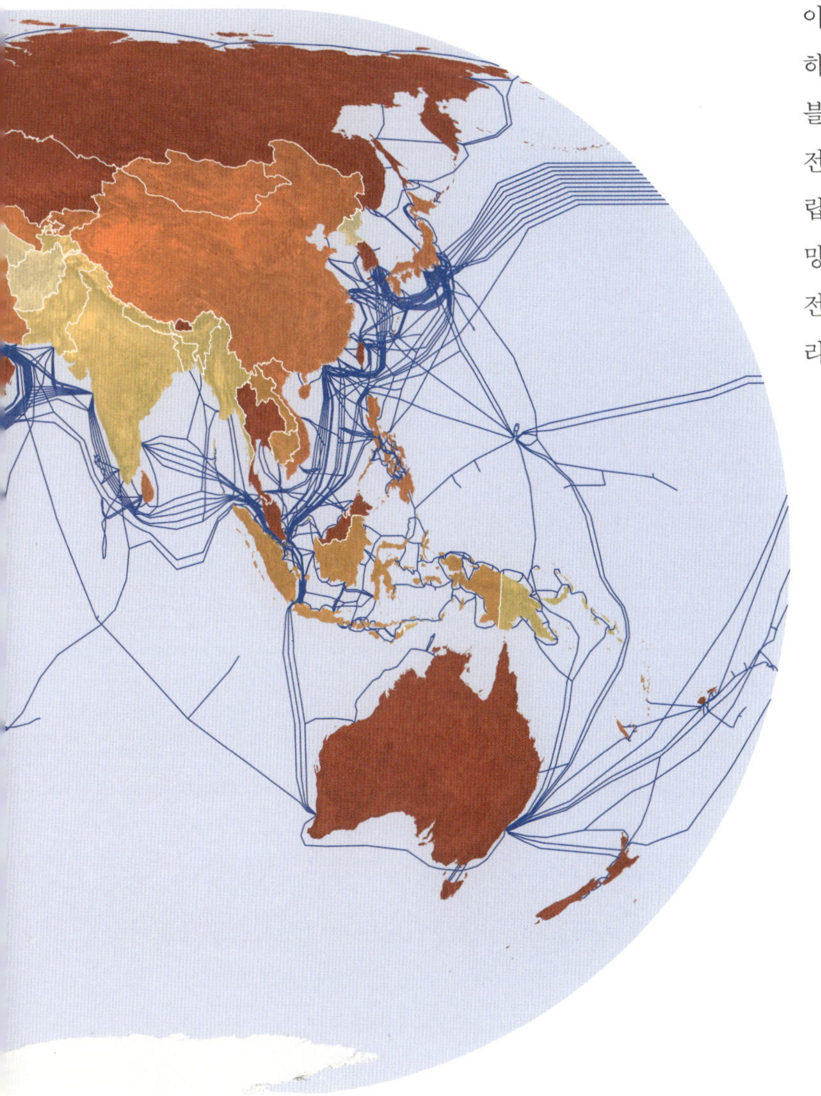

가상 공간을 연결하는 바다

오늘날 바다에는 130만 킬로미터가 넘는 해저 케이블이 깔려 있는데 이는 지구를 32바퀴 돌 수 있는 길이다. 해저 케이블 설치가 처음으로 정점에 이르렀던 시기는 2000년대 닷컴 버블 때였다. 이후 2016년에는 2만 7천 킬로미터가 더 신설되었고 2016년부터 2020년 사이에는 100개의 케이블이 또다시 새롭게 설치되었다. 뉴욕, 마르세유, 아랍에미리트, 뭄바이, 싱가포르, 홍콩, 도쿄 등은 전 세계 해저 케이블이 한데 모이는 핵심 거점이자 데이터의 관문이다. 반대로 방글라데시나 모잠비크 같은 국가는 인터넷 사용량이 적어 해저 케이블 인프라가 부족하다.

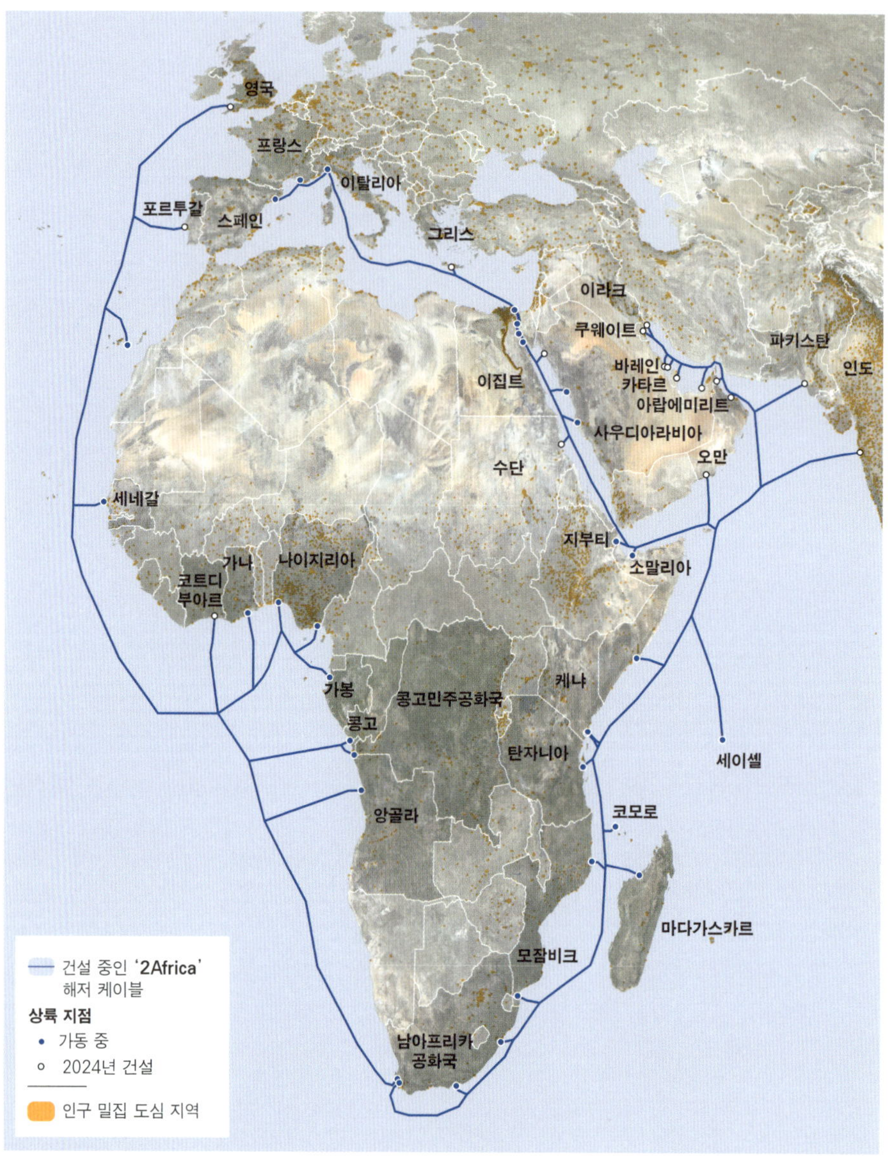

세 대륙을 연결하는 세계 최대 규모의 해저 케이블

미국 기업 메타가 주도하고 오랑주, 보다폰, 차이나모바일, 남아프리카공화국의 바요바드, 텔레콤이집트를 비롯한 각국 주요 통신 기업으로 구성된 컨소시엄은 길이가 총 4만 5천 킬로미터에 달하는 세계 최대 규모의 해저 케이블 프로젝트인 2Africa를 위한 것이다. 이 케이블은 33개국을 연결하는데 유럽에서 시작해 이집트와 사우디아라비아를 거쳐 중동과 아프리카까지 이어준다. 아프리카 대륙은 2025년까지 휴대전화 사용자 수가 6억 1천만 명이 넘을 것으로 추정되는데 그중 절반이 스마트폰 사용자일 것으로 예상된다.

전 세계 데이터의 98퍼센트를 전송

전신 시대가 끝나면서 전화 연결을 위해 해저 케이블이 사용되기 시작했다. 1956년에 최초의 전화 케이블인 TAT-1이 설치되었다. 이후 1988년에는 프랑스, 영국, 미국을 연결하는 최초의 광섬유 케이블인 TAT-8이 등장하면서 또 다른 혁명이 일어났다.

오늘날 바닷속 곳곳에 깔려 있는 이러한 케이블들은 레이저 신호를 통해 반대편 수신기로 데이터를 전송한다. 광섬유 자체의 굵기는 사람 머리카락 정도에 불과하지만 실리콘이나 플라스틱 보호막이 더해진 외피까지 포함하면 케이블 전체 두께는 정원용 호스만큼 두껍다. 케이블은 부설선을 이용해 해안 근처에서는 땅속에 묻히고 먼바다에서는 해저 바닥에 깔린다. 칼레와 도버 사이에 설치된 율리시스 케이블은 길이가 약 30킬로미터에 불과하지만 태평양 횡단 케이블은 3만 킬로미터가 넘는다. 최근에 설치된 2Africa 케이블의 경우는 아프리카 대륙을 우회하여 길이가 무려 4만 5천 킬로미터에 달한다.

2023년 말 기준으로 현재 운영 중이거나 계획 단계에 있는 해저 케이블은 총 552개로 집계되는데 이 케이블을 통해 전 세계 디지털 데이터의 98퍼센트가 전송된다. 이 사실만 보아도 21세기에는 이 해저 인프라가 얼마나 중요한지 알 수 있다. 실제로 전 세계 데이터의 0.4퍼센트 미만이 인공위성을 통해 전송된다. 이는 매우 낮은 비율이다. 하지만 2021년에 발간된 우주 시장 조사 및 컨설팅 회사인 노던 스카이 리서치사의 우주 트래픽 관련 연구 보고서에 따르면, 향후 우주를 오가는 데이터의 양은 엄청나게 증가할 수 있는데 2030년까지 대략 500엑사바이트(ExaByte, 즉 5억 테라바이트)가 넘는 정보가 오갈 것으로 예상된다.

현재 대부분의 해저 케이블은 세계화의 주요 거점인 유럽, 북아메리카, 동북아시아를 주로 연결하고 있다. 여기에 남아메리카, 중동, 동남아시아, 아프리카 해안도 점차 연결되고 있다.

잠재적 공격 표적

보호 장치가 거의 없는 해저 케이블은 저인망 어선의 어망, 쓰나미, 상어의 이빨 등에 쉽게 훼손될 수 있어 매년 약 100건 정도의 고장 장애를 일으킨다. 대부분의 경우 이러한 사고가 발생하면 데이터는 다른 네트워크로 우회하여 전송된다. 그러나 2006년 대

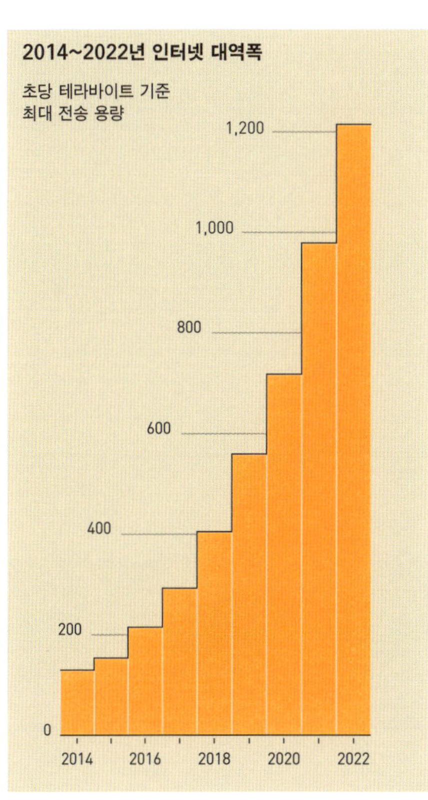

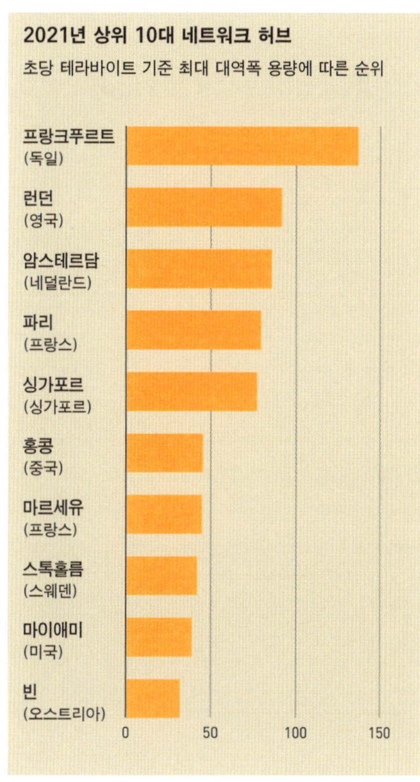

디지털 네트워크의 역량은?

디지털 네트워크의 데이터 전송 용량은 지난 10년 동안 대역폭의 급격한 확충과 함께 빠르게 늘어났다. 이에 따라 데이터를 효율적으로 분배하는 네트워크 허브 등 핵심 거점들도 그에 맞춰 크게 증가했다.

만 인근 해역에서 발생한 지진으로 인해 여러 케이블이 절단되었을 때는 동아시아 지역의 1억 2천만 개의 전화 회선이 끊기고 은행 업무 및 증권 거래가 일시적으로 마비되는 사태가 초래되기도 했다.

자연재해로 인한 사고 외에도 해저 케이블이 악의적인 공격의 대상이 되는 경우도 있다. 예를 들면 2023년 10월에 에스토니아와 핀란드, 스웨덴을 연결하는 두 개의 해저 케이블이 손상을 입었다. 세 나라의 정부는 이를 명백히 '외부의 공격 행위'로 판단했으며 많은 이들이 러시아를 배후로 의심하기도 했다. 결국 이러한 파괴 행위는 가스 파이프라인이나 철도와 마찬가지로 해저 케이블 또한 국가 간 하이브리드 전쟁의 잠재적 표적이 될 수 있음을 상기시켜 주는 셈이다. 이에 따라 전 세계 주요 통신사들은 손상된 케이블을 신속히 수리하기 위해 해저를 여러 구역으로 나누고 각 구역에 전용 케이블 부설선을 투입하고 있다. 때로는 노후화된 장비를 보다 강력한 케이블로 교체하기도 하는데 이는 인터넷의 원활한 운영을 위해서는 반드시 필요한 작업이기도 하다.

미국, 새로운 전쟁의 선두주자

이처럼 데이터와 통신망을 둘러싼 '새로운 힘의 경쟁' 속에서 핵심 세력은 네트워크를 구축하는 기업들이다. 그중 선두주자로는 2019년부터 핀란드 기업인 노키아의 자회사가 된 알카텔-루슨트, 미국 기업 서브콤, 일본 기업 NEC 등이 있다.

다음으로 중요한 것은 루트 서버(root servers)다. 루트 서버는 인터넷이 제대로 작동하도록 하는 핵심 장치로, 사람이 읽는 웹주소를 숫자로 된 IP 주소로 바꿔주는 역할을 한다. 즉 컴퓨터와 서버 사이에서 주소 안내자처럼 작동하여 인터넷 주소가 정확히 어디인지 알려주고 정보가 올바른 목적지까지 문제없이 도착하도록 돕는다. 이 기능 덕분에 인터넷에는 모든 주소를 정리해둔 등록부(주소록) 같은 시스템이 존재할 수 있고 그 결과 데이터 교환이 안정적으로 이루어진다. 이러한 시스템은 통신의 신뢰성을 유지하는 데 필수적이다.

이 분야에서는 미국이 상당한 우위에 있다. 루트 서버는 유럽에 두 대, 아시아에서는 일본에 한 대, 미국에는 열 대가 존재한다. 미국에서는 NASA 산하의 에임스 연구

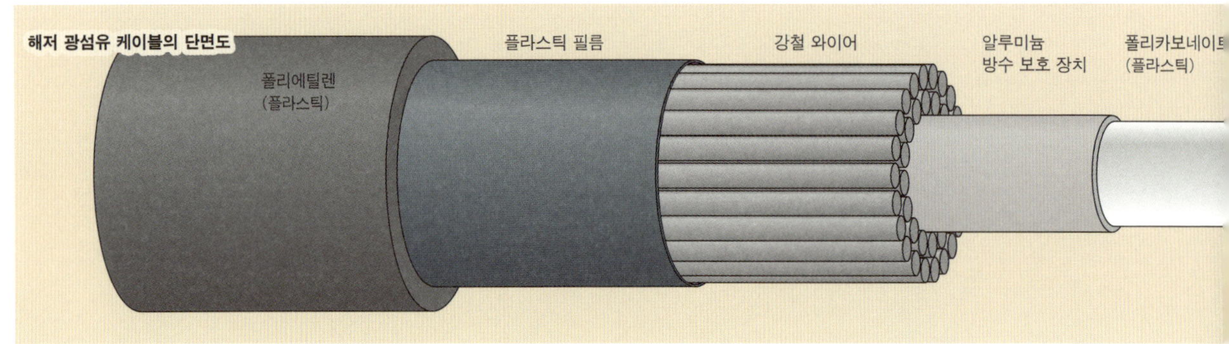

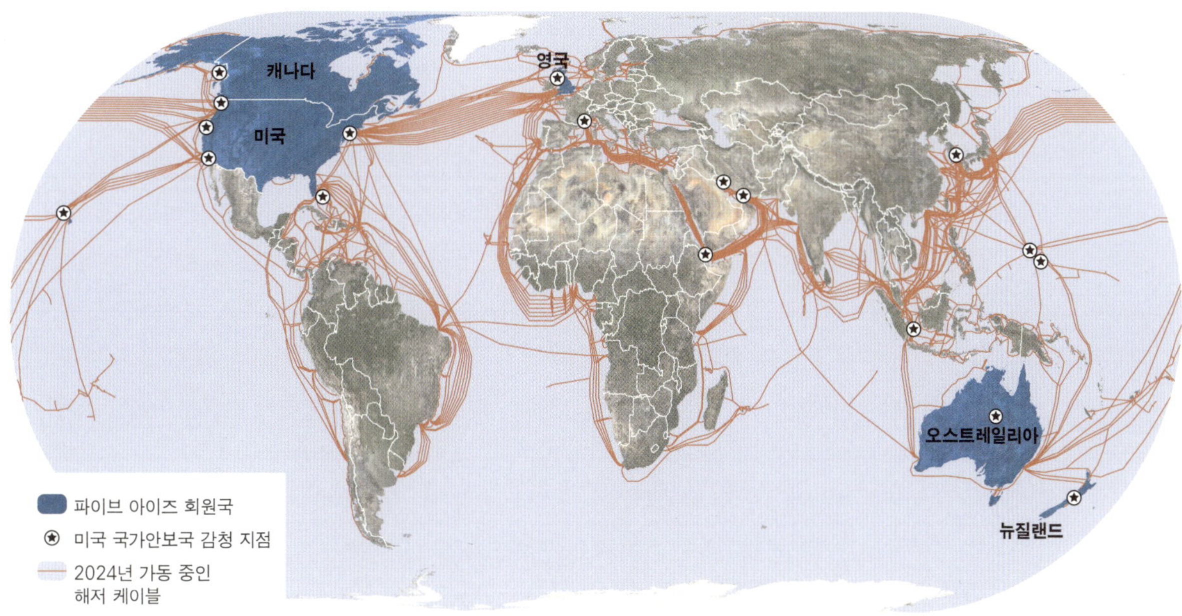

센터, 국제인터넷주소관리기구(ICANN), 메릴랜드 대학 등 다양한 기관들이 서버를 관리한다. 유럽에서는 스톡홀름에 본사를 둔 넷노드와 암스테르담에 본부를 둔 네덜란드 비영리단체인 RIPE NCC가 관리하고 있다.

이렇게 미국의 영향력이 막강한 이유는 디지털 거대 기업이 대부분 미국 기업이기 때문이다. 바로 우리가 잘 아는 GAFAM, 즉 구글, 애플, 페이스북, 아마존, 마이크로소프트가 대표적이다. 그 결과 미국 국가안보국(NSA)에 따르면 전 세계 데이터의 80퍼센트가 미국을 경유한다.

해저 케이블 상륙 지점, 데이터를 쉽게 빼낼 수 있는 곳

인터넷이 등장하기 훨씬 이전인 1955년에 미국, 캐나다, 영국, 오스트레일리아, 뉴질랜드는 이미 전 세계에서 교환되는 정보의 전략적 중요성을 인지하고 있었고 그래서 그것을 감시하기 위해 '파이브 아이즈(Five Eyes, 다섯 눈)'라는 동맹을 결성했다. 이 대규모 감시는 반세기 이상 지난 뒤 미 국가안보국의 전직 정보기술 전문가였던 에드워드 스노든의 폭로에 의해 세상에 드러났다. 스노든은 감시가 주로 대륙과 연결된 해저 케이블이 땅으로 올라오는 지점, 즉 상륙 지점에서 이루어진다고 설명했다. 왜냐하면 데이터가 이 지점들을 반드시 지나가기 때문에 정보기관이 그곳에서 데이터

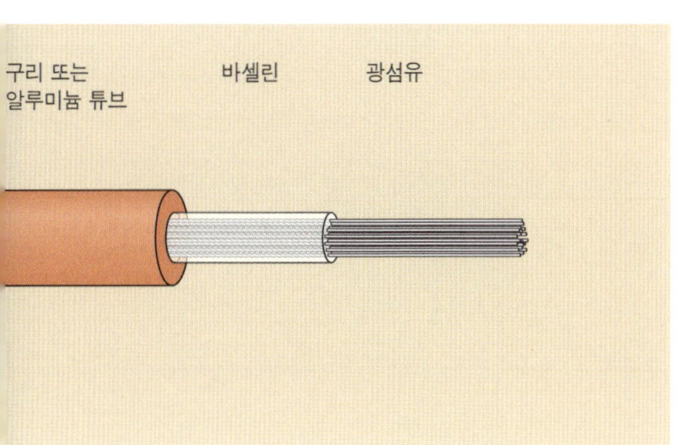

미 국가안보국의 감청

1950년대에 미국은 파이브 아이즈를 통해 통신 감청 체계를 구축했는데 오늘날 디지털 시대가 도래하면서 이러한 감청은 전 세계적인 규모로 시행되고 있다.

를 쉽게 빼낼 수 있기 때문이다.

예를 들어 영국의 포스커노, 뷰드, 하이브리지 같은 해저 케이블의 주요 상륙 지점에는 여러 대서양 횡단 케이블들이 모여들기 때문에 영국 정보기관은 이곳에서 각종 통신 데이터를 손쉽게 감시 및 감청할 수 있는 것이다. 즉 대서양을 건너온 해저 케이블이 영국 땅에 닿는 바로 그 지점에서 신호를 잡아낼 수 있다는 뜻이다.

프랑스에서는 프랑스 정보기관과 프랑스의 대표적인 통신사인 오랑주('프랑스텔레콤'이 2013년에 변경된 이름) 간의 오랜 관계 덕에 지중해 횡단 해저 케이블이 상륙하는 지점인 마르세유에서 동일한 종류의 감시 및 감청이 가능했다. 그 케이블을 통해 중동과 북아프리카의 전략적 데이터가 오가기 때문에 프랑스 입장에서는 더욱 정보 수집 필요성을 느꼈을 것이다. 과거 냉전 시대에는 미국 잠수함이 소련 해군기지들 사이를 연결하는 케이블을 감청해 소련 해군의 내부 통신을 장기간 엿들을 수 있었다. 하지만 오늘날과 같은 디지털 시대에는 정보 수집 활동, 즉 일종의 스파이 활동은 훨씬 더 대규모로 일어난다. 특히 파이브 아이즈는 200개의 해저 케이블을 감청해 테러 대응 관련 데이터를 수집한 것으로 알려져 있다.

어떤 국가들은 자국 네트워크에 대한 통제를 보다 강화하고 오가는 데이터를 감시하기 위해 자체적인 인터넷망과 인프라를 개발하기도 했다. 그 대표적인 나라로 세계적인 인터넷망과는 거리를 두고 있는 러시아를 들 수 있다. 러시아에서는 오직 네 개의 해저 케이블만이 러시아와 나머지 세계

를 이어주고 있다. 그중 하나는 핀란드, 다른 하나는 조지아, 나머지 두 개는 일본과 연결된다. 또한 러시아는 얀덱스, 브콘탁테와 같은 자체적인 인터넷 기업을 보유하고 있어 통제하기가 훨씬 더 용이하다.

같은 논리가 중국에도 적용된다. 중국도 러시아와 마찬가지로 자국 인터넷을 강력히 통제하고 있으며 일부 전략적 케이블에 대해서는 감독 및 감시 권한을 확대하려 한다. 실제로 중국 통신사 세 곳이 중동을 경유하여 아시아와 유럽을 연결하는 '시미위(SEA-ME-WE) 5' 컨소시엄에 참여하고 있다. 중국 기업인 화웨이는 해저 케이블 분야에서도 두드러진 존재감을 보이고 있는데 10년 만에 세계에서 손꼽히는 케이블 부설 기업 중 하나로 성장했다. 하지만 화웨이가 중국 정부와 밀접한 관계를 맺고 있다는 점 때문에 오스트레일리아 당국은 시드니와 솔로몬 제도를 잇는 케이블 건설을 중단시켰다. 이 케이블을 화웨이를 비롯한 중국 측 컨소시엄이 건설할 경우 이로 인해 자국의 디지털 주권이 침해될 가능성이 우려되기 때문이다.

미국과 중국의 바닷속 전쟁

세계 패권을 두고 중국과 미국이 벌이는 경쟁은 이제 바다 밑에서도 일어나고 있다. 두 거대 국가가 벌이고 있는 디지털 전쟁의 진정한 뇌관이 바로 해저 케이블이기 때문이다.

미국은 중국이 참여하는 여러 건의 프로젝트를 무산시켰다. 대표적인 사례로 메타와 구글이 추진한 해저 케이블 구축 프로젝

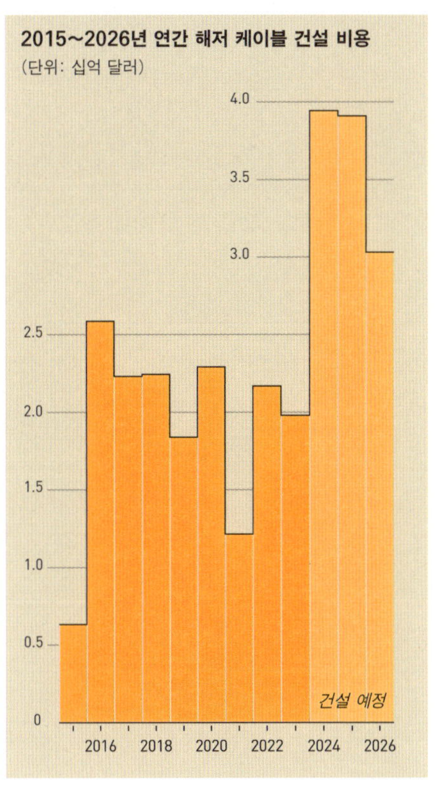

트인 퍼시픽 라이트(Pacific Light)를 들 수 있다. 원래 이 케이블은 미국, 대만, 필리핀, 홍콩을 연결할 계획이었지만 미국 정부의 안보 우려로 홍콩 구간은 제외된 채 대만과 필리핀 구간만 진행되었다. 2018년에도 미국 행정부는 아마존, 메타, 차이나모바일이 미국 서부 해안과 싱가포르, 말레이시아, 홍콩을 연결하려는 해저 케이블 프로젝트를 무산시킨 적이 있다.

마찬가지로 미국의 바이든 행정부가 대만에 대규모 군사 지원을 제공하는 이유가 중국의 전제주의에 맞서는 민주주의 섬인 대만이 14개의 해저 케이블, 4개의 상륙 지점, 2개의 데이터 센터를 보유하고 있어 태평양 지역의 주요 허브 역할을 하고 있다는 점과 무관하지 않다. 중국 역시 해저 케이블 구축을 일대일로 프로젝트에 포함시

켰는데 이처럼 네트워크를 통해 영향력을 넓히는 전략을 '디지털 실크로드'라고 부른다. 파트너 국가들을 중국 시스템에 정착시키기 위해 '디지털 고속도로' 설립을 맡고 있는 화웨이 마린 네트워크 역시 서양의 인프라에 더는 의존하지 않기 위한 중국의 전략에 속한다. 바야흐로 케이블을 둘러싼 전쟁은 이제 시작이다.

#9

아홉 번째 경유지,
카자흐스탄

여기 해상에 존재하는 유전으로는 세계 최대 규모에 속하는 카스피해의 카샤간 유전 개발을 위해 카자흐스탄 해안에서 75킬로미터 떨어진 곳에 조성된 인공섬 다섯 개가 있다. 이곳에서 원유 추출 작업이 마침내 시작되어 기대한 성과를 내기까지는 25년이라는 시간과 1천억 달러의 자금이 투입되었다. 이곳 해저에는 130억 배럴의 원유가 매장되어 있는 것으로 추정된다. 21세기 초에 시작된 이 프로젝트에는 카자흐스탄 국영 석유 기업인 카즈무나이가스를 비롯해 이탈리아, 미국, 네덜란드, 프랑스, 일본, 중국 기업들이 대거 참여했다. 이처럼 글로벌 석유 자본이 투입된 이 프로젝트는 카자흐스탄을 세계 최대 석유 생산국 중 하나로 만드는 것을 주요 골자로 하고 있다. 이를 통해 프로젝트 참가국들은 안정적인 에너지 공급원을 확보하고자 한다.

과거에는 값비싼 캐비아로 유명한 벨루가 철갑상어가 이 지역의 부를 책임졌다면 이제는 석유와 가스가 이곳 주변 국가들에게 '검은 황금'이 되었다. 소련 붕괴 이후에는 이란, 러시아, 투르크메니스탄, 아제르바이잔, 카자흐스탄 등 다섯 개 나라가 카스피해와 국경을 접하고 있다. 하지만 이 나라들이 모두 똑같은 수준의 해양 자원을 보유하고 있는 것은 아니다. 현재 아제르바이잔의 수도인 바쿠에서는 19세기 말에 카스피해 최초의 유전이 발견되어 개발됐지만, 카자흐스탄은 21세기 초가 되어서야 비로소 카스피해 최대의 석유 생산국으로 자리매김했다. 반면 투르크메니스탄, 러시아,

이란은 카스피해 내 자국 수역에서 생산할 수 있는 석유의 양이 상대적으로 적다. 이러한 '자원의 불평등'은 천연가스도 마찬가지다.

이 같은 상황은 매우 중요한 딜레마를 만들어 냈다. 바로 카스피해를 법적으로 '호수'로 볼 것인지, '폐쇄된 바다'로 볼 것인지가 쟁점이 된 것이다. 왜냐하면 이 판단에 따라 카스피해의 다섯 연안국들이 자원을 나누는 방식이 달라지기 때문이다. 만약 카스피해를 호수로 본다면 에너지 자원이든 수산 자원이든 자원의 분배가 연안 국가들 간에 공평해야 한다. 즉 각 국가가 5분의 1씩 똑같이 나누어 가지면 된다. 그러나 만약 카스피해를 하나의 바다로 본다면 각 연안 국가는 자국만의 배타적 경제수역을 보유하게 된다. 이는 곧 그 수역 안에 있는 자원은 그 나라가 독점할 수 있는 권한을 갖게 된다는 의미다.

따라서 아제르바이잔, 카자흐스탄, 나중에는 러시아까지 합류한 이들 세 국가는 자국 수역에 풍부한 자원이 매장되어 있기 때문에 카스피해가 호수가 아닌 바다로 인정받게끔 애쓰고 있다. 그래야 다른 나라들과 자원을 나누지 않아도 되기 때문이다. 하지만 탄화수소 매장량이 매우 적어 이웃 국가들의 자원을 탐내는 이란은 정반대의 주장을 펼치고 있다. 결국 카스피해는 이 독특한 '5개국 클럽'이 자원을 두고 다투는 특이한 '분쟁의 바다'라 할 수 있다.

카스피해,
호수인가 폐쇄된 바다인가?

37만 1천 제곱킬로미터로 독일보다 큰 면적을 자랑하는 카스피해는 세계에서 가장 넓은 내륙 바다(육지에 갇혀 있는 수역)이다. 볼가강이 주요 수원 중 하나이며 남북으로는 1천 킬로미터가 넘게 펼쳐져 있고 폭은 평균 320킬로미터에 달한다. 또한 전 세계 평균 해수면보다 26.5미터 낮게 위치해 있고 염도는 대부분의 바다나 대양의 3분의 1에 불과할 정도로 매우 낮다.

카스피해는 큰 면적 때문에 일반적으로 바다라고 불리지만 사실은 외부와는 연결되지 않는 '폐쇄해'라 할 수 있다. 보다 정확히 말하면 세계에서 가장 큰 '내륙 호수'로, 물은 바다나 강으로 흘러가지 못하는 것은 물론 지하로 스며들 수도 없고 오직 증발을 통해서만 수량을 조절할 수 있다.

카스피해의 자원들

카스피해와 접하고 있는 연안 국가는 과거에는 이란, 소련 두 나라뿐이었는데 1991년에 소련이 붕괴되면서 현재는 이란, 러시아, 카자흐스탄, 투르크메니스탄, 아제르바이잔 등 다섯 나라로 늘어났다. 카스피해 지역은 다음과 같은 다양한 자원들을 활용하고 있다.

■ 에너지 자원: 카스피해의 석유와 가스는 전 세계 매장량의 3퍼센트와 5퍼센트를 차지한다. 그중 가장 많은 탄화수소가 매장된 곳은 북쪽 분지(카자흐스탄)와 중부와 남

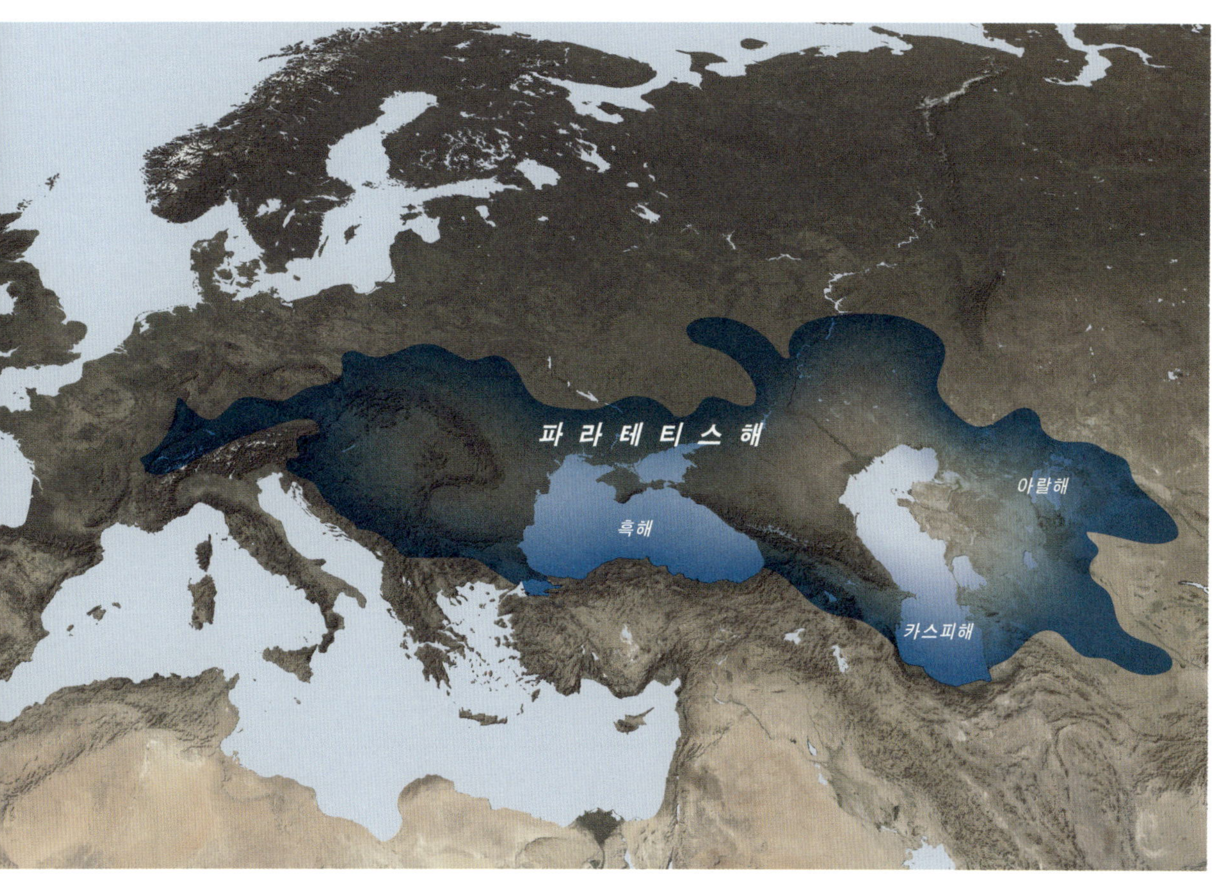

부 분지 사이 지역(아제르바이잔, 투르크메니스탄)의 해저다.

■ 어업 자원: 카스피해에는 다양한 어류가 풍부하게 서식하고 있어 많은 어민들의 생계를 책임지고 있다. 이곳은 청어와 연어뿐만 아니라 대형 벨루가 철갑상어로도 유명하다. 전 세계에서 벨루가 철갑상어가 가장 많이 서식하는 곳이 바로 이곳 카스피해인데 그들의 알은 캐비아로 가공되어 전 세계 식탁에 오른다. 이곳에서 잡히는 벨루가 철갑상어의 알이 전 세계 자연산 캐비아 생산량의 90퍼센트를 책임진다. 특히 이란산 철갑상어 중에서도 희귀한 백색 벨루가 철갑상어의 알로 만든 캐비아는 1킬로그램 가격이 최대 3만 7천 유로(약 6,300만 원)나 될 정도로 매우 비싸다. 과거 이란의 샤(왕)에게 제공되기도 했던 밝은 빛깔의 이 캐비아는 현재도 가장 비싼 것으로 알려져 있다.

■ 관광 자원: 카스피해 연안은 해변 관광에 매우 적합한 환경을 갖추고 있다. 일례로 이란의 찰루스와 람사르는 테헤란 상류층에게 매우 인기가 많으며 투르크메니스탄은 아와자에 복합 관광단지를 조성하기도 했다.

바다도 호수도 아닌 그 중간의 것?

카스피해가 폐쇄된 바다인지 호수인지를 따지는 것은 결코 간단치 않다. 카스피해 연안 국가들의 경제적 이해관계에 따라 크

사라진 바다의 잔해

폐쇄된 바다인 카스피해는 약 2,500만 년 전 알프스에서 중앙아시아까지 광범위하게 펼쳐져 있던 고대 파라테티스해가 남긴 잔해로, 위의 그림처럼 현재의 유럽 지도 위에 그 위치를 포개어 보면 파라테티스해가 엄청난 크기였음을 확인할 수 있다. 약 550만 년 전 전 지구적으로 해수면이 낮아지면서 파라테티스해도 줄어들었는데 그 과정에서 오늘날 우리가 아는 몇몇 폐쇄된 해역이 생겼다. 바로 흑해, 카스피해, 아랄해가 그 주인공이다.

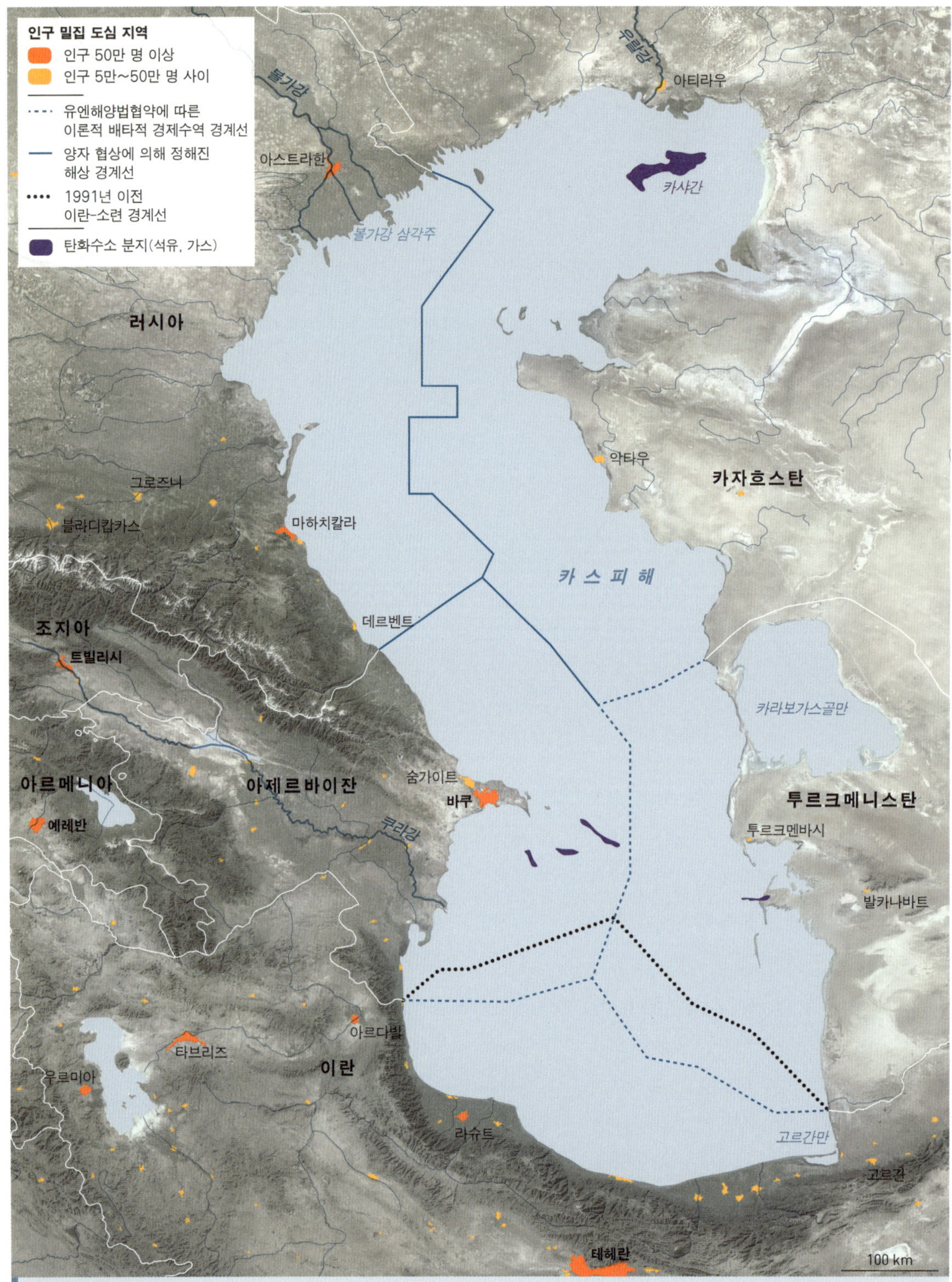

카스피해의 법적 지위

2018년에 카스피해의 접경국 다섯 곳이 체결한 협정 이후 카스피해는 법적으로 호수도 바다도 아닌 그 중간 형태로 간주되었다. 소련이 붕괴되기 전에는 이란과 소련 두 나라가 이 해역을 공동 관리했다. 하지만 이후 소련의 붕괴로 세 나라가 독립하게 되면서 상황이 바뀌었다. 다섯 나라가 카스피해와 접하게 되면서 석유와 가스가 풍부하게 매장되어 있고 캐비아의 원료가 되는 철갑상어가 서식하는 이 바다의 자원을 어떻게 분배할 것인가가 중대한 문제로 떠올랐다.

게 좌우되는 이 딜레마를 둘러싸고 하나의 협정이 체결되기까지는 거의 30년이라는 세월이 걸렸다. 2018년 8월 12일 다섯 연안 국가의 정상들은 카스피해의 법적 지위에 관한 협약서에 서명하면서 카스피해는 바다도 호수도 아닌 그 '중간의 것'이라는 결정을 내렸다. 즉 바다의 규칙과 호수의 규칙을 섞어서 적용하기로 한 것이다.

석유와 가스 같은 자원 문제일 때는 바다의 규칙을 적용해서 각 나라가 자국 수역에서 나는 자원은 독점적으로 사용할 수 있게 했다. 반면 항해의 문제(특히 군함)일 때는 호수의 규칙을 적용해서 연안국 다섯 나라만 배를 띄울 수 있게 했다. 카스피해가 호수로 간주되면 국제법상 누구나 다닐 수 있는 길이 아니라 연안국들만의 공간이 되기 때문에 외부 세력의 군사적 접근을 막을 수 있다. 따라서 미국을 비롯한 외국 함대는 아예 카스피해에 진입할 수 없다.

하늘이 내린 탄화수소

이란은 카스피해가 과거 '이란-소련의 호수'로 불리던 당시의 지위를 유지했으면 했지만 아제르바이잔의 헤이다르 알리예프, 카자흐스탄의 누르술탄 나자르바예프, 투르크메니스탄의 사파르무라트 니야조프 등 옛 공산당 관료 출신들이 이끄는 새로운 권위주의 정권은 카스피해의 탄화수소가 가진 잠재력을 최대한 이용하고자 했다. 이들은 실제로 1990년대에 탐사를 진행해 카스피해에서 여러 유전과 가스전을 발견했다. 대표적으로 아제르바이잔 해역의 샤 데니즈와 압셰론 가스전, 카자흐스탄 해역의 카

샤간 유전, 투르크메니스탄 해역의 첼레켄 가스전과 유전을 들 수 있다.

이들 유전은 PSA(Production Sharing Agreement, 생산물 분배 협약) 방식에 따라 외국 석유 기업들이 개발하고 있다. 즉 외국 기업이 들어와 유전을 개발하고 관리하는 대신 그 수익 일부를 해당 국가의 정부에 지불하는 구조다. 이렇게 되면서 카스피해 국가들의 경제는 '자원 수익에만 의존하는 구조'로 정착되었고 그로 인해 경제적 다각화를 실행하지 못해 다른 산업은 거의 발전하지 못하게 되었다. 그 결과 국제 원유와 가스 가격이 오르내릴 때마다 나라 경제가 크게 영향을 받는, 즉 에너지 가격의 변동성에 매우 취약한 구조가 되었다.

한편 이 지역 국가들이 석유와 가스로 벌어들이는 수익은 이곳 권위주의 정권들의 자금으로 흘러 들어가는 것은 물론, 투르크메니스탄의 수도 아슈하바트 도심지를 하얀 대리석 건물들로 화려하게 조성하거나 1994년에 카자흐스탄의 새로운 수도로 결정된 아스타나 같은 초대형 도시 개발 프로젝트의 주요 자금원 역할을 하기도 했다.

아제르바이잔이 서방 기업들과 맺은 거대 계약을 일컫는 '세기의 석유 계약'을 하나 들자면, 이곳 카스피해의 아제르바이잔 해안에서 120킬로미터 떨어진 아제르-치라그-구나슐리 유전 개발권을 획득한 영국의 석유 회사 브리티시 페트롤리엄(BP) 사례를 들 수 있다. 반면 미국은 2007년부터 가동 중인 바쿠-트빌리시-제이한 송유관 건설에 투자했는데 이를 구실로 과거 구소련 영토였던 이 지역에 불쑥 개입했다. 이 송유관은 미국의 우방국인 아제르바

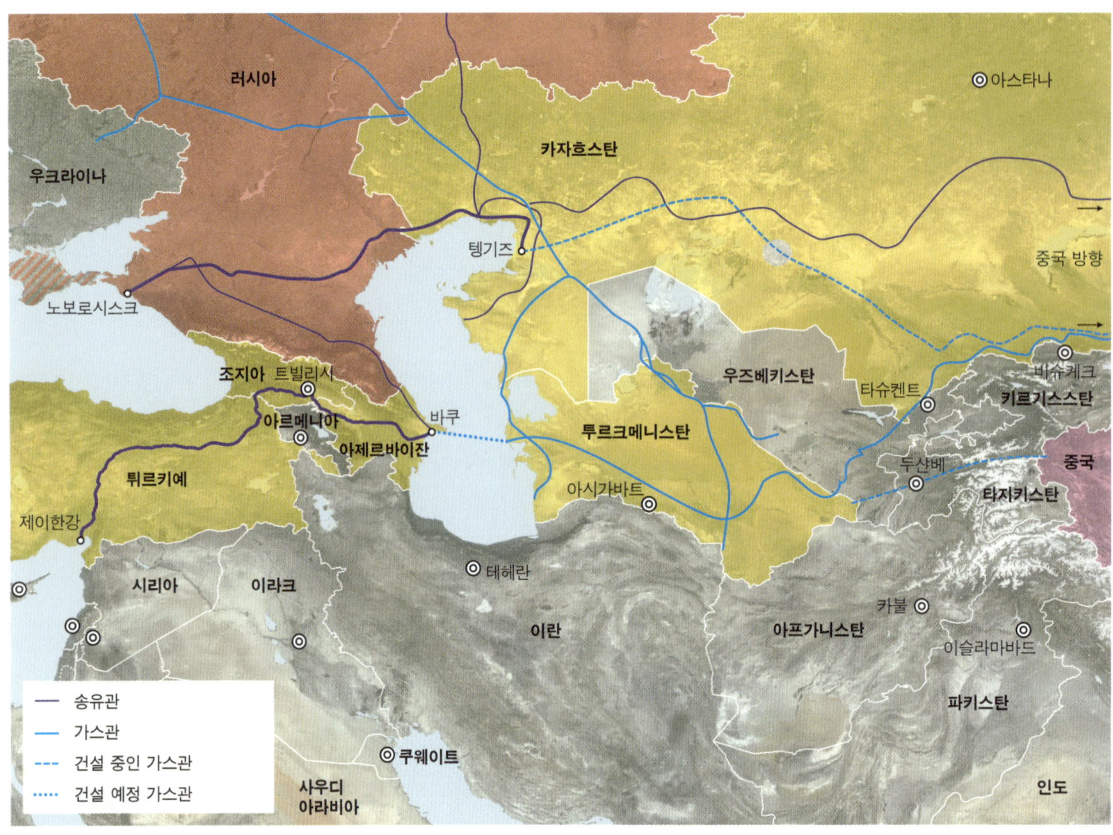

이잔, 조지아, 튀르키예를 지나는데 이후 2018년에 아나톨리아 횡단 가스 파이프라인(TANAP)이 개통되면서 서방으로 향하는 가스 수송망도 보다 확장되었다.

오늘날에는 러시아-우크라이나 전쟁 이후 유럽 시장으로 중앙아시아산 천연가스를 운송할 수 있는 새로운 카스피해 횡단 가스관 건설이 주요 쟁점으로 떠올랐다. 이는 러시아산 에너지 의존에서 벗어나려는 유럽의 필요와 맞물려 있다. 이곳 연안 국가들은 2018년에 카스피해의 법적 지위에 관한 협정을 체결하면서 자국 수역의 유전과 가스전에 대한 지배권을 공식적으로 인정받을 수 있었고 서로 간의 분쟁도 해결할 수 있었다. 이에 따라 2021년에 아제르바이잔과 투르크메니스탄은 분쟁 중인 도스틀

루그 가스전을 공동 개발하기로 결정했는데 이를 통해 카스피해 횡단 가스관 프로젝트를 재개할 수 있는 계기를 마련했다. 유럽연합 집행위원회 역시 이 프로젝트에 관심을 표하고 있어 유럽의 자금 지원도 받을 수 있을 것으로 보인다. 러시아산 천연가스와 석유 의존에서 벗어나려는 유럽연합은 카자흐스탄 해저의 탄화수소 개발에 2022년 한 해에만 무려 80억 유로를 투자했다. 이는 러시아한테는 꽤나 뼈아픈 타격이 아닐 수 없다.

경제적 가치보다 군사적 가치가 더 있는 곳

이전까지는 소련이 구축하고 통제하던 송

유관과 운송 네트워크를 통해서만 카스피해 원유가 수출되었다. 하지만 소련이 붕괴되자 러시아는 카스피해 원유 수송에 대한 거의 독점적이었던 지위를 사실상 잃게 되었다. 따라서 이에 대한 대응으로 모스크바는 자국의 운송 네트워크를 재편하고 카스피해 함대의 전력을 현대화하고 강화해서 역사적으로 자국 영향권 아래에 있었던 이 지역에서 예전의 지위를 되찾으려 했다.

과거 카스피해의 강대국이었던 러시아와 이란은 오늘날 이곳에서의 주도권을 놓치지 않기 위해 해군 전력과 군사 시설 강화 등에 많은 자원을 투입하고 있다. 그런데 사실 두 나라 모두 다른 지역에 더 많은 탄화수소가 매장되어 있고 바다와 접하고 있는 곳도 이곳 말고도 많다. 따라서 그들에게 카스피해 연안은 경제적으로 그렇게 중요한 곳이 아니다. 오히려 그들에게 카스피해는 전략적으로, 군사적으로 중요한 곳이다. 일례로 2015년에 러시아 해군이 시리아를 향해 미사일을 발사했던 곳도 카스피해에서 작전 중이던 다게스탄 호위함 함정에서였다.

2018년에 체결한 카스피해의 법적 지위에 관한 협정이 미국, 유럽, NATO 등 외국 함대는 카스피해에 진입하거나 주둔할 수 없도록 한 것도 바로 러시아와 이란의 군사적 힘과 영향력을 공고히 하기 위해서다. 게다가 카스피해 지역에는 구소련 시대에 설치된 운하 시스템을 통해 흑해로 이동할 수 있는 러시아 예비 해군 병력도 주둔하고 있다.

카스피해 지역은 러시아가 우크라이나를 침공했을 때 미사일 발사를 할 수 있는 대체 장소로 이용되기도 했는데, 특히 탄도 미사일을 이용한 장거리 공격을 할 때는 카스피해에 배치된 군함에서 발사하기도 했다. 또한 이란산 무기, 예를 들면 샤헤드 드론 같은 것들을 러시아로 운송할 때도 이곳 경로를 이용하는 등 국제 사회의 제재를 우회하기 위해 카스피해를 이용했다. 이와 관련해 러시아와 이란은 2023년 5월에 이란의 라슈트와 아제르바이잔의 국경 도시 아스타라를 연결하는 철도를 3년 안에 건설한다는 협정을 맺었다. 이 노선은 카스피해를 경유하는 남북 무역 회랑을 구축해 인도에서 러시아까지 연결하는 것을 목표로 하고 있다. 해상, 철도, 도로 등을 모두 결합한 이 복합 운송망 프로젝트는 서방의 해상 경로와 수에즈 운하를 거치지 않고도 러시아와 아시아가 교역할 수 있도록 하는 것이 주된 목적이다.

또 다른 회랑으로 아제르바이잔과 튀르키예 사이에 새로운 통로, 즉 중앙 회랑이 만들어질 가능성도 있다. 이 회랑은 튀르키예가 지원하는 프로젝트로, 튀르키예 본토에서 시작해 카스피해 연안까지 연결될 예정이다. 또한 아제르바이잔의 외딴 영토인 나히체반도 경유하게 되는데 이곳은 아르메니아와 이란, 튀르키예 사이에 있는 마치 섬처럼 분리된 지역이다. 2023년에 아제르바이잔이 나고르노-카라바흐를 다시 장악한 이후 이 회랑이 실제로 만들어질 가능성은 훨씬 더 커졌다. 따라서 이 프로젝트는 튀르키예와 아제르바이잔이 중심이 되어 카스피해와 연결되는 새로운 전략적 루트를 만들려는 계획으로 볼 수도 있다.

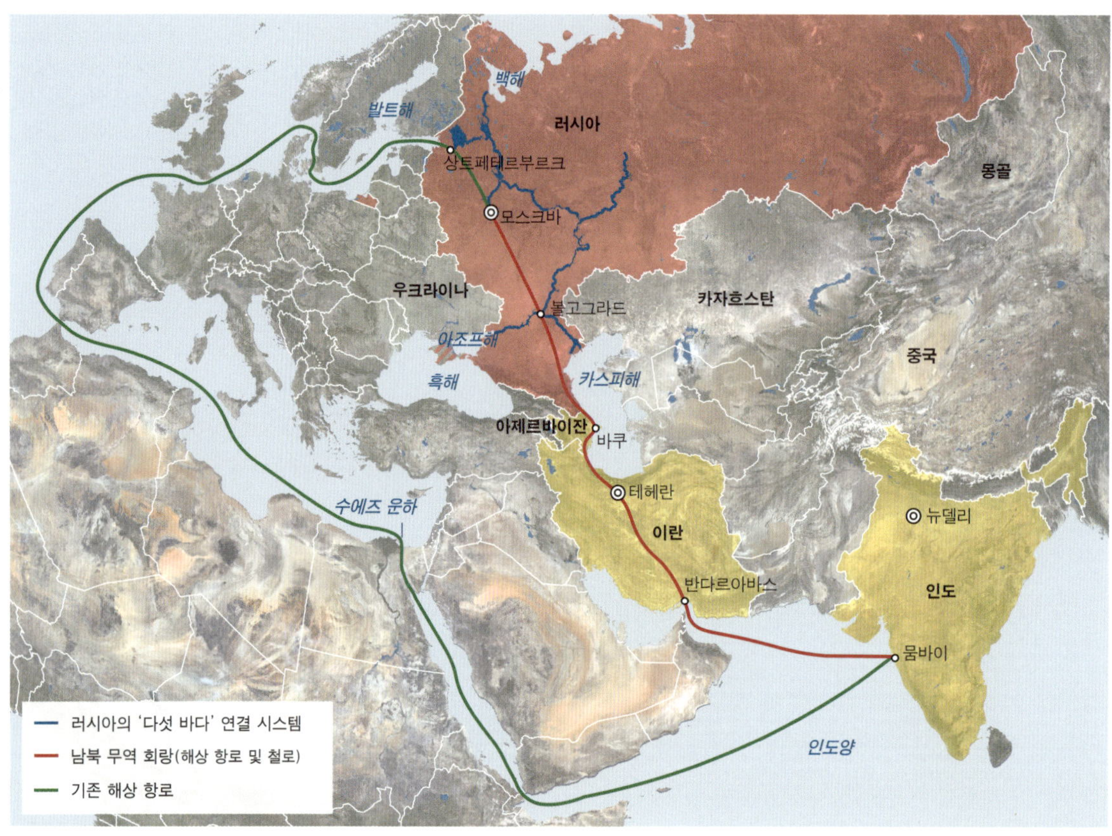

카스피해에 눈독 들이는 중국

중국이 1990년대부터 중앙아시아에 진출해
온 것은 무엇보다도 안보와 에너지 확보 때
문이었다. 특히 중국은 카스피해 지역의 탄
화수소에 눈독을 들이면서 그것을 개발해
서 수출하는 데 관여해 왔다. 세계 4위의 천
연가스 매장량을 보유한 투르크메니스탄은
2009년에 개통된 동서 가스관 덕분에 가스
생산량의 거의 전부를 중국에 수출하고 있
다. 카자흐스탄의 카스피해 유전에서 생산
된 원유 또한 2005년에 개통된 중국-카자
흐스탄 가스관을 통해 중국 신장 지역의 중
심 도시인 우루무치로 수출되고 있다.

아제르바이잔, 카자흐스탄, 투르크메니
스탄은 2013년에 시작된 중국의 일대일로

프로젝트에도 참여하고 있다. 자국의 경제
가 석유와 가스에 지나치게 의존하고 있다
는 사실을 잘 알고 있는 이들 국가는 이제
는 해상 화물 운송 분야로 범위를 넓히면서
그쪽 산업에 사활을 걸고 있다. 그 결과 여
러 기반시설이 새로 구축되었다. 실제로 투
르크메니스탄에는 투르크멘바시 항만 복합
단지가, 카자흐스탄에는 악타우와 쿠릭에
새로운 항구가, 아제르바이잔에는 최첨단
항구인 바쿠와 바쿠-트빌리시-카르스를
연결하는 철도 노선이 새로 들어섰다.

언젠가 사라질지도 모르는 바다

하지만 탄화수소 개발은 카스피해의 해양
환경을 악화시키고 있다. 관리 부실로 석유

가 바다로 새거나 물에 잠겨 고장 난 시추
시설 때문에 일부 지역이 오염되고 있다.
석유나 가스 매장지를 찾기 위해 해저 지층
을 뚫고 탐사하는 과정에서도 환경오염 문
제가 발생하고 있다. 하지만 카스피해 지역
은 이런 문제 말고도 농약, 화학물질, 중금
속 등의 영향도 받고 있다. 이들 오염물질
은 카스피해로 유입되어 피해를 입히거나
해안 지역의 토양을 오염시키는데, 해안가
를 따라 형성된 산업단지들에서 유출되기
도 하고 중공업으로 인해 심하게 오염된 강
을 통해 흘러들어 오기도 한다. 여기에 구
소련 시대에 핵실험이 시행된 핵시설까지
더해지면서 위험은 더 높아지고 있다. 이러
한 다양한 오염은 이미 남획으로 심각한 타
격을 입고 있는 카스피해의 해양 동식물군
에게도 재앙과 같은 피해를 주고 있다.

　지구온난화 또한 폐쇄해인 카스피해에
심각한 영향을 미치고 있다. 1995년부터
2017년까지 카스피해의 수위는 약 2미터가
량 낮아졌는데 이는 바닷물의 증발 때문이
다. 지구온난화로 기온이 올라가면서 증발
되는 물의 양 또한 점점 더 늘어나기 때문
에 이러한 추세는 앞으로도 계속될 것으로
보인다. 그 결과 카스피해가 언젠가는 1970
년대부터 점점 사라져 가고 있는 아랄해와
같은 운명을 맞이하는 건 아닌지 많은 이들
이 우려하고 있다.

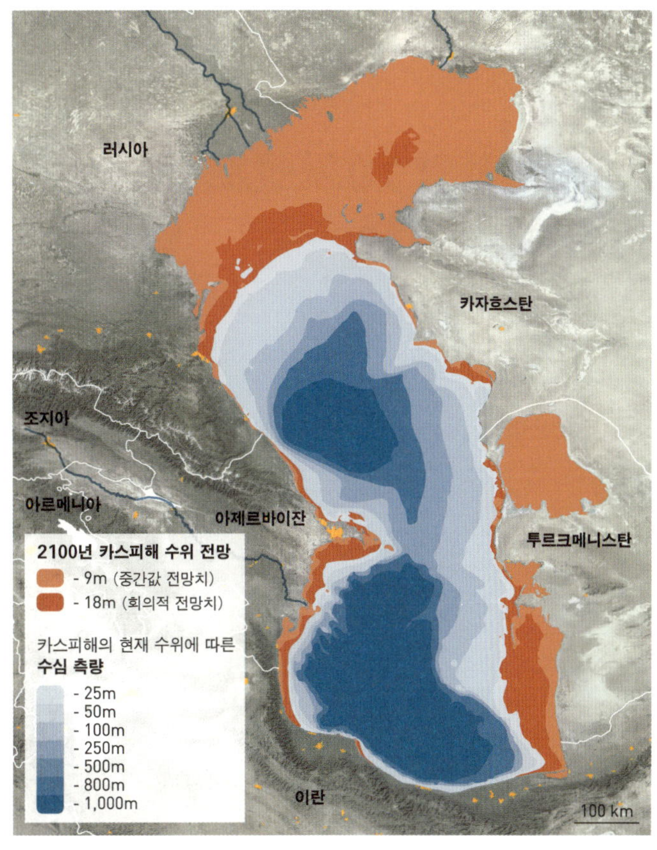

**점점 낮아지는
해수면**

오염으로 인한 피해 외
에도 카스피해는 아랄
해(120쪽 참조)처럼 장기
적으로는 사라질 위험
도 있다. 유럽 연구진이
2020년에 발간한 《해
수면 변화의 이면》 연구
보고서에 따르면, 카스
피해의 해수면은 이번
세기 말까지 9~18미터
정도 더 낮아질 수 있다
고 한다.

아랄해,
원래 면적의 10퍼센트만
남아 있는 바다

오랫동안 세계에서 가장 큰 내륙 바다 중 하나로 알려진 아랄해는 카자흐스탄과 우즈베키스탄 사이에 위치해 있어 두 나라의 국경 역할을 하고 있다. 하지만 오늘날의 면적은 6만 6천 제곱킬로미터로 벨기에 면적의 두 배 정도에 달하는데 이는 원래 면적의 10퍼센트만 남아 있는 것이다. 이 같은 상황은 소련이 세계적인 면화 생산국이 되겠다는 목표를 세우면서 시작되었다. 즉 아랄해로 유입되는 아무다리야강과 시르다리야강의 물을 방향을 틀어 대규모 관개 사업을 통해 면화 재배지로 보낸 것이다. 그 결과 아랄해에 도달하는 물의 양이 급격히 감소했는데 이는 해수면의 지속적인 감소와 이후에는 아랄해의 급격한 축소로 이어졌다. 즉 관개용수 확보를 위한 인간의 무리한 개발이 아랄해의 환경 파괴는 물론 소멸까지 초래한 것이다.

결국 유입되는 물의 양이 급격히 줄어들자 반경 약 100킬로미터에 걸쳐 아랄해가 말라붙으면서 주변 농지와 목초지에 소금기가 퍼져 나가게 되었고 이로 인해 농사나 목초 재배 자체가 힘든 상태가 되었다. 게다가 어획량도 급격히 감소하고 식수와 공기의 질 또한 악화되었다. 이러한 변화는 아랄해 유역에 거주하던 약 3,300만 명의 주민들에게도 피해를 줬는데 호흡기 질환과 암 발병이 증가하면서 주민들의 기대수명까지 단축시켰다. 또한 이 지역의 경제 발전에도 악영향을 미쳤다. 실제로 아랄해의 수위가 급격히 낮아지면서 이 지역 주요 도시인 아랄스크 항구에서는 해안선이 원래 위치에서 바다 쪽으로 100킬로미터 이상 뒤로 밀려나기도 했다. 바다가 말라가면서 기후 역시 변했는데 여름에는 더 건조해지고 겨울에는 더 추워졌다.

2005년에 시르다리야강 하구에 코크-아랄 댐이 건설되면서 수위가 일부 다시 상승했는데 이 덕분에 '작은 아랄해'(북아랄해)에 물이 다시 채워질 수 있었다. 하지만 작은 아랄해의 이러한 상대적인 회복에도 불구하고 '큰 아랄해'(남아랄해)는 완전히 사라질 위기에 처해 있다. 이에 아랄해 유역에 인접한 중앙아시아 5개국은 '아랄해 보존을 위한 국제기금(IFAS)' 단체를 설립했다. 하지만 이들 국가는 우유부단함과 서로 합의에 도달하지 못하는 무능함을 보이고 있어 아랄해의 운명은 더욱더 위험에 처해 있다. 아랄해의 이와 같은 위기는 과도한 개발이 불러온 생태적 재앙이라 할 수 있다.

베이네우

쿠를루크
아랄스크
아이테케비
바이코누르
시르다리아강
카자흐스탄
우즈베키스탄
쿵그라트
침베이
누쿠스
코네우르겐치
아무다리아강
투르크메니스탄
100 km
아랄해 해안선
1974년
2004년
2024년 5월(위성사진)
코크-아랄 댐
(2005년 이후)
인구밀도

#10

열 번째 경유지,
크림 반도

길이 18킬로미터로 유럽에서 가장 긴 다리인 케르치 해협 대교(일명 크림 대교)는 차량용 교량과 철도용 교량이 나란히 있는 병렬 구조로 2018년에 개통되었다. 블라디미르 푸틴은 직접 트럭을 운전해 이 다리를 건너는 것으로 개통식의 한 장면을 연출했다. 이 다리를 통해 크림 반도는 러시아와 연결되었다. 케르치 해협 대교는 대다수 사람들이 러시아어를 사용하는 크림 반도를 우크라이나로부터 탈환하는 데 성공한 '정복자 러시아'를 상징한다고 볼 수 있다. 실제로 2014년에 러시아가 우크라이나 영토인 크림 반도를 병합한 사실을 이 다리라는 구체적 실체를 통해 확실히 보여주고 있기 때문이다. 러시아 본토와 크림 반도를 이 다리가 이어주면서 그곳까지 자신들의 영토라는 것을 전 세계에 보여준다고 러시아는 생각한다.

그로부터 8년 후인 2022년 2월, 이번에는 우크라이나 전체를 겨냥한 침공으로 이어졌다는 점에서 의미는 더욱 남다르다. 사실 러시아의 우크라이나 침공은 2014년 바로 이곳 크림 반도에서부터 시작되었다. 그래서 우크라이나 사람들에게도 케르치 해협 대교는 하나의 집착 대상이 되었다. 그들은 주기적으로 이 다리를 겨냥해 미사일을 발사하고 드론으로 공격하는 등 파괴 행위를 일삼고 있다. 2022년 10월 8일에는 다리를 건너는 트럭에 실린 폭탄이 터지면서 열차와 차량 운행이 중단되기도 했는데 우크라이나 정부는 자국이 벌인 것이라고 이후에 밝혔다. 젤렌스키 우크라이나 대통령은 크림 반도를 포함해 국제법상 자국의 영토로 인정받는 모든 영토를 반드시 탈환할 것이라고 거듭 밝히고 있다.

어떤 면에서 본다면 블라디미르 푸틴이 우크라이나를 상대로 일으킨 전쟁은 '해상 정복'을 위해 시작했다고도 볼 수 있다. 즉 '바닷길을 장악'하려는 것이다. 그 중심에는 크림 반도와 아조프해가 있다. 크림 반도는 규모가 큰 반도로 흑해와 아조프해와 접해 있는 전략적 요충지이며, 아조프해는 크기는 작지만 흑해로 연결되는 중요한 길목으로 군사적 및 교역 측면에서 매우 중요한 곳이다. 2014년에 러시아는 케르치 해협 대교 건설에 착수했는데 이때 다리 밑에 아치형 구조물을 설치해 우크라이나의 대형 선박이 통과하는 것을 막았다. 동시에 러시아 해안 경비대는 검문을 한다는 명분으로 선박의 통행을 상습적으로 막아 사실상 우크라이나의 마리우폴 항구에서 화물 운송과 항만 활동이 제대로 이루어지지 못하도록 방해했다. 이는 결국 항구의 경제 활동을 완전히 마비시켜 숨통을 끊어버리는 것과 같다.

러시아는 이미 2014년에 아조프해와 크림 반도를 통해 우크라이나에 대한 공세의 첫 단계를 시작했다. 그중 크림 반도는 우크라이나와 러시아 사이에서 이리 치이고 저리 치이며 지리적으로나 역사적으로나 바람 잘 날 없는 곳이 되었다.

아조프해,
바닷길 장악을 위한
러시아의 첫 단추

크림 반도는 모두가 탐내는 전략적 요충지로 남쪽과 서쪽으로는 흑해와 접해 있고 동쪽으로는 케르치 해협을 통해 아조프해와 연결된다. 여기서 아조프해는 다시 돈강과 볼가강 수역으로 진입하는 관문 역할을 한다. 시칠리아섬보다 조금 더 큰 2만 7천 제곱킬로미터의 면적을 지닌 크림 반도는 북쪽으로는 페레코프 지협을 통해 우크라이나와 연결되고, 동쪽으로는 2018년부터 케르치 해협을 가로지르는 대교를 통해 러시아와 연결되고 있다.

흑해 진출을 위한 요충지

기원전 6세기 초, 고대 그리스인들은 크림 반도 남부에 식민 도시를 세워 교역과 문화적 거점으로 활용했다. 이후 고트족을 시작으로 비잔틴 제국, 몽골족, 제노바인을 거쳐 15세기에는 타타르족에 이르기까지 여러 세력이 이 지역에 경쟁적으로 손을 뻗쳤다. 타타르족은 이곳에 오스만 제국에 예속된 크림 칸국을 세웠다. 그들은 1571년에 오스만 제국에 노예로 바칠 러시아인과 우크라이나인을 잡아가기 위해 북쪽으로 진격했고 그 과정에서 모스크바를 불태우고 약탈하면서 수만 명을 포로로 잡아갔다. 러시아는 이에 대한 반격 끝에 1783년 예카테리나 2세 시대에 크림 반도를 처음으로 자국 영토로 편입하는 데 성공했다. 이로써 흑해로 진출할 수 있는 발판을 마련할 수 있게 되었다. 그 조치의 일환으로 18세기 러시아 제국의 정치가이자 예카테리나 2세의 측근인 포템킨 공작은 크림 반도 남쪽 끝에 세바스토폴 요새를 건설했는데 이후로 이 도

시는 흑해에 주둔하는 러시아 함대의 사령부가 되었다.

이러한 일련의 과정을 통해 결국 러시아는 사실상 아조프해를 손 안에 넣을 수 있었고 자신들의 영향력을 발칸 반도까지 확대할 수 있게 되었다. 한편 많은 타타르인들은 러시아의 크림 반도 병합 이후 강제로 추방당했으며 그 자리는 러시아인, 우크라이나인, 독일인, 몰도바인 등 다른 민족으로 채워졌다.

1853년에는 크림 전쟁이 발발했다. 러시아가 남하 정책을 펼치면서 흑해에서 지중해로 진출하는 길목인 보스포루스 해협과 다르다넬스 해협을 장악하려 하자 이를 견제하려는 오스만 제국 및 서유럽 국가들과 충돌하면서 전쟁으로 이어진 것이다. 결국 프랑스, 영국, 오스만 제국, 사르데냐 왕국(현재 이탈리아 사르데냐 자치주에 해당)이 연합해 러시아를 격파했다. 1856년 3월 30일 체결된 파리조약에서 러시아의 패배가 공식화되었다.

이후 1917년에 혁명이 일어나면서 러시아 제국은 종말을 맞이했다. 혁명 이후 혼란한 상황 속에서 크림 반도는 독립을 시도했지만 1921년 내전에서 볼셰비키가 승리하면서 정권을 장악하자 러시아 소비에트

지중해성 기후를 품은 휴양지

러시아-우크라이나 전쟁에 휘말리기 전의 크림 반도는 지중해성 기후, 와인, 산악 지형, 고고학적 유적지, 그리고 1945년에 얄타 회담이 열린 얄타를 비롯한 휴양지 등으로 널리 알려져 있었다. 크림 반도의 230만 주민들은 도심 지역에 집중 분포해 있는데 거대한 항구 도시인 세바스토폴에 약 56만 명, 수도인 심페로폴에 약 35만 7천 명, 그리고 케르치와 얄타 지역에 대다수 사람들이 거주하고 있다.

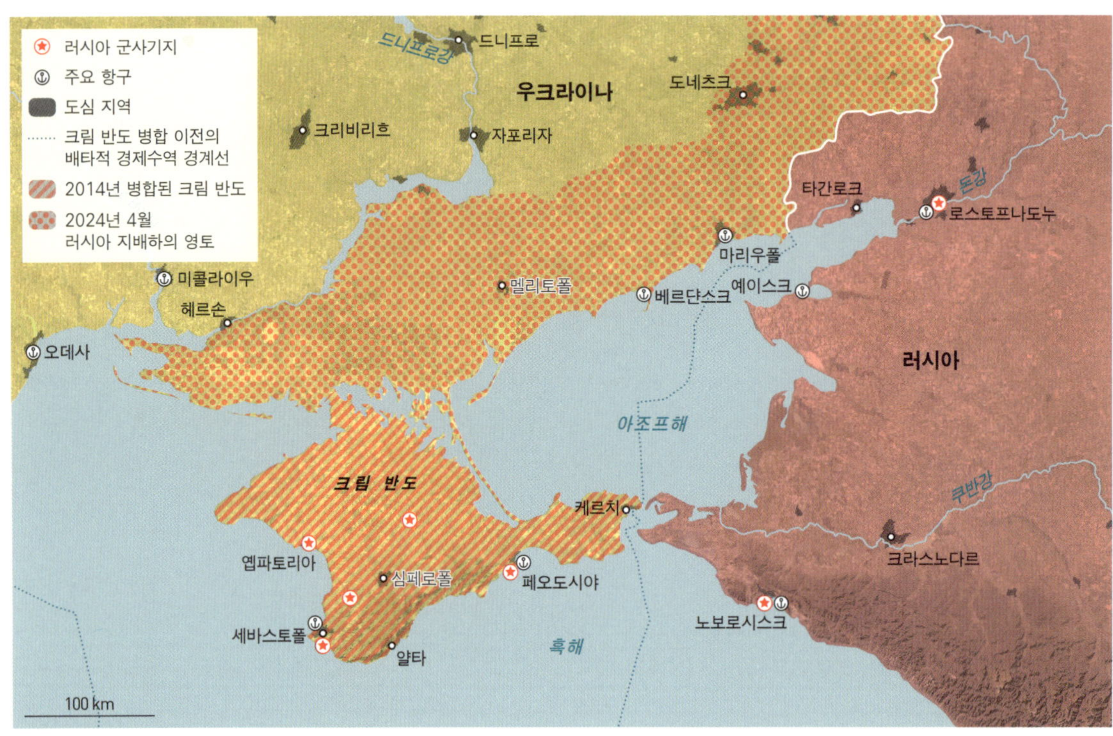

사회주의 공화국의 자치 공화국으로 다시 편입되었다.

1922년에 소련이 수립되자 초기 소련 정부는 1928년까지 비슬라브계 소수민족의 문화와 언어에 대해 어느 정도 인정하는 관용적인 모습을 보여왔다. 하지만 그 이후로는 크림 반도 전체에서 타타르인들에 대한 탄압이 재개되었고 동시에 사회 전반에 걸쳐 러시아화가 진행되었다.

1954년, 크림 반도를 양도하다

1941년 6월, 독일의 히틀러는 바르바로사 작전을 펼치면서 소련을 침공했다. 독일군이 크림 반도 지역까지 진격해 오자 당시 스탈린은 이곳에 이미 거주하고 있던 독일계 주민들을 '잠재적 협력자'로 보고 추방했다. 이후 독일군이 크림 반도를 완전히 점령하지만 1944년 5월에 소련군이 다시 탈환한다. 이 과정에서 스탈린은 나치에 협력했다는 혐의를 씌워 크림 반도에 살고 있던 타타르인들을 탄압했고 그 결과 약 18만 명의 타타르인들이 단 3일 만에 우즈베키스탄으로 강제 이송되었다.

하지만 스탈린 사망 후 실권을 잡은 니키타 흐루쇼프가 내린 결정은 훗날 커다란 파장을 몰고 왔다. 크림 반도의 주권을 1954년에 러시아 소비에트 연방 사회주의 공화국에서 우크라이나 소비에트 사회주의 공화국으로 양도한 것이다. 그가 이런 결정을 내린 이유로 내세운 것은 두 슬라브 민족의 연합 300주년을 기념하기 위해서라는 것이었다. 하지만 실제로는 러시아와 우크라이나라는 두 소비에트 공화국의 관계를 돈독히 해 우크라이나 공산당을 내부 권력 투쟁에서 자신에게 유리한 쪽으로 가담시키고자 내린 결정이었다. 동시에 크림 반도가 전쟁과 스탈린의 강제 이주 정책으로 큰 피해를 입은 지역이라 복구 비용 또한 많이 들기 때문에 러시아 정부는 그 문제를 더 이상 직접 떠안지 않으려고 우크라이나로 넘긴 측면도 있었다.

당시 이러한 흐루쇼프의 결정은 상징적인 성격이 컸지만 1991년 12월 소련이 해체되면서 상황이 달라졌다. 어쨌든 러시아는 크림 반도를 포함해 소련 시절 당시의 국경 그대로 영토를 보유하게 된 우크라이나를 하나의 독립 국가로 인정했다.

우크라이나는 유럽에, 러시아는 크림 반도에 관심을

2000년대에 들어서면서 우크라이나는 점점 유럽과 가까워졌다. 하지만 자국 국경 가까이 다가온 유럽식 민주주의 체제를 일종의 위협으로 여긴 러시아는 이를 곱게 볼 리 없었다. 그와 동시에 러시아는 크림 반도와 긴밀한 관계를 유지했다. 2001년에 진행된 마지막 인구 조사에 따르면 크림 반도에 거주하는 인구 중 러시아인의 비율은 58퍼센트, 우크라이나인은 24퍼센트, 타타르인은 12퍼센트를 차지했다.

주민 대다수가 러시아인으로 구성된 크림 반도의 상황을 존중하고자 우크라이나 정부는 크림 반도에 자치 공화국 지위를 부여했다. 또한 우크라이나는 1997년에 러시아와 맺은 우호협력 조약을 통해 크림 반도 끝에 위치한 세바스토폴 항구에 20년 동안 러시아 함대가 주둔할 수 있도록 법적으로 허용했다. 러시아는 그 대가로 우크라이나에 금전적 보상을 지급하고 러시아산 천연가스를 할인된 가격에 제공했다. 2010년에 양국의 이러한 임대 계약은 2042년까지로 연장되었다. 세바스토폴은 수심이 깊고 겨울에도 얼지 않는 부동항이라서 흑해에서 러시아 해군의 대형 군함이 자유롭게 드나들 수 있는 사실상 유일한 항구다. 그래서 크림 반도는 러시아에게 전략적으로 매우 중요한 곳이다.

2014년, 특수부대를 동원해 크림 반도 점령

2013년 말, 당시 우크라이나 대통령이었던 친러 성향의 빅토르 야누코비치가 유럽연합과의 무역 협정을 무기한 연기한 것 때문에 그해 11월부터 2014년 2월까지 '유로마이단'(Euromaidan)이라고 불린 우크라이나 민중들의 시위가 이어졌다. 마이단은 우크라이나어로 '광장'을 뜻한다. 이 시위로 결국 빅토르 야누코비치가 축출되었다. 하지만 러시아와 돈바스 그리고 크림 반도의 친러 성향 세력들은 이를 '파시스트의 쿠데타'라고 비난했다.

2014년 2월 27일 새벽, 이번에는 정체를 숨긴 채 아무런 소속 표시도 달지 않은 무장 병력들, 이른바 '리틀 그린 맨'(little green men, 녹색 위장복을 입었고 정체가 애매했기 때문에 붙은 별명)이라고 불린 러시아 특수부대 군인들이 크림 반도의 실질적 수도인 심페로폴의 의회 건물과 국제공항 등을 장악했다. 그리고 그들은 그곳에서 크림 반도의 러시아 편입 여부를 묻는 주민투표를 강제

대로 시작한 전쟁은 크림 반도와 아조프해 그리고 흑해로 이어지는 주변 바다를 장악하려는 해상 정복 작전에서 시작되었다고 볼 수 있다.

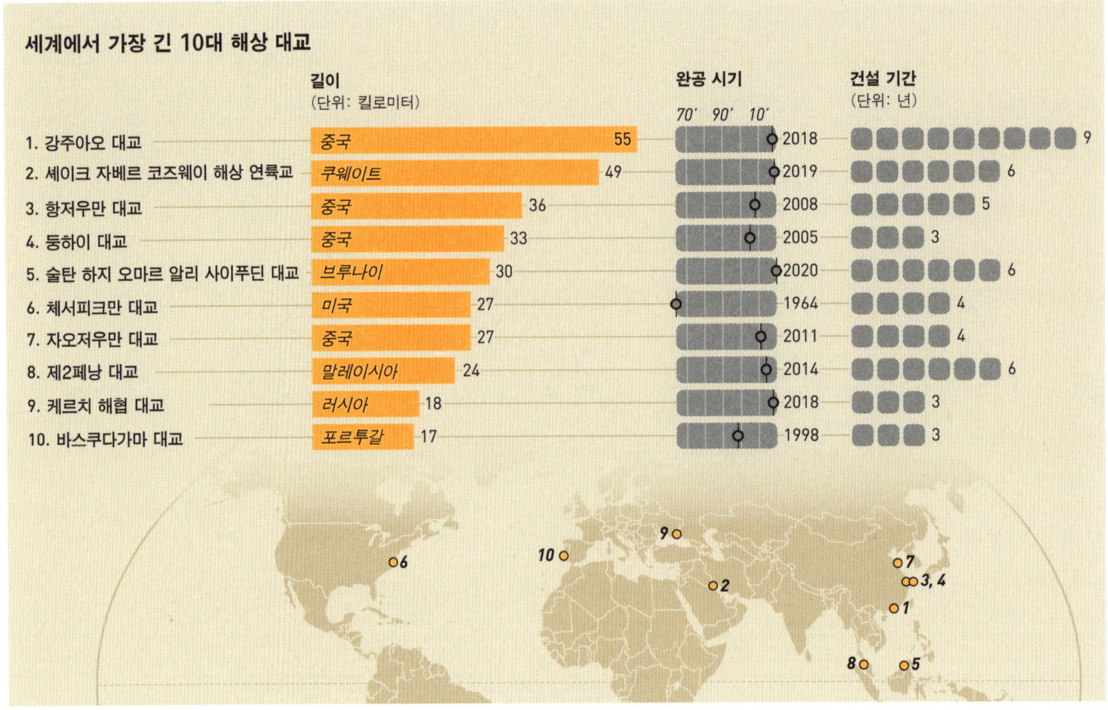

로 시행했다. 하지만 이 주민투표는 러시아 군 점령하에서 진행된 불법적, 비자발적 투표였기 때문에 국제법상 인정되지 않는다. 어쨌든 투표 결과 압도적 찬성으로 2014년 3월 16일 크림 반도는 공식적이면서도 동시에 불법적인 방식으로 러시아 연방에 병합되었다.

크림 반도 병합을 인정하는 나라는 쿠바, 북한, 시리아, 베네수엘라, 니카라과, 아프가니스탄 등 러시아의 가장 충실한 동맹국들뿐이다. 반면 유엔과 많은 나라들은 이를 규탄하고 있으며 그중에서도 벨라루스와 튀르키예를 포함한 일부 국가는 타타르인들의 처지를 우려하고 있다. 서양 민주주의 국가들, 일본, 오스트레일리아, 캐나다는 이와 관련해 러시아에 경제적 제재를 가했고 프랑스는 러시아군에 판매하기로 했던 미스트랄 군함 계약을 철회했다.

러시아가 애지중지하는 곳

크림 반도 병합은 러시아 국민들에게 큰 지지를 받았고 푸틴은 이를 '정복자 러시아'라는 이미지를 강조하는 상징으로 삼았다. 이제 세바스토폴은 모스크바나 상트페테르부르크와 같은 러시아의 연방 도시가 되었다. 비록 국제 제재로 인해 물가가 오르고 수출이 감소했음에도 불구하고 크림 반도는 경제특구로 지정되었다. 또한 예산의 70퍼센트를 러시아 정부가 지원하고 급여와 연금도 두 배로 인상되었다. 반면 크림 반도 병합에 반대하는 사람들(대개 타타르인들)은 테러 혐의로 탄압을 받았다.

인프라 측면에서 보면 우크라이나로부터 전력 공급이 끊긴 크림 반도는 러시아 전력망에 연결되면서 안정적으로 전기를 공급받을 수 있게 되었다. 화력발전소 세 곳도 새로 설치되었다. 또한 2018년에 개통된 케르치 해협 대교를 통해 러시아, 벨라루스, 아르메니아, 카자흐스탄 등의 관광객을 유치하기 위해 해변 휴양지, 공항, 도로 등도 대대적으로 보수되었다. 2018년에는 680만 명, 2021년에는 950만 명의 관광객이 이곳을 찾았는데 이는 크림 반도 인구의 다섯 배에 달한다.

러시아의 흑해 함대가 현대화되면서 병합 이후에 크림 반도에는 공격용 잠수함, 호위함, 전투기, 미사일, 대공포 등이 곳곳에 배치되었다. 이에 더해 러시아는 크림 반도 병합으로 인해 넓은 해양 지역과 함께 흑해 및 아조프해에 위치한 40여 개의 탄화수소 매장지를 포함한 광범위한 배타적 경제수역까지 확보하게 되었다. 이를 통해 러시아는 크림 반도를 발판 삼아 흑해에서 지중해까지 안정적으로 군사력을 투사할 수 있게 되었고, 시리아의 타르투스에 있는 자국 해군기지를 거점으로 삼아 동지중해 지역까지 세력을 확장할 수 있게 되었다.

2022년, 모든 비극은 크림 반도에서 시작

2022년 2월 24일, 러시아는 벨라루스, 러시아 본토, 크림 반도를 거쳐 우크라이나 전역을 침공하고자 했다. 러시아는 오데사와 헤르손을 비롯한 우크라이나의 주요 항구를 봉쇄하고 폭격했다. 하지만 러시아군이 예상외로 교착 상태에 빠지면서 시리아와 타지키스탄에 주둔하고 있던 병력을 추가로 투입해야 했다.

우크라이나에게 크림 반도 탈환은 매우 중요한 문제다. 이미 앞에서도 언급했듯이 모든 비극은 이곳에서부터 시작되었고 따라서 크림 반도를 되찾는 것은 우크라이나에게 역사적으로도 매우 의미가 클 뿐만 아니라 군사적으로도 무척 중요하다. 러시아군의 보급선을 차단해 남부 전선에서 우크라이나가 유리한 고지를 점하는 데 크림 반도가 중요한 역할을 하기 때문이다. 이러한 맥락에서 2022년 10월 이후 케르치 해협 대교는 우크라이나의 주기적인 공격의 대상이 되고 있다. 또한 2023년 가을에는 우크라이나 미사일과 드론이 크림 반도 내 200개의 군사 시설과, 심지어 흑해의 항구 도시인 노보로시스크에 있는 러시아 해군기지까지 위험에 빠트렸다.

전쟁 초기부터 러시아는 크림 반도에 공식적으로는 '여름 캠프'라고 부르는 시설을 운영했는데 실제로는 우크라이나 아이들이 강제 이송되는 수용소와 같은 곳이었다. 여러 소식통에 따르면, 이곳은 사실상 우크라이나 아이들을 러시아 문화와 가치관에 맞게 길들이는 일종의 '러시아화 캠프'로 운영되고 있다고 한다. 일부 아이들은 이곳에서 러시아 가정에 입양되기도 했다. 이러한 유형의 캠프는 러시아와 크림 반도에 43곳이 존재하는데 2023년 말까지 1만 6천 명 이상의 우크라이나 아이들이 이와 같은 캠프로 강제 이송된 것으로 전해진다.

FOCUS

크림 반도,
임대에서 강제 병합으로

1991년 12월 1일, 우크라이나는 소련으로부터의 독립 여부를 묻는 국민투표를 실시했다. 1783년부터 1954년까지 오랜 기간 러시아에 속해 있었고 주민 대부분이 러시아인인 만큼 크림 반도의 투표 결과는 양분되었다. 크림 반도에서는 단 54퍼센트만이 우크라이나의 독립을 찬성했는데 이는 우크라이나 전체에서 가장 낮은 수치에 속했다. 그럼에도 당시 러시아는 소련 시절 국경을 기준으로 한 우크라이나 독립을 인정했으며 여기에는 크림 반도도 포함되었다.

하지만 230만 명의 주민이 거주하는 크림 반도는 독립국이 된 우크라이나로부터 1998년에 자치 공화국이라는 특별 지위를 부여받게 된다. 이는 인구 구성의 특수성을 고려한 것인데 실제로 크림 반도 주민의 67퍼센트가 러시아인이며 타타르인이 소수민족으로 남아 있다. 이러한 예외적인 지위로 인해 크림 반도는 자체 헌법, 예산 자율권, 언어 및 문화 관련 자치권을 갖게 되었다. 그래서 공식 언어로는 러시아어와 우크라이나어가 모두 허용되며 법률 행위와 대다수 공식 문서에는 크림 타타르어(크림 반도 토착 민족인 크림 타타르인이 사용하는 언어)도 허용된다.

한편 예카테리나 2세 시절에 본격적으로 조성되고 개발된 세바스토폴 항구

는 러시아와 우크라이나 양국 간 열띤 협상 끝에 러시아 흑해 함대가 일부 구역을 계속 사용하고 주둔할 수 있도록 합의되었다. 이에 1997년 5월 28일에 맺은 조약에 따라 우크라이나는 세바스토폴 항구의 일부를 러시아에 2017년까지 임대하고 향후 구소련 함정의 83퍼센트, 즉 338척을 양도하기로 합의했다. 그 대가로 러시아는 우크라이나에 매년 약 800만 달러에 달하는 임대료를 지불하고 시장 가격보다 30퍼센트 낮은 가격에 천연가스를 제공하기로 합의했다.

당시 러시아 해군은 세바스토폴에 1만 5천 명의 병력을 주둔시켰는데 이곳에는 우크라이나 함대 사령부와 구소련 시절 군함 80척도 함께 정박해 있었다. 이후 2010년에 러시아군이 세바스토폴에 매년 1억 달러를 지불하는 조건으로 20년이 만기인 임대 계약이 2042년까지 연장되었다. 하지만 러시아는 2014년 2월 우크라이나로부터 크림 반도에 대한 주권을 빼앗아 왔다. 미스터리한 '리틀 그린 맨'의 개입으로 2014년 3월 16일 국제적으로도 정당성을 인정받지 못한 주민투표를 실시해 러시아는 크림 반도를 강제 병합했다.

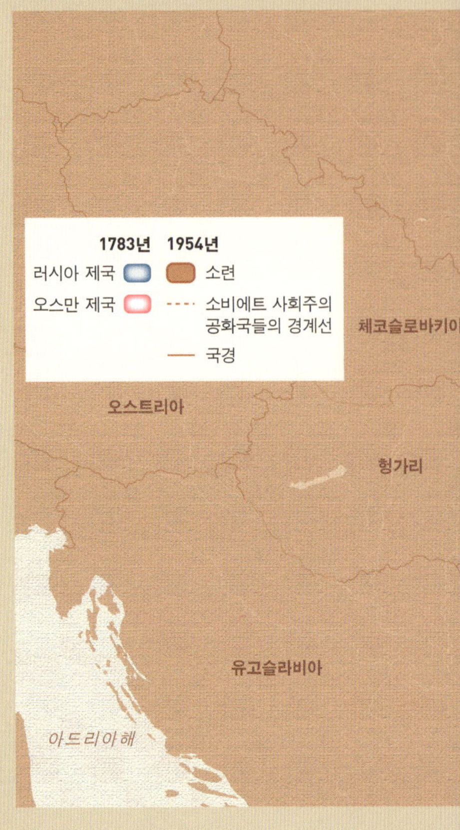

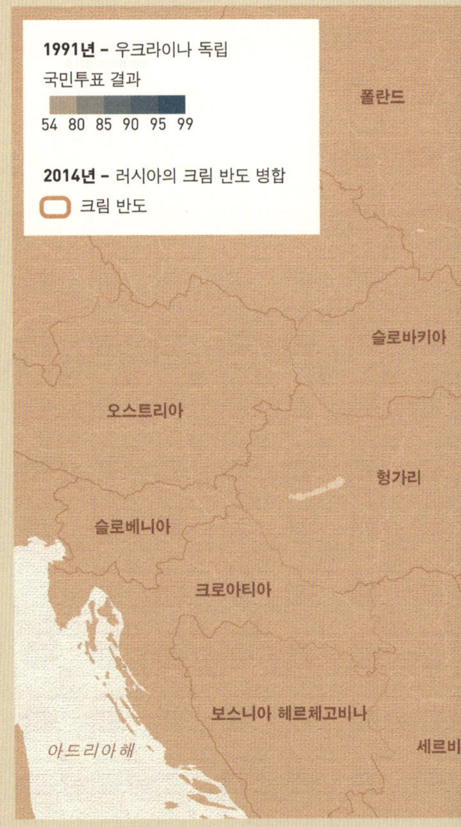

우크라이나
소비에트 사회주의 공화국
러시아 소비에트 연방
사회주의 공화국
몰도바
소비에트
사회주의
공화국
루마니아
아조프 해
크림 반도
흑 해

벨라루스
러시아
볼린
96%
리우네
95%
지토미르
95%
체르니히우
94%
수미
93%
리비우
97%
테르노필
99%
흐멜니츠키
96%
키이우
96%
폴타바
94%
하르키우
86%
루한스크
84%
이바노
프란키우스크
98%
빈니차
95%
체르카시
96%
자카르파티아
93%
체르니우치
93%
키로보흐라드
94%
드니프로페트로우스크
90%
도네츠크
84%
몰도바
미콜라이우
89%
자포리자
91%
오데사
85%
헤르손
90%
루마니아
아조프 해
러시아
크림 반도
54%
세바스토폴
57%
흑 해

#11

열한 번째 경유지, 튀르키예

1936년 7월 20일, 스위스 몽트뢰의 한 고급 호텔에서 체결된 협약 하나가 튀르키예의 운명을 바꿔놓았다. 협약에 서명한 국가들은 흑해와 지중해를 잇는 두 전략적 통행로인 보스포루스 해협과 다르다넬스 해협에 대한 감시 권한을 튀르키예에 위임했다. 그 결과 튀르키예는 두 해협에 대해 평화로운 시기에는 자유로운 통행을 보장해야 했다. 동시에 전시에는 교전국 군함이 접근하는 것을 금지할 권한도 갖게 되었다.

그래서 러시아가 우크라이나를 침공한 지 4일이 지난 2022년 2월 28일, 튀르키예 주재 우크라이나 대사는 튀르키예 정부한테 러시아 군함이 두 해협에 접근하는 것을 막아줄 것을 요청했다. 하지만 NATO 회원국임에도 튀르키예의 에르도안 대통령은 기회를 엿보며 외교적으로 모호한 태도를 보였다. 이는 튀르키예와 러시아가 흑해를 '암묵적으로' 공동 관리하고 있다는 것을 드러내는 일련의 사례 중 하나다. 흑해로 드나드는 해협을 통제할 수 있는 국가는 튀르키예였지만, 러시아 또한 흑해에서 영향력이 큰 나라이기 때문에 튀르키예는 역내 또 다른 강국인 러시아의 심기를 거스르고 싶지 않았다. (하지만 결국에는 몽트뢰 협약을 적용해 러시아 군함의 접근을 차단했다.)

흑해는 러시아-우크라이나 전쟁의 주요 전선 중 하나다. 2023년 9월 우크라이나는 크림반도의 세바스토폴에 대대적인 공격을 가했다고 발표했다. 자신들의 이 공격으로 러시아 흑해 함대의 사령관이 사망했다고 주장했지만 러시아는 이를 부인했다. 같은 시기 러시아는 흑해 연안에 위치한 우크라이나의 전설적인 항구 도시인 오데사에 미사일과 드론 폭격을 대규모로 퍼부었다.

더 넓은 차원에서 볼 때 흑해는 이제 '분쟁의 중심지'로 변모했다. 2022년 7월에 유엔과 튀르키예의 중재 아래 러시아와 우크라이나가 참여한 다자협정인 흑해곡물협정은 전쟁 중에도 우크라이나가 흑해를 통해 곡물을 수출할 수 있게끔 해주었다. 하지만 2023년 7월에 러시아가 이 협정의 연장을 거부하고 종료를 선언하면서 흑해를 다시 봉쇄하자 우크라이나는 자국 경제와 국민들의 생존에 필수적인 곡물 수출을 바다 말고 육로와 하천을 이용한 방식으로 재편해야만 했다. 이때 흑해의 또 다른 연안 국가인 루마니아가 구원투수로 나섰다. 러시아가 흑해를 봉쇄하자 루마니아는 우크라이나가 자신들의 항구를 통해 곡물을 수출할 수 있도록 새로운 우회 해상 경로를 만드는 데 도움을 주었다.

2023년 3월 러시아의 정권 친화적인 《엑스페르트Expert》는 푸틴이 우크라이나를 상대로 시작한 전쟁의 주된 목적은 '흑해의 완전한 장악'에 있다고 설명했다. 그러면서 흑해를 "남방과 동양으로 향하는 무역의 관문이자, 러시아가 지중해를 거쳐 대서양과 인도양으로 진출할 수 있게 해주는 전략적 교두보"라고 묘사했다. 결국 푸틴은 지금 땅 위에서뿐만 아니라 바다 위에서도 전쟁을 벌이고 있는 것이다.

흑해,
전쟁터가 되어버린 바다

유럽 중심적인 시각에서 보면 흑해는 저 멀리 떨어져 있는 별로 중요하지 않은 변두리 바다다. 그러나 그 크기를 고려하면 결코 무시할 수 없는 곳이다. 동서로 1천 킬로미터 이상 뻗어 있고 면적은 42만 제곱킬로미터에 달하는데 이는 발트해 면적보다 조금 더 큰 크기다. 고대에는 흑해를 '폰투스 유크세이노스(Pontus Euxeinos)'라 불렀는데 이는 고대 그리스어로 '친절한 바다'를 뜻한다. 원래 그리스인들은 흑해를 거칠고 위험한 바다로 여겨 초기에는 '불친절한 바다'(Pontus Axeinus)라고 불렀지만 교역과 탐험이 활발해지면서 '친절한 바다'로 부르게 되었다.

흑해에는 주로 다뉴브강, 드니프로강, 돈강이 흘러들어 온다. 또한 북쪽으로는 크림 반도가 바다 쪽으로 돌출해 있으며, 조금 더 동쪽으로는 케르치 해협이 흑해와 오늘날 전략적 중요성이 커진 작은 아조프해를 연결한다. 남서쪽으로는 보스포루스 해협을 통해 마르마라해로 이어지고 그곳에서 다르다넬스 해협을 통해 에게해를 거쳐 지중해, 더 나아가서는 저 멀리 대서양까지 이어진다.

왜 '흑'해일까?

흑해(Black Sea)라는 이름의 유래는 명확하지 않다. 어떤 이들은 흑해의 수심 깊은 곳에 황화수소가 대량 축적되어 있어 그 때문에 바닷물이 어둡게 보이기 때문에 그런 이름이 붙었다고 주장한다. 또 다른 가설은 영어권 백과사전에서 찾아볼 수 있다. 흑해라는 이름이 고대 페르시아어로 짙은 남색 혹은 어둠을 뜻하는 '악사이나(axaina)'를 번역하는 과정에서 유래되었다는 것이다.

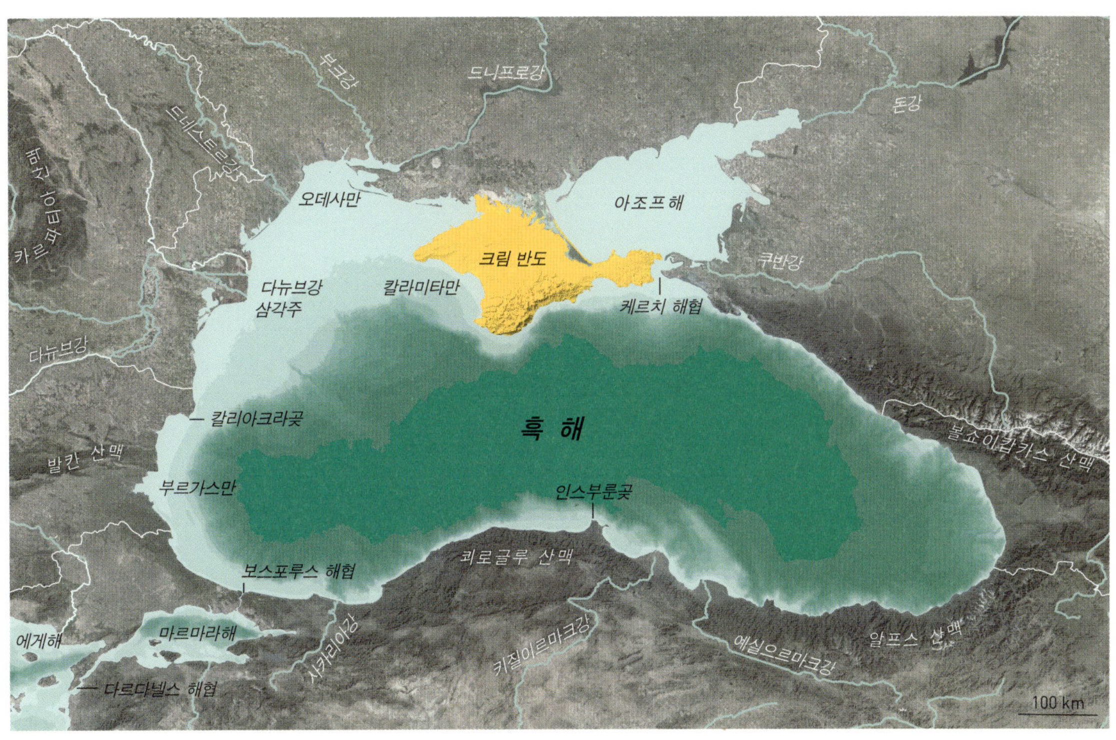

마지막으로 라틴어권이나 그리스어권 백과사전에 따르면 오스만 제국에서 유래했다는 설도 있다. 그들은 방위를 각각 색깔로 구분했는데 북쪽을 검은색 방향으로, 남쪽을 흰색 방향으로 지칭했다고 한다. 실제로 튀르키예 북쪽에 있는 흑해는 튀르키예어로 검은 바다라는 뜻의 '카라데니즈(karadeniz)'로, 남쪽에 있는 지중해는 흰 바다라는 뜻의 '악데니즈(Akdeniz)'로 불린다.

낮은 염도가 빚어낸 두 얼굴

흑해의 여러 특징 가운데 하나는 바닷물의 염분 농도가 대서양이나 태평양 평균 농도의 약 절반 정도로 매우 낮다는 점이다. 계절에 따라 기온 변화가 두드러지는 대륙성 기후에 이러한 낮은 염도까지 더해지면서 흑해의 북서쪽 해역은 겨울이 되면 얼어붙는다. 그래서 우크라이나의 오데사 항구 같은 곳은 쇄빙선을 사용해야만 항로를 확보할 수 있다.

반면 여름에는 흑해 연안을 따라 흐르는 광천수, 에메랄드빛 바닷물, 여기에 온난한 기후까지 더해지면서 수많은 휴양지가 발전했다. 대표적인 곳으로는 불가리아의 바르나 해수욕장과 네세바르 인근의 써니비치, 루마니아의 마마이아와 에포리에, 러시아의 소치 등이 있다.

냉전 이후
지정학적 중요성이 더 커진 곳

흑해는 유럽, 코카서스, 중앙아시아, 중동이 교차하는 지점에 자리하고 있다. 흑해 연안국으로는 조지아, 튀르키예, 불가리아, 루마니아, 우크라이나, 러시아가 있다. 이

프랑스보다 작은 바다

유럽, 아시아, 중동이 교차하는 지점에 위치해 있는 흑해는 면적이 42만 제곱킬로미터로 프랑스보다 작다. 에너지 자원 측면에서는 러시아, 튀르키예, 유럽연합을 연결하는 중요한 접점 역할을 한다. 하지만 러시아가 우크라이나를 침공하면서 흑해는 하나의 전쟁터가 되었다.

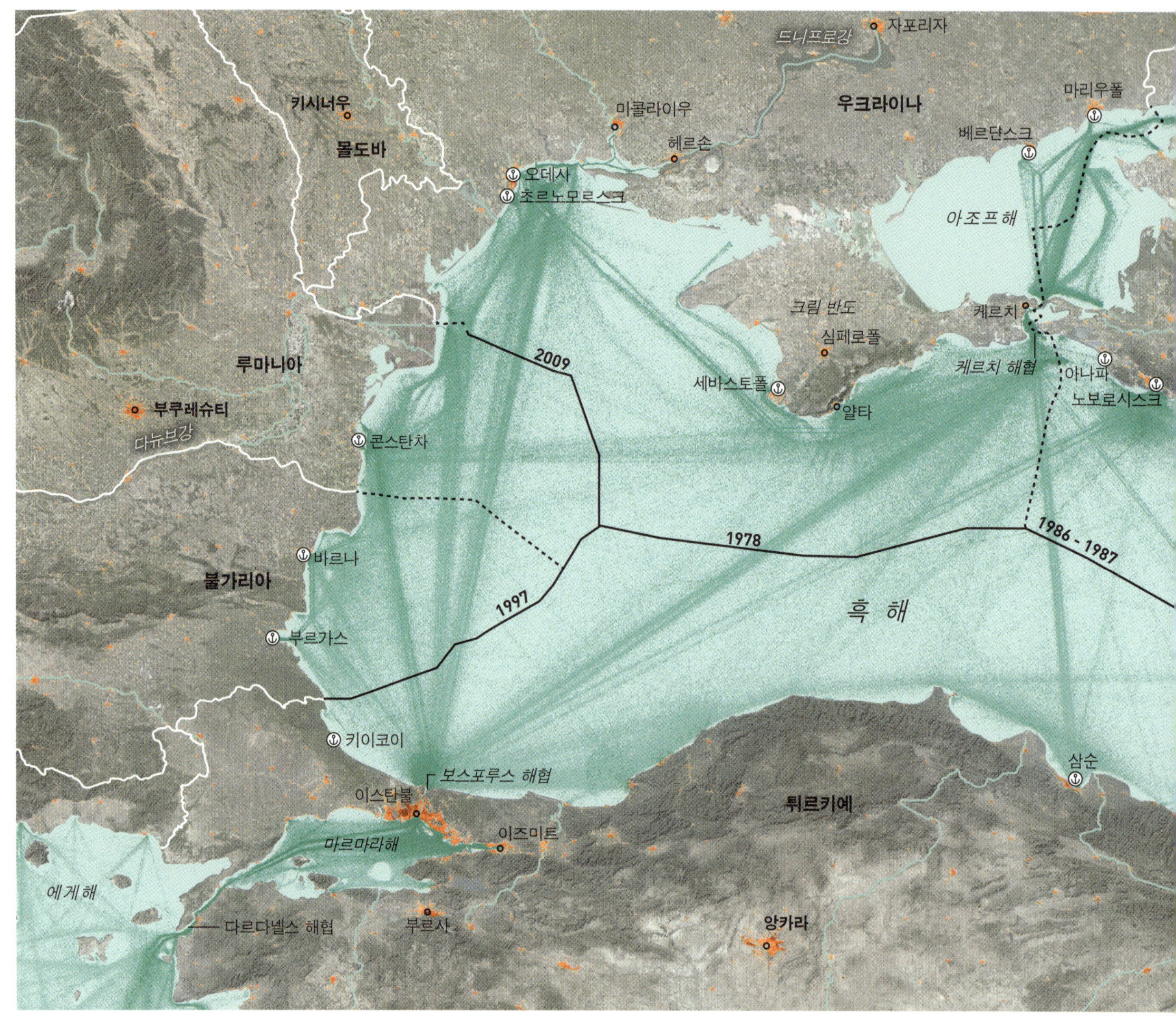

러한 지리적 위치로 인해 흑해는 냉전이 종식된 이후로 경제적, 지정학적 중요성이 점점 더 커지고 있다. 즉 동유럽 국가들과 세계 시장을 연결하는 해상 운송로의 핵심축 역할을 한다고 볼 수 있다. 전 세계 곡물의 40퍼센트, 탄화수소, 상당량의 광물 비료가 바로 이 흑해를 경유한다. 우크라이나에서는 2022년 2월 전쟁 이전까지만 해도 오데사 항구와 인근 초르노모르스크 항구가 흑해를 경유하는 해상 물동량의 대부분을 처리했다. 러시아의 노보로시스크 항구와 그

보다 규모가 작은 투압세 항구, 조지아의 바투미 항구, 루마니아의 콘스탄차 항구는 석유 수출에 특화된 이 지역 항구라 할 수 있다.

중국은 최근 몇 년 전부터 흑해에서 벌어지는 이 같은 활발한 무역에 관심을 보이며 서방으로 진출하는 일대일로 프로젝트의 일환으로 흑해에 진출하고 있다. 특히 자국 수출 상품을 흑해를 거쳐 안전하게 운송하기 위해 이 지역 항만시설에 투자해 왔다. 대표적으로 조지아의 포티 항구, 우크라이

나의 유즈네 항구를 예로 들 수 있다. 한편 러시아-우크라이나 전쟁이 발발하면서 조지아의 입지가 매우 강화되었다. 왜냐하면 중국이 흑해를 거쳐 유럽에 도달하는 과정에서 러시아를 통과하지 않고 우회할 수 있는 '중앙 회랑'을 이용하는 데 조지아가 꼭 필요하기 때문이다.

또한 흑해는 천연가스 생산국인 투르크메니스탄, 이란, 이라크, 아제르바이잔, 러시아 등과 유럽의 가스 소비국을 연결하는 교량 역할을 해왔다. 다만 러시아산 천연가스는 우크라이나 침공 이전까지만 해당한다. 2003년부터 러시아 천연가스는 블루 스트림 가스관을 통해 흑해를 경유해 튀르키예로 수송되었다. 튀르키예는 이를 통해 장차 유럽으로 가스를 공급하는 에너지 허브 국가로 도약하고자 하는 꿈을 꾸었다.

흑해에 대한 러시아의 집착

냉전이 종식되면서 많은 이들은 흑해라는 해양 공간이 더 이상 이념적으로 대립하지

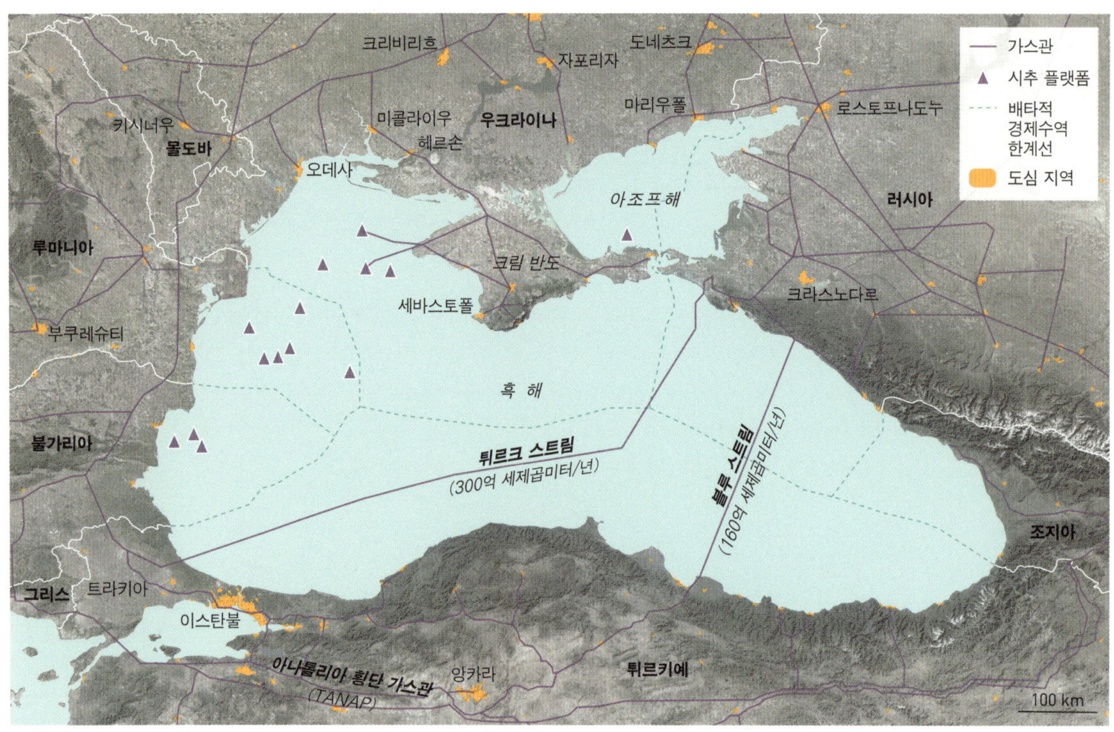

가스로 연결되는 러시아와 튀르키예

2003년부터 튀르키예와 러시아는 가스관인 블루 스트림을 통해 연결되었다. 이 가스관을 통해 튀르키예는 러시아산 가스를 수입해 유럽의 발칸 국가들로 재수출한다. 총길이 1,213킬로미터에 달하는 블루 스트림은 그중 396킬로미터가 흑해의 해저를 통과한다. 여기에 더해 2020년부터 가동된 튀르크 스트림 가스관이 추가되면서 러시아와 튀르키예를 잇는 가스 수송 체계는 더욱 공고해졌다.

러시아의 우크라이나 침공 이후 유럽연합과 서방 국가들이 러시아산 가스 수입을 중단하기로 했음에도 불구하고 이들 가스관을 통해 튀르키예

않게 된 국가들 간의 '협력의 무대'가 될 것이라는 기대를 했다. 하지만 러시아가 2014년 크림 반도를 병합하고 2022년 2월 24일 우크라이나를 침공하면서 흑해는 러시아와 NATO 회원국들이 서로 대립하는 '사실상의 전쟁터'로 급부상했다.

러시아에게 흑해는 더 넓은 바다로 진출할 수 있는 가장 중요한 해양 출구를 의미한다. 러시아의 여러 항구는 겨울이면 얼어붙어 배가 자유롭게 다니기가 어렵다. 그래서 러시아는 '따뜻한 바다', 즉 지중해와 일년 내내 얼지 않는 대양으로 나갈 수 있는 출구를 필요로 했는데 흑해는 이를 가능하게 해주는 핵심 길목이었다. 그래서 러시아는 역사적으로 흑해에 많은 관심을 가져왔는데, 이처럼 따뜻한 바다에 대한 갈망은 러시아가 스스로를 '거대한 내륙에 갇힌 국가'로 인식하고 있는 것에서 비롯된다. 러

시아가 진출할 수 있는 해양이 기껏해야 주로 폐쇄된 바다이거나 일년 중 상당 기간 얼어 있는 해역, 그러니까 발트해, 북극해, 오호츠크해 등에 국한되어 있기 때문에 이러한 인식이 생겼다고 볼 수 있다. 냉전 기간 동안에는 소련과 바르샤바조약기구의 동맹국들이 남부 연안을 제외한 모든 연안국을 통제하면서 흑해는 사실상 '소련화'되었다. 반면 흑해의 남부 연안은 1952년에 NATO에 가입한 튀르키예의 영토였다.

그러나 소련이 해체되면서 흑해의 많은 연안 국가들이 독립을 하게 되자 러시아가 이용할 수 있는 바다와 항구가 줄어들게 되었다. 그나마 노보로시스크와 로스토프 항구 그리고 소치 인근 연안 지대 정도만 이용할 수 있었다. 하지만 2008년에 조지아 전쟁이 발발하면서 분리주의 지역인 압하지야 연안에 접근할 수 있게 되었고, 2014

년에는 크림 반도 병합으로 흑해에 강력한 군사력을 재구축할 수 있었다. 그 결과 2014년부터 2019년 말까지 6척의 디젤 추진 잠수함과 3척의 호위함이 세바스토폴 러시아 해군기지에 배치되었다. 그러던 중 모두의 예상을 깨고 2022년 러시아가 우크라이나를 기습적으로 침공하면서 다시 한번 판도를 뒤흔들었다. 특히 흑해에서의 상황을 극적으로 바꾸어 놓았다. 크림 반도 병합 이후 러시아와 NATO 간 긴장 속에 아슬아슬하게 유지되던 흑해의 불안정한 세력 균형이 한순간에 무너지면서 이 해역을 러시아가 군사적으로 주도하는 전쟁터로 바꾸어 놓은 것이다.

지리학자 루이 페티니오는 "흑해에서 러시아의 군사적 우위가 다시 한번 확고해졌다"라고 평가했다. 이처럼 흑해에서 러시아의 군사력이 강화되면서 NATO는 쉽게 러시아를 건드릴 수 없게 되었다. 반면 러시아는 흑해를 통해 지중해와 근동 지역, 시리아에 있는 자국 군사기지 등으로 무기와 군대를 보내는 것이 훨씬 수월해졌다.

러시아는 경제, 에너지, 군사 등 다양한 방면에서 흑해 남쪽에 위치한 튀르키예와 밀착 행보를 이어가고 있다. 두 나라의 이러한 관계는 튀르키예가 NATO 회원국임에도 2021년에 러시아의 신형 지대공 미사일인 S-400을 구매한 사실이 드러나며 이미 주목받은 바 있다. 튀르키예는 러시아에 대해서는 분명한 실용주의적 입장을 취하고 있다. 러시아의 크림 반도 병합을 공식적으로 인정하는 것은 거부했지만 그렇다고 해서 러시아와의 관계를 단절하지도 않았다. 특히 흑해 항구에서 가로막힌 우크라이나의 곡물 수출 문제에 관해서는 중재자 역할을 자처하기도 했다.

한편 NATO는 흑해 연안에 위치한 회원국에 대한 군사적 보호 역할의 일환으로 2015년부터 루마니아에 이지스 미사일을 배치해 회원국에 대한 안전을 강화하는 동시에 자신의 입지를 확고히 했다. 또한 흑해에서 러시아의 해군력이 강화되는 것에 대응해 NATO의 해군력 또한 증강했다. 실제로 2019년 상반기 동안 흑해에 진입한 NATO의 군함 수는 2016년 한 해 동안 진입한 군함 수를 뛰어넘었다. 하지만 흑해 연안 회원국 간의 결속력 부족으로 일부 군사 작전은 중단되기도 했다. 러시아와 좋은 관계를 유지하길 원했던 불가리아는 우크라이나와의 군사 훈련을 거부했다. 반대로 이 지역에서 러시아의 영향력이 확대되는 것에 가장 강경하게 반대해온 루마니아는 흑해에서 독자적으로 군사 전략을 개진할 만한 군사력을 갖추지 못했다.

우크라이나의 저항 의지를 보여주는 곳

2024년 초 지상 전선에서 어려움을 겪고 있던 우크라이나는 흑해를 새로운 전쟁터로 삼아 공세를 펼쳤는데 특히 12월에는 러시아 군함 노보체르카스크호를 격침시켰다. 우크라이나의 전략은 간단하다. 바로 우크라이나 해안에서 러시아 해군 함대를 몰아내는 것이다. 이 전략은 흑해 남서부에서 러시아 함대가 물러나면서 달성되었고 이로 인해 우크라이나는 점차 곡물 수출 재개를 위한 해상 항로를 확보할 수 있었다.

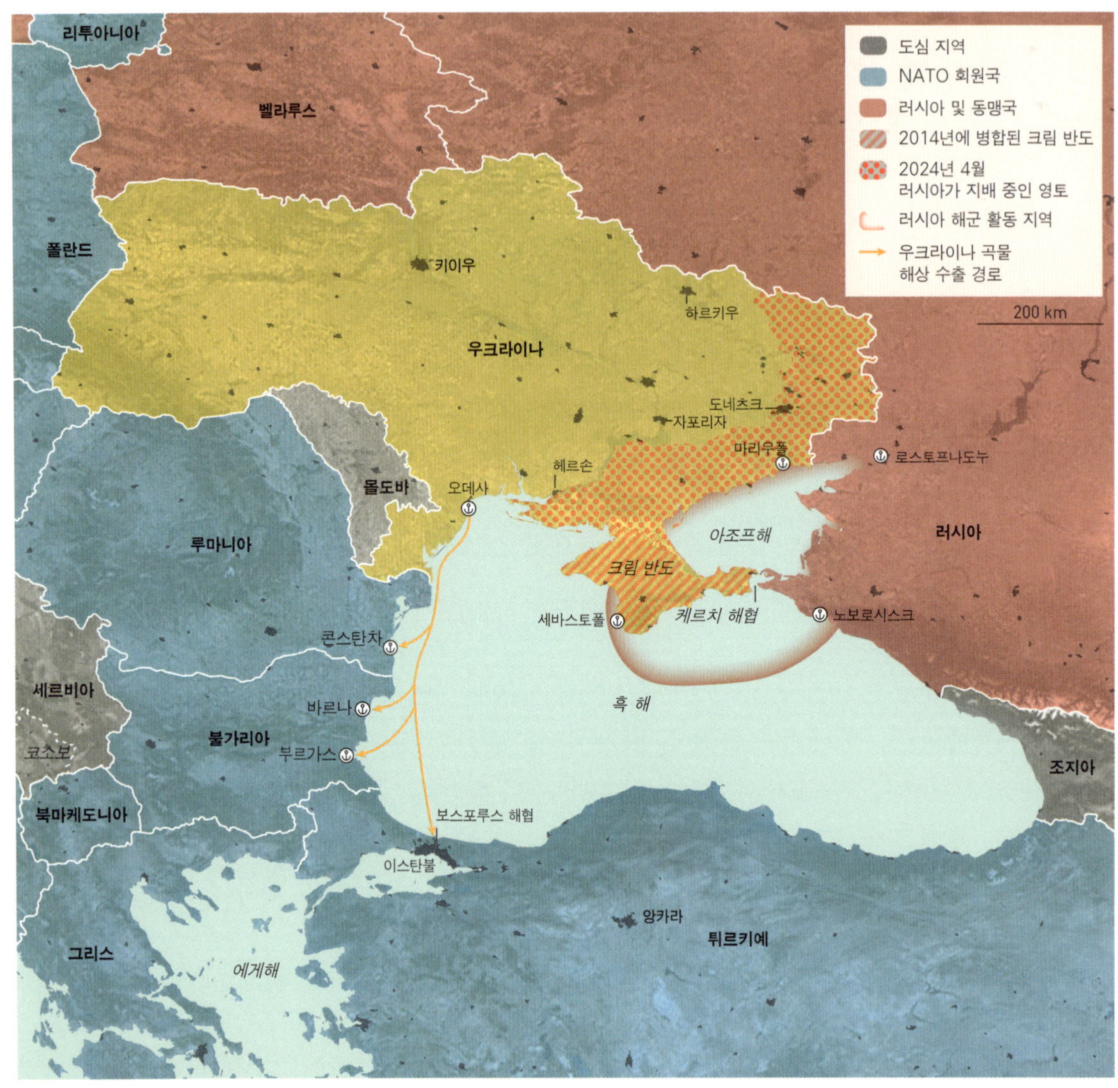

러시아 손에 들어간 아조프해

2014년에 러시아는 우크라이나에서 러시아어를 사용하는 사람들이 가장 많은 크림 반도와 그 해양 지역을 강제 병합하면서 흑해에서의 재무장과 군사력 강화를 이루어 냈다. 크림 반도 병합의 마지막 단추는 2018년 5월 크림 반도와 러시아 본토를 연결하는 케르치 해협 대교의 개통으로 완성되었다. 하지만 이 다리는 밑에 낮은 아치형 구조물을 설치해 아조프해로 진입하는 선박 수를 제한하고 그로 인해 우크라이나 항구의 기능을 위축시켜 아조프해를 봉쇄하는 효과를 낳았다. 게다가 2022년에 전쟁이 발발하면서 아조프해는 완전히 러시아의 통제 속에 놓이게 되었다. 이에 대응하여 NATO는 그 지역에 군사력과 병력 배치를 강화했다. 하지만 NATO 회원국인 튀르키예는 자국의 경제적 이익과 러시아와의 관계를 고려해 양쪽 사이에서 아슬아슬한 줄타기 행보를 보이고 있다.

전쟁 초반부터 흑해는 우크라이나의 저항을 가장 상징적으로 보여주는 공간이 되었다. 2022년 4월 14일 우크라이나는 두 개의 미사일을 발사해 러시아 흑해 함대의 기함(함대 전체를 지휘하는 중심 군함)인 모스크바호를 좌초시키는 데 성공했다. 또한 전쟁 초반 한 우크라이나 병사가 무전을 통해 러시아 함대를 향해 항전 의지를 드러낸 것도 이 해역의 즈미이니섬에서 일어난 일이다. 전쟁 초기인 2022년 2월에 러시아는 즈미이니섬을 군사 점령했다. 하지만 가뜩이나 방어하기 어려운 이 작은 섬을 향한 우크라이나 군대의 끝없는 폭격에 지쳐 러시아 군대는 결국 2022년 6월 말 철수하기로 결정했다.

전쟁터로 변한 흑해의 여왕

러시아의 폭격을 주기적으로 받아온 우크라이나의 항구 도시인 오데사는 특히 유네스코 세계문화유산으로 등재된 유적들까지 공격 대상이 되면서 큰 피해를 입었다. 오데사는 흑해 연안의 유서 깊은 휴양 도시로도 유명하다. 전쟁이 일어나기 전까지만 해도 오데사의 아름다운 해변과 주변 도시를 만끽하고, 세르게이 에이젠슈타인의 유명한 영화 「전함 포템킨」의 촬영지를 방문하고, 신고전주의, 바로크, 아르누보 스타일의 건축물과 유물 등을 감상하기 위해 이곳을 찾는 관광객들이 많았다.

유네스코는 러시아의 초기 공습 이후 우크라이나의 문화유산을 보호하기 위해 조각상과 유물 등에 보호 대상임을 표시하는 '푸른 방패' 마크를 부착했다. 이는 1954년에 체결된 헤이그 협약에 따라 전쟁 중이더라도 상대국의 문화유산을 보호해야 할 의무가 있음을 상기시키는 상징적인 조치라 할 수 있다.

1996년에 《르몽드》 기자 나탈리 누게레드는 오데사를 우크라이나 남부 특유의 모습을 지닌 다민족 도시이며, 무역에 개방되어 있고, 서구 지향적인 도시라고 묘사했다. 또한 슬라브와 튀르크 두 세계가 지리적으로 만나는 지점에 위치해 있다는 이점을 항상 활용해 왔고, 알렉산드르 푸시킨을 위시한 많은 예술가를 끊임없이 매혹시키고 그들에게 영감을 준 도시였다고 평가했다. '흑해의 여왕'이라고 불리는 이런 오데사를 러시아는 주요 공격 목표로 삼았다.

#12 ━━━━━━━━━━━

열두 번째 경유지,
예멘 살리프

2023년 11월 19일, 할리우드 액션 영화의 한 장면을 방불케 하는 영상이 전 세계를 강타했다. 최첨단 기기로 촬영된 세기의 납치극 영상이 소셜 네트워크를 통해 거의 실시간으로 퍼져나간 것이다. 당시 납치된 선박은 자동차 운반선인 갤럭시 리더호로 불가리아인 선장을 포함해 다양한 국적의 선원 25명이 승선해 있었다.

예멘의 일부 지역, 그중에서도 특히 호데이다와 살리프 항구를 장악하고 있는 후티 반군이 홍해에서 일으킨 이 납치 사건은 전 세계에 커다란 충격을 주었다. 한낮에 군용 헬기를 타고 내려와 항해 중인 선박을 나포한 그들은 즉시 기수를 돌려 자신들의 근거지인 살리프 항구로 끌고 갔다. 이 때문에 이스라엘과 하마스 간 전쟁으로 이미 극도의 긴장감이 감도는 세계의 해상 무역에 하마스를 지지하는 후티 반군이 홍해에서 또 하나의 공포 요인을 더했다. 그들은 갤럭시 리더호의 실소유주가 이스라엘과 연관되어 있다는 점을 공격의 이유로 내세웠다.

이들의 해적 행위는 국제 무역에 큰 혼란을 야기했다. 일부 해운업계 종사자들은 이 사건 이후로 안전상의 이유를 내세우며 홍해 남부에서 아덴만으로 이어지는 항로의 운항을 거부했다. 그로 인해 운송에 드는 시간과 비용이 대폭 늘어났다. 많은 해운업체가 한참 더 돌아가는 먼 거

리여도 더 안전한 아프리카 연안을 따라 항해하는 항로를 택했기 때문이다. 그 결과 수에즈 운하를 경유하는 화물량이 크게 줄었다. 이에 2024년 1월 해상에서의 안전한 운항을 위해 미국이 주도하는 다국적 연합군을 결성해 군사적으로 대응했지만 헛수고였다.

러시아의 우크라이나 침공으로 사실상 흑해가 인질로 잡힌 데 이어 이제는 홍해에 전운이 감돌고 있다. 실제로 2023년 10월 7일 하마스가 이스라엘에 테러 공격을 감행하자 이스라엘이 가혹한 보복을 가하면서 반격에 나섰다. 그러자 하마스를 지지하는 예멘의 후티 반군이 홍해에서 갤럭시 리더호를 나포하면서 전쟁의 무대를 홍해로 옮겨왔다.

홍해는 아시아, 아프리카, 유럽을 잇는 교차로로 전 세계 강대국들의 관심이 집중되는 곳이다. 중국처럼 홍해 입구 지부티에 군사기지를 구축하려는 국가에서부터 홍해의 해안가를 따라 대규모 개발 사업을 추진 중인 사우디아라비아에 이르기까지 모든 나라가 주목하고 있다. 특히 사우디아라비아는 전쟁이 장기화되는 것을 원치 않으며 분쟁이 주변 지역으로 번지는 것을 우려하고 있다. 한마디로 홍해는 '전 세계의 이해관계'가 교차하는 매우 중요한 지정학적 공간이라 할 수 있다.

홍해,
후티 반군에게
인질로 잡힌 바다

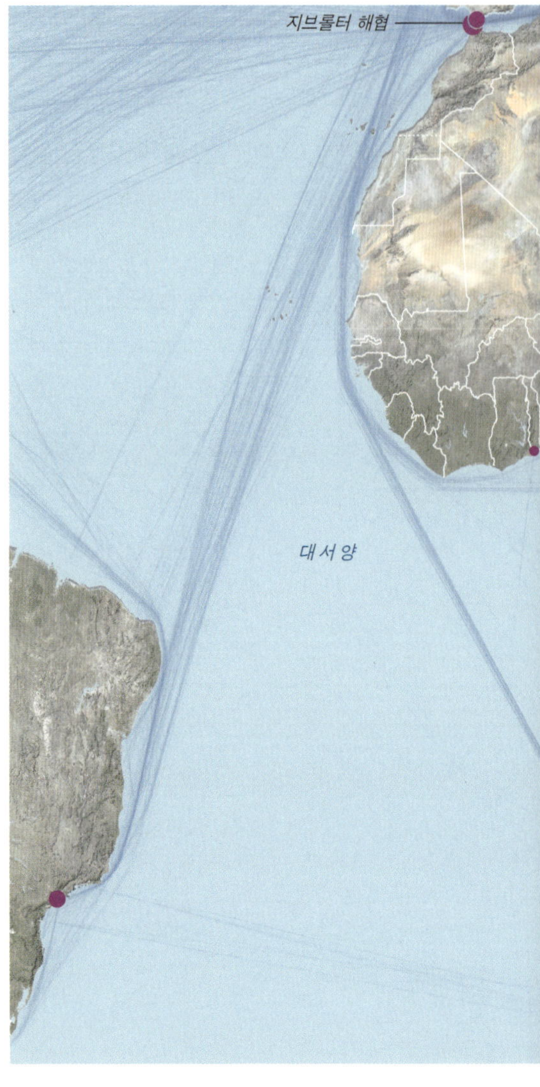

수에즈 운하 개통 이후로 전 세계 교역의 핵심 동맥이 된 홍해는 아프리카 대륙과 아라비아 반도를 가르는 경계이자 인도양과 지중해를 연결하는 지정학적 요충지다. 북쪽의 수에즈 운하와 남쪽의 바브엘만데브 해협에 둘러싸인 홍해는 구조적으로 병목 구간일 수밖에 없다. 여기에 해적 행위와 테러 위험까지 더해지면서 이곳의 해상 안전은 전 세계적인 이슈로 떠올랐다. 2023년 10월 하마스와 이스라엘 간의 전쟁 이후부터 홍해를 지나는 선박은 예멘 후티 반군의 주요 공격 대상이 되었다. 후티 반군은 외국 선박을 공격하며 그것을 이스라엘의 군사 행동에 대한 보복 행위라고 과시하고 있다.

젊은 바다

길쭉하고 비교적 폭이 좁은 홍해는 약 45만 제곱킬로미터의 면적을 지니고 있는데 이는 스페인에 준하는 크기로 발트해와 흑해보다 큰 편이다. 또한 길이는 2,500킬로미터에 최대 폭은 250킬로미터에 달한다. 약 500만 년 전 아프리카판이 둘로 갈라지면서 그중 일부가 아라비아판으로 분리되는 과정에서 생겨난 홍해는 지구의 나이에 비하면 매우 젊은 바다에 속한다.

양쪽으로 사막에 둘러싸인 홍해는 모래바람과 뜨거운 열기 때문에 사람에게는 매우 적대적인 바다다. 이 때문에 오랫동안

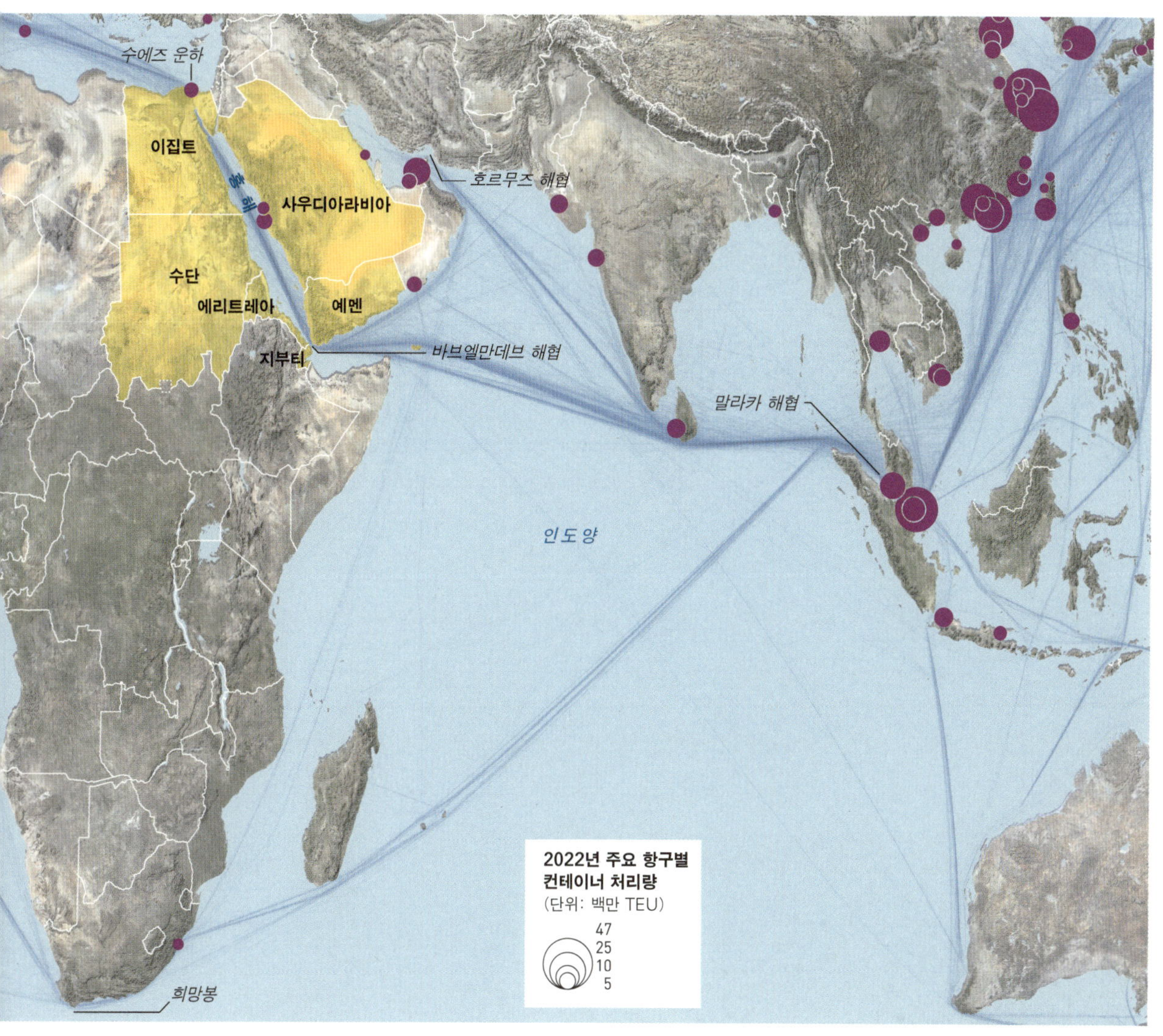

유럽 항해사들이 두려워했던 곳이기도 하다. 평균 수심은 500미터 미만이지만 포트수단 인근의 최대 수심은 2,600미터에 달하기도 한다. 해안가에 접해 있는 얕은 바다는 산호초와 다양한 어종의 서식지로 전 세계 스쿠버 다이버들에게 인기가 높다. 이집트는 이를 관광업에 적극 활용해 막대한 수익을 올리고 있다.

항해하기 위험한 홍해

수에즈 운하 개통 이후 전 세계 교역의 핵심 항로가 된 홍해는 동시에 병목 지점이기도 하다. 특히 홍해의 안전 확보는 매우 중요한 문제가 되었다. 2023년 말 예멘의 후티 반군이 홍해를 항해하는 선박을 공격하면서 상황은 더 심각해졌다. 그들의 공격은 하마스-이스라엘 전쟁과 연관되어 있으며 그 결과 많은 선박들이 홍해를 피해 아프리카 희망봉을 돌아가는 항로로 우회할 수밖에 없었다. 이로 인해 운송 시간은 길어지고 운임과 물가 부담도 함께 상승했다.

지중해
레바논
시리아
다마스쿠스
암만
팔레스타인 영토
이스라엘
포트사이드
알렉산드리아
카이로
수에즈 운하
수에즈
요르단
아카바
타부크
바그다드
이라크
쿠웨이트
이집트
사파가
안부
메디나
사우디아라비아
리야드
제다
메카
포트수단
수아킨
아브하
지잔
수단
에리트레아
예멘
사나
호데이다
무칼라
하르툼
마사와
아스마라
페림섬
아덴
아덴만
지부티
바브엘만데브 해협
에티오피아
베르베라
소말릴란드
소말리아
남수단
아디스아바바
200 km
해상 항로
후티족 지배하의 영토
2023년 10월~
2024년 5월 사이
후티족의 공격

막다른 바다에서
세계 3대 해상 고속도로로

수에즈 운하가 개통되기 전까지 북쪽은 육지로 막혀 있고 남쪽은 좁은 바브엘만데브 해협을 통해서만 다른 바다와 연결되기 때문에 홍해는 지리적으로 보면 '막다른 바다'에 가까웠다. 하지만 수에즈 운하가 개통되면서 홍해는 세계 해상 교통에서 빼놓을 수 없는 핵심지가 되었다. 말라카 해협, 파나마 운하와 함께 '세계 3대 해상 고속도로' 중 하나가 된 홍해는 전 세계 교역량의 12퍼센트, 유럽과 아시아를 오가는 교역량의 40퍼센트가 경유한다. 또한 전 세계를 거의 실시간으로 연결해 주는 글로벌 통신의 핵심 인프라인 해저 케이블이 지나가는 주요 통로이기도 하다. 홍해가 지정학적 요충지가 된 것은 무엇보다 수에즈 운하의 개통으로 지중해와 인도양이 가깝게 연결되면서 저 멀리 희망봉을 우회하지 않아도 되기 때문이다.

수에즈 운하,
영국이 사실상 장악한 인공 항로

페르디낭 드 레셉스가 1859년에 착수한 수에즈 운하 건설은 1840년대 이후부터 유럽과 아시아 사이에 교역이 급속도로 늘어나고 증기선을 이용한 항해 기술 또한 발전하면서 지중해와 홍해를 잇는 해상 항로에 대한 관심이 높아지는 상황 속에서 추진되었다. 고대 이집트에서도 지중해와 홍해를 직접 연결하거나 나일강 유역과 홍해를 연결하는 수로를 건설하려는 시도가 있었다.

**눈물의 문,
바브엘만데브 해협**

홍해는 두 개의 좁은 통로인 북쪽의 수에즈 운하와 남쪽의 바브엘만데브 해협을 통해 지중해와 인도양을 연결한다. 아덴만으로 이어지며 인도양으로 향하는 입구가 되는 바브엘만데브 해협은 아랍어로 '눈물의 문'이라는 뜻이다. 이 이름에는 이곳의 강한 조류로 인해 선원들이 겪어야 했던 애환이 담겨 있다. 이 해협은 폭이 약 30킬로미터로 매우 좁아 선박이 통과할 수 있는 항로는 예멘이 실효 지배하는 화산섬인 페림섬을 중심으로 양쪽의 두 곳뿐이다. 그러나 페림섬과 예멘 해안 사이는 폭이 2.5~5킬로미터에 불과하고 수심도 얕아 항해에 적합하지 않다. 따라서 대부분의 선박은 페림섬과 지부티 사이의 폭 26킬로미터에 이르는 더 넓은 항로를 이용한다.

자원을 둘러싼 해상 경계선 분쟁

홍해에서 연안 국가들 간의 해상 경계선을 정하는 문제는 특히 주권이 불분명한 수많은 섬과 암초들로 인해 오랫동안 분쟁의 대상이 되어왔다. 오늘날 대부분의 해역은 국경 협정이 체결되었지만 이집트와 수단 사이에 있는 할라이브 삼각지대 인근 해역과 지부티와 에리트레아 사이의 두메이라 섬 주변 해역을 둘러싼 분쟁은 여전히 남아 있다. 홍해의 탄화수소 매장량은 최대 1천억 배럴로 추정된다. 여기에 더해 망간, 니켈, 구리, 코발트 등 산업적으로 중요한 금속을 다량 함유하고 있는 다금속 단괴 역시 풍부하게 매장되어 있다. 문제는 수단, 이집트, 사우디아라비아의 배타적 경제수역 경계선이 이들 자원 매장지의 한가운데를 통과하고 있다는 점이다. 이로 인해 해당 자원의 소유권과 개발 권한을 둘러싼 분쟁이 발생할 소지가 크다.

유럽과 아시아 사이의 거리를 크게 단축시켜 준 수에즈 운하는 산업혁명과 유럽의 식민지 확장으로 탄생한 교역의 세계화에 기여했다. 실제로 수에즈 운하 덕분에 뭄바이와 런던 간 항해 거리가 절반으로 줄어들었다. 1880년부터는 콜카타에서 출발해 수에즈 운하를 경유하는 화물량이 희망봉을 경유하는 화물량보다 많아졌다. 영국은 1950년대까지 수에즈 운하를 가장 많이 이용하는 고객이었는데 바로 이 점 때문에 운하에 대한 통제권을 직접 갖고 싶어 했다. 그러던 중 1875년 막대한 부채에 시달리던 이집트의 재정난을 틈타 운하의 지분 44퍼센트를 사들였다. 이후 1882년 이집트에서 발생한 기독교인 학살 사건을 구실로 군대를 보내 이집트를 점령하면서 '사실상' 영국이 수에즈 운하의 안전을 책임지는 수호자임을 자처하기에 이른다.

1888년 영국, 프랑스, 독일, 러시아 등 당시 열강들이 콘스탄티노플 협약을 통해 수에즈 운하를 전쟁 여부와 관계없이 모든 국가의 군함과 상선이 자유롭게 통과할 수 있는 국제수로(여러 나라가 함께 사용하는 물길로, 한 나라가 마음대로 막거나 통제할 수 없는 수로)로 지정하면서 수에즈 운하의 전략적 중요성은 한층 더 커졌다. 이로 인해 운하가 이집트 영토 안에 있음에도 이집트가 마음대로 통제할 수 없게 되었고 오히려 운하를 가장 많이 이용하는 영국의 영향력을 더욱 강화하는 결과를 낳았다. 이에 제1차 세계대전 직후 오스만 제국이 붕괴하자 영국은 이를 기회로 1936년까지 이집트 전역에, 1956년까지는 수에즈 운하 지역에 병력을 주둔시키며 사실상 운하를 통제했다.

해협의 봉쇄로 제3차 중동전쟁 반발

1945년 이후 수에즈 운하의 운영은 중동 지역의 정치적 변화에 크게 좌우되었다. 특히 두 가지 큰 변화가 운하의 전략적 중요성을 더욱 배가시켰다. 하나는 선진국에서 석유가 주요 에너지원으로 자리 잡으면서 석유를 운송하고 거래하는 일이 세계 무역의 핵심으로 떠오른 것이다. 다른 하나는 이스라엘이 중동의 강국으로 부상하면서 사우디아라비아의 석유를 지중해 지역으로 수출하기 위해 1950년부터 가동해온 송유관인 탭라인(Tapline)의 운영이 중단된 것이다. 이 송유관은 설계 당시에는 팔레스타인의 하이파로 연결될 예정이었으나 1946년에 노선이 레바논의 시돈으로 변경됐다. 이후 1967년에 골란 고원이 이스라엘의 통제하에 놓이게 되면서 탭라인은 잦은 공격의 표적이 되는 등 더 이상 안전하지 않게 되었다. 그 결과 홍해를 경유하는 해상 항로의 전략적 가치가 크게 높아졌다.

1956년에 이집트 대통령 가말 압델 나세르는 수에즈 운하의 국유화를 전격 선포했다. 이는 1869년에 운하가 개통된 이후로 프랑스와 영국이 주도해온 운영 체제를 끝내고 수에즈 운하의 관리 권한을 이집트 정부가 되찾아 오겠다는 의미였다. 프랑스와 영국은 당시 이집트의 이 같은 조치에 반발하며 이스라엘과 동맹을 맺고 운하 주변 지역을 폭격하는 등 군사적으로 대응했다. 하지만 상황을 뒤집는 데는 실패했다. 결국 수에즈 운하는 6개월 동안 봉쇄되었고 그 결과 원유 가격이 급등했다. 운하는 1957년

3월 29일에 다시 개통되었다.

그로부터 10년 후, 홍해 북동쪽 끝의 아카바만은 항해를 둘러싼 분쟁의 장소가 된다. 이곳에서는 이스라엘을 비롯해 이집트, 요르단, 사우디아라비아 등 서로 적대적인 네 국가가 마주보고 있다. 이런 상황에서 이집트가 티란 해협을 봉쇄하자 곧바로 이스라엘과의 전쟁이 촉발되었다. 티란 해협은 홍해와 아카바만을 연결하는 좁은 해협으로, 이집트의 시나이 반도와 사우디아라비아 본토 사이에 위치해 있다. 자신들이 홍해와 인도양으로 나갈 수 있는 유일한 통로인 티란 해협의 봉쇄를 막기 위해 이스라엘은 1967년 6월 5일부터 10일까지 6일 동안 짧은 전쟁(제3차 중동전쟁)을 일으키며 이집트를 선제공격했고 그 결과 시나이 반도를 점령했다. 그러자 이집트는 이에 대한 반격으로 수에즈 운하를 봉쇄해 버렸다. 운하는 8년이 지난 1975년 6월 5일이 돼서야 안와르 사다트 대통령에 의해 다시 열렸다. 사다트 대통령은 수에즈 운하가 인류의 평화, 번영, 협력의 길목이 되기를 바란다고 밝혔다.

그 8년 동안 수에즈 운하가 닫히면서 홍해를 경유하는 항로는 이용이 중단되었고 대신 희망봉을 돌아서 가는 항로가 주된 해상 교역로가 되었다. 이와 유사한 상황이 2023년 11월 19일 이후 다시 나타났는데 예멘의 후티 반군이 홍해에서 선박들을 공격하면서 전 세계 해상 교통은 다시 한번 혼란에 빠졌다.

홍해 연안 국가로는 이집트, 수단, 에리트레아, 사우디아라비아, 예멘, 지부티, 이스라엘, 요르단 등이 있는데 지금부터 이중 여섯 나라를 차례대로 살펴보겠다.

이집트, 수에즈 운하로 연간 14조 원의 수익

이집트에게 홍해는 두 가지 차원에서 매우 중요한 경제적 자원이다. 하나는 수에즈 운하를 통과할 때 발생되는 통항 수입 때문이고 다른 하나는 연안을 따라 발달한 관광업 때문이다. 실제로 수에즈 운하는 연간 평균 14조 원을 벌어들이는 중요한 수입원이며 이는 이집트 정부 예산의 10퍼센트에 달하는 액수다. 대형 컨테이너선 한 대가 지나갈 때 지급하는 통행료는 약 10억 원 수준이다. 2014~2015년에 시행한 운하 확장 공사 덕에 일간 통행량과 그에 따른 수익도 두 배로 늘었다. 또한 홍해에서 지중해로 향하는 방향의 통과 시간은 20시간에서 11시간으로 줄었고, 지중해에서 홍해로 향하는 반대 방향의 통과 시간은 8시간에서 3시간으로 단축되었다.

수에즈 운하로 진입하는 항로를 안전하게 지키기 위해 이집트는 2020년 1월에 홍해 연안의 베르니스에 해군과 공군기지를 구축했다. 이집트는 이 기지 건설로 홍해 일대에서 공중 감시와 군사 작전 능력을 강화하게 되었고, 필요할 경우 사우디아라비아와 아랍에미리트가 군사적 위협을 받을 때 도와줄 수 있는 능력도 갖추게 되었다.

이집트에서 관광업은 두 번째로 중요한 산업 분야다. 이집트는 역사적인 문화유산과 더불어 홍해와 그 아름다운 해저 경관을 통해 막대한 수익을 올리고 있다. 시나이 반도 인근의 샤름 엘셰이크, 후르가다, 마

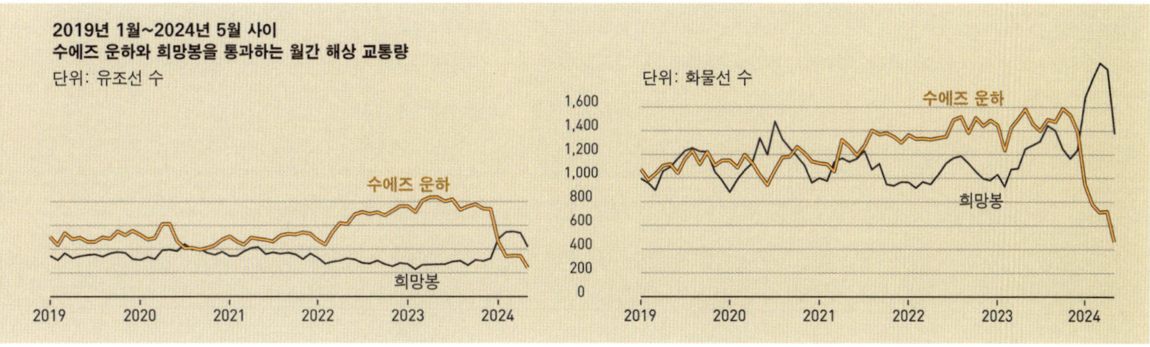

르사 알람 등을 중심으로 한 해변 휴양지는 일광욕이나 다이빙을 즐기려는 전 세계 관광객들을 매혹시킨다. 이집트는 관광업으로 연간 44조 원에서 58조 원을 벌어들이는데 이는 GDP의 14퍼센트, 일자리의 13퍼센트를 차지한다.

수단, 홍해를 활용해 투자국 모집

수단은 2023년 4월부터 내전을 겪고 있다. 이런 상황에서 홍해는 수단이 외부 세계와 교역할 수 있는 거의 유일한 통로다. 홍해 연안의 포트수단은 여러 해를 거치며 수단에 없어서는 안 될 주요 항만 산업단지로 발전했다. 이 항구는 수단 남부 유전에서 생산되는 석유를 운반하는 그레이터 나일 송유관의 종착지다. 그곳의 석유는 중국의 투자로 개발 및 운영되고 있으며 포트수단을 통해 수출된다. 하지만 2011년에 남수단이 독립하게 되면서 수단은 주요 석유 자원을 잃게 되었다. 그래서 수단 정부는 새로운 투자자와 협력국을 적극적으로 모색해 왔는데 그중에는 1993년 에리트레아의 독립으로 바다로 나갈 출구를 잃게 된 에티오피아도 포함된다.

2017년 말부터 수단은 홍해 연안에 위치한 수아킨섬과 그 섬에 위치한 아프리카에서 가장 오래된 항구에 속하는(오스만 제국 시대에 개발) 수아킨 항구를 99년 만기로 튀르키예에 임대 중이다. 튀르키예는 자국 해군이 사용할 군사기지를 이곳에 건설하면서 수단에 투자하기로 약속했는데 이는 카타르와 소말리아에 이어 튀르키예가 해외에 구축하는 세 번째 군사기지에 해당한다. 하지만 이집트와 사우디아라비아는 수단과 튀르키예가 이처럼 가깝게 지내는 것을 곱지 않게 본다. 왜냐하면 두 나라가 자신들의 체제를 위협하는 세력으로 보는 무슬림형제단을 튀르키예가 지원하고 있기 때문이다.

한편 중국은 홍해 연안의 하이둡에 상업항을 건설했고 러시아는 2017년에 체결한 협정에 따라 포트수단에 해군기지 건설을 희망하고 있다. 2022년에는 아랍에미리트가 포트수단에서 북쪽으로 200킬로미터 떨어진 곳에 상업항을 건설할 수 있는 허가권을 얻어냈다.

에리트레아, 지리적 입지가 외교적 자산

1천 킬로미터가 넘는 긴 해안선을 가진 에

리트레아는 바브엘만데브 해협 바로 옆에 위치해 있어 그곳의 해상 교통을 감시하고 통제하기에 유리하다. 에리트레아는 이러한 전략적 입지를 외교적 자산으로 삼아 동맹국과 협력국을 모색 중이다. 특히 인권을 존중하지 않는 독재정권 탓에 국제 사회에서 고립된 상태라 이러한 노력이 더욱 절실하다. 에리트레아의 아사브 항구를 정비한 에티오피아조차 관계 악화로 인해 아사브 항구를 더는 이용하지 않고 있기 때문이다. 그럼에도 이스라엘은 적대적인 아랍 세계에 대응하기 위한 전략의 일환으로 달락 제도와 마사와에 군사기지를 건설하고 소이라산에 도청 및 감청 시설을 설치하는 방안을 에리트레아와 협의해 왔다.

2015년에는 아랍에미리트 역시 에리트레아와 손을 잡았다. 지부티에 군사기지를 건설하고 병력을 배치하려던 계획이 두 나라 관계가 악화되면서 무산되었기 때문이다. 대신 아랍에미리트는 아사브에 해군기지와 공군기지를 건설하기 위해 에리트레아와 30년 협정을 체결했다. 그 결과 에리트레아의 수도인 아스마라는 지역 강국으로 부상하려는 아랍에미리트의 전략적 목표를 실현하는 데 핵심 역할을 하게 되었다. 아랍에미리트의 목표는 두 가지다. 장기적으로는 바브엘만데브 해협과 수에즈 운하로 향하는 해상 항로의 안전을 확보하는 것이고, 단기적으로는 예멘에서 이란의 영향력을 막는 것이다. 이를 위해 아랍에미리트는 2015년에 후티 반군이 축출한 합법적 정부를 복원시키기 위해 사우디아라비아와 함께 예멘 내전에 개입했다. 그렇게 아사브 기지는 2015년 5월에는 아덴, 2016년 4월에는 무칼라, 2018년 6월에는 호데이다를 대상으로 한 상륙 작전 시 출발 거점으로 활용되었다.

사우디아라비아, 홍해를 자신들의 호수로 만들려는 야심

홍해 동쪽 해안에 위치한 사우디아라비아는 약 2,600킬로미터에 달하는 해안선을 보유하고 있다. 이 해안에서 가장 중요한 항구는 제다로, 사우디아라비아 수입 물량의 약 60퍼센트를 처리한다. 수에즈 운하와 바브엘만데브 해협의 거의 중간 지점에 위치해 있으며 인도양에서 홍해로 진입하는 선박들이 기항하는 제다는 오랫동안 사우디아라비아의 주요 관문 역할을 해왔다. 또한 이슬람 순례자들이 성지인 메카와 메디나로 가기 위해 반드시 거쳐야 하는 주요 길목이기도 하다.

사우디아라비아의 홍해 연안은 1979년 이란혁명 이후 경제적으로, 전략적으로 더욱 중요해졌다. 실제로 1982년에 건설된 송유관인 페트롤라인은 페르시아만의 주바일에서 시작해 사우디아라비아 내륙을 가로질러 제다 북쪽 홍해 연안의 얀부 항구까지 석유를 수송한다. 이 송유관은 호르무즈 해협을 피해서 수송하기 때문에 이란이 호르무즈 해협을 봉쇄해도 사우디아라비아산 석유 수출은 비교적 타격을 덜 받는다.

사우디아라비아는 10년 전부터 이 지역을 직접 통제하며 자국의 이익을 수호하기 위해 홍해를 사실상 '사우디아라비아의 호수'로 만들겠다는 지정학적 야심을 품어 왔다. 이를 위해 이집트와의 관계를 강화하고 자 한다. 이에 공식적으로는 경제적, 인적 교류를 보다 원활하게 하기 위함이라는 명분을 내세워 티란 해협 부근에 두 나라를 연결하는 다리 건설 프로젝트를 논의하고 있다.

사실 이 프로젝트의 주된 목적은 무엇보다도 안보에 있다. 페르시아만에서 사우디아라비아와 바레인을 이어주는 다리처럼, 이집트에서 국가적 불안 사태나 봉기가 일어날 경우 그 다리를 통해 사우디아라비아가 이집트에 군사적 지원을 제공할 수 있다. 다리는 티란섬과 사나피르섬에 설치될 예정인데 이집트는 2016년 4월 10일 살만 국왕이 이집트를 방문했을 당시 공식적으로 사우디아라비아에 두 섬의 관할권을 넘겨주었다. 원래는 두 섬이 이집트 영토였지만 사우디아라비아가 통제권을 갖게 되면서 사우디아라비아 본토와 두 섬을 연결하는 다리 건설을 보다 쉽게 추진할 수 있게 된 것이다. 같은 연장선상에서 사우디아라비아는 2016년 말 지부티와 군사 배치를 위한 협정을 체결했다. 이 모든 행보의 목표는 점점 고조되는 예멘의 정치적 불안정과 날로 강력해지는 이란의 지역 내 영향력에 맞서 홍해의 안전을 확보하는 데 있다.

마지막으로 사우디아라비아는 국가 경제 구조를 다각화하기 위한 '비전 2030'의 일환으로 티란 해협 인근에 첨단 메가시티 '네옴(NEOM)' 프로젝트를 출범시켰다. 투자액은 5천억 달러로 추산된다. 이 프로젝트에는 미래 지향적인 초연결 도시인 더 라인(The Line) 외에도, 수에즈 운하와 가까운 두바(Douba)에 해운업계의 판도를 바꿀 것으로 예상되는 부유식 항만 산업단지인 옥사곤 건설과 럭셔리 관광 도시인 신달라 조성도 포함되어 있다. 또한 이집트를 모델로 삼아 홍해 연안의 50여 개 섬들을 정비하여 고급 해변 휴양지로 만들어 관광 산업을 키우려고 한다.

예멘, 후티 반군의 해상 공격

예멘은 지리적으로 홍해 반대쪽 연안에 있는 지부티와 함께 바브엘만데브 해협의 문지기 역할을 맡고 있다. 하지만 2014년부터 정부군과 후티 반군 간에 일어난 내전으로 인해 홍해에서 해상 운송에 대한 불안이 가중되고 있다. 이러한 상황에서 예멘에서는 바브엘만데브 해협 주변 항구를 누가 장악하느냐가 주요 쟁점으로 부상했다. 예멘 정부는 아덴 항구를 지켜내는 데 성공했고 후티 반군은 호데이다 항구를 점령했다. 하지만 2017년 11월 이후 사우디아라비아와 이집트가 주도하는 아랍 연합군이 호데이다 항구를 봉쇄했다. 한편 2015년부터 2017년까지 후티 반군의 손에 넘어갔던 모카 항구는 아랍 연합군이 탈환해 예멘 정부에 넘어갔다.

후티 반군은 자신들이 장악한 항구들을 거점으로 해서 바브엘만데브 해협 인근을 항해하는 군함은 물론 상선까지도 공격해왔다. 그들은 미사일 발사, 해상 기뢰 설치, 선박 나포 등 다양한 방식으로 공격을 감행하는데 그 범위가 사우디아라비아 해안 전체에 이른다. 실제로 2020년 12월 싱가포르의 한 선박이 제다 항구에서 화물을 환적하던 도중에 공격을 받았고, 2022년 3월에는 사우디아라비아가 예멘 내전에 군사 개입한 지 7년째 되는 날에 제다의 석유 터미널이 여러 차례 공격을 받았다.

오늘날에는 홍해의 해상 항로를 이용하는 것이 실제로 중단될 수도 있다는 위협이 현실로 다가오고 있다. 2023년 말부터 후티 반군은 하마스와 이스라엘 간 전쟁을 계기로 홍해를 오가는 외국 선박들을 공격하기 시작했다. 어쨌든 이들의 공격으로 주요 해운 회사들은 남아프리카를 우회하는 항로를 선택했다. 머스크, MSC, CMA CGM, 하파그로이드와 같은 해운 기업들은 홍해에서 화물을 잃는 위험을 감수하느니 차라리 항해 기간이 늘어나더라도 화물의 안전을 택했다. 반면 중국은 이 틈을 타 육로를 이용한 화물 운송을 확대하고 있는데 이는 일대일로 프로젝트와도 맞닿아 있다. 미국은 2023년 12월 프랑스를 포함한 20여 개 국가와 함께 이 지역의 무역 활동을 보호하고 후티 반군의 공격을 억제하기 위해 일명 '번영의 수호자 작전'을 펼쳤다.

지부티, 전 세계 국가들의 병력이 주둔하는 나라

이 지역에서 긴장이 고조되고 분쟁이 지속되는 상황에서 홍해를 드나드는 길목인 바브엘만데브 해협을 지키고 관리하는 일은 강대국들과 이곳 주변 국가들에게 최우선 과제가 되었다. 그 결과 홍해 연안에 위치한 작은 나라인 지부티는 여러 나라 군대가 주둔하는 '군사 거점 국가'로 바뀌어 가고 있다.

홍해의 남쪽 끝에 위치한 지부티에는 실제로 여러 국가의 군사기지와 병력이 주둔하고 있다. 과거 프랑스 식민지였다가 1977년에 독립한 지부티에 가장 오래 주둔하고 있는 부대는 1,450명 규모의 프랑스 상설 파견 부대다. 이들 프랑스 병력은 지난 20년 동안 이 지역에서 프랑스가 실시한 대부분의 해외 군사 작전에 참여해 왔다. 예를 들어 2023년 4월에는 수단에서 400여 명의 자국민을 대피시키는 작전에도 참여했다. 프랑스는 지부티의 안보에도 직접적으로 관여하는데 특히 지부티 하늘을 감시하고 방어하는 역할까지 맡고 있다. 또한 2002년부터는 2001년에 발생한 9·11 테러 이후 이슬람 테러 근절을 위해 미군 부대와 공동으로 작전을 수행하기도 했다.

미군의 경우 2023년 기준 지부티에 주둔하고 있는 병력의 수는 4천 명으로 파악된다. 이들은 지부티, 소말리아 등 아프리카 동쪽 끝 지역인 일명 '아프리카의 뿔'에서 알샤바브와 알카에다 같은 이슬람 무장 단체를 상대로 대테러 작전을 벌이고 있다. 또한 미 국방부는 지부티 군대를 훈련시키기 위한 프로그램에 연간 1억 5천만 달러 규모의 자금을 지원하고 있다.

지부티에 주둔하고 있는 프랑스와 미국의 병력은 이 지역의 안전을 보장하고 이곳에서 해적 행위를 근절하는 것을 목표로 한다. 실제로 이 지역에서 해적 행위는 2008년부터 2012년 사이에 맹위를 떨쳤고 그 이후로는 간헐적으로 발생하고 있다. 프랑스와 미국이 앞서 언급한 활동들을 하며 지부티에 주둔하고 있는 이유는 2008년부터 아덴만과 아라비아해에서 진행되고 있는 유

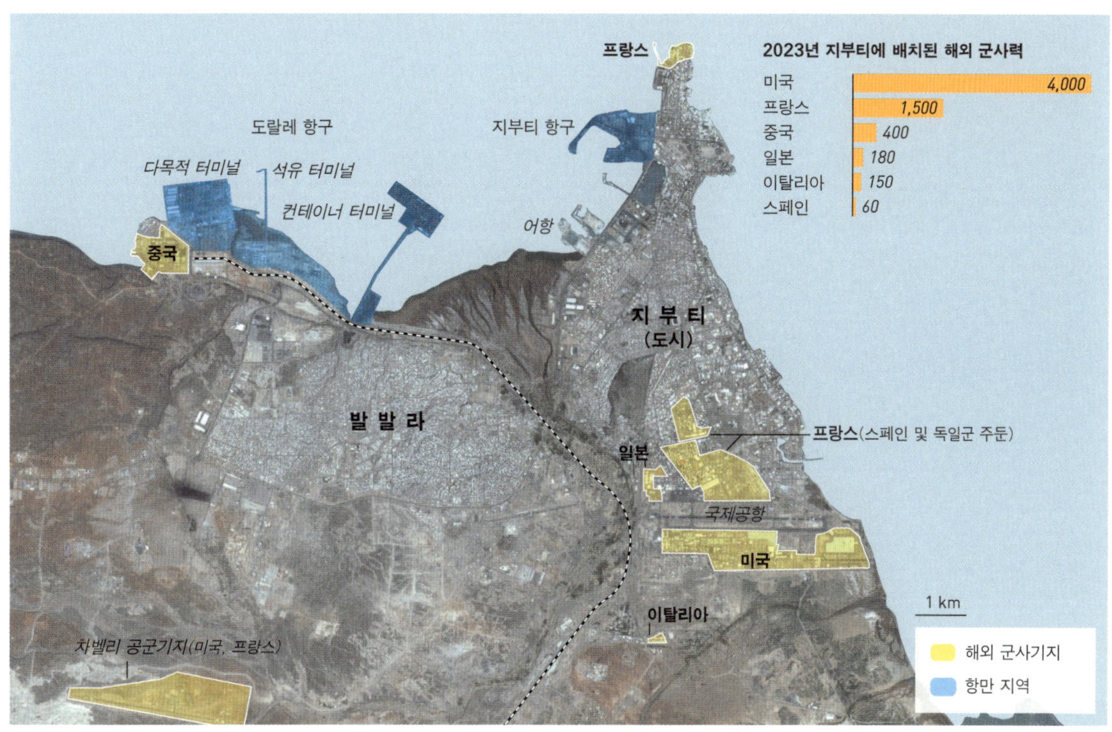

럽연합의 해적 퇴치 작전인 '애틀랜타 작전'을 지원하기 위해서다. 이 작전에 참여하는 유럽 각국의 군대 역시 지부티에 주둔하고 있다. 같은 이유로 이탈리아 역시 2014년에 지부티에 군사기지를 세웠다. 약 150명의 이탈리아 병력은 이곳에 주둔하며 알샤바브 소탕을 위해 소말리아 병력을 지원하는 임무를 수행하고 있다.

2011년부터는 일본 병력이, 2017년 여름부터는 중국 병력이 지부티에 상주하고 있다. 해외에 군사기지를 세운 것은 두 국가 모두 이곳이 최초였다. 이들은 유럽으로 향하는 주요 수출 항로의 안전을 확보하고 미국과 유럽이 이 지역의 주도권을 장악하는 것을 막겠다는 공동의 목표를 갖고 있다. 일본 기지에는 180명, 중국 기지에는 400명이 주둔하고 있는데 중국은 최대 1만 명까지 수용할 수 있다. 또한 중국은 2026년까지 중국 해군 군함 5척이 동시에 머물 수 있는 정박지도 이곳에 건설할 예정이다. 중국은 이러한 군사적 역량을 이용해 아프리카에서 점점 커지고 있는 자국 이권을 수호하고 일대일로 전략의 기반을 다지고자 한다. 실제로 중국은 지부티에 120억 달러가 넘는 금액을 투자했는데 그중 상당액이 도랄레 항구에서 지부티 시내를 거쳐 에티오피아의 아디스아바바까지 이어지는 철도 건설에 들어간다. 현재 지부티 항구에서는 에티오피아 수출량의 95퍼센트, 수입량의 80퍼센트를 처리한다.

마지막으로 2017년 4월 지부티와 군사협정을 체결한 사우디아라비아는 지역 내 기반 강화와 이란의 영향력 확대를 저지하기 위해 지부티에 군사기지를 건설할 예정이지만 아직 이렇다 할 진전은 없다. 그다음으로 지부티와 병력 주둔을 위한 협상을

지부티, 위치 때문에 군사적 허브가 되다

유럽으로 향하는 컨테이너 물동량의 70퍼센트가 홍해를 거친다. 지부티는 홍해의 길목에 자리한 지리적 이점 때문에 유럽 해상 무역에서 중요한 역할을 한다. 이러한 이유로 미군 외에도 프랑스, 이탈리아, 일부 유럽의 부대가 지부티에 주둔하고 있다. 이들의 주요 목표는 이 지역에서 해적을 근절하고 해상 교통을 감시하는 것이다. 2010년대에는 여기에 일본과 중국도 가세했다. 인도, 사우디아라비아, 러시아 또한 가까운 미래에 이곳에 주둔할 것으로 보인다.

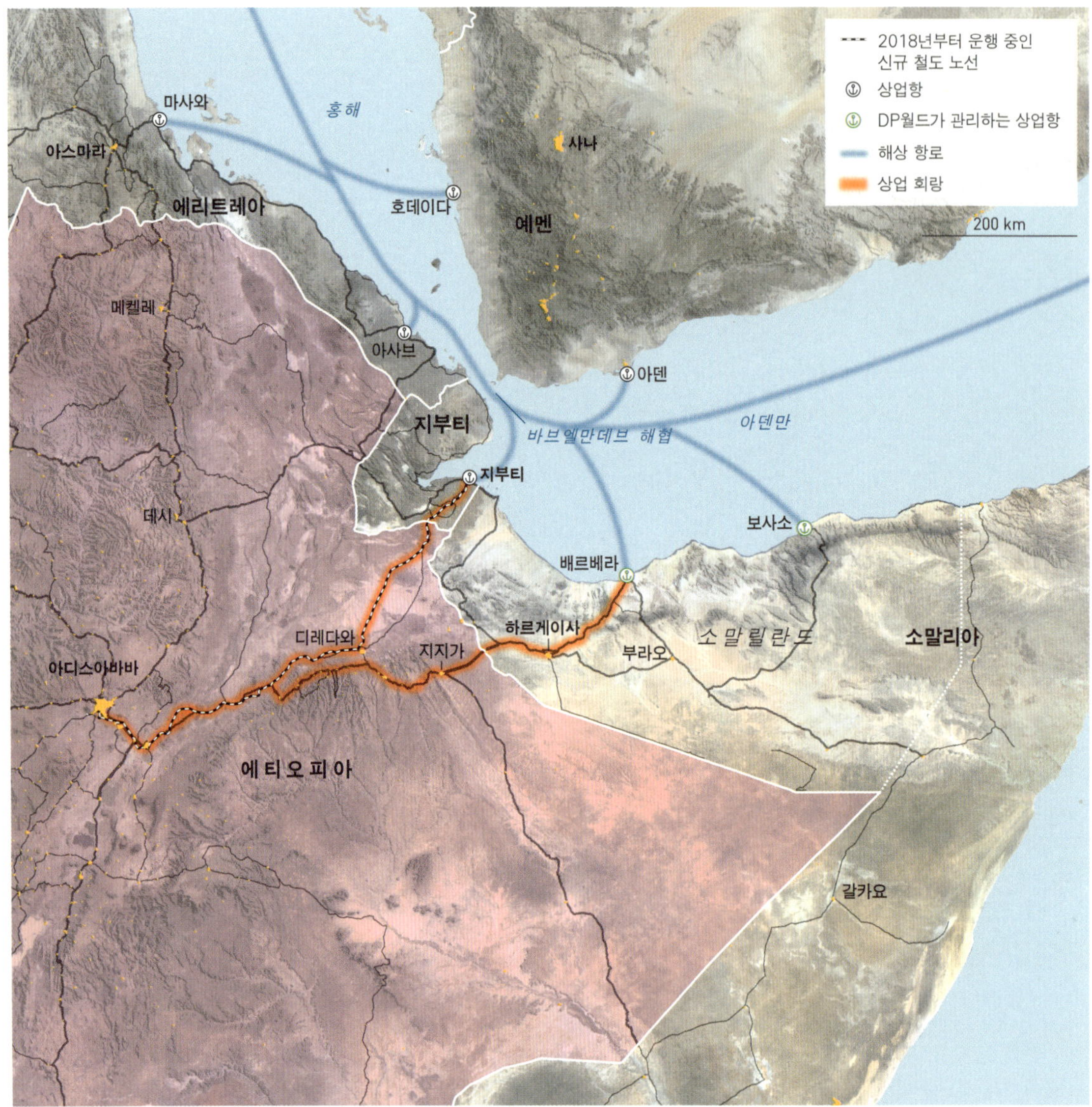

에티오피아, 내륙 국가의 한계를 극복하기 위해

바다와 접하지 않은 내륙 국가인 에티오피아는 무역을 지부티에 전적으로 의존하고 있다. 하지만 이제부터는 에리트레아의 아사브 항구와 특히 이웃 소말릴란드(자칭 독립 국가임을 선언한 소말리아 내의 영토)의 베르베라 항구를 지부티의 대안으로 삼고자 한다. 이를 위해 에티오피아는 2021년 베르베라 항구의 항만 현대화 프로젝트를 맡고 있는 아랍에미리트 기업 DP월드와 양해각서를 체결하면서 베르베라 항구와 에티오피아를 연결하는 운송 회랑을 건설하기로 했다.

또한 2024년 1월 에티오피아 총리는 소말릴란드와 맺은 합의를 공식 인정했는데, 이 합의에 따라 에티오피아는 소말릴란드의 해안 약 20킬로미터 구간을 50년간 사용할 수 있게 되었으며 이를 통해 항만 이용이나 바다로의 접근권을 확보하게 되었다. 그 대가로 에티오피아는 소말릴란드의 독립을 인정해 줄 것을 약속했다.

하지만 에티오피아의 이러한 결정들은 이 지역의 긴장을 고조시키고 있다. 먼저 에티오피아가 베르베라 항구를 대안으로 삼으면서 에티오피아 수출입에서 지부티가 차지해온 사실상의 독점적 지위가 흔들리기 시작했다. 이에 따라 2018년 도랄레 항구 운영권을 둘러싸고 갈등을 빚었던 지부티와 아랍에미리트 사이의 긴장도 다시 높아지고 있다. 두 번째는 에티오피아와 소말리아 간의 갈등이다. 소말리아는 소말릴란드가 자국 영토에 속한다고 여기고 있어 소말릴란드의 독립 인정에 강하게 반발하고 있다.

진행할 국가로는 인도가 예상된다. 이렇게
되면 이 작은 국가 지부티는 인도-태평양
전략과 연결된 홍해 지역의 핵심 거점이 될
수 있다.

진행할 국가로는 인도가 예상된다. 이렇게
되면 이 작은 국가 지부티는 인도-태평양
전략과 연결된 홍해 지역의 핵심 거점이 될
수 있다.

아프리카의 뿔,
유럽 열강들이 각축을 벌인
해안 지역

아프리카의 뿔 지역은 동아시아와 인도로 향하는 길목에 자리한 전략적 위치 때문에 19세기부터 유럽 식민 열강들의 각축장이 되어 왔다. 그 결과 1882년에 이탈리아는 에리트레아를 점령했고, 2년 뒤 영국은 소말리아 북부 해안에 소말릴란드 보호령을 세웠다. 같은 시기 프랑스는 지부티를 점령했는데 이 지역은 이후 '프랑스령 소말릴란드'로 불리며 프랑스 식민 전략의 핵심 거점으로 자리 잡았다. '프랑스령 소말릴란드'는 19세기 말부터 1977년까지 프랑스가 지부티를 지칭하던 공식 명칭이다. 당시 프랑스가 지부티를 점령한 이유는 다른 라이벌 열강들이 에티오피아를 넘보지 못하게 막고, 무엇보다도 인도차이나로 향하는 장거리 항해에서 프랑스 해군이 활용할 수 있는 전략적 거점을 확보하기 위해서였다.

지부티는 1977년 국민투표를 통해 독립할 때까지 프랑스가 지배했다. 프랑스로부터의 독립을 강력하게 주도한 것은 지부티 인구 대다수를 차지하는 이사족이었다. 1999년부터 오늘날까지 지부티 대통령을 역임하고 있는 이스마엘 오마르 겔레도 이사족의 하위 부족에 속한다. 이사족과 아파르족 간의 대립은 매우 극심해서 1991년부터 1994년까지 지부티를 내전에 빠뜨리기도 했다.

식민 지배 시절에 맺었던 관계로 프랑스는 지부티에 군사기지를 계속 유지하고 있다. 이 기지는 프랑스의 대아프리카 전략에서 주요 역할을 맡고 있으며 연간 예산은 3천만 유로로 추정된다. 아프리카에 주둔하는 프랑스 부대 중에서 지부티 주둔 부대의 규모가 가장 크다. 2011년 지부티와 프랑스는 방위 협력 조약을 맺었다.

오스만 제국
홍해
에리트레아
아덴 보호령
프랑스령
소말릴란드
소말릴란드
에티오피아
이탈리아령 소말리아
동 아 프 리 카 보 호 령
1914년
대영제국
이탈리아
프랑스
200 km

#13

열세 번째 경유지,
오만 무산담 반도

이곳 아라비아 반도에 위치한 조용하고 평화로운 나라 오만에 오신 것을 환영한다. 오만은 아랍에미리트, 카타르, 이란과 좋은 관계를 유지하고 있으며 겨울이면 중동의 따뜻한 기후를 만끽하려는 관광객들에게 인기 있는 여행지다. '중동의 스위스'로 불리는 이 나라는 수도 무스카트 인근에는 건조하고 암석이 많은 지형이 펼쳐져 있는 반면, 예멘과 맞닿은 남쪽 국경 지대는 비교적 푸르른 모습을 보여주는 등 다채로운 자연 경관을 자랑한다. 여기에 피오르드(빙하 침식으로 형성된 좁고 깊은 만)처럼 생긴 해안과 작은 만, 어촌 마을로 유명한 무산담 반도도 빼놓을 수 없다. 하지만 무산담 반도의 가장 중요한 특징은 관광지로서가 아니라 바로 그 위치다. 이 반도는 이란 해안에서 50킬로미터도 채 떨어지지 않은 곳에 있으며 '석유의 고속도로'라고 불릴 만큼 중요한 호르무즈 해협 바로 옆에 있다.

오만이 중동에서 핵심적인 위치를 차지하는 것은 바로 이 반도 덕분이다. 이 반도를 통해 오만은 전략적으로 무척이나 중요한 호르무즈 해협을 통제하고 있다. 호르무즈 해협은 이 지역의 모든 산유국들이 해상으로 석유를 수출할 때 반드시 통과해야 하는 길목과 같은 곳이다. 따라서 전 세계 해상 석유 운송량의 35퍼센트가 오만 해역을 통과한다고 볼 수 있다.

2019년 2월 우리가 답사 중 만난 오만의 한 학자는 이렇게 말했다.

"우리의 가장 큰 자산은 바로 지리적 위치입니다."

호르무즈 해협은 중동의 바다인 페르시아만의 출구이자 입구이다. 페르시아만 지역은 주변 연안 국가들이 전 세계 석유 매장량의 약 60퍼센트를 보유할 만큼 자원이 풍부한 곳이지만 동시에 긴장과 갈등이 끊이지 않는 곳이기도 하다. 실제로 이란은 1979년부터 이 지역에 커다란 영향력을 행사하고 있는 미국과 갈등 관계에 있고, 이웃 국가이자 주요 라이벌인 사우디아라비아와는 대립 관계를 형성하고 있다. 특히 중동 지역 패권을 차지하려는 이란과 사우디아라비아의 경쟁은 중동 전체의 세력 균형을 복잡하게 만들고 있다. 그 결과 아랍에미리트 등 주변 국가는 세계에서 가장 복잡한 지정학적 체스판 위에서 어느 진영에 서야 할지를 결정해야 하는 상황에 놓여 있다.

이 해역의 명칭을 둘러싼 논쟁 역시 이러한 긴장 관계를 잘 드러낸다. 이곳을 아라비아 반도의 군주국들과 이라크는 '아라비아만'이라 부르고 이란은 '페르시아만'이라고 부른다. 현재 유엔은 역사적인 명칭인 '페르시아만'을 공식적으로 사용하고 있다. 한편 이 해역은 2023년 10월 7일부터 하마스-이스라엘 전쟁과 직접적으로 연루되기도 했다.

호르무즈 해협,
언제 봉쇄될지 모르는
가장 작지만 가장 파급력이 큰 곳

페르시아만은 중동의 한가운데, 즉 아라비아 반도와 이란(고대 페르시아) 사이에 위치해 있다. 출입구가 호르무즈 해협 하나뿐인 거의 폐쇄된 바다와 같은 페르시아만은 길이가 약 1,200킬로미터로 그 해안을 따라 이란, 이라크, 쿠웨이트, 사우디아라비아, 바레인, 카타르, 아랍에미리트, 오만 등 8개국이 접해 있다. 동쪽에서 호르무즈 해협을 통해 오만만과 인도양으로 연결된다.

페르시아만 연안과 해저에는 막대한 양의 석유와 천연가스가 매장되어 있다. 1950년대에 에너지 자원 개발이 본격적인 호황기를 맞이한 이래로 이 지역은 세계 경제를 돌아가게 만드는 화석연료 생산의 중심지 역할을 해오고 있다. 오늘날 페르시아만은 전 세계 석유 생산량의 3분의 1을 담당하며 지금까지 알려진 전 세계 매장량의 절반 이상을 보유하고 있다. 또한 천연가스의 경우는 전 세계 생산량의 17퍼센트를 차지하고 매장량 기준으로는 40퍼센트를 보유하고 있다. 이 지역에서 생산된 대부분의 석유와 가스는 수출되는데 특히 중국, 인도, 일본, 한국 등 아시아 국가들로 많이 수출된다.

호르무즈 해협,
봉쇄의 위험을 대비해야 하는 곳

페르시아만은 글로벌 해상 무역에서 매우 중요한 핵심 교차로이기도 하다. 고대에는 딜문 문명을 비롯한 여러 문명이 이곳에서 발생했다. 이때에도 교역이 주요 경제활동이었고 해상 또는 육상(사막을 지나는 카라반 길) 경로를 통해 당시에 알려져 있던 세계의 여러 지역과 연결되었다. 이 지역에서는

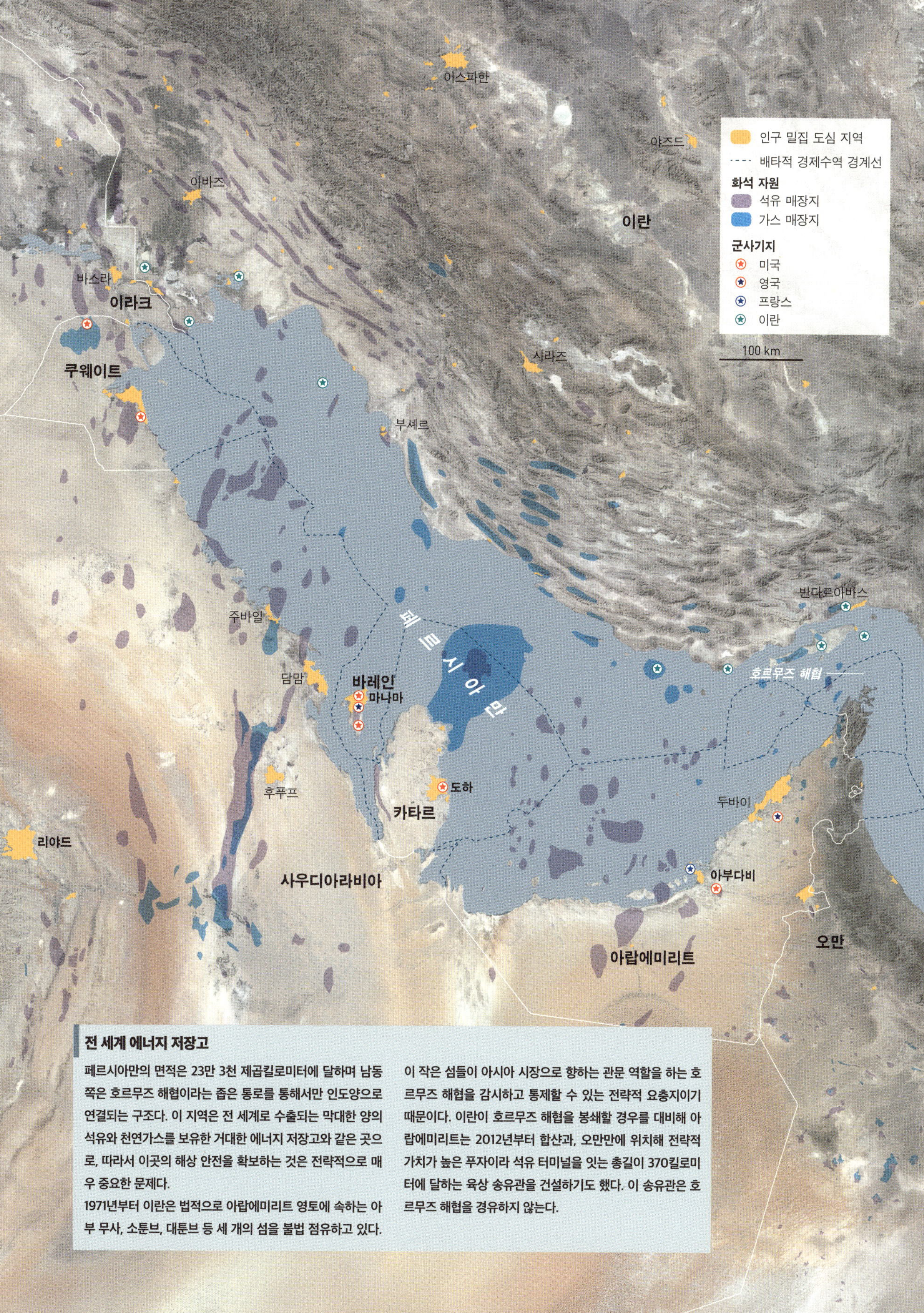

전 세계 에너지 저장고

페르시아만의 면적은 23만 3천 제곱킬로미터에 달하며 남동쪽은 호르무즈 해협이라는 좁은 통로를 통해서만 인도양으로 연결되는 구조다. 이 지역은 전 세계로 수출되는 막대한 양의 석유와 천연가스를 보유한 거대한 에너지 저장고와 같은 곳으로, 따라서 이곳의 해상 안전을 확보하는 것은 전략적으로 매우 중요한 문제다.

1971년부터 이란은 법적으로 아랍에미리트 영토에 속하는 아부 무사, 소툰브, 대툰브 등 세 개의 섬을 불법 점유하고 있다. 이 작은 섬들이 아시아 시장으로 향하는 관문 역할을 하는 호르무즈 해협을 감시하고 통제할 수 있는 전략적 요충지이기 때문이다. 이란이 호르무즈 해협을 봉쇄할 경우를 대비해 아랍에미리트는 2012년부터 합샨과, 오만만에 위치해 전략적 가치가 높은 푸자이라 석유 터미널을 잇는 총길이 370킬로미터에 달하는 육상 송유관을 건설하기도 했다. 이 송유관은 호르무즈 해협을 경유하지 않는다.

오랫동안 진주가 중요한 교역품이었지만 석유가 나오면서부터 페르시아만은 전 세계적으로 특별한 경제적, 지정학적 중요성을 갖게 되었다.

이 지역에 대규모 탄화수소 적재 터미널과 함께 카타르의 움사이드, 아랍에미리트의 루와이스와 푸자이라, 이란의 반다르아바스, 오만의 소하르와 같은 주요 항구나 두바이의 제벨 알리와 같은 항만 산업단지가 위치한 것도 이런 이유에서다. 세계 11위 규모의 컨테이너선 항구인 제벨 알리 항구는 중동에서 가장 규모가 크고 가장 붐비는 항구다. 제벨 알리 항만 산업단지를 운영하고 있는 아랍에미리트의 기업 DP월드는 전 세계에 걸쳐 항만 인프라 개발과 관리에 대대적으로 투자하고 있는데 이를 통해 특히 아프리카 등지에서 경제적, 외교적 영향력을 발휘하고 있다.

이곳의 석유와 액화천연가스는 대형 유조선과 LNG 운반선에 실려 해상으로 운송된다. 이 선박들은 페르시아만에서 가장 좁은 구간인 호르무즈 해협을 통해 빠져나가야 한다. 하지만 오만의 무산담 반도와 이란 사이에 위치한 호르무즈 해협은 수심이 얕고 폭 또한 고작 45킬로미터밖에 되지 않는다. 그래서 이 해협에 배들이 다닐 수 있는 항로가 한쪽 방향마다 한 개씩 있는데도 불구하고 배들이 많이 몰리면서 길이 막히기도 한다.

러시아-우크라이나 전쟁과 그로 인해 러시아산 석유와 천연가스에 대한 국제적 제재가 강화되자 그 대안으로 페르시아만에서 생산되는 석유와 가스에 대한 수요가 증가하고 있다. 이에 호르무즈 해협이 언제 또 봉쇄될지 모른다는 불안 때문에 사우디아라비아는 자국의 석유 일부를 육상 송유관을

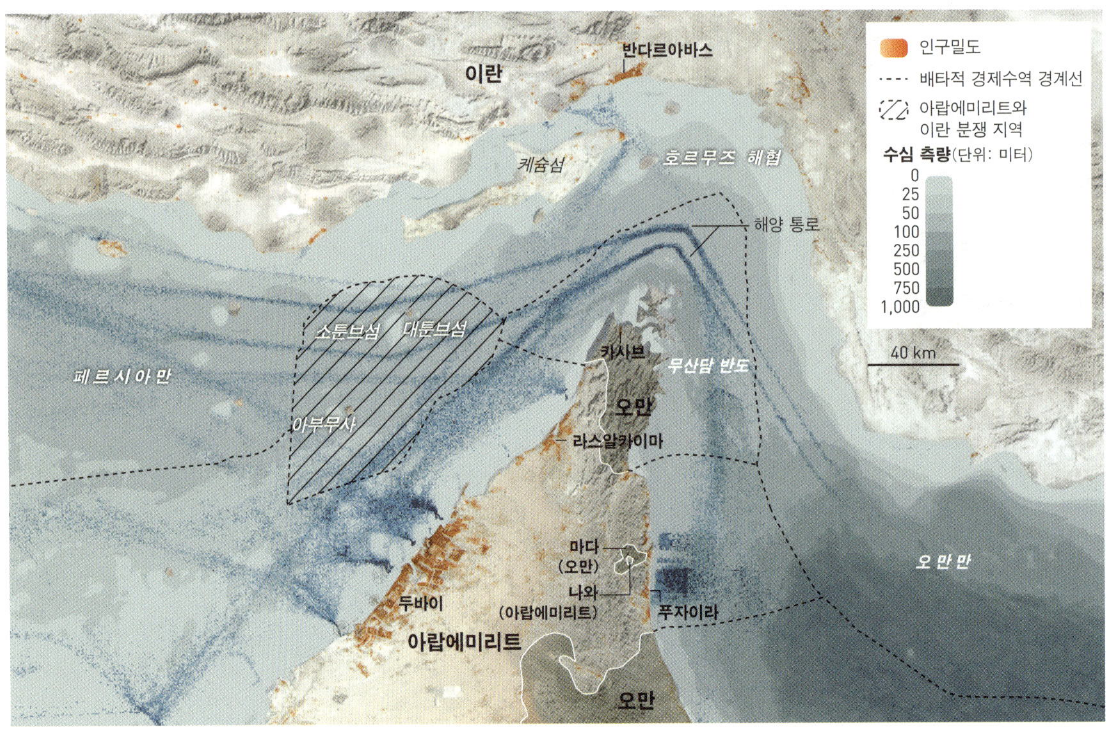

통해 홍해 연안으로 수송하고 있다. 아랍에 미리트 또한 아부다비 유전과 오만만에 있는 푸자이라 항구를 연결하는 육상 송유관 건설에 투자했다. 하지만 호르무즈 해협을 이용하지 않으려는 각국의 노력에도 불구하고 이 해협의 중요성은 아직도 여전히 크다. 그래서 호르무즈 해협에 대한 통제권은 매우 중요한 문제인데, 특히 이 지역의 두 거물인 이란과 사우디아라비아 사이에서는 이 문제가 주요 쟁점이 되고 있다.

두 경쟁국, 사우디아라비아 vs. 이란

페르시아만을 사이에 두고 양쪽 연안에 위치한 이 지역 두 강대국 간의 경쟁이 중동의 지정학적 판도를 좌지우지하고 있다. 북쪽 연안에 있는 이란은 인구가 8,800만 명을 넘어 인구수로만 따져도 이 지역 강국에 속한다. 1979년 이슬람 혁명(이란혁명) 이후 국민의 90퍼센트가 시아파 무슬림일 정도로 시아파 이슬람은 이란 국민 정체성의 핵심이 되었으며 동시에 이란 외교 정책의 중요한 수단이 되었다. 이란의 외교는 주로 서방과 그들의 가치관에 정면으로 맞서는 방향으로 전개되고 있다.

한편 반대편 남쪽 연안에 있는 인구 3,600만 명의 사우디아라비아는 수니파 아랍 세계의 수장이자 이슬람 성지인 메카와 메디나의 수호를 맡고 있다. 무함마드 빈 살만 왕세자는 철권통치로 이 나라를 다스리고 있으며 걸프협력회의(GCC) 소속 산유국들 사이에서는 그 어떤 이견도 용납하지 않는 태도를 보이는 등 자신의 영향력을 강

중립적 노선의 중동의 스위스

중세 시대부터 오만의 상인과 선원들은 뛰어난 지리적 입지를 활용해 바다를 탐험하고 아라비아 반도에 수많은 교역소를 설립했다. 오만은 이후 노예무역을 통해 부를 축적했지만, 호르무즈 해협과 수도인 무스카트를 일시적으로 점령한 포르투갈 세력은 물론 그들을 노리는 네덜란드와 프랑스 세력도 연이어 막아내야 했다. 하지만 이러한 오랜 저항은 19세기에 영국 앞에서 결국 무릎을 꿇어야 했다. 1971년에 영국으로부터 독립한 뒤로는 자국의 번영과 중립적 외교 노선을 추구하는 동시에 지리적 중심지로서의 이점을 살려 중동 지역의 중재자 역할을 수행하고 있다.

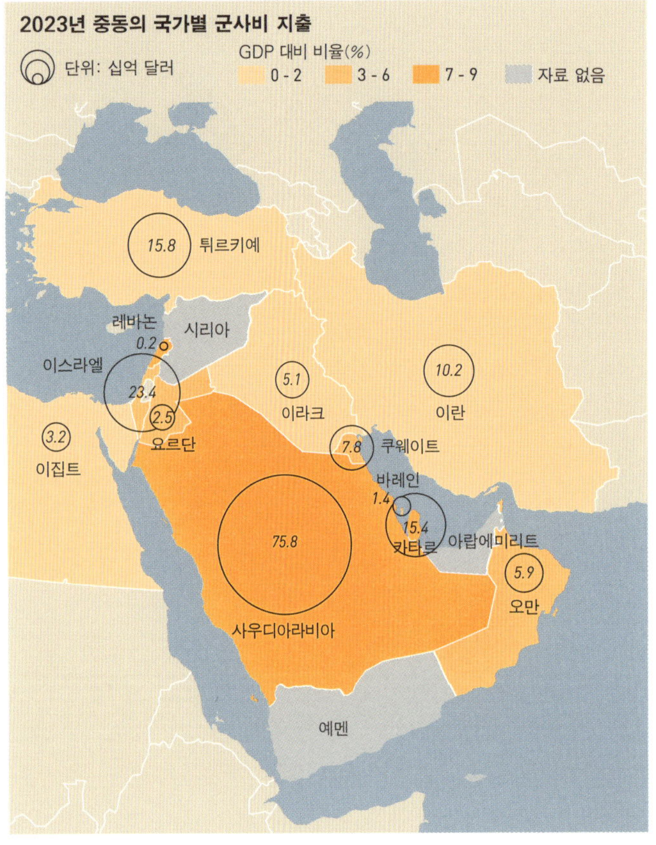

력하게 행사하고 있다. 실제로 아랍에미리트의 지지를 등에 업은 사우디아라비아는 카타르가 이란에 우호적이며 무슬림형제단의 테러 활동을 방조하고 있다고 비난했다. 그래서 카타르를 걸프협력회의에서 사실상 배제하고 동시에 2017년부터 2021년까지 카타르의 육상 국경을 폐쇄하고 카타르 비행기가 자국 영공을 통과하지 못하도록 봉쇄했다. 하지만 카타르는 이에 아랑곳하지 않고 다각적인 동맹 관계를 활용해 해상 항로로 천연가스를 지속적으로 수출하며 사우디아라비아에 맞서고 있다.

이에 오만은 중립적인 입장을 취하며 외교적 균형을 유지하고 있다. 오만은 사우디아라비아와 이란 모두와 우호적인 관계를 유지하고 있다. 이러한 노련한 외교 전략 덕

분에 '중동의 스위스'라는 별명을 얻었으며 이 지역 갈등의 중재자 역할을 맡고 있다.

이처럼 중동 지역의 긴장이 고조되자 석유 수송의 안전은 페르시아만을 뛰어넘어 전 세계적으로 중요한 문제가 되었다. 석유 수송 안전 문제와 페르시아만의 지정학적 불안은 중동 지역에 두 가지 큰 변화를 가져왔다. 그중 첫 번째 변화는 1970년대 이후부터 이 지역의 군사화가 가속화되었다는 점이다. 석유와 가스의 통제권을 둘러싼 경쟁, 이란과 이웃 아랍 국가들 사이의 갈등이 이러한 흐름을 부채질했다. 이는 결국 대규모 무기 구매로 이어졌다. 실제로 이 지역 국가들은 세계의 주요 무기 수입국에 속한다. 특히 사우디아라비아와 카타르는 2023년에 각각 세계 무기 수입의 9.6퍼센트와 9.4퍼센트를 차지하며 11퍼센트의 인도에 이어 세계 2위와 3위의 무기 수입국 자리에 올랐다. 두 번째 변화는 이 지역에 미국을 중심으로 한 외국 병력이 대거 주둔하게 되었다는 점이다.

군사적으로 개입하는 미국

제2차 세계대전 이후 미국은 사우디아라비아와 동맹을 맺고 페르시아만의 석유를 안정적으로 확보하고 그 가격을 통제하기 위해 바레인 마나마에 미군 중동 사령부를 설치했다. 당시 미국은 이란의 국왕과도 전략적 동맹을 유지하며 중동 석유 공급망의 안정을 꾀했는데 이는 서방 세계의 경제를 지탱하는 또 하나의 중요한 기반이 되었다.

하지만 1979년 이란혁명과 호메이니의 이슬람 정권 수립은 기존의 판도를 뒤흔드

는 큰 전환점이 되었다. 상황이 이렇게 되자 미국은 이란에 맞서 사우디아라비아와 페르시아만 지역 아랍 국가들과 군사 동맹을 더욱 강화했다. 그 결과 1980년부터 1988년까지 이어진 이란-이라크 전쟁 동안 이란 해군이 호르무즈 해협을 통과하는 유조선을 공격하자 미 해군은 곧바로 개입했다. 1990년 제1차 걸프전 이후 미국은 페르시아만 지역에 대한 군사적 개입을 본격화했다. 이에 따라 1995년부터 바레인에 주둔해온 미 해군 제5함대는 이 지역에서 미군 해군력의 핵심으로 자리 잡았다. 현재 제5함대의 작전 범위는 인도양까지 확대되고 있다.

오늘날에도 미국이 이 지역에 배치한 해군력은 막강한 수준이다. 카타르, 오만, 아랍에미리트, 쿠웨이트 등 페르시아만 서부 연안을 따라 3만 명이 넘는 해군 병력과 해군기지가 배치되어 있고 그중 카타르의 알우데이드 기지에는 1만 명 이상의 미군 병력이 주둔하고 있다. 이 해역에서는 미 해군과 이란혁명수비대가 빈번하게 충돌하고 있다. 이란 해군 함정은 미 해군보다 장비 면에서는 열세이지만 실제로는 상당한 교란 능력을 갖추고 있으며 유조선을 나포하는 사례도 빈번하다. 이는 호르무즈 해협이 봉쇄될 경우 전 세계 에너지 공급에 얼마나 큰 위험이 초래될 수 있는지를 적국에게 상기시키는 역할을 한다.

또한 2023년 말 하마스의 이스라엘 공격 이후 미국은 페르시아만에서 20여 개 나라로 이루어진 연합군을 지휘하고 있다. 미국 주도로 홍해에서 진행 중인 다국적 해군 작전인 일명 '번영의 수호자'는 예멘의 후티 반군이 가자지구 교전 이후 공격을 확대하고 있는 상황에서 상선과 더 나아가 국제 무역 전체를 보호하는 것을 목표로 한다. 후티 반군은 이란의 동맹 세력이다.

프랑스 역시 이 지역에 두 곳의 대규모 해군기지를 보유한 군사적으로 중요한 핵심 국가다. 특히 아랍에미리트 아부다비에 육·해·공군이 통합된 합동 군사기지를 운영하고 있다.

공을 들이는 중국

10여 년 전부터 중국은 페르시아만 지역에서 존재감을 크게 떨쳐 왔다. 이 지역의 석유는 중국 경제 발전의 핵심 연료가 되었다. 실제로 중국에 석유를 공급하는 4개국 중 3개국이 이 지역에 있다. 바로 사우디아라비아, 아랍에미리트, 이란이다. 또한 유럽과 아프리카를 목적지로 하는 중국 수출 물량의 약 60퍼센트가 이곳 두바이 항구를 경유한다.

따라서 중국은 이 지역을 일대일로 프로젝트에 매우 유용한 물류, 산업, 금융의 허브로 여기고 있으며 이곳에서의 입지를 공고히 하기 위해 계속해서 투자를 확대해 왔다. 한 예로 카타르에서는 중국의 한 기업이 수도 도하에 있는 하마드 항구의 기존 시설을 보수하고 새로운 인프라를 건설하고 있다. 아랍에미리트에서는 중국의 거대 해운 기업인 COSCO가 아부다비 칼리파 항구의 컨테이너 터미널 지분 90퍼센트를 인수했다. 2022년 12월에는 사우디아라비아와 운송, IT, 의료 분야에 최대 48조 원 규모의 투자 협정을 체결했다.

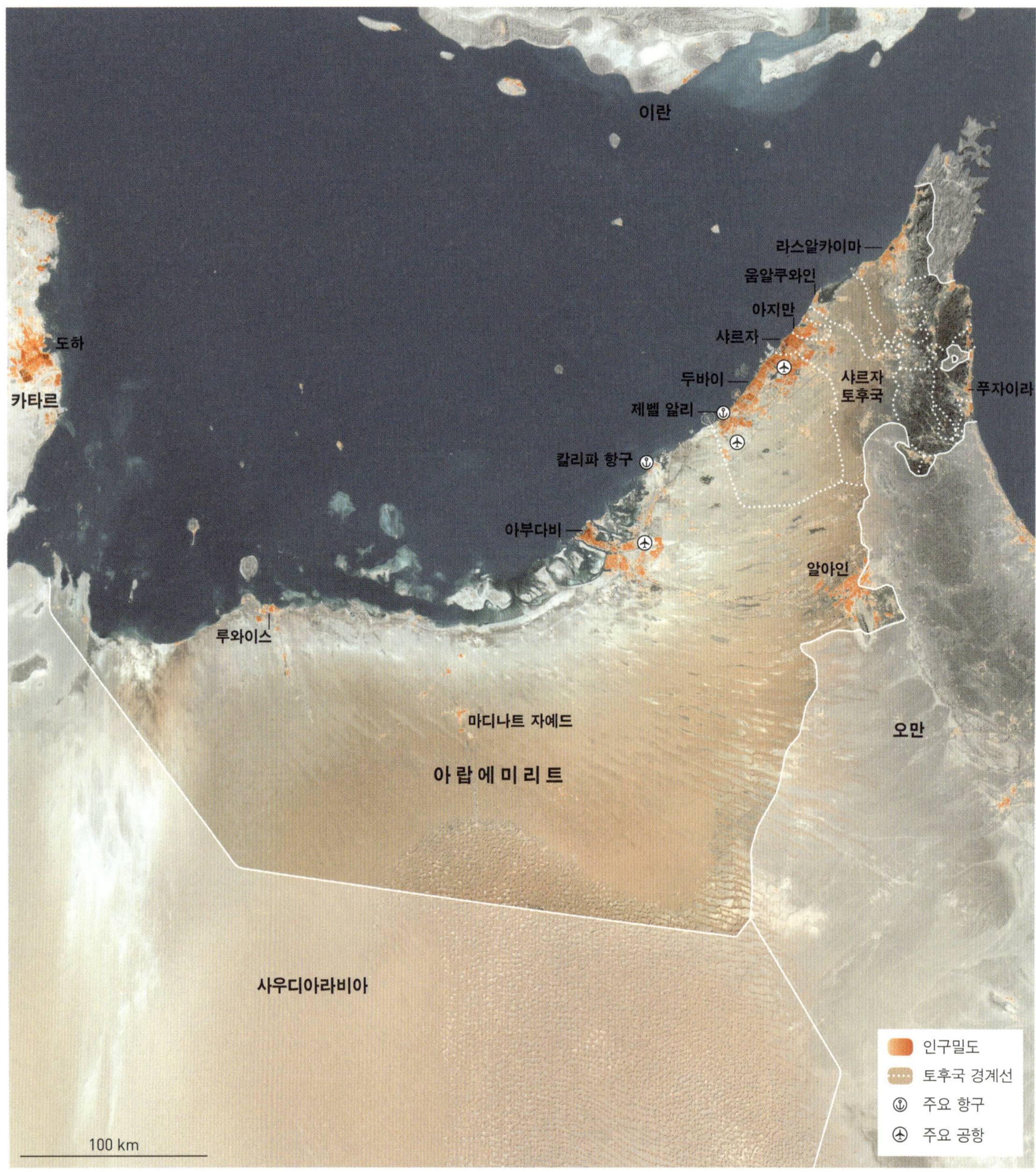

아랍에미리트, 석유 이후를 준비하는 나라

아라비아 반도 남동쪽 오만과 사우디아라비아 사이에 위치한 아랍에미리트의 면적은 약 7만 8천 제곱킬로미터에 달하는데 이는 벨기에, 네덜란드, 룩셈부르크 3개국의 면적을 합친 것과 비슷하다. 또한 한쪽으로는 페르시아만, 다른 한쪽으로는 오만만을 따라 해안이 형성되어 있는데 오만만은 남쪽으로 아라비아해와 인도양으로 이어진다.

바로 이 연안 지대에 950만 명의 인구 대다수가 거주하고 있다. 실제로 인구의 약 90퍼센트가 전체 영토의 단 5퍼센트에 집중적으로 분포되어 있는데 특히 수도인 아부다비나 두바이와 같은 부유한 대도시에 몰려 있다. 그중 역동적인 두바이는 320만 명으로 가장 인구가 많고 모든 면에서 최상급인 초호화 도시다. 아랍에미리트의 GDP는 여전히 석유 산업에 크게 의존하고 있지만 오늘날에는 항만 산업도 큰 역할을 하고 있다. 그 대표적인 기업이 바로 DP월드인데 이 회사는 두바이의 제벨 알리 항을 운영하며 세계 최대 규모의 항만 네트워크 가운데 하나를 관리하고 있다. 두바이와 아부다비의 차이점은 두바이가 서구의 경제적 제재를 회피하려는 이란의 자본을 항만과 자유무역 지대에서 은밀히 받아들이고 있다는 점이다.

중국이 석유 문제와 별개로 사우디아라비아와의 관계 강화에 이토록 공을 들이는 이유는 2022년 가을부터 계속되는 이란의 정치적 불안정 때문이다. 이는 중국이 군사적 차원에서 2021년에 이란과 중요한 전략적 협정을 체결한 시점과도 맞닿아 있다. 실제로 2023년 3월, 중국은 오만과 이라크가 2년간 주도해온 협상을 이어받아 2016년 이후 단절되었던 이란과 사우디아라비아 간의 외교 관계를 정상화시키는 데 큰 역할을 했다. 이는 국제 무대에서 중국이 거둔 커다란 외교적 승리이자 미국에 판정승을 거둔 사건으로 평가된다. 중국은 페르시아만의 안정이 자국의 에너지, 경제, 외교, 미국 견제라는 모든 전략적 목표에 직결되기 때문에 이란과 사우디아라비아의 관계 정상화를 적극 추진한 것이다. 중국이 페르시아만에서 벌이고 있는 적극적인 외교 활동을 이해하려면 이러한 배경을 알고 있어야 한다.

부족한 식수

기후변화는 이 지역에 특히 큰 영향을 미치고 있다. 해수 온도가 20세기 말에 비해 1도 상승하면서 산호초에 심각한 피해를 끼치고 있다. 또한 건조한 환경으로 인해 안 그래도 부족한 식수 자원이 과도하게 사용되면서 이 지역 국가들은 해수를 담수화할 수밖에 없게 되었다. 그래서 페르시아만 연안 국가들은 담수화 시설을 잇달아 건설하고 있는데, 특히 오만에서는 프랑스 기업 수에즈가 2018년에 오만 최대 규모의 담수화 시설을 가동했다.

Keppel

#14

열네 번째 경유지,
말레이시아

말레이시아의 가장 큰 강점 가운데 하나는 말라카 항구를 자국 영토에 보유하고 있다는 점이다. 이 항구는 같은 이름을 가진 말라카 해협의 중심부에 위치해 있다. 말라카 해협은 인도양과 남중국해 사이에 위치한 좁은 해협으로 이곳을 통해 태평양으로 진출할 수 있다. 따라서 이 해협은 유럽과 중동을 출발한 교역 선박이 아시아로 향할 때 반드시 거쳐야 하는 지점이기 때문에 오래전부터 유럽 식민 열강들의 관심을 끌어 왔다. 또한 일본, 중국, 대만, 한국과 같은 국가들에게 이 해협은 생명선과도 같은 통로다. 하지만 수심이 얕고 최근까지 해적 행위가 빈번하게 일어나 선원들에게는 공포의 대상이기도 하다.

오늘날에는 전 세계 교역량의 3분의 1이, 그리고 하루 1,600만 배럴의 원유가 이곳 말라카 해협을 통과한다. 이 일일 평균 원유 수송량은 수에즈 운하를 경유하는 원유의 3배에 달하는 수치다. 또한 말라카 해협에는 물동량 기준으로 세계 2위인 싱가포르 항구를 비롯해 세계의 주요 항구들이 자리하고 있다. 실제로 해협에 가까워질수록 해상 교통량이 많아지면서 이 해협을 경유하는 항로 자체가 점점 포화 상태에 이르고 있다. 앞으로 살펴보겠지만 이런 이유로 일부 국가들은 말라카 해협을 대체할 새로운 해상 항로를 모색하고 있다. 그중 태국이 대체 항로 후보국으로 거론되고 있는데 만약 이 구상이 실현된다면 태국은 이를 계기로 이 지역에서 지정학적 위상을 한층 더 강화할 수 있을 것이다.

그러나 현재로서는 말라카 해협 연안에 위치한 말레이시아, 싱가포르, 인도네시아가 전략적 입지의 최대 수혜국들이다. 이 지역은 오늘날 세계 무역의 새로운 중심축으로 평가되고 있다. 따라서 이들 세 나라는 전략적인 지정학적 해상 위치와 국제 해상 교역망을 활용해 국력을 성장시키는 21세기 신흥 강대국의 모델이라 할 수 있다.

말라카 해협,
교통 체증에 시달리는 병목 구간

극동 지역과 인도양을 잇는 해상 교역에서 반드시 경유해야 하는 말레이시아 연안은 일찍부터 교역의 중심지로 발전하면서 상인들을 끌어모았다. 그래서 시암 왕국(현재의 태국), 아랍 상인들, 포르투갈, 네덜란드, 영국 등을 포함한 다양한 외부 세력들이 탐을 내던 곳이기도 하다. 고대부터 말레이인들은 아웃리거 카누와 사각 돛을 단 선박을 이용해 뛰어난 항해술을 발휘해 왔는데 때로는 지중해의 해상 교역을 장악한 페니키아인들에 비견되기도 했다. 그들은 인도에서 홍해에 이르는 인도양 연안을 따라 항해하면서 아시아에서 온 상품과 동아프리카의 상품을 서로 교환하고 운송하는 해상 무역의 중개자 역할을 수행해 왔는데 이슬람이 아시아에 퍼지기 전까지 이러한 활동을 이어왔다.

15세기 초에 세워진 유명한 항구 도시 말라카는 말라카 해협 양쪽 연안을 아우르며 반도의 교역을 장악했던 말라카 술탄국의 수도가 되었다. 1445년에 말라카 술탄국은 공식적으로 이슬람을 국교로 삼았고 유럽의 항해사들은 점차 동방과 이 지역의 향신료 무역에 매료되기 시작했다.

말라카 해협을 둘러싼 유럽의 각축

1511년에 포르투갈령 인도 총독 알폰소 알부케르케는 도시 말라카를 점령했다. 그는 그곳을 통해 동방 무역의 주도권을 쥐려 했다. 하지만 포르투갈은 인도양에서 동남아시아에 이르는 광범위한 해상 네트워크를 유지하기에는 병력과 자원이 턱없이 부족했다. 결국 1641년에 새로운 권력인 네덜란

**말레이시아와
싱가포르의 항만 경쟁**

세계 무역의 교차로이자 중국과 인도를 잇는 최단 항로인 말라카 해협은 말레이 반도와 인도네시아 수마트라섬 사이에 내해처럼 형성된 해역이다. 싱가포르는 이 해협의 핵심 거점으로 이 지역 해상 교통은 물론 세계 해상 교역에서도 중심적인 역할을 하고 있다. 이는 말레이시아한테는 그다지 달갑지 않은 상황인데, 말레이시아는 싱가포르에 대한 의존에서 벗어나기 위해 지난 20년 동안 포트켈랑과 탄중 펠레파스를 비롯한 자국 항만 개발에 막대한 투자를 해왔기 때문이다.

드가 말라카를 장악하게 된다. 하지만 네덜란드는 이미 1619년부터 자바섬 바타비아에 동인도회사의 무역 본거지를 두고 있었기 때문에 말라카는 예전만큼 영향력을 발휘하지는 못했다.

이후 네덜란드와 경쟁 관계에 있던 영국이 1786년에 말라카 해협 입구 북쪽에 있는 페낭섬에 거점을 세우며 동남아시아 진출을 시작했다. 이어 1795년에는 말라카를 점령했고, 1819년에는 싱가포르까지 차지하면서 이 지역에서 영향력을 확대했다. 이 옛 항구 도시인 말라카는 자바인과 시암인에게도 중요한 상업 중심지였기 때문에 두 세력 사이에서 분쟁의 대상이 되기도 했다. 유서 깊은 이 항구는 향신료, 비단, 목재 등의 교역을 통해 번영을 누렸다.

영국 동인도회사를 대표하여 싱가포르를 손에 넣은 토머스 래플스 경은 그때까지만 해도 거의 사람이 살지 않던 이 섬의 운명을 바꿔놓았다. 1824년에 영국 식민지가 된 싱가포르는 아편을 비롯해 그 어떤 나라의 수입품과 수출품에도 관세가 부과되지 않는 자유무역항이 되었다. 또한 1869년에 수에즈 운하가 개통되면서 동아시아에서 영국의 전초기지 역할을 하는 싱가포르의 중요성은 더욱 커졌다. 중국 이주민의 유입을 비롯해 이곳의 인구는 한 세기 만에 100배나 늘었다.

19세기에 영국은 말라카와 싱가포르, 페낭 등 그 지역의 전략적 항구를 '해협 식민지'로 묶어 직접 통치했고, 대부분의 말레이 술탄국은 보호령으로 삼아 간접 통치했다. 한편 이 시기에 보르네오섬 북부에서는 '백인 라자(인도 문화권에서 왕의 호칭)'라는 별명으로 불리는 영국인 모험가 제임스 브룩이 사라와 왕국을 세우기도 했다.

이 모든 영토는 점차 영국 왕실의 지배하에 놓이게 되었고 영국은 주석 광산과 대규모 고무 농장을 조성해 이곳의 자원을 대대적으로 약탈해 갔다. 이러한 개발의 경제적 가치가 조명되면서 말레이 반도를 향한 중국 이주민들의 유입 또한 더욱 가속화되었는데 1921년에서 1941년 사이에 그 수가 두 배로 늘었다.

제2차 세계대전 이후에는 과거 유럽 식민지들이 잇따라 독립하면서 말라카 해협 주변의 정치 지형은 완전히 새롭게 그려지게 된다.

분쟁의 바다에서 협력의 바다로

말라카 해협 지역은 현재 세계 무역의 주요 통로 역할을 하면서도 양쪽 연안 주민들의 오랜 경제적, 문화적 교류 속에서 하나의 독자적인 지역으로 발전해 왔다. 그 결과 정치적 국경선도 이 지역의 구조를 크게 변화시키지는 못했다.

말레이시아, 인도네시아, 싱가포르는 태국, 필리핀과 함께 동남아시아국가연합을 설립하기도 했다. 1967년에 만들어진 이 기구는 지역의 안정과 경제 발전을 목표로 한다. 동시에 공산주의의 확산을 막는 장치로도 여겨졌다. 또한 이 연합은 자유무역을 촉진하며 2015년에는 회원국 간 단일 시장 구축을 목표로 하는 아세안경제공동체(AEC)를 출범시키기도 했다. 특히 싱가포르는 회원국 간 교역의 75퍼센트가 자국 항만과 인프라를 통해 이루어지기 때문에

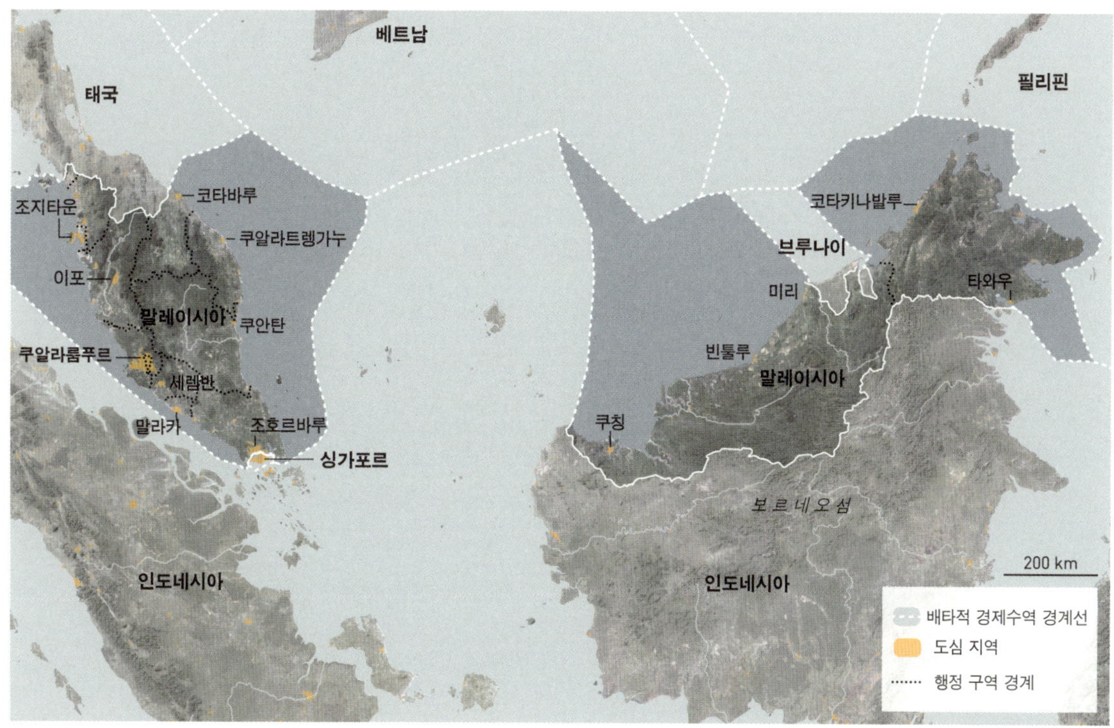

이러한 협력 체제에서 큰 혜택을 보고 있다.

말레이시아,
경제적으로 급성장 중

말라카 해협과 접해 있는 연안 지역에 말레이시아 인구 3,400만 명 대부분이 살고 있다. 이 지역은 말레이시아 경제 성장의 최대 수혜지로, 말레이시아 GDP는 1990년의 440억 달러에서 2022년에는 4,060억 달러로 급증했다. 이는 덴마크나 남아프리카공화국에 준하는 수준이다.

말레이시아는 1970년대부터 석유와 가스 생산국이 되었는데 주로 말레이 반도 북동쪽과 보르네오섬 인근 해상에 가스와 석유 매장지를 보유하고 있다. 1990년대부터 경제 전반이 크게 성장해 2022년에는 1인당 GDP가 1만 2천 달러를 기록하기도 했

다. 하지만 이는 인도네시아보다는 높지만 싱가포르에는 여전히 크게 뒤처져 있는 수준이다.

또한 말레이시아는 이 지역에서 역사적으로 영향력을 행사해온 서방 국가들과 동남아시아에 대한 패권 야욕을 지닌 중국 사이에서 갈등하고 있다. 중국은 자신들의 목적을 달성하기 위해 말레이시아 지도자들에게 접근하고 있다.

이런 이유로 말레이시아는 미국, 오스트레일리아, 영국과 군사 협정을 체결해 미국 주도하의 연례 모의훈련에 참여하고 있고 영국과는 방위조약을 맺기도 했다. 동시에 말레이시아는 아시아인프라투자은행(AIIB)의 회원국이기도 하다. 이 은행은 베이징에 본부를 둔 투자은행으로 국제통화기금(IMF)과 경쟁하기 위해 설립되었다. 또한 말레이시아는 시진핑이 2013년에 출범시킨 일대일

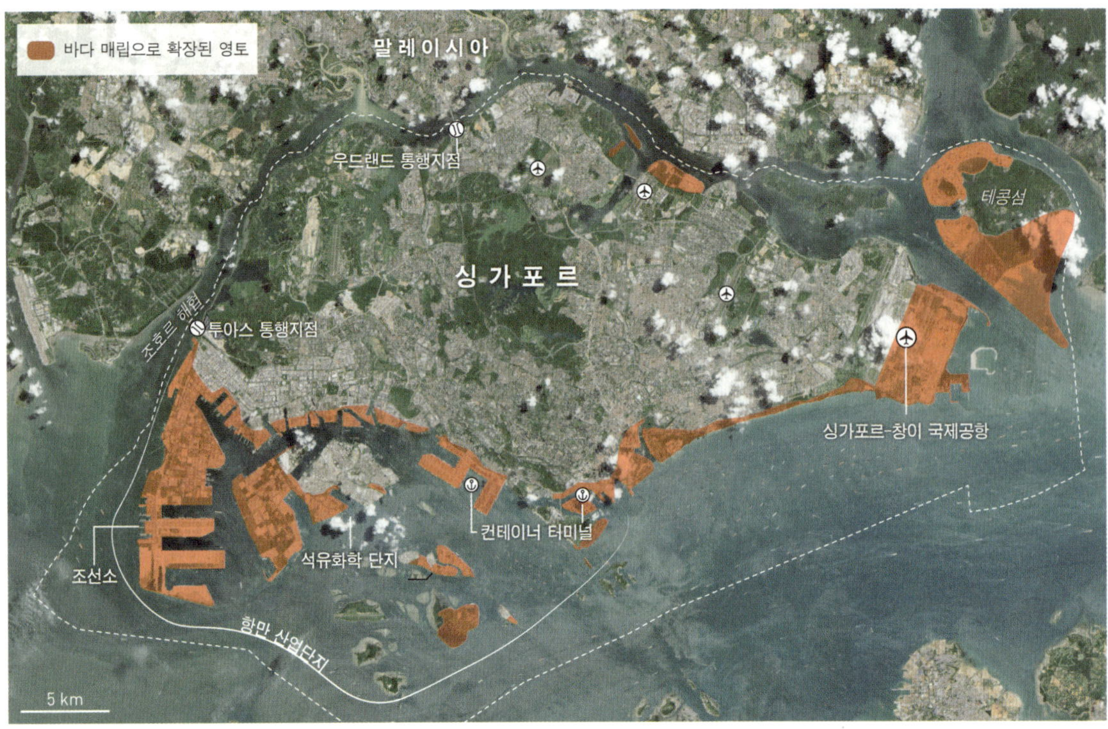

가장 부유하지만 가장 취약한 곳

719제곱킬로미터의 면적을 지닌 도시국가 싱가포르는 조호르 해협을 사이에 두고 말레이 반도와 분리되어 있다. 오늘날 싱가포르는 세계에서 가장 부유한(동시에 가장 물가가 비싼) 도시 중 한 곳으로 투자자들의 천국으로도 불린다. 1989년부터 싱가포르는 자국 영토를 24퍼센트 늘렸는데 그중 140제곱킬로미터에 달하는 면적은 원래 바다였던 곳을 간척 사업을 통해 땅으로 만든 것이다. 섬 전체의 약 4분의 1은 아직 개발되지 않은 상태로 남아 있는데 이 때문에 '정원 도시'라는 별명을 얻기도 했다. 그러나 기후변화로 인해 2100년까지 해수면이 최소 1미터 이상 상승할 것으로 예상되면서 국가의 존립 자체가 위협받고 있다. 이에 따라 2030년까지 조성될 예정인 100제곱킬로미터 규모의 신규 간척지는 예상 해수면보다 최소 4미터는 높게 매립되어야 할 것이다.

로 프로젝트에도 참여하고 있다.

중국의 관점에서 볼 때 말라카 해협은 자국의 상품을 안전하게 수출하는 동시에 자국으로 원자재와 에너지를 안전하게 공급하기 위한 전략적 요충지다. 국제에너지기구(IEA)는 2035년에는 중국이 소비하는 석유의 80퍼센트가 말라카 해협을 경유할 것으로 추정하는데 이로 인해 해협이 포화 상태에 이를 수도 있다고 경고한다.

싱가포르, 말라카 해협의 절대 강국

도시국가인 싱가포르는 실제로 이 지역에서 가장 발전한 곳이다. 석유도 천연자원도 없어 전부 수입에 의존하지만 세계의 주요 해상 항로 중 하나인 인도양과 남중국해를 잇는 중요한 길목에 위치해 있어 그 지리적

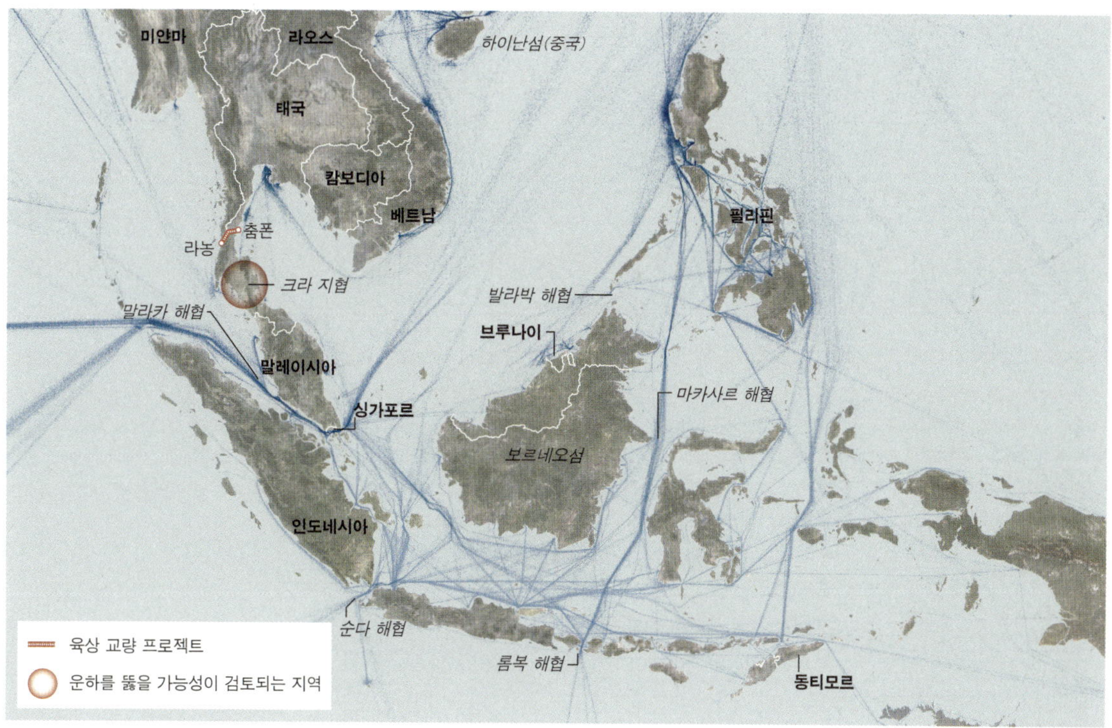

이점을 십분 활용하고 있다. 그 덕분에 대체 불가능한 물류 허브로 자리매김했다.

매년 약 10만 척의 선박이 말라카 해협을 통과하는데 이곳에서 페르시아만을 출발한 석유와 가스를 중국과 아시아로 보내고 '메이드 인 아시아' 제품을 유럽과 세계 각지로 보낸다. 싱가포르는 컨테이너 처리량 기준 세계 2위의 항만을 보유하고 있으며 이 지역의 허브로서 확고한 입지를 구축해 왔다. 이로 인해 싱가포르는 말라카 해협 일대에서 해상 물류를 실질적으로 좌우하는 핵심 항구가 되었다.

싱가포르는 1965년 독립 이후 과감하게 세계화에 승부를 걸었다. 두 이웃 국가, 즉 수하르토 대통령 지배하의 혼란스러운 인도네시아와 공격적인 말레이시아 사이에 끼어 가난하고 고립되었던 과거에서 벗어나 부유하고 현대적이며 강한 국가로 거듭났다. 지리적으로는 전쟁으로 피폐해진 베트남과 공산주의 체제의 중국 등 두 거대 국가와도 멀지 않다.

케임브리지 대학을 나온 변호사 출신이자 독립 이후 초대 총리가 된 리콴유는 이 섬을 구하기 위해 인민행동당을 중심으로 강한 국가를 만들고자 했다. 가부장적이고 유교적이면서도 권위주의적이고 반공산주의자였던 리콴유는 싱가포르를 미국의 보호를 받는 국가로 만들었고, 자본주의에 개방적인 중국과도 우호적인 관계를 유지했으며, 계획경제를 통해 자국의 경제도 발전시켰다. 실제로 1978년에 덩샤오핑이 싱가포르를 방문한 후 중국의 개혁개방 정책에 싱가포르 모델을 많이 참고한 것으로 전해진다.

싱가포르는 독립 직후부터 이스라엘과도 긴밀한 관계를 맺어 왔다. 이스라엘과는 '불

말라카 대체 항로

말라카 해협이 점점 포화 상태를 향해 가자 중국은 새로운 해상 항로를 찾아 나섰다. 그중 하나가 인도네시아 마카사르 해협을 통과하는 항로인데, 이 해협은 수심이 3천 미터나 될 정도로 깊어 대형 선박뿐만 아니라 잠수함도 이용할 수 있다는 장점을 갖고 있다. 중국은 또 크라 지협의 운하 건설과 태국의 라농과 춤폰 항구를 연결하는 육상 교량 건설도 지원하고 있다. 130킬로미터 떨어진 라농과 춤폰을 연결하는 이 교량은 말라카 해협을 경유하지 않고 도로와 철도, 송유관을 이용해 석유와 화물을 운송하는 것을 목표로 한다.

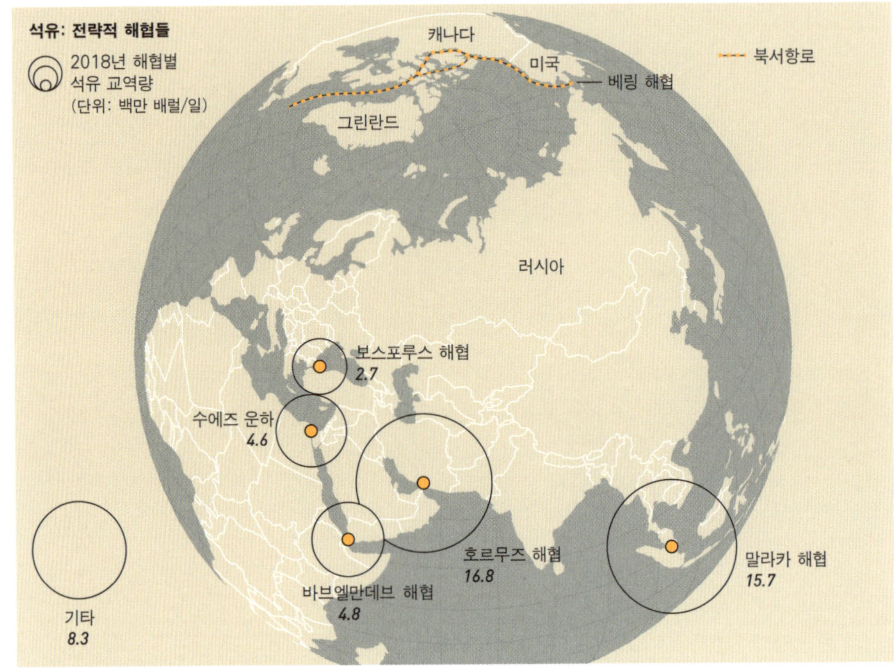

안정한 환경 속에도 역동적인 작은 나라'라는 공통점이 있다. 이에 이스라엘은 싱가포르가 강력한 이슬람 이웃 국가들인 말레이시아와 인도네시아에 맞서 스스로를 방어할 수 있도록 군사적 지원을 제공해 주었다.

민주주의를 표방하긴 하지만 언론과 야당을 강하게 억압하는 싱가포르는 1960년대부터 지속적으로 성장세를 보이고 있다. 특히 서비스업이 주력 산업으로 자리 잡았는데 무역, 기업 지원 서비스, 운송과 항만, 통신, 금융 서비스 등에 전체 경제활동인구의 70퍼센트가 종사하고 있다.

이 지역에서는 물론 세계적으로도 주요 항만 허브인 싱가포르는 두 강대국인 중국과 미국과의 관계를 신중하게 관리할 수밖에 없다. 하지만 싱가포르가 미국과 맺어온 견고한 유대는 냉전 시대까지 거슬러 올라간다. 미국은 지금도 싱가포르를 자신들의 해군 및 공군 작전을 지원하는 군사 거점으로 활용하고 있다. 그 대가로 싱가포르는 일본 다음으로 아시아에서 가장 많은 미국의 투자를 받는 나라가 되었다.

중국과는 군사 훈련, 대테러 및 해적 퇴치 협력, 상호 투자, 2008년에 체결한 자유무역 협정 등을 통해 전략적 협력 관계를 꾸준히 발전시켜 왔다. 또한 인구 중 상당수가 화교인 점을 바탕으로 문화적 친밀감도 지속적으로 유지해 왔다. 연간 교역 규모가 650억 달러에 달하는 중국은 싱가포르의 최대 교역 파트너이며, 싱가포르는 중국의 일대일로 프로젝트에서 자국이 동남아시아 지역의 금융 및 법률 허브로 자리매김하길 희망하고 있다.

말라카 해협 대신
다른 우회로를 찾는 중국

중국은 또 다른 전략적 해협인 인도네시아

의 마카사르 해협도 중요하게 여기고 있다. 중국 입장에서 이 대체 항로는 보르네오섬 북부에 위치한 발라박 해협을 통해서만 접근이 가능하기 때문에 말레이시아의 지정학적 중요성을 한층 더 부각시킨다. 왜냐하면 보르네오섬 북동부의 주권을 가진 말레이시아가 필리핀과 함께 마카사르 해협의 북서쪽 입구를 통제하고 있기 때문이다. 수심이 3천 미터로 말라카 해협보다 훨씬 더 깊은 마카사르 해협은 초대형 선박의 통행도 가능하며 중국 잠수함이 은밀하게 인도양으로 이동하기 위해 이곳을 지나는 것 또한 가능하다.

중국은 말라카 해협의 혼잡을 해소하기 위해 태국 남부에 있는 크라 지협에 운하를 건설하는 프로젝트에도 지지를 보내고 있다. 이 경우 태국만과 안다만해가 직접적으로 연결된다. 이 프로젝트가 실현되면 중국 선박들은 이미 과밀 상태인 말라카 해협을 경유하지 않고도 인도양으로 진출할 수 있어 항로가 훨씬 단축된다. 그렇게 되면 말레이시아와 싱가포르를 우회하는 새로운 해상 항로가 형성되면서 태국의 전략적 중요성이 한층 더 높아질 것이다.

마지막으로 중국이 지지하는 또 하나의 태국 프로젝트가 있다. 바로 안다만해의 라농 항구와 태국만 연안에 있는 춤폰 항구를 연결하는 육상 교량을 건설하는 것이다. 이 프로젝트에는 총길이 130킬로미터에 달하는 구간에 고속도로, 철로, 송유관 등을 갖추는 내용이 포함되어 있다. 하지만 태국을 중심으로 한 이러한 구상들은 이미 영토 분쟁으로 악화된 말레이시아와 중국 간의 관계를 한층 더 복잡하게 만든다. 실제로

2021년에 남중국해에서 중국 군용기들이 말레이시아의 배타적 경제수역에 위치한 루코니아 암초 인근을 비행하자 말레이시아는 이를 자국 주권에 대한 위협으로 보고 즉각 전투기를 출격시켜 대응했다. 그 지역은 중국과 말레이시아 사이에 영유권 분쟁이 있는 해역이다.

인도네시아,
딜레마에 빠진 해상 강국

공식적으로 집계된 섬의 수만 16,771개이며 해양 지역만 580만 제곱킬로미터를 보유한 인도네시아는 세계 최대 규모의 군도 국가다. 또한 인도양과 태평양이 만나는 지점에 위치해 있으며, 인도와 중국을 연결하는 주요 해상 항로가 인도네시아 인근의 주요 해협인 말라카 해협, 마카사르 해협, 롬복 해협 등을 통과한다. 중국 세계와 인도 세계의 교차로라는 인도네시아의 이러한 전략적 위치는 역사적으로도 매우 중요한 의미를 지녀왔다.

1970년대부터 인도네시아는 서방 국가들의 투자를 유치하면서 빠른 경제 성장을 이루어왔다. 인도네시아 경제는 주로 석유, 가스, 석탄 등의 천연자원과 GDP의 5퍼센트를 차지하는 관광업을 기반으로 한다. 그중에서도 석탄은 미국 다음으로 세계 2위의 수출국이다. 또한 동남아시아국가연합 회원국들과 함께 조성한 경제개발 지구를 바탕으로 성장 동력을 확보해 왔는데, 그 결과 오늘날 이 협력체에서 단연 가장 큰 경제 규모를 지닌 나라로 부상했고 구매력 평가(PPP) 기준에서도 세계 10위권의 경제 대국으로 성장했다. 2013년부터는 연평균 5퍼센트의 경제성장률을 달성해 왔으며 동남아시아 국가 중 유일하게 G20 회원국이기도 하다. 중국은 일대일로 프로젝트의 일환으로 인도네시아의 보건, 교육, 연구, 산업단지, 부동산, 에너지, 교통 인프라 등에 투자를 확대해 왔는데 그 결과 이 나라의 최대 교역 파트너이자 세 번째로 많은 투자를 하는 국가가 되었다.

하지만 중국의 영향력이 커지면서 인도네시아가 관리하는 바다에서도 중국의 존재와 압박이 점점 더 강하게 느껴지고 있다. 특히 남중국해에서 이런 현상이 두드러지는데 인도네시아의 나투나 제도에 대한 중국의 영유권 주장이 그 대표적인 예다. 그곳은 어족 자원이 풍부할 뿐만 아니라 동남아시아 최대 천연가스 매장지 중 하나를 보유하고 있다. 중국 선박들이 자국의 해역을 반복적으로 침범하는 것에 우려를 느낀 인도네시아 당국은 나투나 제도에 대한 감시를 강화하는 동시에 군사기지와 군장비 확충에도 나섰다. 이처럼 중국이라는 위협이 현실화되자 그동안 인도-태평양 지역에서 미국과 중국 중 어느 한쪽 진영을 택하길 거부해 왔던 인도네시아는 2022년 초 프랑스로부터 라팔 전투기를 주문하는 등 동맹 관계를 다각화하고 있다.

마닐라
태 평 양
베트남
필리핀
팔라우
브루나이
나투나 제도
몰루카해
보르네오
셀레베스
몰루카
서뉴기니
자바해
마카사르
반다해
자카르타
수라바야
인 도 네 시 아
반둥
발리 롬복
플로레스
자바섬
롬복 해협
숨바와
동티모르
숨바
티모르
오스트레일리아

15

열다섯 번째 경유지,
인도 나바 셰바

형형색색의 컨테이너들이 끝없이 펼쳐져 있는 이곳은 나바 셰바다. 또 다른 이름으로 자왈할랄 네루라고도 불리는 인도 최대의 컨테이너선 항구인 이곳은 마하라슈트라주 뭄바이 동쪽 해안에 위치해 있다. 이 항구는 해상 운송 분야에서 인도의 새로운 야심을 보여주는 동시에 과거 해양 강국 시절이었던 때의 명성을 되찾기 위해 인도가 어떻게 부진을 만회하려 하는지를 상징적으로 보여준다.

현재 세계에서 인구가 가장 많은 나라인 인도는 2023년 한 해 전 세계 경제 성장분 가운데 약 16퍼센트를 차지할 만큼 빠른 성장세를 보이고 있다. 인도는 인접한 파키스탄과 방글라데시와의 교역을 넓혀 가는 한편 이란과 러시아처럼 국제적 제재를 받는 국가들과도 관계를 맺고 있다. 그러면서도 서구와의 기존 관계를 끊지 않는 외교 노선을 유지하고 있다. 또한 인도-태평양 지역에서 상당한 우위를 점하고 있는 최대 라이벌인 중국에 맞서기 위해 모든 수단과 방법을 동원하고 있다.

인도는 바다와 길게 맞닿아 있는 나라임에도 최근까지도 내세울 만한 주요 항구가 없었다. 그래서 컨테이너에 실린 화물들은 스리랑카의 콜롬보나 싱가포르 같은 인근의 다른 항구를 거쳐 운송되었다. 이미 2016년에 지정학 학술지 《헤로도토스》 제163호에서 장뤼크 라신은 인도는 오랫동안 '대륙 지향적 성향'을 보여왔으며 최근에서야 비로소 '바다를 재발견'했다고 평가했다. 그는 "식민 지배 시대가 끝나면서 독립한 인도는 유럽 식민주의와 대항해 시대가 열어젖힌 중대한 역사적 변혁 속에서 바다가 지녔던 영향력을 제대로 파악하지 못했다."라고 분석했다. 그러나 최근 몇 년 사이 모디 총리의 인도 정부는 해양의 전략적 가치를 다시금 인식하면서 항만 인프라를 현대화하고 상선 체계를 정비하는 동시에 해군력을 포함한 국방력 강화에도 박차를 가하고 있다.

인도-태평양 지역이 다가올 미래 세계의 핵심축으로 떠오르자 인도는 자국 앞바다인 인도양에서 주도권을 되찾아 그 중심 국가가 되고자 한다. 해양력에 관한 미국의 저명한 학자 알프레드 마한의 말을 다시 한번 인용하자면 "인도양을 지배하는 세력이 아시아를 지배할 것이고, 세계의 미래는 바로 그 바다에서 결정될 것이다." 하지만 이미 인도양을 포위한 중국을 저지하기에는 너무 늦은 것이 아닐까?

인도양,
바다를 코앞에 두고도
바다로 나가지 않은
인도의 앞마당

인도양은 태평양과 대서양에 이어 지구에서 세 번째로 큰 대양이다. 면적은 7천만 제곱킬로미터가 넘고 네 개의 대륙과 접하고 있다. 즉 아라비아 반도에서 인도를 지나 인도네시아에 이르는 아시아 대륙, 아프리카의 뿔 지역에서 희망봉에 이르는 아프리카 대륙, 오스트레일리아의 오세아니아 대륙, 마지막으로 남극 대륙과 접해 있다. 인도양 연안 지역에는 2023년 기준 전 세계 인구의 3분의 1에 해당하는 약 27억 명의 사람들이 살고 있는데 그중 인도 한 나라에만 14억 명이 살고 있다.

인도양 연안국들이 자국의 배타적 경제 수역에서 개발하고 있는 자원은 수자원부터 시작해 광물과 에너지 자원까지 다양하다. 실제로 인도양 주변 지역에는 탄화수소와 우라늄 전 세계 매장량의 절반 이상, 전

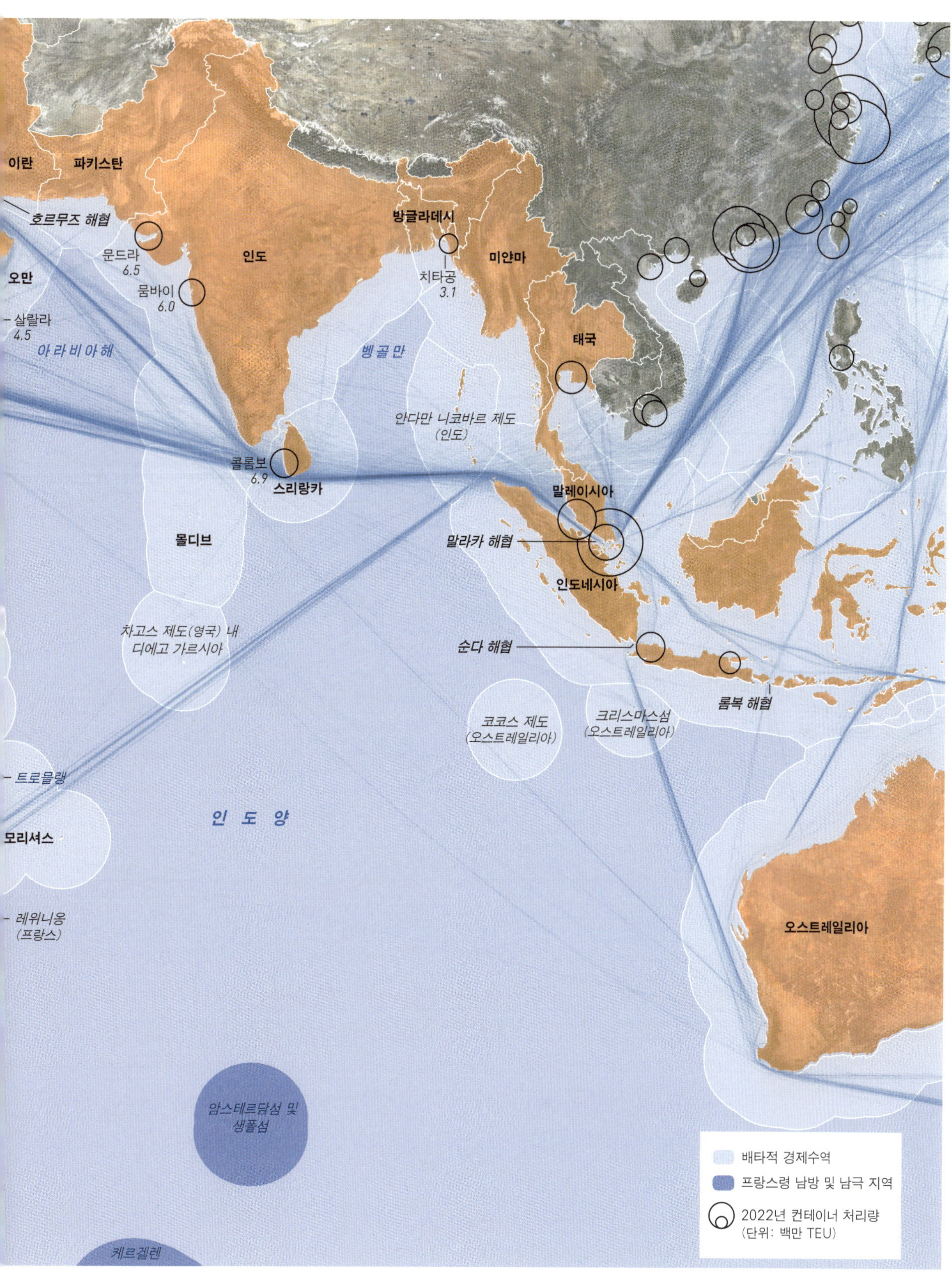

이란
파키스탄
호르무즈 해협
문드라
6.5
오만
뭄바이
6.0
살랄라
4.5
아라비아해
인도
방글라데시
치타공
3.1
미얀마
태국
벵골만
안다만 니코바르 제도
(인도)
콜롬보
6.9
스리랑카
몰디브
말레이시아
말라카 해협
인도네시아
차고스 제도(영국) 내
디에고 가르시아
순다 해협
롬복 해협
코코스 제도
(오스트레일리아)
크리스마스섬
(오스트레일리아)
트로믈랭
인도양
모리셔스
레위니옹
(프랑스)
오스트레일리아
암스테르담섬 및
생폴섬
케르겔렌
배타적 경제수역
프랑스령 남방 및 남극 지역
2022년 컨테이너 처리량
(단위: 백만 TEU)

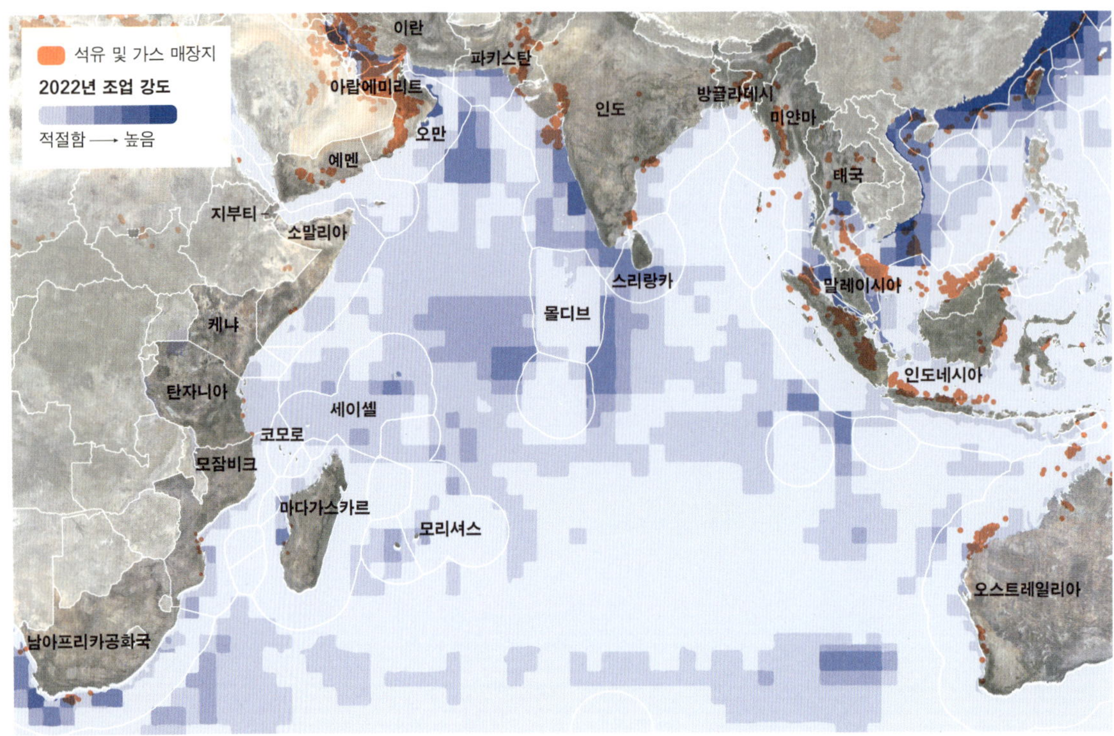

바닷속 자원

인도양에서 집약적인 조업 활동이 주로 이루어지는 지역은 남아프리카에서 인도와 이란의 서부 해안에 이르기까지 주로 서쪽에 위치해 있다. 또한 인도양 해저에는 풍부한 석유와 천연가스가 매장되어 있는데 특히 미얀마, 말레이 반도, 인도네시아, 모잠비크 연안에 많이 있다.

세계 다이아몬드의 4분의 3, 전 세계 금의 절반에 가까운 양이 매장되어 있다.

세계 경제의 새로운 중심지

인도양은 유럽과 아시아를 잇는 주요 해상 교역로가 지나가는 곳으로 많은 전문가들은 이곳을 '새로운 세계의 중심'으로 보고 있다. 이곳에서는 특히 아시아에서 유럽으로 향하는 컨테이너 물동량이 막대한 규모를 자랑한다. 또한 인도양 연안에는 세계적인 대형 컨테이너선 항만들이 위치해 있다. 그중 대표적인 항구로 페르시아만 지역에서 핵심 거점 역할을 하는 두바이(2021년 기준 약 1,370만 개의 컨테이너 물동량 처리), 오만의 살랄라(약 450만 개), 스리랑카의 콜롬보(약 730만 개), 인도의 뭄바이(약 560만 개)와 문드라(약 660만 개) 등을 들 수 있다. 아프리카 연안을 따라 포트수단에서 케이프타운까지 이어지는 항구들 중에서는 남아프리카공화국의 더반이 물동량이 가장 많으며(약 300만 개) 그 뒤를 케냐의 몸바사와 탄자니아의 다르에스살람이 잇는다.

중국과 인도가 부상하면서 이 지역을 통과하는 해상 교통량 또한 급증했다. 오늘날 전 세계 석유 교역량의 80퍼센트, 컨테이너선의 50퍼센트, 벌크선의 3분의 1이 인도양을 지난다. 이들 선박의 자유로운 이동을 보장하는 것은 세계 경제에 필수다. 따라서 인도양의 출입을 좌우하는 해상 요충지들은 국제 정세에서 핵심적인 전략 지역으로 떠올랐다. 그중 서쪽으로는 수에즈 운하로 이어지는 바브엘만데브 해협과 페르시아만의 석유와 가스가 운송되는 호르무즈 해협이 있고, 동쪽으로는 중국의 교역에 없어서는 안 될 말라카 해협이 있다. 남쪽으로는 세계 석유 생산량의 3분의 1을 대서양으로 수송하고 브라질산 철광석과 대두를 아시아-태평양 지역으로 운송하는 모잠비크 해협이 있다. 즉 이들 해협은 인도양으로 들어오고 나가는 선박이 거쳐야 하는 전략적 통과 지점이다.

해적과 환경오염에 시달리는 바다

통행량이 많은 해협들은 전 세계에서 해적 행위가 가장 빈번하게 일어나는 곳이기도 하다. 그래도 지난 10년 동안 여러 국가의 해군이 참여한 다국적 해군 작전이 전개되면서 해적의 공격 건수는 크게 줄어들었다. 하지만 2023년 말 하마스-이스라엘 전쟁과 연관되어 있으며 이란의 지원을 받는 예멘의 후티 반군이 홍해에서 외국 선박을 공격한 데 이어 아프리카의 뿔 끝자락에 위치한 소말리아 지역, 아덴만, 인도양 서부에서도 새로운 해적 행위가 보고되고 있다.

이처럼 해상 교통량도 많고 인구도 많이 밀집해 있는 인도양은 현재 심각한 해양 환경오염에 시달리고 있다. 플라스틱 쓰레기와 선박에서 불법으로 배출하는 폐기물 때문에 바다가 오염되고 있으며 남획으로 생물다양성 또한 위협받고 있다. 인도양 남서부의 레위니옹과 모리셔스, 코모로 제도와 마다가스카르는 해류로 인해 플라스틱 오염에 가장 많이 노출된 지역이다. 뿐만 아니라 지구온난화로 인한 해수면 상승도 심각한 문제다. 대표적으로 몰디브는 점점 더 침수 위험에 직면하고 있다.

인도, 바다를 코앞에 두고도 바다로 나서지 않은 나라

인도의 역설은 7,500킬로미터에 달하는 긴 해안선을 갖고 있음에도 이 나라의 긴 역사가 대부분 대륙을 중심으로 전개되어 왔다는 점이다. 중세 시대에 인도를 차례로 침공한 무슬림과 몽골 세력 모두 북쪽에서 왔다. 해안에 세워졌던 여러 왕국의 주민들 또한 가까운 연안을 항해하는 데는 능숙했지만 대양으로 나가지는 않았다. 그 결과 아프리카와 중동과의 활발한 해상 무역은 아랍과 말레이 선원들의 몫으로 남게 되었다. 물론 예외적인 시기도 있긴 있었다. 9세기부터 13세기까지 남인도 타밀족의 촐라 왕조는 바다를 기반으로 한 강력한 해상 제국을 세웠다. 이 왕조는 인도 동쪽 해안을 출발점으로 삼아 스리랑카를 장악했고 더 나아가 동남아시아까지 세력을 넓혔다. 그 영향권에는 오늘날의 미얀마, 말레이시아, 인도네시아 일부 지역도 포함되었다.

15세기 말에는 기동성이 뛰어난 중소형 범선인 유럽의 캐러벨선들이 향신료 교역을 위해 인도의 해안가에 정박했다. 그중 최초의 함대는 1498년 말라바르 해안의 캘리컷에 닻을 내린 포르투갈 항해사 바스쿠 다 가마가 이끄는 선단이었다.

그로부터 한 세기가 지난 뒤 포르투갈의 뒤를 이어 네덜란드, 영국, 프랑스가 수라트와 벵골에 차례로 진출했다. 프랑스의 경우 1748년에서 1754년 사이에 총독 뒤플렉스가 해안의 무역 거점 몇 곳을 기반으로 세력을 넓히면서 본토의 두 배에 달하는 광

유일한 해상 제국

역사적으로 볼 때 인도는 특정한 시기를 제외하고는 바다를 등한시하는 경향이 있었다. 예외적으로 9세기부터 13세기까지 타밀족의 촐라 왕조는 광대한 규모의 해상 제국을 건설했는데 그 세력은 인도의 동부 연안에서 오늘날의 인도네시아에까지 이어졌다.

범위한 지역을 프랑스의 통제하에 두는 데 성공했다. 하지만 1763년 7년 전쟁이 끝나자 프랑스는 인도에서 폰디체리, 찬데르나고르, 야남, 카리칼, 마헤 등 다섯 곳의 무역 거점만을 유지하게 되었다. 이후 19세기 중반에는 세계 최대의 해상 강국인 영국이 인도 아대륙 전역을 식민 지배하게 된다. 이때 유럽의 국가들은 먼저 동인도회사라는 무역 회사를 앞세워 인도양 지역에 들어왔다. 하지만 이들 동인도회사는 단순한 무역 회사가 아니라 군대를 가진 조직이었다. 이들은 무역을 핑계로 인도양 지역에 먼저 자리 잡았고 이후 군사력을 이용해 그 지역을 식민지화하는 데 앞장섰다.

1947년 인도 독립과 1971년 파키스탄의 분할로 방글라데시가 탄생한 이후 현대의 인도는 스스로를 무엇보다 '대륙 중심 국가'로 인식하면서 바다보다 육지에 더 많은 관심을 기울여 왔다. 그 결과 인도는 이웃 국가인 파키스탄, 나아가 중국과의 분쟁이 이어지는 육상 국경 문제에 주력하고 있다.

드디어 바다를 발견한 인도

본격적으로 경제가 발전하고 인구가 빠르게 증가한 1990년대에 들어서면서 인도는 드디어 바다에 관심을 갖기 시작했다. 인도의 해안은 크게 두 방향으로 나뉘는데, 서쪽은 아라비아해를 통해 페르시아만과 홍해로 이어지고 동쪽은 벵골만이 말라카 해협으로 연결된다.

이처럼 긴 해안선 덕분에 인도는 본토 연안뿐 아니라 미얀마와 인도네시아 연안 앞바다에 위치한 안다만 니코바르 제도 주변까지 포함하는 총 230만 제곱킬로미터에 달하는 광활한 배타적 경제수역을 보유하고 있다. 또한 수많은 어항과 큰 항구 도시들이 세워졌으며 그중에서도 뭄바이는 초대형 항구 도시로 자리 잡았다.

현재 인도는 세계 경제에 완전히 편입되어 있으며 연간 경제성장률 또한 6퍼센트를 달성하고 있고, 인구는 2023년에 중국을 제치고 14억 명이 되었다. 그만큼 필요로 하는 에너지와 원자재 수요도 막대해 상당량을 수입해올 수밖에 없다. 인도에서 소비되는 석유의 80퍼센트 이상은 페르시아만, 나이지리아, 러시아 등지에서 해상 운송을 통해 들어온다. 이에 따라 인도는 해상 항로의 안전을 확보하는 것이 필수 과제가 되었다.

강대국들의 무대가 된 인도 앞바다

인도양은 그 이름에서 알 수 있듯이 인도가 자국의 영향권으로 여기는 바다지만 역사적으로는 미국이 통제해 왔다. 미국은 1945년부터 인도양의 해상 항로와 그 지역 해협의 안전을 책임져 왔다. 특히 디에고 가르시아, 바레인(미 제5함대 주둔), 지부티에 군사기지를 두고 이 지역에서 강력한 영향력을 행사하고 있다. 동시에 인도와 협력하며 지역 균형을 지키는 역할도 하고 있다.

영국과 프랑스는 인도양에서 협력 관계를 유지하고 있는 주요 강대국이다. 영국은 차고스 제도에 대한 주권을 가지고 있으며 그중 디에고 가르시아는 미국에 임대했다. 프랑스는 아부다비와 지부티, 그리고 인도양 남부에 있는 프랑스령 레위니옹과 마요트에 군사기지를 두고 있다. 파키스탄, 한국, 말레이시아, 싱가포르 또한 이 지역에 영향력을 행사하고 있다.

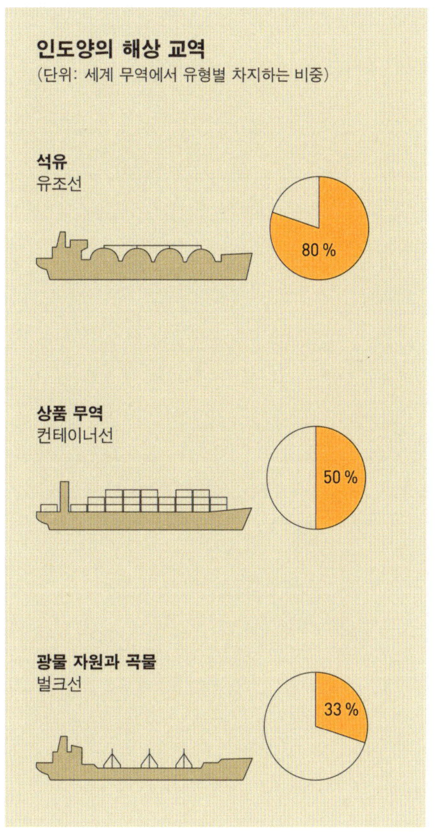

하지만 무엇보다도 인도가 인도양에서 해군력을 통해 맞서야 하는 상대는 바로 중국이다. 실제로 중국은 새로운 해상 실크로드를 장악하기 위해 전략적 요충지의 항만들을 '진주 목걸이'와 같은 형태로 연결하는 전략을 펼치며 경쟁에서 우위를 확보해 갔다. 중국의 이러한 항만 네트워크는 미얀마의 짜욱퓨, 방글라데시의 치타공, 스리랑카의 함반토타와 콜롬보, 파키스탄의 과다르, 탄자니아의 바가모요를 거쳐 중국 최초의 해외 해군기지인 지부티까지 이어진다. 그 결과 중국은 인도 주변 항만들을 연결해 인도양에서 인도를 포위할 수 있는 위치를 확보하게 되었다. 특히 스리랑카의 두 항구는 인도 해안에서 아주 가까워 중국이 인도 주변 해역을 통제하거나 압박하는 데 중요

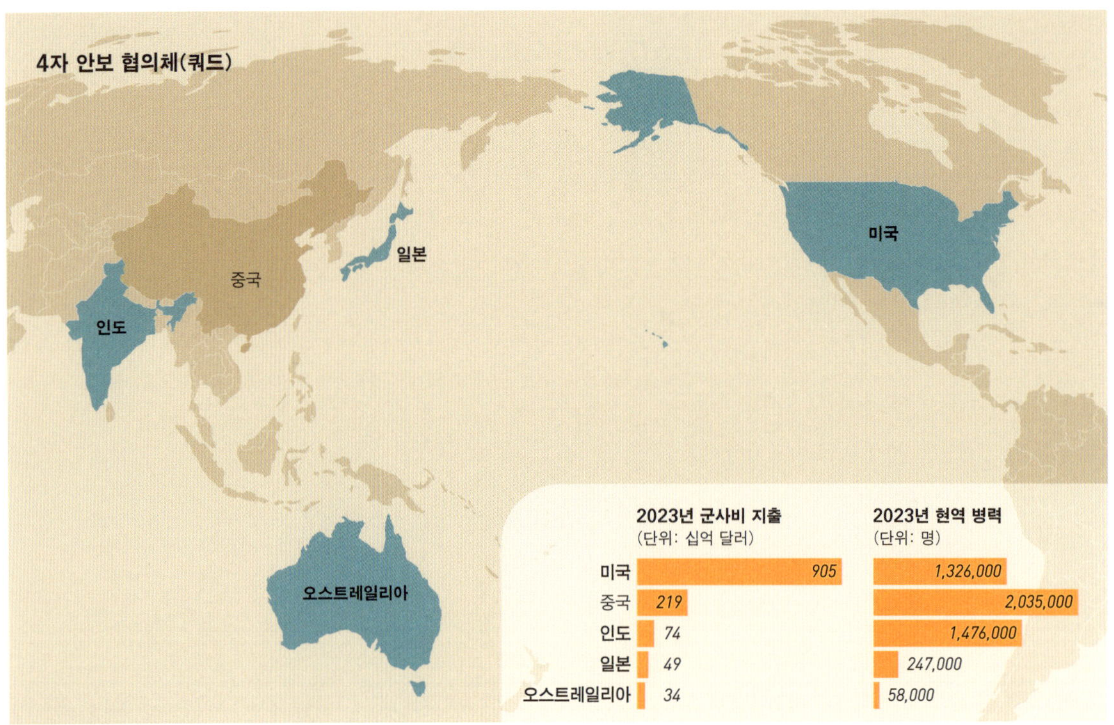

한 역할을 수행할 수 있다.

중국은 또한 인도와 공공연한 적대관계에 있는 파키스탄이 페르시아만 항로에 위치한 과다르에 상업용과 군사용 기능을 겸비한 항만시설을 확장하도록 지원했다. 2015년에는 이 시설을 보완하기 위해 중국의 신장 위구르 자치구와 파키스탄의 과다르 항구를 연결하는 3천 킬로미터에 달하는 육로 회랑 건설 계획을 발표했다. 그러자 인도는 이에 대한 반격으로 과다르에서 서쪽으로 170킬로미터 떨어진 지점에 있는 이란의 차바하르 항구 개발을 위해 이란과 파트너십을 맺었다.

부진을 만회하기 위한 노력

군사적인 측면에서 오늘날 인도 해군은 자국 해안 전역은 물론 락샤드위프 제도, 안다만 니코바르 제도, 모리셔스의 아갈레가 제도에도 군사기지를 두고 있다. 특히 아갈레가 제도의 기지는 2024년 2월 29일 인도의 모디 총리가 직접 개소식에 참석하여 인도 해군 전력에서 그 기지가 갖는 중요성을 강조했다. 또한 여러 동맹국의 항구에서 그곳 군사 시설을 이용할 수 있는 권한을 확보해 자국의 군함과 잠수함이 정박할 수 있도록 했다. 그 일환으로 프랑스는 2018년부터 인도양에 있는 레위니옹, 아부다비, 지부티에 있는 자국 군사기지에 인도가 출입하는 것을 허용했고 미국 또한 차고스 제도의 디에고 가르시아 기지에 인도의 접근을 허가했다.

마지막으로 인도는 미국의 지원 아래 페르시아만 국가들과 이스라엘과 긴밀한 관계를 맺고 있다. 또한 핵보유국인 인도는 중국에 대한 부진을 만회하기 위해 주로 러시아와 프랑스로부터 군함과 잠수함을 구매하고 있다. 오늘날 인도는 특히 항공모함과 잠수함을 자체 생산하기 위해 상당한 노력을 기울이고 있다. 하지만 2025년 기준으로는 아직 세계 2위의 무기 수입국에 머물고 있다. 인도는 일본, 오스트레일리아, 미국과 함께 4자 안보 협의체인 쿼드를 출범시켜 점점 더 야심을 드러내고 있는 중국을 저지하려 한다. 쿼드를 두고 일각에서는 '인도-태평양의 NATO'라고 평가하기도 하는데 중국은 이 협의체를 강력 비난하고 있다.

혼자서는
버틸 수 없는 바다

이처럼 뒤늦게 인도양의 가치와 그 중요성을 재발견한 인도는 현재 이 지역에서 경제적, 정치적 영향력을 확대하고 있는 최대 경쟁자인 중국과 맞서야 하는 상황에 놓여 있다. 인도가 인도양 지역에서 주요 강대국으로 자리매김하기 위해서는 중국의 야욕에 맞서 스스로를 보호해야 하는 비슷한 처지의 다른 국가들과 동맹을 결성하는 것 외에는 대안이 없다. 현재 인도양은 21세기의 다극화된 세계에서 다른 그 어느 곳보다도 강대국 간 경쟁과 충돌이 집중되는 주요 해상 지역으로 부상하고 있기 때문이다.

인도는 어떻게 인도양을 지킬까

오늘날 인도양은 21세기의 다극화된 세계가 서로 첨예하게 대립하는 해양 지역으로 부상했다. 경쟁 관계에 있는 중국에 맞서야 하는 인도는 여전히 자국의 앞바다라고 여기는 인도양에서 세력을 강화하기 위해 노력하고 있다. 이를 위해 미국, 프랑스, 인도네시아, 태국, 오스트레일리아, 일본, 모리셔스 같은 동맹국들과의 협력 관계에 의지하고 있다. 특히 모리셔스는 인도가 2024년 인도양 남서부에 해군 항공기지를 건설할 수 있도록 지원해 주었다.

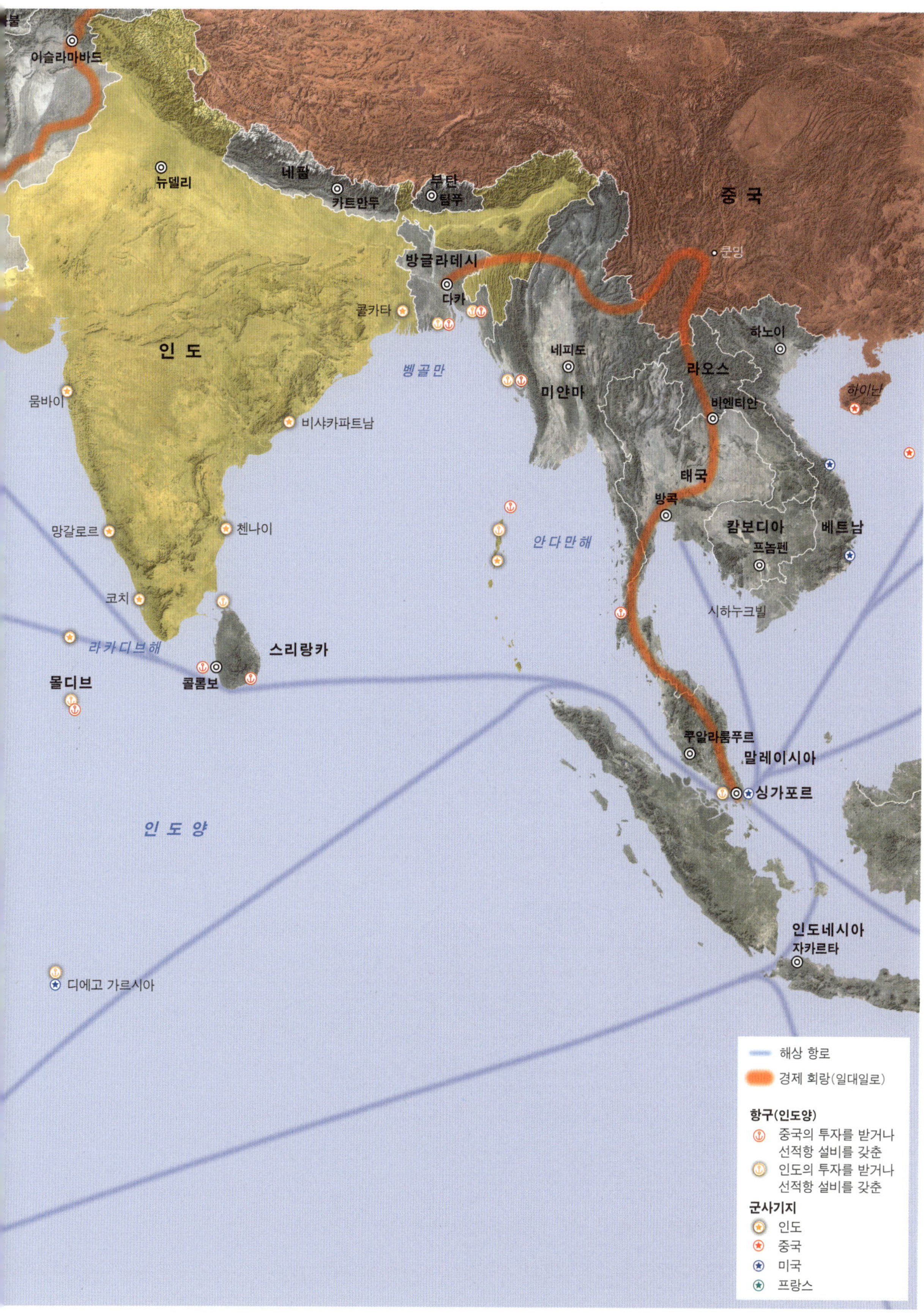
아슬라마바드
불
뉴델리
네팔
카트만두
부탄
팀푸
중국
쿤밍
방글라데시
다카
콜카타
하노이
라오스
네피도
미얀마
비엔티안
하이난
뭄바이
벵골 만
비샤카파트남
태국
캄보디아
베트남
망갈로르
첸나이
안 다 만 해
방콕
프놈펜
코치
시하누크빌
라카디브 해
스리랑카
몰디브
콜롬보
쿠알라룸푸르
말레이시아
싱가포르
인 도 양
인도네시아
자카르타
디에고 가르시아
해상 항로
경제 회랑(일대일로)
항구(인도양)
중국의 투자를 받거나
선적항 설비를 갖춘
인도의 투자를 받거나
선적항 설비를 갖춘
군사기지
인도
중국
미국
프랑스
인 도

#16 ━━━━━━━━━━━

열여섯 번째 경유지,
대만 가오슝

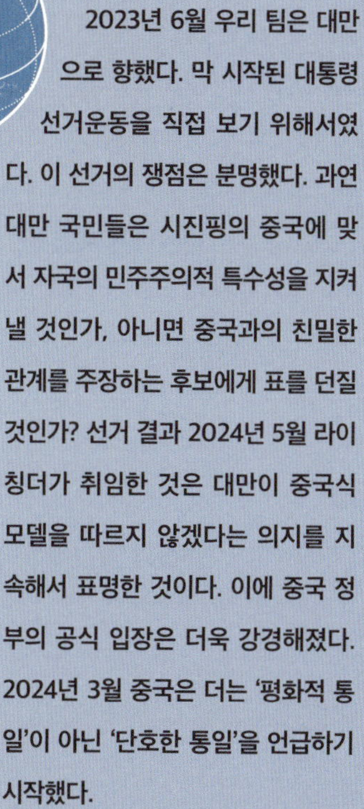

2023년 6월 우리 팀은 대만으로 향했다. 막 시작된 대통령 선거운동을 직접 보기 위해서였다. 이 선거의 쟁점은 분명했다. 과연 대만 국민들은 시진핑의 중국에 맞서 자국의 민주주의적 특수성을 지켜낼 것인가, 아니면 중국과의 친밀한 관계를 주장하는 후보에게 표를 던질 것인가? 선거 결과 2024년 5월 라이칭더가 취임한 것은 대만이 중국식 모델을 따르지 않겠다는 의지를 지속해서 표명한 것이다. 이에 중국 정부의 공식 입장은 더욱 강경해졌다. 2024년 3월 중국은 더는 '평화적 통일'이 아닌 '단호한 통일'을 언급하기 시작했다.

대만 취재 당시 우리는 가오슝도 방문했다. 가오슝은 대만해협에 위치한 대만의 경제 중심지이자 가장 규모가 큰 항구로 세계적으로도 중요한 항구 중 하나다. 우리가 탄 배 주위로 상업용 선박들과 컨테이너선들이 끝없이 펼쳐져 있었다. 대만해협 건너편에 있는 중국이 탐내는 세계 무역의 요충지 중 하나인 가오슝, 그곳에 우리가 와 있다는 것이 비로소 실감되었다. 거대한 중국과 그에 맞서는 작고 반항적인 민주주의 섬 대만의 세력 차이는 특히 해군력에서 두드러진다. 중국이 보유한 군함은 350척

이지만 대만이 보유한 군함은 단 24척에 불과하다. 하지만 대만은 미국, 그리고 대만 못지않게 중국의 공세적 행보에 직면하고 있는 필리핀, 한국, 일본과 같은 많은 동맹국들의 지원에 의지할 수 있다.

대만 국민들은 중국의 지속적인 위협 속에 살고 있다. 이들은 과거에 중국이 민주주의 체제에 속했던 홍콩과 마카오를 흡수하는 것을 지켜보았다. 진먼섬과 마쭈 열도와 같은 대만의 몇몇 섬들은 중국으로부터 채 10킬로미터도 떨어져 있지 않다. 하지만 이러한 위협도 중국과의 교역을 가로막진 못한다.

중국은 정치적인 갈등에도 불구하고 여전히 대만의 최대 교역 파트너다. 우리는 가오슝 항구 관제탑에서 촬영하는 동안 광둥성 옌톈 항구에서 출발한 상선이 입항하는 모습을 지켜보았다. 가오슝에서는 중국과 긴밀히 얽혀 있는 이러한 경제적 상호의존성이 결국 전쟁을 막는 안전장치가 될 것이라는 기대가 여전히 크다. 우리와 대화를 나누었던 그곳 관계자들은 "비즈니스는 여느 때와 다름없이 돌아갑니다"라고 말했다. 하지만 중국은 중국해 전역에서 공격적인 영토 확장주의 정책을 펼치고 있다. 과연 그들은 어디까지 갈 것인가?

남중국해,
무력을 동원해서라도
중국의 것으로

2013년 시진핑 취임 이후 중국은 해양 지배력 강화를 자국의 경제 발전과 세계 주요 강대국과의 경쟁을 위한 핵심 전략으로 삼았다. 이는 15세기 정화(鄭和, 1371~1433년) 제독의 대원정을 제외하면 대체로 대륙 지향적이었던 이전 중국 역사와의 분명한 단절을 의미한다.

오늘날 중국 해군의 전력 증강은 눈부신 속도로 진행되고 있는데 이는 전 세계 해양 패권을 차지하려는 움직임과 맞물려 있다. 현재 중국은 재래식 함대 외에도 항공모함 3척, 핵추진 탄도미사일 잠수함 5척, 핵추진 공격용 잠수함 7척, 디젤-전기 추진 잠수함 55척을 보유하고 있다. 또 중국 최초의 항공모함인 랴오닝함은 2011년부터, 두 번째 항공모함인 산둥함은 2018년부터 실전 배치되어 운용되고 있다. 세 번째 항공모함인 푸젠함은 2022년에 진수되어 2026년 실전 배치를 앞두고 있다. 이 외에도 2035년까지 두세 척을 추가로 더 건조할 계획이다. 총 350척의 군함을 보유한 중국은 중국해를 장악하여 봉쇄한 후 그곳을 사실상 '중국의 호수'로 만들고자 한다. 이를 통해 미국 세력을 괌과 마리아나 제도를 잇는 선 너머, 즉 저 멀리 공해상으로 밀어내겠다는 구상이다. 이를 위해 중국은 자신들의 상업적, 군사적 이해관계의 중심에 있는 전략적 해역을 자국의 영토로 편입시키고자 한다. 하지만 일본, 필리핀, 말레이시아, 브루나이, 베트남 또한 해당 지역에 대한 영유권을 주장하고 있다.

남중국해,
국제법보다는 무력이 앞서는 곳

남중국해는 면적이 350만 제곱킬로미터에 달하는 거대한 해역으로 연간 약 10만 척의 선박들이 지나간다. 이 선박들은 세계 2위

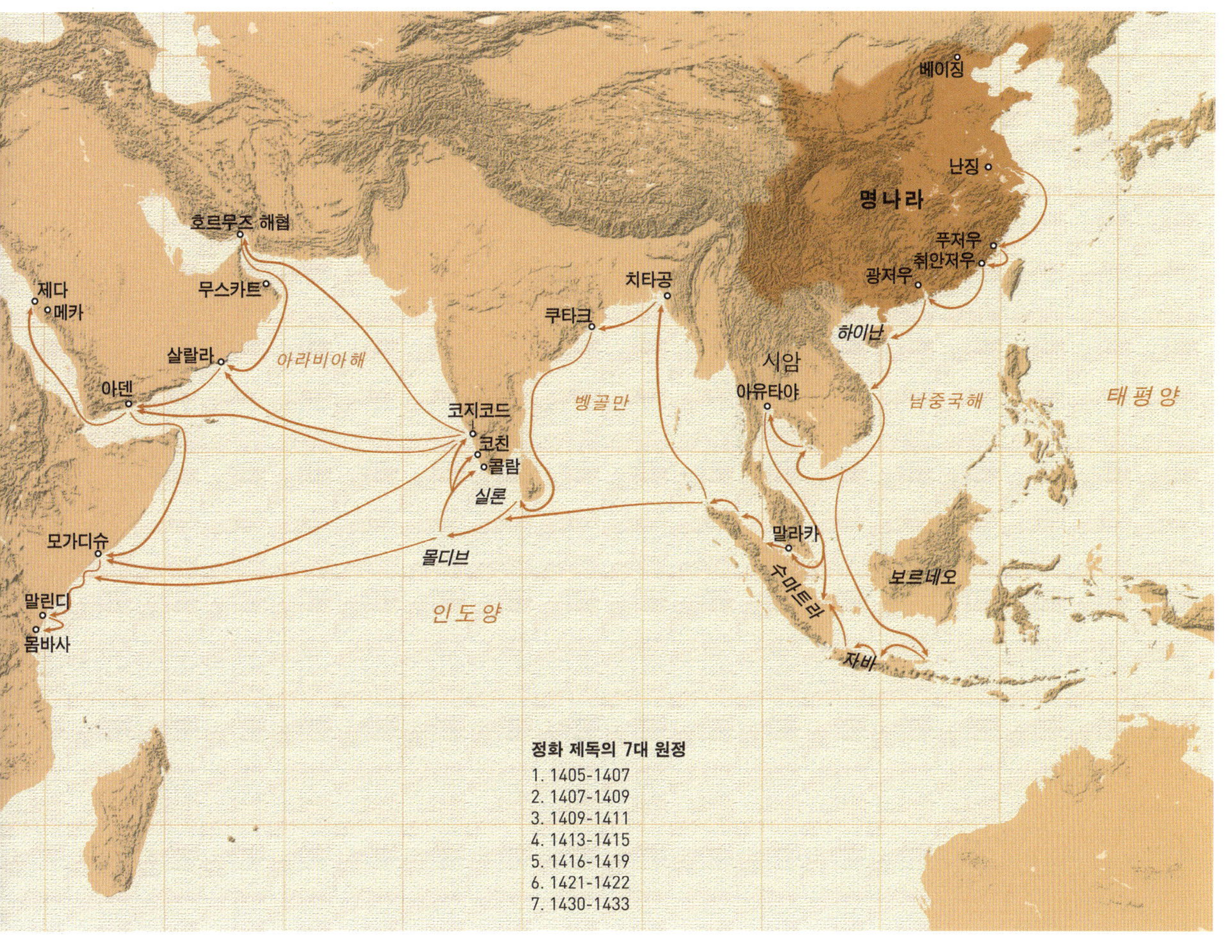

의 경제 대국인 중국에 필수적인 에너지와 광물 등의 자원을 싣고 중국으로 향하거나 중국의 수출품을 싣고 유럽이나 아메리카 대륙으로 향한다. 하지만 1982년에 유엔해양법협약이 규정한 배타적 경제수역의 경계는 오늘날 남중국해에서는 더 이상 절대적인 기준으로 받아들여지지 않는다. 따라서 남중국해는 여러 국가의 이해관계가 복잡하게 얽힌 분쟁의 대상이 되고 있다. 실제로 베트남, 필리핀, 브루나이, 인도네시아는 이 지역의 특정 섬들에 대한 영유권을 내세우며 더 넓은 배타적 경제수역을 주장하고 있다.

한편 중국은 배타적 경제수역이라는 원칙 자체에 의문을 제기하면서 자국만의 고유한 지도와 기준을 공공연히 내세워 왔다. 이에 따르면 중국의 주권적 권리는 소의 혀 모양을 닮은 일명 '10단선'을 따라 확장된다는 것이다. 하지만 중국 영토의 5분의 1에 준하는 200만 제곱킬로미터의 이 해역은 다른 연안국들의 배타적 경제수역 중 일부와 국제수역과도 겹친다. 오늘날 중국은 주로 무인도로 이루어져 있으나 엄연히 인근 국가의 영토인 이곳 남중국해의 여러 섬과 환초를 필요하다면 무력을 동원해서라도 먼저 점령한 뒤 이를 자국 영토라고 규정한다. 이후 그것을 근거로 주변 해역에 대한 권리까지 주장한다. 이를 '기정사실화 전

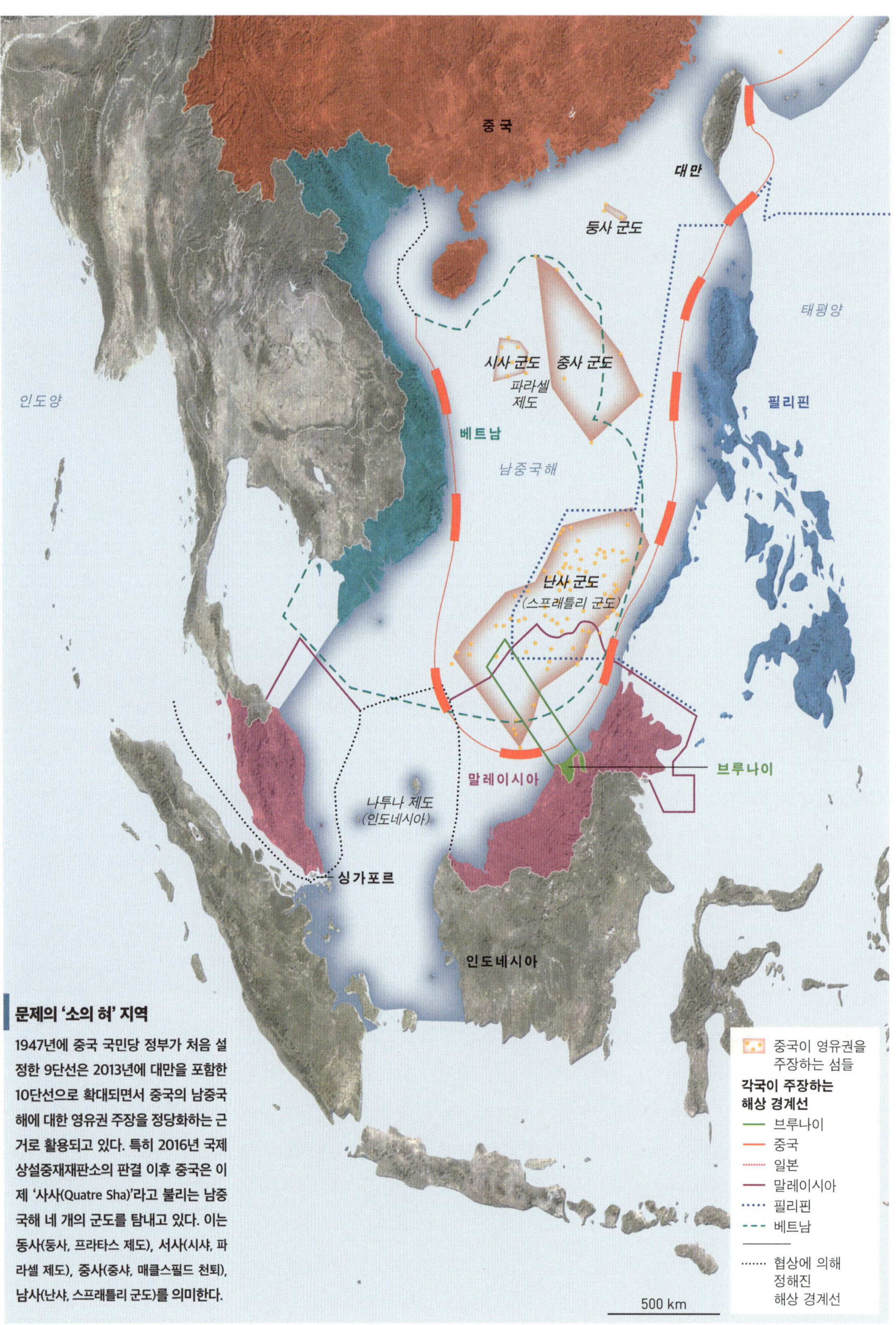

문제의 '소의 혀' 지역

1947년에 중국 국민당 정부가 처음 설정한 9단선은 2013년에 대만을 포함한 10단선으로 확대되면서 중국의 남중국해에 대한 영유권 주장을 정당화하는 근거로 활용되고 있다. 특히 2016년 국제상설중재재판소의 판결 이후 중국은 이제 '사사(Quatre Sha)'라고 불리는 남중국해 네 개의 군도를 탐내고 있다. 이는 동사(둥사, 프라타스 제도), 서사(시샤, 파라셀 제도), 중사(중샤, 매클스필드 천퇴), 남사(난샤, 스프래틀리 군도)를 의미한다.

략'이라고 한다. 중국은 이러한 방식을 통해 자국의 배타적 경제수역을 확장하는 전략을 펼치고 있다.

중국식 영토 확장 매뉴얼

중국이 기정사실화 전략을 본격적으로 펼치기 시작한 첫 사례는 파라셀 제도다. 1974년에 미국이 남베트남에서 철수하는 틈을 타 중국은 파라셀 제도에 주둔하고 있던 소수의 베트남군에게 폭격을 가한 뒤 그 섬들을 병합했다. 그 다음 1987년에는 베트남, 말레이시아, 필리핀, 대만이 영유권을 주장하거나 일부 점유하고 있는 스프래틀리 군도를 노렸다. 이때 중국은 유네스코를 방패삼아 해수면 관측 임무를 수행한다는 구실을 내세워 스프래틀리 군도의 피어리크로스 암초에 해양 관측소를 건설했다. 하지만 이 암초는 당시만 해도 평소에는 바닷물에 잠겨 있고 썰물 때만 바위 두 개가 겨우 수면 위로 보이던 곳이었다. 중국은 해양 관측소를 과학 연구용 시설이라고 내세우고 있지만 실제로는 분쟁 해역에 먼저 시설을 설치해 사실상의 점유 상태로 만들어 이를 바탕으로 해당 지역에 대한 영유권과 배타적 경제수역을 주장하려는 기정사실화 전략을 쓰고 있는 것이다.

중국의 이러한 강제 점령은 계속해서 이어졌다. 필리핀의 배타적 경제수역 안에 위치한 사우스 존슨 암초를 병합했고 베트남의 신코우섬에 대한 병합도 시도했다. 1994년에는 필리핀의 미스치프 암초가 중국의 품으로 들어갔다. 마지막으로 2012년에는 스카버러 암초를 공략했다. 필리핀의 배타적 경제수역 안에 있는 스카버러 암초 주변을 봉쇄해 필리핀 선박의 접근을 막으면서 이 지역을 사실상 장악한 것이다. 이곳은 썰물 때에만 높이 3미터 정도의 작은 섬 두 개가 모습을 드러내는 매우 작은 암초다.

자신들의 영유권 주장을 더욱 공고히 하기 위해 중국은 2013년부터 특히 피어리크로스, 수비, 미스치프 등 자국이 통제하고 있는 여러 암초에서 대규모 간척 사업을 벌이고 있다. 그들은 환경 규제는 아예 무시한 채 바다 위의 작은 바위에 불과하던 곳들을 거대한 인공섬으로 탈바꿈시켰다. 중국은 이 인공섬들에 길이 3킬로미터에 달하는 활주로, 군사기지, 자국 해군이 정박할 수 있는 항만 등의 시설까지 건설했다. 현재 이들 섬의 상당수는 중국의 행정 구역 체제에 편입되어 법적으로나 행정적으로 중국 영토처럼 관리되고 있다. 중국에 비판적인 이들은 이들 인공섬을 가리켜 '모래로 만든 만리장성'이라고 비꼬아 말한다.

이처럼 섬과 암초를 직접 점령하는 방식 외에도 중국은 대규모 어선단을 활용해 일부 작은 섬들을 '사실상' 점거하는 전략도 사용하고 있다. 그 대표적인 사례가 필리핀의 후안 펠리페 암초다. 중국은 이곳에 다수의 자국 어선을 상시로 보내 어민들을 계속 머물게 함으로써 실질적인 지배 상태를 만들고 해상 민병대와 해경을 동원해 그곳에 있는 자국 어민들을 보호하고 있다.

반격의 어려움

남중국해의 연안 국가들이 이런 중국의 행보를 마냥 두고만 보고 있는 것은 아니다.

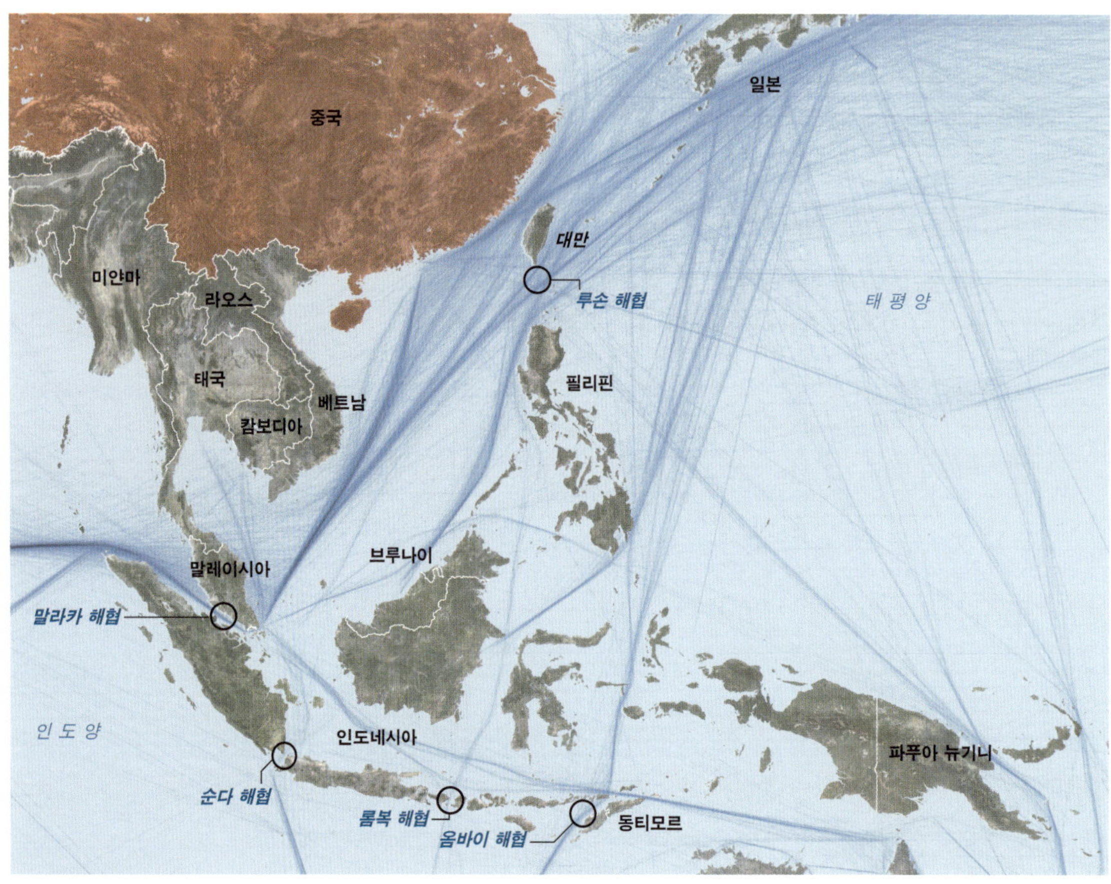

중국의 바다는 왜 답답한가

중국은 해안선이 4천 킬로미터에 달할 정도로 길지만 지리적 조건상 곧바로 공해나 인도양, 태평양으로 나갈 수 있는 항로가 없다. 이 때문에 중국의 해상 통제 능력은 제한될 수밖에 없는데, 특히 남중국해의 하이난섬에 주둔한 함대 운용에도 제약이 따른다. 중국 군함이 하이난섬에서 대양으로 나가려면 반드시 다섯 개의 해협을 통과해야 하기 때문이다.

그러나 중국의 압도적인 해군력 때문에 그 어떤 국가도 본격적인 군사적 대응에는 나서지 못하고 있다. 동남아시아의 강국인 인도네시아는 중국이 주장하는 이른바 9단선의 직접적인 영향권에서는 비교적 벗어나 있지만 막대한 천연가스가 매장된 나투나 제도를 둘러싼 잠재적 영토 분쟁에 대비해 해당 지역의 군사력을 대폭 강화했다. 한편 필리핀이 국제상설중재재판소(PCA)에 제소한 사례처럼 일부 국가들이 시도한 법적 대응도 실질적인 효과를 거두지 못하고 있다. 중국은 2016년 해당 재판소가 필리핀의 주장을 받아들여 중국의 남중국해 영유권 주장에 법적 근거가 없다고 판결했음에도 이를 인정하지 않았다. 이 판결은 또한 남

중국해의 많은 암초와 환초는 사실상 사람이 살 수 있는 곳이 아니기 때문에 국제법상 '섬'에 해당하지 않는다고 판단했다. 따라서 그 어떠한 국가도 이러한 암초나 환초를 근거로 배타적 경제수역을 주장하는 것은 불가능하다는 점을 분명히 했다.

남중국해에 대한 중국의 영유권 주장이 특히 문제가 되는 이유는 중국이 이 해역을 항해하는 외국 군함들에게 중국 해군이나 해경 선박의 동행을 강요하고 있기 때문이다. 하지만 이는 배타적 경제수역 안에서는 군함을 포함한 모든 선박이 자유롭게 항해할 수 있도록 보장한 유엔해양법협약에 위배된다. 그런데 역설적이게도, 중국은 2015년 이후 바로 이 '항행의 자유' 원칙 덕분에

급속한 경제 성장을 이루어 왔다. 자유로운 해상 운항이 보장되었기에 중국의 무역선과 어선들은 전 세계 바다로 진출할 수 있었고 그 결과 오늘날 수천 척의 선박을 운영하는 세계 최대의 원양 어업 국가이자 무역 강국이 된 것이다.

하늘에서도 중국의 눈치를

앞으로 중국은 이미 동중국해에서 그랬던 것처럼 남중국해 상공에 대해서도 한층 강화된 통제를 시행할 것으로 보인다. 미국은 중국이 남중국해 상공을 자국의 관할 구역처럼 관리하려는 그 어떠한 시도도 용납하지 않겠다고 이미 경고했다. 그러나 실제로 민간 항공사들이 어떤 선택을 할지는 여전히 불확실하다. 과거 동중국해의 경우에는 항공사들이 중국이 요구한 사전 비행 허가 절차를 대부분 수용했으며 현재 일부 항공사는 정치적 논쟁을 피하기 위해 아예 해당 구역을 피해 우회 비행을 하고 있다.

대만이라는 섬의 무게

20만 병력을 보유한 대만은 중국의 영토 확장주의 영향을 가장 직접적으로 받는 곳이다. 1992년 이후 두 나라의 관계는 대만의 독립 선언도 중국의 무력 침공도 없는, 이른바 '현상 유지' 상태에 머물러 있다. 하지만 시진핑 집권 이후 중국은 대만을 흡수하겠다는 의지를 분명히 표명하고 있다. 이에 대해 대만 당국은 자국의 기반시설을 현대화하는 것에 그치고 있다. 왜냐하면 전면적인 군사력 강화는 중국 눈에 공격적 행위

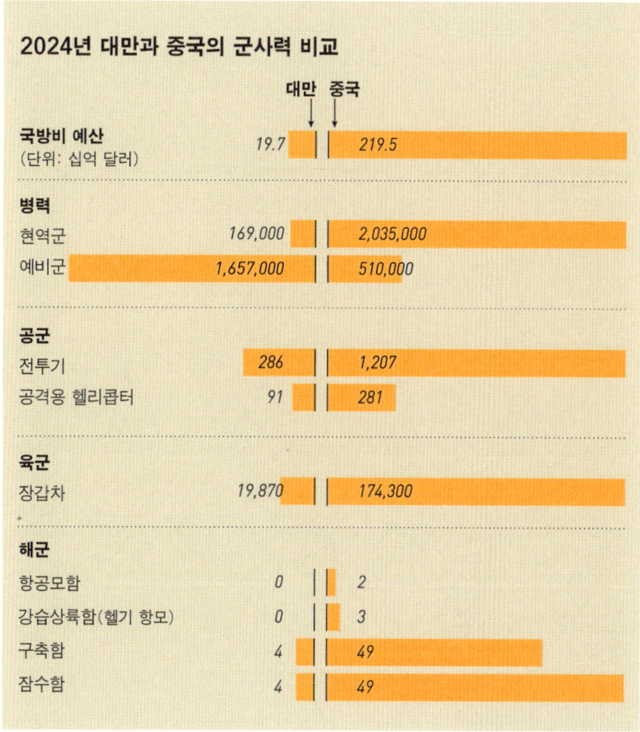

로 비칠 수 있기 때문이다. 대만 국민들은 만약 중국이 공격한다면 피난 갈 곳이 없다는 점을 잘 알고 있다. 러시아-우크라이나 전쟁에서 우크라이나 국민들이 육상 국경을 넘어 이웃 나라 폴란드나 몰도바로 탈출했던 것과 비교하면 섬에서의 전쟁은 대륙에서의 전쟁과는 매우 다르기 때문이다. 그럼에도 대만은 자국이 직접 설계하고 건조한 최초의 잠수함을 2023년 9월 28일 공개하면서 이를 통해 자신들의 혁신 역량과 연구개발 능력을 과시했다. 궁극적으로 대만은 미사일 탑재 잠수함 10척을 보유하는 것을 목표로 하고 있다. 이는 중국이 전투기와 군함을 동원해 대만을 압박하는 것 외에도 이제는 국경 주변에까지 드론을 배치하고 있기 때문이다.

2024년 5월 대만의 라이칭더 신임 총통은 취임 연설에서 중국에 '정치적, 군사적

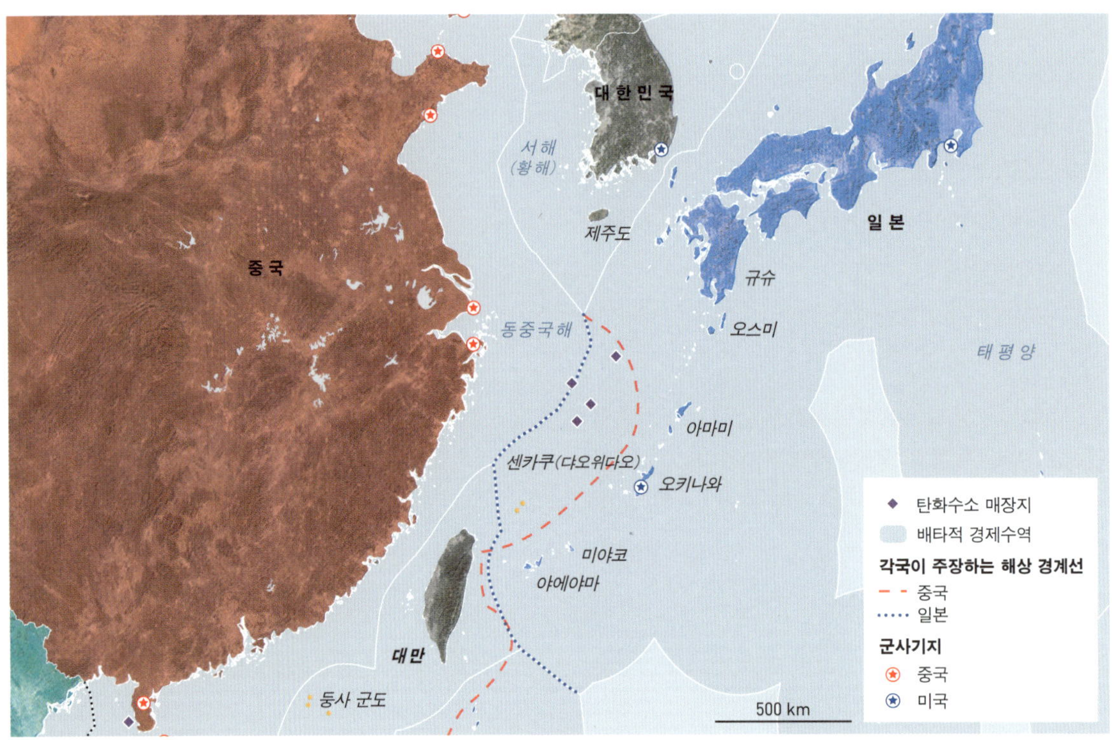

위협을 중단할 것'을 촉구하는 동시에 '상호 이해를 위해' 중국과 협력할 준비가 되어 있다고 밝혔다. 그러나 중국의 압박은 오히려 계속되고 있다. 중국 군용기들은 대만해협의 중간선을 반복적으로 넘나들며 무력 시위를 벌이고 있고 베이징 정부는 대만 독립을 주장하는 인사들을 '분리주의자'로 규정해 사형까지 언급하면서 위협하고 있다. 이에 대한 대만 정부의 대응은 단호하다. 한마디로 "중국은 대만에 대해 그 어떠한 법적 권한도 없다"는 것이다.

대만해협, 전 세계가 개입한 바다

대만은 미국의 동맹국인 필리핀, 일본, 한국, 오스트레일리아 등 주변 국가들의 지원을 기대할 수 있다. 최근 미국은 필리핀 정부와의 합의를 통해 필리핀 영토 내 군사기지에 시설 확충을 위한 자금을 지원하는 대신 미군이 해당 기지를 공동으로 사용할 수 있는 권한을 확보했다. 이로써 미국은 중국과 인접한 지역에서 군사적 타격 능력을 한층 강화하게 되었다.

이 지역에서 중국의 주요 경제 라이벌인 일본은 중국이 2013년 새로운 해양 지도를 발표하며 일본의 센카쿠 열도(중국어로는 댜오위다오)를 중국 영토라고 주장한 이후부터 치열한 군비 경쟁에 뛰어들었다. 중국은 이 열도에 대한 영유권을 주장하며 일본 영해에 자국 함정을 정기적으로 보내고 있는데 베이징 당국은 이를 정당한 행동으로 본다. 이에 대응해 일본은 2016년에 제9항공단을 창설하고 아마미오시마에 치안 부대를 배치했으며 2019년에는 미야코지마에도 추가로 부대를 배치했다. 2023년 봄에는 일본과 한국이 제2차 세계대전과 일본의 한반도 식민 지배가 종식된 지 80여 년 만에 관계 정상화를 꾀했다. 과거 적대관계였던 두 국가는 아시아–태평양 지역에서 중국의 세력 부상과 북한의 핵 위협에 맞서 협력 국면으로 전환했다.

대만해협을 중심으로 한 이 해역에는 프랑스, 캐나다, 독일 등도 군용 항공기와 군함을 파견해 미국과 그 동맹국들이 중국을 견제하는 데 군사적으로 힘을 보태고 있다. 이곳에서 중국과 미국이 세계 패권을 두고 벌이는 힘겨루기는 현실이 되었고 그 경쟁의 주요 무대는 바로 '바다'다.

현대화를 재빠르게 추진했고 그 결과 세계 2위 규모의 함대를 보유하게 됐다. 이는 이 지역 국가들의 군비 경쟁을 부추기는 계기가 되었다. 하지만 연간 국방 예산이 이웃 국가들의 군사비를 모두 합친 것보다 2배 이상에 달하는 중국은 훌쩍 앞서나가며 이 지역에서 부인할 수 없는 패권 국가로 자리 잡았다. 중국 해군과 해양력의 이러한 눈부신 성장은 일부 서방 군사 전략가들을 긴장시키고 있다. 이들은 서구가 어떤 대가를 치르더라도 '반드시 바다에서 우위를 유지해야' 중국을 계속 견제할 수 있다고 한목소리를 내고 있다.

바다에서의 대결, 미국의 봉쇄와 중국의 돌파

중국의 패권 야망에 맞서 미국은 일본에 5만 명의 병력을 배치하고 있는데 주로 요코스카 기지에 상주한다. 아시아를 점령했던 일본 제국이 1945년에 무너지면서 이 지역 바다를 수호하는 경찰 역할은 미국이 담당하게 됐다. 미국은 1949년에 중국에서 공산주의 정부가 수립되자 중국의 영향력이 확대하는 것을 막기 위해 노력해 왔다. 또 냉전, 한국전쟁, 베트남전쟁 등 갈등이 일어날 때마다 '이중 방어선'을 구축하거나 강화해 왔다. 그중 하나는 제7함대의 본부가 있는 요코스카에서 시작해 미국령 괌을 거쳐 오스트레일리아 기지까지 이어지는 방어선이며, 다른 하나는 일본에서 시작해 대만, 필리핀, 싱가포르, 나아가 중앙아시아까지 이어지는 방어선이다.

중국은 미국의 봉쇄 전략에 맞서 해군의

대만,
수세기에 걸쳐
탐욕의 대상이 되어온 섬

지난 2천 년 동안 대만은 다양한 외국 세력의 영향을 받아왔다. 실제로 중국과의 역사적 연관성도 존재한다. 중국 측 기록에 따르면 서기 239년에 중국인들이 대만을 최초로 탐사했다는 내용이 남아 있다. 오늘날 중국은 이 기록을 근거로 대만에 대한 영유권 주장을 하고 있다. 중국에 이어 유럽 국가들도 연달아 대만에 상륙했다. 가장 먼저 도착한 포르투갈은 이곳에 포모사('아름다운 섬'이라는 뜻)라는 이름을 붙였다. 다음으로 스페인이 왔고, 1642년에는 네덜란드 동인도회사가 상륙하면서 쌀과 설탕을 재배하기 위해 중국인 노동자들을 대만으로 이주시켰다.

하지만 1662년에 명나라 군대의 우두머리였던 정성공이 2만 5천 명의 병사와 1천 명의 학자를 이끌고 와서 이 섬을 중국화하면서 네덜란드인들을 쫓아냈다. 이는 역사상 최초의 '서구 식민지 해체'였다. 정성공 이후 대만은 중국의 지배 아래 들어갔지만 독립된 행정 단위는 아니었다. 대신 중국 연안의 푸젠성이 멀리서 대만을 관할하며 통치했다. 그러나 1895년 시모노세키 조약으로 대만은 잠시 일본에 넘어갔고 일본은 대만을 동남아시아에서 해군력을 확장할 수 있는 거점으로 삼았다.

1945년에 다시 중국으로 반환된 대만은 1949년 중국 본토에서 벌어진 내전에서 공산당이 승리하자 국민당과 그 수장인 장제스의 피난처가 되었다. 1950년 3월 1일 장제스는 중화민국(대만)의 총통이 되었다. 1975년 그의 사망 이후에도 대만의 지위는 변하지 않았다. 대만은 이후 모범적인 민주주의 국가로 발전해 왔다. 하지만 홍콩과 마카오를 다시 손에 넣은 중국은 오늘날 대만까지 흡수하겠다는 분명한 의지를 보이고 있다. 이러한 정치적, 군사적 갈등에도 불구하고 중국(그리고 홍콩)은 여전히 대만의 최대 무역 파트너다. 아세안과 미국이 그 뒤를 잇는다.

대만은 태평양의 극동 지역과 유럽을 잇는 항로, 동남아시아와 동북아시아를 연결하는 남북 항로, 그리고 오스트레일리아와 뉴질랜드로 향하는 항로가 모두 지나는 전략적 요충지에 위치해 있다. 이 때문에 환적 작업에 매우 유리한 조건을 갖추고 있어 전 세계 선박들이 대만의 가장 중요한 항구인 가오슝으로 몰려든다.

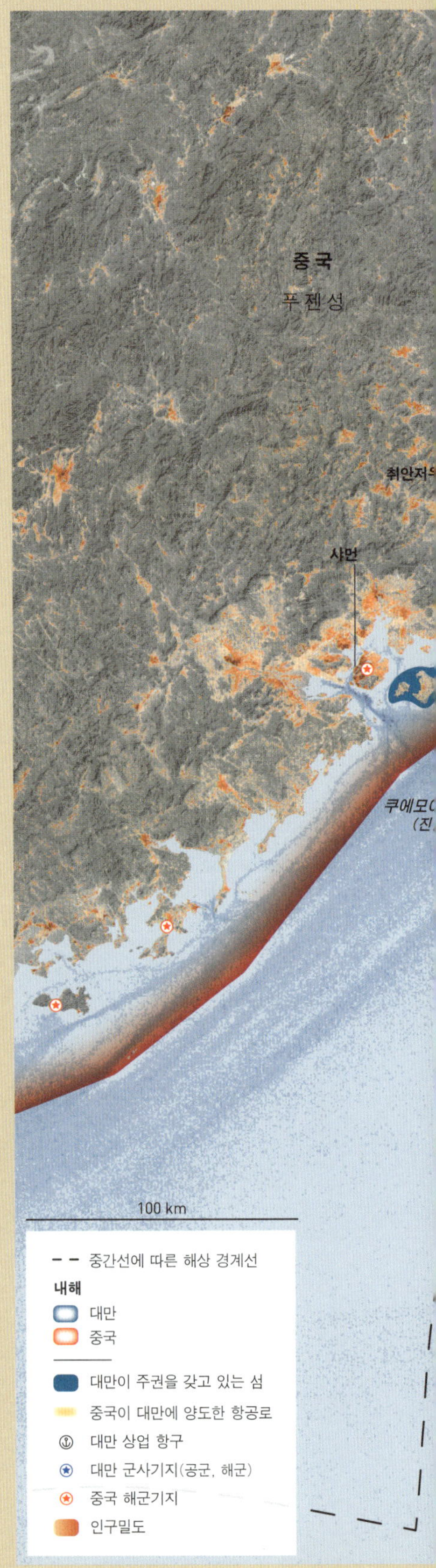

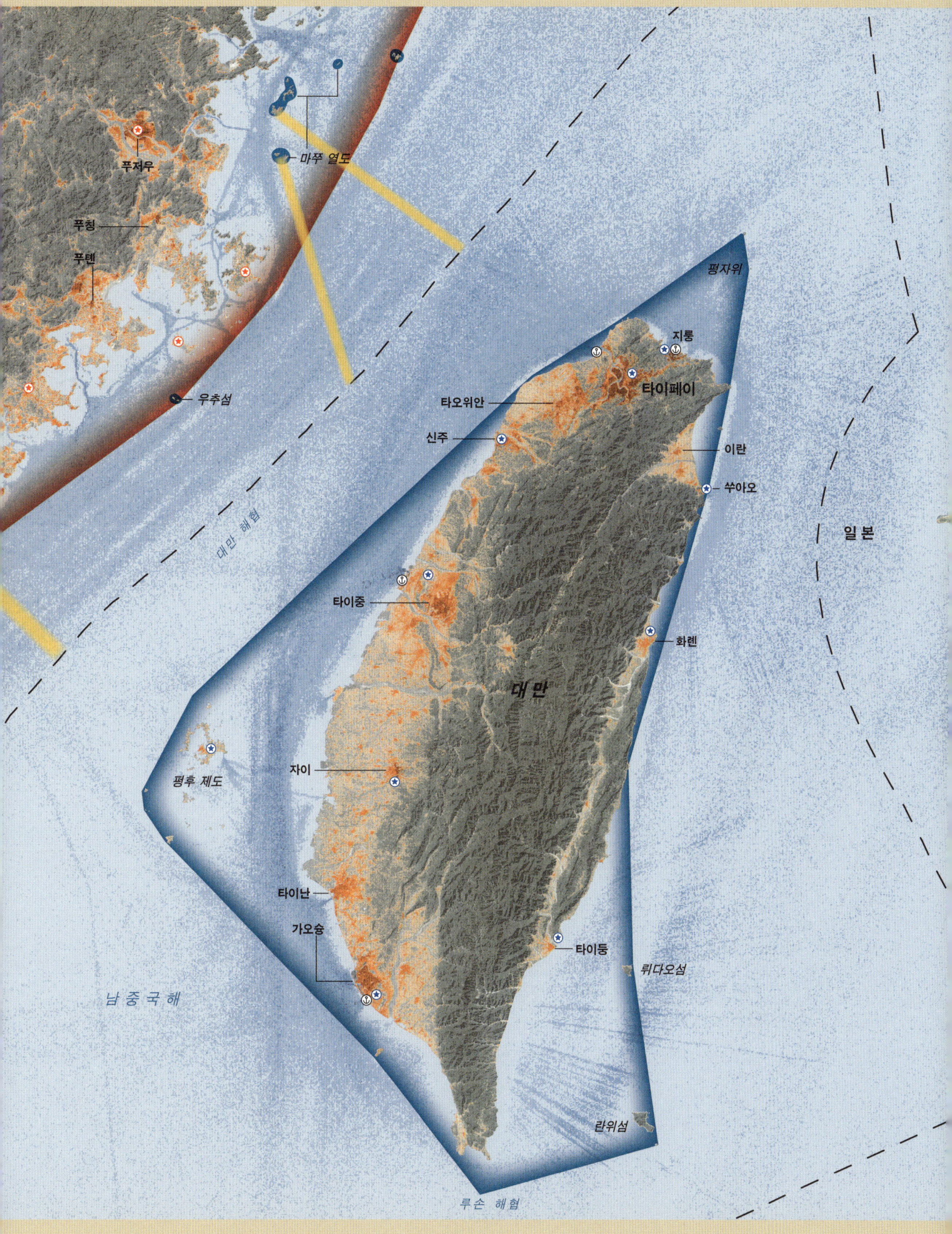
푸저우
마쭈 열도
푸칭
푸톈
우추섬
대만 해협
평자위
지룽
타오위안
타이페이
신주
이란
쑤아오
일본
타이중
화롄
대만
평후 제도
자이
타이난
가오슝
타이둥
뤼다오섬
남 중 국 해
란위섬
루손 해협

17

열일곱 번째 경유지,
뉴칼레도니아

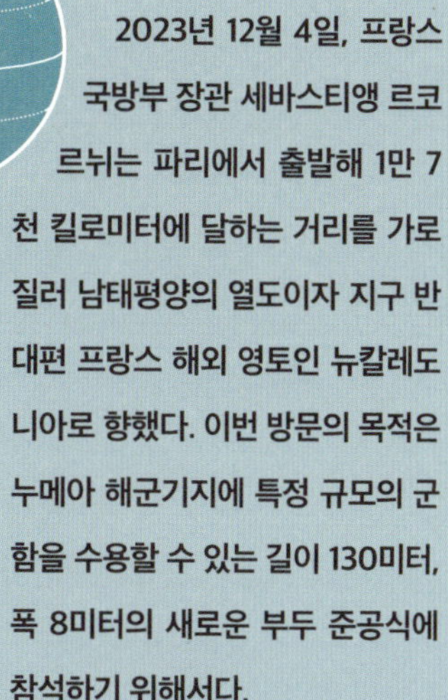

2023년 12월 4일, 프랑스 국방부 장관 세바스티앵 르코르뉘는 파리에서 출발해 1만 7천 킬로미터에 달하는 거리를 가로질러 남태평양의 열도이자 지구 반대편 프랑스 해외 영토인 뉴칼레도니아로 향했다. 이번 방문의 목적은 누메아 해군기지에 특정 규모의 군함을 수용할 수 있는 길이 130미터, 폭 8미터의 새로운 부두 준공식에 참석하기 위해서다.

프랑스는 21세기의 핵심 지역으로 떠오른 인도-태평양 지역에서 전략적 영향력과 해양력을 강화하기 위해 뉴칼레도니아에 주력하고 있다. 하지만 이곳 주민들이 모두 프랑스의 이런 야망에 동의하는 것은 아니다. 실제로 뉴칼레도니아는 정체성으로 인한 갈등이 끊이질 않는 곳인데 특히 2024년 5월과 6월에는 그로 인한 긴장이 극에 달했다. 뉴칼레도니아의 선거 제도와 관련한 프랑스 헌법 개정안 발의에 맞서 섬 전체가 폭력 사태로 들끓게 된 것이다. 문제가 된 개정안의 주요 내용은 지방선거에서 뉴칼레도니아에서 태어난 사람과 최소 10년 이상 이곳에 거주한 사람들 모두에게 투표권을 부여하자는 것이었다. 개헌에 반대하는 측, 즉 이곳에서

태어나지 않은 유럽 이주민들에게도 투표권을 주자는 의견에 반대하는 측은 이를 뉴칼레도니아의 독립을 주장하는 세력(카나크 원주민)의 정치적 영향력을 줄이려는 시도로 보았다. 실제로 과거 뉴칼레도니아에서는 프랑스로부터 독립을 할지 혹은 프랑스에 계속 잔류할지의 여부를 묻는 세 차례의 주민투표가 시행되었는데 세 번 모두 잔류를 원하는 쪽이 우세한 것으로 나타났다.

그럼에도 이 지역에서 프랑스의 존재는 논쟁의 대상이 되고 있는데 중국은 이러한 분위기를 오히려 반기고 있다. 중국은 뉴칼레도니아가 보유한 막대한 니켈 매장량에 큰 관심을 보이고 있다. 또한 프랑스령 폴리네시아처럼 뉴칼레도니아에도 많은 자국민을 두고 있다. 뉴칼레도니아의 원주민인 카나크족과 폴리네시아계 일부 원주민들은 여전히 식민지 시대와 다르지 않은 삶을 살고 있다고 느끼는데 중국은 그 때문에 그들이 자신들의 반서구적 담론에 공감하고 있다고 판단한다. 따라서 홀로 이 지역을 차지하고 싶은 중국에게 프랑스의 존재와 영향력은 여간 달갑지 않다.

남태평양,
반서구적 담론으로
틈새를 비집고 들어가는 중국

뉴칼레도니아는 1998년 5월 5일 체결된 '누메아 협정'에 따라 특별한 지위를 부여받은 프랑스의 해외 영토다. 이 협정은 같은 해 11월 8일 실시된 주민투표를 통해 승인되었다. 뉴칼레도니아는 프랑스 본토에서 약 1만 7천 킬로미터 떨어져 있으며 오스트레일리아 해안에서는 동쪽으로 2천 킬로미터 정도 떨어져 있다. 프랑스령 폴리네시아와 왈리스 푸투나와 함께 남태평양에 있는 세 개의 프랑스 해외 영토 중 하나다. 총면적은 1만 9천 제곱킬로미터로 인구 27만 명이 거주하고 있다. 하지만 인구밀도는 1제곱킬로미터당 14명에 불과할 정도로 매우 낮고 전체 인구 중 4분의 3이 수도인 누메아가 위치한 그랑드테르섬 남부 지역에 밀집해 있다. 누메아 항구는 2023년 기준 물동량 450만 톤을 기록하며 프랑스 해외 영토 중에서 가장 중요한 항구로 평가되고 있다.

원주민과 이주민이 혼합된 인구 구성

뉴칼레도니아 인구의 41퍼센트는 카나크족이 차지하는데 이들은 주로 로열티 제도, 일데팽, 벨렙을 중심으로 분포하며 그랑드테르섬에서는 북부 지역과 동쪽 해안가에 주로 거주한다. 유럽계 주민은 인구의 24퍼센트를 차지하는데 19세기에 이곳에 정착한 프랑스 식민 개척자들의 후손인 칼도슈(Caldoches)도 포함된다. 이들은 특히 누메아에 많이 거주한다. 이 두 그룹 외에도 왈리스 푸투나인(인구의 약 8퍼센트를 차지), 폴리네시아인, 바누아투인 등 오세아니아계 인구와 인도네시아 및 베트남 출신의 아시아계 인구도 있다. 한편 인구의 11.3퍼센트는 자신을 여러 공동체에 속한 혼혈로 규정하고 있다. 또한 약 7.5퍼센트의 인구는 스

스로를 '뉴칼레도니아인'이라고 정의하며 자신의 정체성을 단순히 민족적 기준으로만 규정하는 것을 거부한다.

프랑스 유배지에서 자치 지역으로

카나크족의 조상은 동남아시아와 뉴기니 일대에서 기원한 여러 집단이 만나면서 형성되었다. 기원전 1,000년경 비스마르크 제도에서 온 오스트로네시아어족 사람들이 그랑드테르섬과 로열티 제도에 자리 잡았는데 카나크족은 이들의 후손이다. 그들은 처음에는 바다에 의존해 생활하다가 점차 농업을 발전시켜 나갔다.

유럽의 탐험가들이 이 섬을 발견한 것은 18세기 말이었다. 1774년 9월 4일 영국의 제임스 쿡 선장이 그랑드테르섬 북쪽 해안에 처음 상륙했다. 이곳 해안가의 모습은 그에게 스코틀랜드를 연상시켰다. 그래서 스코틀랜드의 라틴어 이름인 '칼레도니아'를 본떠 이곳에 '뉴칼레도니아'라는 이름을 붙였다. 이후 프랑스의 앙투안 당트르카스토와 쥘 뒤몽 뒤르빌 등을 비롯한 수많은 탐험가들이 이 지역을 탐사했다.

19세기 중반에는 고래잡이 선박들이 드나들기 시작하면서 이곳에 거점을 마련했고 이후 1853년 9월 24일에 프랑스가 공식 점령했다. 당시 프랑스의 목표는 태평양에서 군사적, 상업적 이익을 확보하는 것이었다. 이후 유럽인들의 이주가 시작되었는데 초반에는 자유로운 신분의 이주민들이 왔고 나중에는 죄수들이 대거 들어오게 되었다. 1863년에는 이곳에 여러 유형의 유배 감옥이 설치되었다. 그 결과 1897년까지 일반 범죄자들과 알제리 식민 통치에 저항한 알제리인들이 주로 수용되었다. 1872년부

원주민 카나크족

마티뇽 협정을 통해 카나크족의 문화와 관습법의 가치가 인정되었다. 이에 따라 카나크족 사회의 여러 전통 평의회로 구성된 자문기관인 '관습 상원'이 설립되었다. 제도적으로 유일하게 카나크족을 대표하는 교섭 기관인 관습 상원은 8개 전통 지역에서 각각 2명씩 대표를 모아 구성되었다. 이들은 카나크족 정체성과 관련한 모든 법안에 대해 의견을 제시하는 등 자신들의 정체성을 수호하는 데 적극적인 역할을 수행한다.

터는 주로 파리코뮌에 가담한 정치범들이 수용되었다. 당시 총 2만 7천 명의 죄수(그중 알제리인이 2,100명 이상)가 이곳으로 이송되었는데 이들은 도로와 다리를 건설하고 광산에서 일하는 등 식민지 개발에 동원되었다.

한편 현지 원주민인 카나크족은 프랑스인들에 의해 원주민 법의 적용을 받아 보호구역에 강제 수용되었다. 이에 여러 차례 봉기가 일어나기도 했다. 대표적인 예로 1878년 카나크족 지도자 아타이의 주도로 일어났던 봉기와 1917년의 봉기를 들 수 있다. 이들은 혹독한 탄압을 받았음에도 저항을 멈추지 않았다. 그러다 1946년 뉴칼레도니아는 식민지에서 프랑스의 해외 영토로 지위가 변경되었다. 그와 함께 원주민 법은 폐지되었고 카나크족은 완전한 프랑스 시민의 지위를 얻게 되었다.

니켈의 축복과 저주

니켈은 지금도 뉴칼레도니아에서 가장 큰 부의 원천이다. 뉴칼레도니아는 니켈 생산량으로는 세계 3위를, 매장량으로는 세계 5위를 차지한다. 1960년대부터 니켈 채굴이 본격적으로 이루어지면서 뉴칼레도니아의 경제는 호황기를 맞았다. 니켈 관련 산업은 뉴칼레도니아 일자리의 24퍼센트, GDP의 10퍼센트, 그리고 수출의 거의 전부를 차지한다. 하지만 니켈의 국제 가격 변동성이 매우 커 니켈에 의존하는 이곳 경제는 취약한 편이다.

한편 광산에서 일자리를 찾거나 인프라 건설에 투입되기 위해 태평양뿐만 아니라 유럽에서도 새로운 인구가 유입되었다. 이처럼 노동을 위한 이주는 인구통계학적으로도 뉴칼레도니아에 많은 영향을 끼쳤다.

1963년에 실시한 인구조사에 따르면 카나크족은 더 이상 인구의 다수를 차지하지 않게 되었다. 1970년대에 들어 카나크족은 니켈 가격 하락의 여파를 정면으로 맞았고 이로 인해 유럽계 이주민들과의 사회적, 경제적 격차는 더더욱 벌어졌다. 그래서 이 시기에 장 마리 치바우를 중심으로 카나크족 사이에서 민족적 자각이 커지기 시작했다. 그 결과 1975년에는 프랑스로부터 독립을 요구하는 운동이 나타났고 '카나크 해방당'이라는 정당도 만들어졌다.

폭력 사태로 점철된 갈등

1980년대는 카나크사회주의민족해방전선을 중심으로 한 독립주의자들과 자크 라플뢰르를 중심으로 한 반독립 민병대 간의 갈등이 고조되던 시기다. 1988년 프랑스 대통령 선거는 이미 격화된 이 갈등에 불을 붙였다. 폭력 사태는 최고조에 달했고 결국 상황은 우베아섬에서 발생한 동굴 인질 사건으로 최악에 이르렀다. 독립주의 운동가들이 헌병들을 인질로 잡아 감금하자 프랑스 특수부대가 투입되었고 그 과정에서 21명이 목숨을 잃는 비극이 발생한 것이다.

이 사건을 계기로 프랑스의 미셸 로카르 정부는 뉴칼레도니아의 갈등을 해결하기 위해 독립주의자들과 반독립 세력을 상대로 협상에 나섰다. 그 결과 1988년에 '마티뇽 협정'이 체결되었다. 이 협정은 앞으로 10년 동안 과도기를 두고 그 기간 동안 카나크족 공동체가 경제적으로, 정치적으로 보호받을 수 있도록 여러 제도를 마련한다는 내용을 담고 있다. 또한 카나크족의 문화도 공식적으로 인정하기로 했다. 그리고 10년이 지난 뒤에는 뉴칼레도니아가 프랑스로부터 독립할지의 여부를 주민투표로 결정하도록 했다. 마지막으로 경제적, 사회적 불균형을 줄이기 위해 뉴칼레도니아를 세 개 주로 나누어 새롭게 행정 구역을 만들기로 했다.

이 과도기가 끝나면서 1998년 5월에 누메아 협정이 체결되었다. 이 협정은 아직 사회적 평화가 안정적으로 정착되지 못했다는 점을 고려해 프랑스로부터 독립 여부를 묻는 주민투표를 2014년 이후로 미루기로 했다. 또한 프랑스가 맡고 있던 일부 권한을 뉴칼레도니아 쪽으로 조금씩 넘겨주어 자치 수준을 더 확대하도록 했다.

독립을 하느냐,
프랑스에 계속 남느냐

결국 뉴칼레도니아의 미래를 결정하는 첫 번째 주민투표는 2018년 11월에 비로소 실시되었다. 이 투표에서는 프랑스에 남아야 한다는 잔류파가 승리했다. 유권자의 56.67퍼센트가 독립에 반대하는 쪽에 표를 던진 것이다. 비교적 최근인 2020년과 2021년에 이루어진 두 차례 주민투표(누메아 협정은 주민투표 횟수를 3회로 제한함)에서도 독립 반대주의자들의 우세가 드러났다. 다만 지역에 따라 편차는 있었다. 북쪽 지역과 로열티 제도에서는 독립을 찬성하는 의견이 지배적이었지만 남쪽 지역에서는 반대주의자들이 우세했다. 특히 남쪽 지역은 뉴칼레도니아 인구의 75퍼센트가 몰려 있으며 GDP의 56퍼센트를 담당한다.

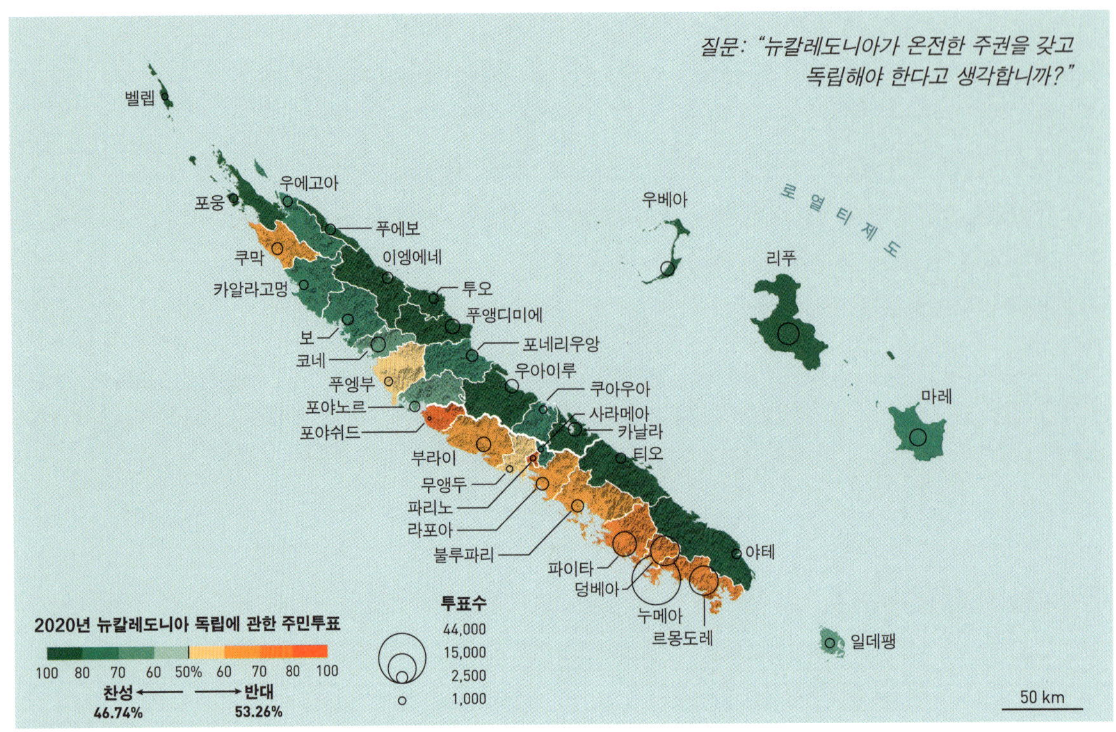

이처럼 정치적, 사회적 갈등이 지속되면서 마지막 주민투표 이후 뉴칼레도니아의 최종 지위를 어떻게 정할지에 대한 협상은 난항을 겪고 있다. 게다가 2024년 프랑스 정부가 제안한 지방선거를 위한 헌법 개정안은 경제적 위기로 고통받는 시기에 공동체 간 갈등까지 한층 더 심화시켰다.

자립하지 못하고 있는 경제

뉴칼레도니아 경제는 여전히 광업, 특히 니켈 산업에 크게 의존하고 있다. 따라서 니켈의 국제 시세 변동에 매우 민감하다. 2023년 한 해에만 니켈 국제 가격이 40퍼센트나 하락했고 여기에 생산비가 낮아 매우 경쟁력 있는 인도네시아 니켈 산업과의 경쟁까지 더해지면서 경제 전체와 일자리에도 큰 타격을 입었다. 어업, 농업, 관광업 등 다른 산업으로 경제를 다각화하려는 정책도 충분한 효과를 내지 못하고 있어 피해가 더 컸다.

이런 이유로 뉴칼레도니아는 프랑스 정부 지원에 크게 의존하고 있다. 실제로 프랑스는 매년 막대한 재정을 투입해 이곳의 발전을 돕고 있다. 이 같은 재정 지원 덕분에 원주민인 카나크족과 백인 이주민 후손인 칼도슈 간의 극심한 격차에도 불구하고 뉴칼레도니아의 1인당 GDP는 약 3만 유로에 달한다. 전체적으로 보면 뉴칼레도니아의 경제 수준은 프랑스 본토에서도 가장 부유한 지역들과 비슷한 수준이며 프랑스의 다른 해외 영토들보다도 훨씬 높은 편이다. 또한 생활 수준은 폴리네시아의 약 2배, 피지의 4배, 1980년에 독립한 바누아투의 13배에 달한다.

프랑스가 남태평양 지역에서
손을 못 떼는 이유

세 차례에 걸친 주민투표 이후에도 뉴칼레도니아가 프랑스에 계속 속하게 되면서 태평양 지역에서 프랑스의 입지가 보다 공고해졌다. 이것은 또한 인도양까지 포함하는 더 넓은 지역, 즉 인도-태평양 지역에서 프랑스가 자국의 이익을 수호하는 데에도 중요한 역할을 한다.

태평양에 있는 프랑스의 해외 영토인 뉴칼레도니아, 프랑스령 폴리네시아, 왈리스푸투나에는 약 55만 7천 명이 살고 있다. 이 해외 영토들이 프랑스에 제공하는 배타적 경제수역은 약 650만 제곱킬로미터에 이르며 그중 뉴칼레도니아만 해도 약 170만 제곱킬로미터를 제공할 만큼 비중이 크다. 이 덕분에 프랑스는 본토를 포함하여 약 1,080만 제곱킬로미터에 달하는 배타적 경제수역을 보유하게 되었는데 이는 미국에 이어 세계에서 두 번째로 큰 규모다.

전략적 및 군사적 측면에서도 이러한 해외 영토들은 프랑스에 큰 의미가 있다. 덕분에 프랑스는 이곳에 상당한 규모의 병력을 배치할 수 있는데 누메아에는 프랑스 병력 약 3천 명이 주둔하고 있고 파페에테에도 약 3천 명이 배치되어 있다. 또한 프랑스는 오스트레일리아, 뉴질랜드와 함께 'FRANZ'라는 협력 체제를 운영하고 있다. 이 체계하에서 세 나라 해군은 남태평양에서 불법 활동을 감시하고 안전을 유지하기 위한 훈련을 함께 시행하고 있다.

프랑스가 이 지역에 주둔하고 관여하는 것은 남태평양 지역이 전략적으로, 경제적으로 매우 중요한 곳이기 때문이다. 이곳은 세계 해상 운송로가 지나가는 길목이고 어업 활동과 광물 자원 개발이 이루어지는 곳이다. 또한 이 해역에서 점점 커지고 있는 중국의 영향력에 맞서기 위한 목적도 있다.

중국,
갈등의 틈새를 공략하다

20세기 말부터 중국은 태평양 지역에서 점점 영향력을 넓혀가고 있다. 2023년 7월에 에마뉘엘 마크롱 프랑스 대통령은 뉴칼레도니아를 방문하면서 중국이 이 지역에서 '점점 더 강한 존재감을 드러내고' 있다고 밝혔다. 중국은 특히 뉴칼레도니아에 매장된 니켈에 관심이 많은데 니켈은 중국의 항공과 방위 산업에 꼭 필요한 자원이다. 중국은 니켈뿐만 아니라 프랑스가 뉴칼레도니아 같은 해외 영토 덕분에 확보한 광활한 배타적 경제수역에도 관심을 보이고 있다.

중국이 뉴칼레도니아에 관심을 갖는 또 다른 이유는 그곳이 태평양 중심부에 위치해 있기 때문이다. 이 해상 항로를 확보하면 남아메리카에서 중국이 채굴하는 리튬을 쉽게 운송할 수 있다. 따라서 중국은 프랑스 지배에 우호적이지 않은 카나크족과 폴리네시아인의 입장을 이용해 이들을 공략하고 있다. 뉴칼레도니아와 프랑스령 폴리네시아에 중국인들이 얼마나 많은지는 말할 것도 없다. 어떤 이들은 중국이 뉴칼레도니아의 독립을 주장하는 정당에 자금을 지원하는 게 아니냐고 의심하기도 한다. 이에 대응해 프랑스 정부는 원주민들에 대한 더욱 세심한 정책을 추진하는 동시에 뉴

칼레도니아가 경제적으로 보다 자립할 수 있도록 지원하고 있다.

인도-태평양 국가들과의 협력

중국이라는 거대한 강대국이 부상하자 프랑스는 2000년대부터 인도, 오스트레일리아와의 관계를 더욱 강화하기 시작했다. 프랑스는 파리 – 뉴델리 – 캔버라를 잇는 전략적 협력축을 만들려 했다. 하지만 2021년 9월 미국, 오스트레일리아, 영국이 중국을 견제하기 위해 오커스라는 새로운 군사 동맹을 결성하면서 외교적 갈등이 발생했다. 이 과정에서 오스트레일리아는 프랑스로부

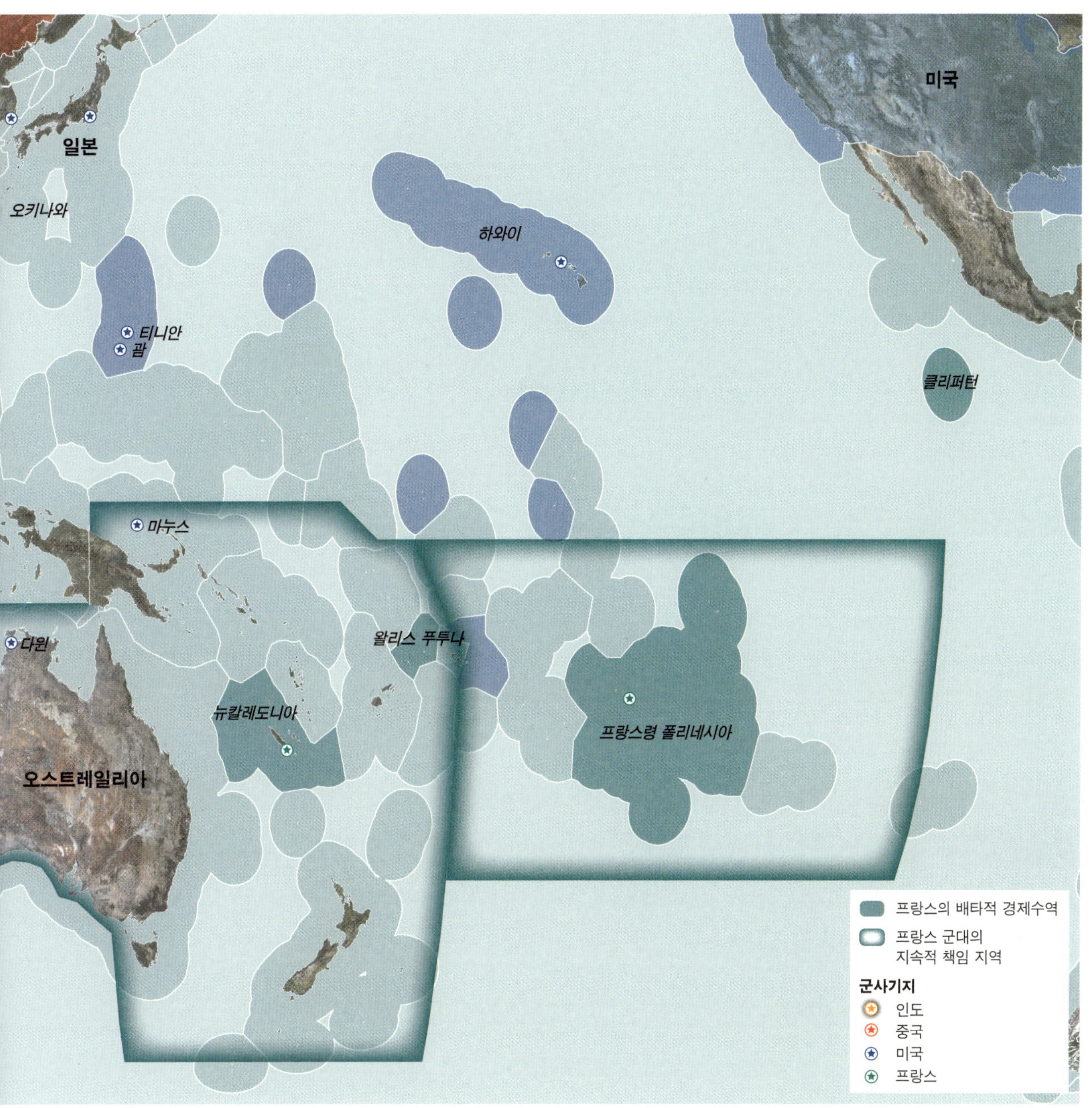

터 잠수함 12척을 구매하기로 한 계약을 취소하고 미국산 핵추진 잠수함을 구입하기로 했는데 이로 인해 프랑스는 큰 타격을 입었다.

반면 프랑스와 인도의 긴밀한 협력은 계속 이어졌다. 인도는 2016년에 프랑스 다쏘 그룹의 라팔 전투기 36대를 약 78억 7천만 유로에 구매했다. 프랑스는 또한 일본, 뉴질랜드, 베트남, 인도네시아 등과 맺은 기존 파트너십을 보다 강화해 인도-태평양 지역에서 자국의 영향력을 유지하려 한다.

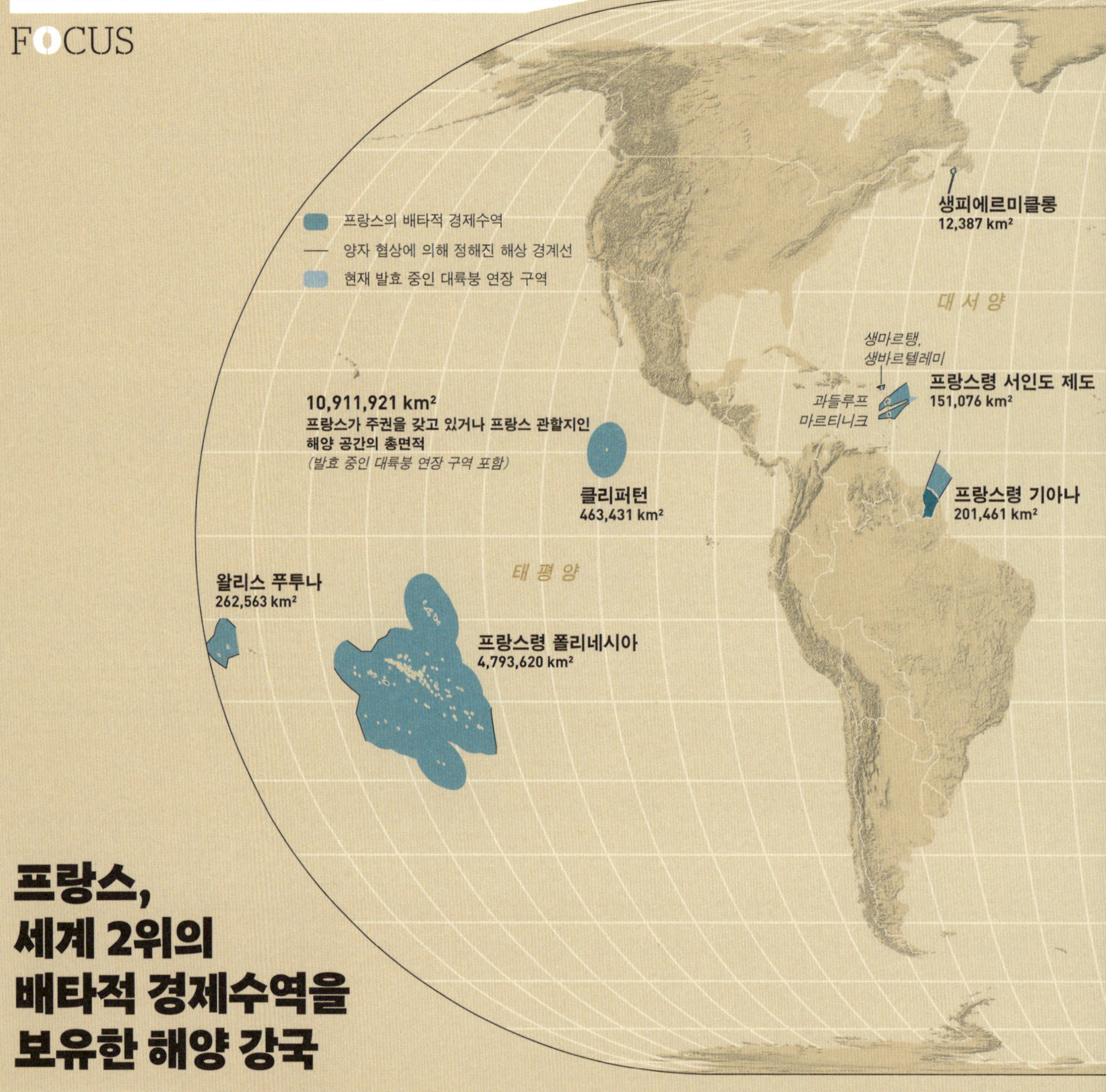

프랑스,
세계 2위의
배타적 경제수역을
보유한 해양 강국

영토 측면에서 프랑스는 커다란 강점을 지니고 있다. 본토에만 국한되지 않고 해외에도 많은 영토를 보유하고 있다는 점이다. 우선 인도양의 레위니옹과 마요트, 카리브해의 과들루프와 마르티니크, 남아메리카의 프랑스령 기아나 등 다섯 곳의 해외 레지옹 및 해외 데파르트망을 보유하고 있다. 여기에 더해 북대서양 뉴펀들랜드 근해의 생피에르미클롱, 프랑스령 서인도 제도의 생바르텔레미와 생마르탱, 태평양의 프랑스령 폴리네시아, 왈리스 푸투나, 뉴칼레도니아 같은 해외 영토들에 대해서도 주권을 가지고 있다. 이 중 뉴칼레도니아는 2021년 12월 주민투표를 통해 프랑스 잔류가 결정되었다. 또한 프랑스령 남방 및 남극 지역(TAAF, 프랑스가 남반구에 가지고 있는 여러 섬과 남극 영토를 묶어서 부르는 호칭)과 사람이 살지 않으며 과학 연구에만 전적으로 활용되는 외딴 섬들도 포함해야 한다.

프랑스는 대서양, 지중해, 영불해협, 북해 등 여러 바다와 폭넓게 접해 있다. 하지만 프랑스가 1,080만 제곱킬로미터에 달하는 세계 2위의 배타적 경제수역을 보유하게 된 것은 본토보다는 해외 영토들 덕분이다. 이는 미국 다음으로 넓고 중국

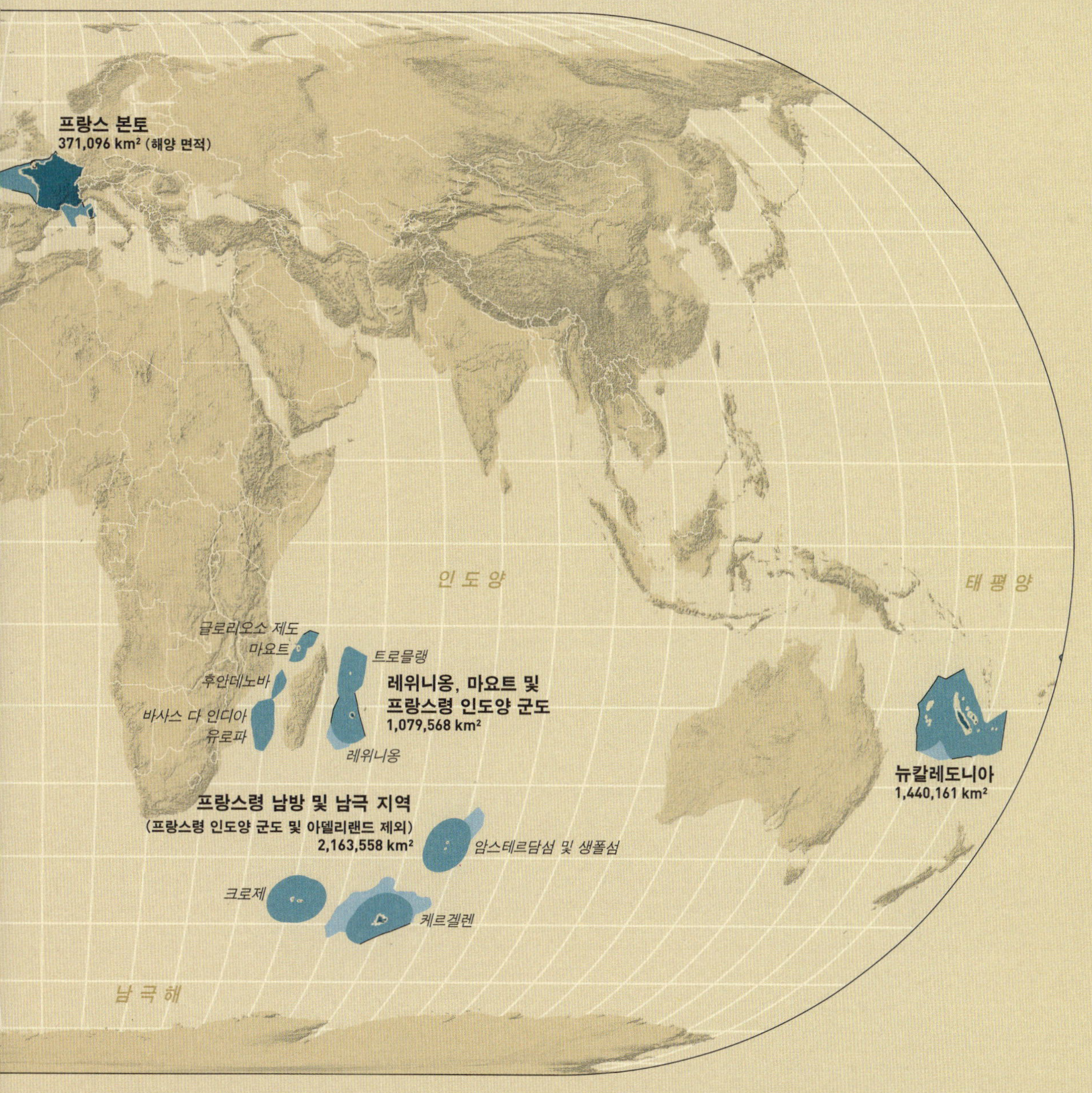

보다는 크다. 프랑스 전체 배타적 경제수역의 97퍼센트는 해외에 위치해 있다. 지난 2015년에는 마르티니크와 과들루프, 프랑스령 기아나를 비롯해 케르겔렌 제도와 뉴칼레도니아 연안의 해역이 추가로 승인되면서 프랑스 전체 배타적 경제수역은 57만 9천 제곱킬로미터가 더 확장되었다. 게다가 프랑스령 폴리네시아에서는 대륙붕까지 포함해 배타적 경제수역을 더 넓히려는 신청 절차가 진행되고 있어서 앞으로 100만 제곱킬로미터 정도 더 늘어날 가능성도 있다.

하지만 프랑스의 해양 경계 설정 문제는 때때로 갈등의 원인이 되기도 한다. 예를 들어 생피에르미클롱의 배타적 경제수역 확장은 석유와 가스가 다량으로 매장되어 있는 해역을 둘러싸고 프랑스와 캐나다 사이에 외교적 갈등을 일으키고 있다. 또한 인도양에서는 모리셔스가 트로믈랭섬과 그 주변 해역에 대한 영유권을 주장하고 있는데 이 섬과 해양 공간은 현재 프랑스가 관리하고 있다.

#18

열여덟 번째 경유지, 피지

섬나라 피지에 오신 것을 환영한다. 1만 8,270제곱킬로미터 면적에 500개 이상의 섬으로 이루어진 이곳 피지 제도에는 화산 분화구와 산악 지형이 펼쳐져 있는데 그 가운데 최고봉인 토마니비산은 해발 1,324미터에 이른다. 프랑스에서 30여 시간이 넘는 비행 끝에(경유도 1회) 도달할 수 있는 피지는 멜라네시아 문화의 중심지다. 또한 아름다운 낙원처럼 보이지만 사실은 기후변화로 위협받고 있는 곳이기도 하다. 특히 강력한 사이클론으로 인해 거대한 파도가 덮치거나 홍수가 발생하는 일이 빈번하다. 이에 2017년에 피지는 제23차 유엔기후변화협약 당사국총회의 의장국을 맡기도 했다.

피지는 과거 영국의 식민지였으며 정치적 불안정 때문에 종종 영연방에서 제외되기도 했다. 공식 언어는 여전히 영어이며 인구는 약 90만 명인데 인도계 주민이 상당수를 이룬다. 피지 경제는 관광업에 크게 의존하고 있는데 코로나19 팬데믹은 경제에 큰 타격을 주어 2020년에는 GDP가 17퍼센트나 감소하는 등 심각한 경기 침체를 겪었다.

엽서 속 풍경처럼 아름다운 자연환경을 지닌 피지에서 중국은 점점 영향력을 넓혀가고 있다. 2023년 말에 중국은 피지의 항구와 조선소 개발에 참여하겠다고 발표하면서 이 지역에서 존재감을 더 확대했다. 하지만 시티베니 라부카 피지 총리는 안보 부문에 있어서는 '기존 친구들'과의 동맹 체제를 유지하겠다고 명확히 밝혔다. 경제적 이유 때문에 중국을 허용하면서도 정치 및 안보 문제에 있어서는 서구와 동맹국과의 관계를 이용하는 것은 오세아니아 지역에서 흔히 찾아볼 수 있는 양극적 전략이다.

이처럼 세계 끝자락의 해양 지역에 위치한 작은 국가들은 중국과 미국의 세력 경쟁을 활용해 이익을 얻고 있다. 그중 솔로몬 제도가 또 다른 수혜국 중 하나다. 2022년 서구 강대국들은 중국과 솔로몬 제도가 맺은 협정에 대해 우려를 표명했다. 협정을 빌미로 중국이 솔로몬 제도에 군사기지를 세우려 한다는 소문이 퍼졌기 때문이다. 이를 우려한 미국은 그해 9월 오세아니아 지역에 다양한 지원을 위해 8억 1천만 달러 규모의 원조를 제공하겠다고 발표했다. 하지만 2024년 5월 친중 성향의 외교관 출신 예레미야 마넬레가 이 지역에서 중국의 영향력을 줄이기 위해 애쓴 다른 후보를 제치고 솔로몬 제도의 총리로 선출되었다.

오세아니아는 천국과도 같은 풍경을 지니고 있다. 동시에 21세기의 전략적 요충지인 이 해역에 자신들의 영향력을 조금이라도 더 확대하려는 강대국들의 치열한 수싸움이 벌어지는 곳이기도 하다.

오세아니아,
바다 그 자체가 이름이 된 대륙

오션(Ocean, 대양)이라는 단어에서 유래한 오세아니아라는 지명은 모순을 담고 있다. 대륙으로 불리지만 엄밀히 따지면 전형적인 하나의 큰 육지가 아니라 태평양을 중심으로 흩어져 있는 여러 섬들을 한 지역으로 묶은 개념이기 때문이다. 오세아니아의 육지 면적은 900만 제곱킬로미터로 전 세계 육지 면적 가운데 단 6퍼센트에 불과한데 그나마도 770만 제곱킬로미터는 오스트레일리아에 속한다.

이 지역은 오스트레일리아, 뉴질랜드, 파푸아 뉴기니 등과 같은 거대한 '대륙형 섬'과 팔라우에서 이스터섬까지, 미드웨이 환초에서 뉴칼레도니아에 이르기까지 바다에 떠 있는 수많은 '해양섬'들로 이루어져 있다. 이러한 섬들의 대부분은 마셜 제도처럼 산호초가 석호를 둘러싼 환초다. 일부 섬들은 화산 활동으로 형성된 섬으로 하와이나 마르키즈 제도처럼 높이 솟아 있는 섬들도 있다.

오세아니아인이란?

오세아니아의 인구는 세계 인구의 약 0.5퍼센트를 차지한다. 채 4,200만 명이 안 되는 수치다. 물론 그중 2,500만 명에 달하는 인구를 보유한 오스트레일리아와, 1789년 대영제국 군함 바운티호에서 선상 반란을 일으킨 영국인 선원들이 정착한 섬으로 알려진 일명 '바운티호 반란자들의 섬'인 핏케언 제도에는 단 50명이 거주하는 등 지역마다 커다란 격차가 있다.

처음에 사람들은 오세아니아 전체를 멜라네시아, 미크로네시아, 폴리네시아라는

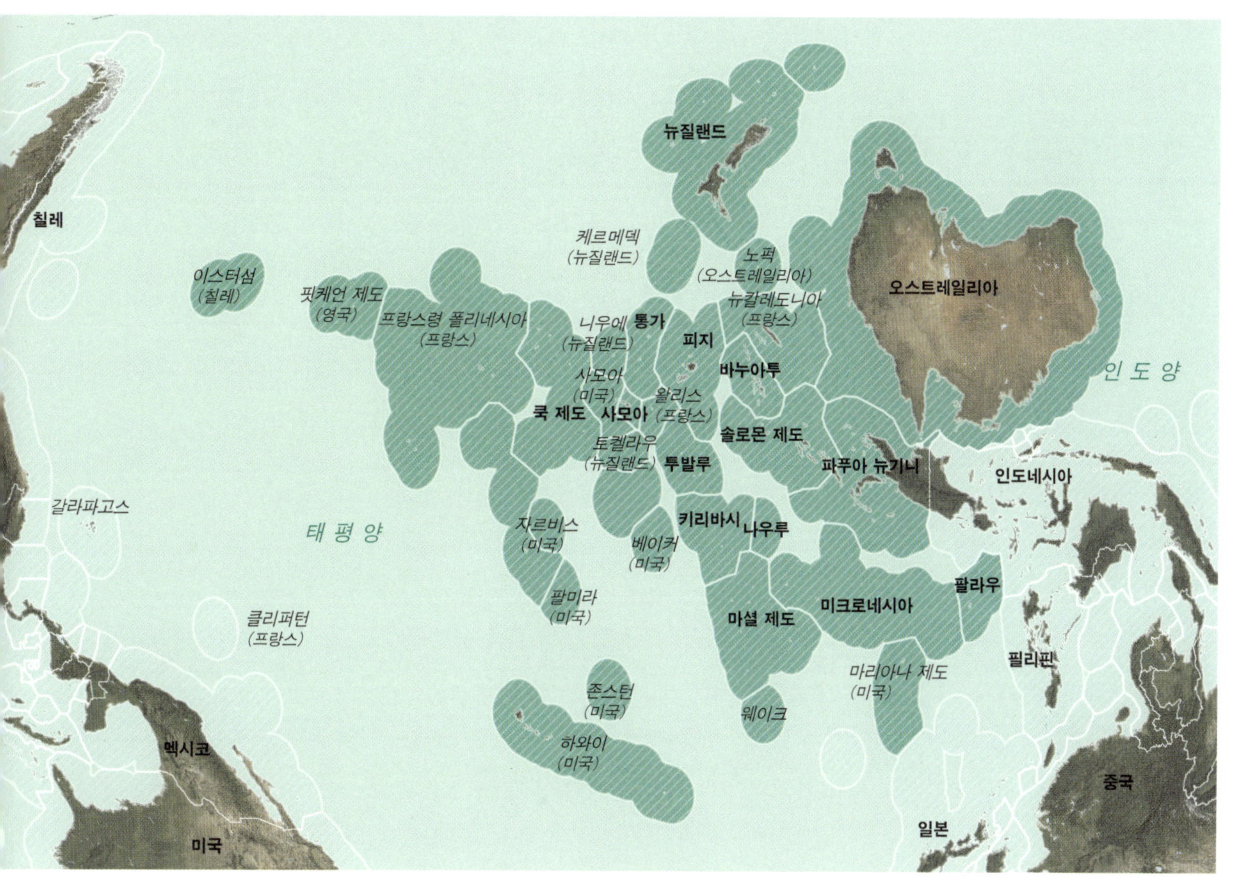

점령, 점령, 점령, 그 흔적이 남긴 역사

세 지역으로 나누어 불렀다. 이런 이름들은 단순한 지리적 구획 차원이 아니라 19세기 초 유럽인들이 섬 주민들을 피부색과 생김새 같은 외모 차이에 따라 분류하면서 붙인 것이다. 이처럼 인종적, 민족적 편견에 기반한 구분은 오늘날의 기준으로 보면 매우 시대착오적이다. 비록 이러한 지역 구분이 지금도 통용되고는 있지만 오세아니아인들을 하나로 묶는 매우 강한 공통점과 유대감 때문에 이들 지역은 더 이상 서로 분리된 공간으로 여겨지지 않는다. 오세아니아 주민들은 긴 역사 속에서 다양한 민족이 서로 왕래하고 섞이면서 오늘날의 모습이 만들어졌기 때문이다.

오세아니아의 역사는 약 5만 년 전 동남아시아에서 온 첫 이주민들이 정착하면서 시작되었다. 하지만 유럽인들이 이 지역의 섬들을 식민지로 삼기 시작한 것은 16세기에 들어서면서다. 그 시작은 스페인의 미크로네시아 점령이었다. 18세기부터는 영국의 죄수들이 오스트레일리아로 유배되면서 본격적인 이주형 식민지화(본국 사람들이 직접 이주해와 정착하면서 이루어진 식민지화)가 시작되었다. 이후 19세기 중반부터 제1차 세계대전 때까지는 스페인, 네덜란드, 영국에 이어 프랑스와 독일이 태평양 지역을 나

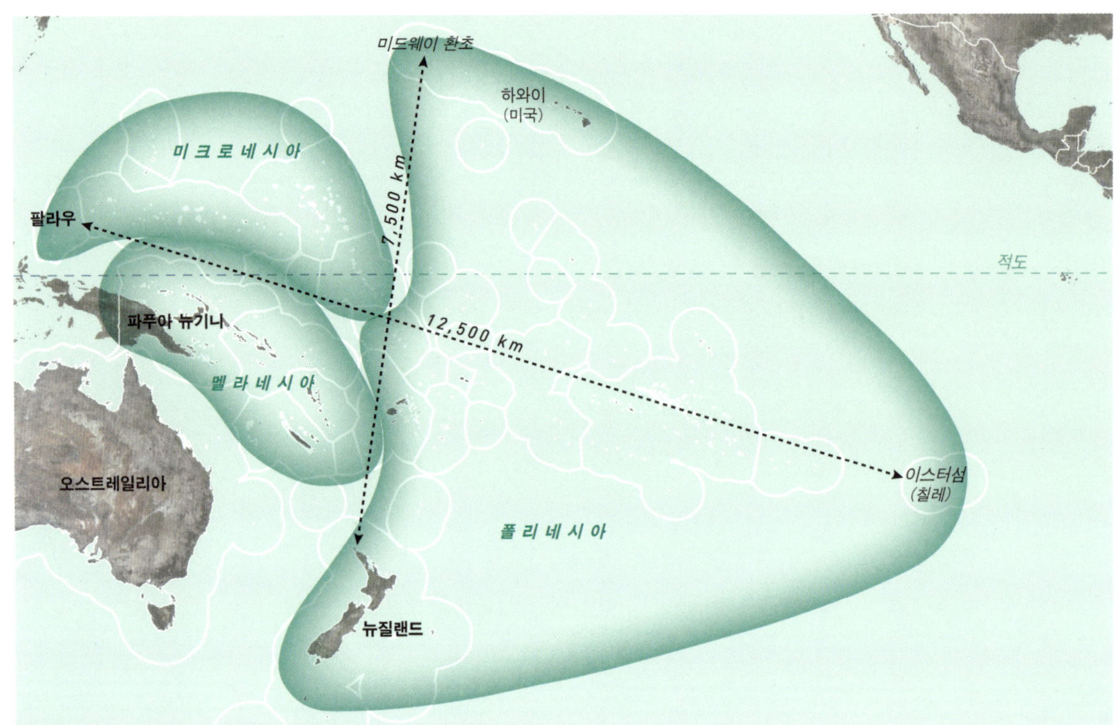

편견으로 만든 지명

오세아니아는 1830년 프랑스 탐험가 쥘 뒤몽 뒤르빌에 의해 오늘날의 관점에서는 구시대적이라 여겨지는 인종적, 민족적 편견이 담긴 세 지역으로 나뉘었다. 주민들의 피부색이 짙다는 이유로 '검은 섬'이라는 뜻이 담긴 멜라네시아, 대부분 환초로 이루어져 있어 '작은 섬'이라는 뜻이 담긴 미크로네시아, 그리고 끝부분에 각각 하와이, 이스터섬, 뉴질랜드가 위치해 일종의 거대한 삼각형을 이루는 '많은 섬들'이라는 뜻이 담긴 폴리네시아가 대표적이다. 본래 멜라네시아계 원주민들이 거주했던 오스트레일리아는 영국인들이 이주하여 정착한 섬이라는 점에서 이들과는 따로 분류되었다.

누어 차지하면서 이곳 섬들의 토지와 자원을 약탈적으로 이용하는 경제 시스템을 구축했다. 이러한 식민지화는 대규모 노동력의 이주를 불러왔는데 예를 들어 피지에서는 1850년부터 1930년 사이에 6만 명이 넘는 인도인들이 이주해와 사탕수수 재배에 투입되었다. 그들의 후손인 인도계 피지인들은 오늘날 피지 전체 인구의 약 45퍼센트를 차지한다.

다양한 형태의 조각보 같은 곳

태평양은 제2차 세계대전 당시 주요 전장 중 하나였다. 또한 1945년부터 태평양 지역은 문화와 경제뿐 아니라 군사적으로도 미국의 세력이 미치는 곳이 되었다. 이곳 오세아니아 지역 국가들의 독립은 세계의 다른 지역보다 늦은 1960년대에서 1990년대 사이에 주로 이루어졌다. 그러나 완전히 독립한 나라도 있지만 식민 지배의 영향으로 아직 다른 나라에 속해 있는 자치 지역도 있다. 그래서 이 지역은 여러 형태의 국가와 지역들이 마치 조각보처럼 뒤섞여 있다고 할 수 있다.

예를 들어 피지나 투발루와 같이 완전히 독립한 국가들이 있는가 하면, 쿡 제도처럼 스스로 나라를 운영하지만 국방이나 외교 같은 일부는 뉴질랜드와 함께하는 곳도 있다. 또한 뉴칼레도니아나 프랑스령 폴리네시아처럼 내부적으로는 강한 자치권을 누리면서도 프랑스 주권 아래 남아 있는 곳도 있고, 왈리스 푸투나처럼 독립하지 않고 프랑스의 주권 아래에서 제한적인 자치권을 가진 해외 공동체로 남아 있는 지역도 있다. 마지막으로 이곳 태평양 지역에서 하와이는 미국에, 이스터섬은 칠레에 속하는 영토다.

조세 회피처 역할을 하는 섬나라들

오스트레일리아와 뉴질랜드는 이 지역 GDP의 97퍼센트를 차지한다. 반면 이곳 태평양의 수많은 섬나라들은 공통적으로 경제가 취약하다. 이들 국가 대부분은 하나의 주요 자원에 의존하고 있는데 이와 같은 구조는 경제의 취약성을 더욱 심화시킨다. 예를 들어 솔로몬 제도에서는 산림 자원이, 뉴칼레도니아에서는 니켈이, 프랑스령 폴리네시아에서는 갑각류 및 진주 양식업이 경제의 주를 이룬다. 이러한 자원은 수출에서도 큰 비중을 차지한다. 따라서 이들 자원의 국제 시세가 하락하면 몇 개월 사이에 나라 전체의 경제가 흔들릴 수 있다.

또 다른 주요 자원으로는 관광 자원이 있다. 관광업은 쿡 제도의 경우 GDP의 70퍼센트를 차지한다. 코로나19 위기로 2020년 한 해 동안 국제적으로 관광업계가 커다란 타격을 입었지만 오세아니아의 국가들은 그나마 팬데믹의 영향을 가장 덜 받은 축에 속했다. 또 일부 섬나라는 세금을 거의 내지 않아도 되는 나라(즉 조세 회피처)로 제도를 바꿔 외국 기업과 자금을 끌어들이기도 했다. 사모아, 쿡 제도, 마셜 제도에서는 이런 금융 서비스가 경제의 4~5퍼센트를 차지하며 그에 따른 일자리도 창출한다. 하지만 실제로 이들 국가의 경제는 국제 원조에 크게 의존하고 있다. 특히 최근 몇 년 동안에는 중국과 서방 국가 간의 경쟁이 심화되는 가운데 오스트레일리아가 이 지역의 주요 원조국 역할을 하고 있다.

중국의 야심과, 중국의 원조가 절실한 나라들

중국의 목표는 세계에서 가장 강력한 '해양 강국'이 되는 것이다. 이를 위해 중국은 오세아니아에서 솔로몬 제도의 호니아라 항구와 같은 심해항을 확보하고 있다. 또한 태평양의 일부 섬나라들은 중국의 원조를 받기 위해 외교 노선을 바꾸어 대만이 아니라 중국을 공식 정부로 인정하기로 했다. 그 결과 2024년 1월 작은 섬나라인 나우루는 솔로몬 제도와 키리바시의 뒤를 이어 대만과의 외교적 관계를 단절했다. 이는 대만에게 큰 타격이었다. 대만을 주권 국가로 공식 인정하는 나라는 이제 전 세계에서 12개국뿐인데 오세아니아에서는 투발루 등 단 3개국만 포함된다. 투발루는 2024년 2월 선거 이후에도 결국 대만과의 관계를 끊지 않았는데 이는 중국의 기대를 크게 저버린 것이다. 하지만 2016년까지만 해도 대만을 외교적으로 인정한 나라는 전 세계에 21개국이나 있었다.

중국은 이 지역에서 자신들에게 우호적인 국가들을 늘려 남태평양에 자국의 영향력을 더욱 확대하려 한다. 이렇게 되면 중국은 미크로네시아에서 솔로몬 제도와 바누아투를 거쳐 피지섬에 이르기까지 남태평양을 가로지르는 전략적 네트워크를 갖게 된다. 피지, 통가, 사모아, 솔로몬 제도는 중국의 일대일로 프로젝트 유혹에 이미 넘어갔다. 그 밖에도 중국은 뉴칼레도니아와 그곳의 니켈 자원까지 탐내고 있는데, 특히 뉴칼레도니아의 독립주의자들과 친프랑스 세력 사이에서 반복적으로 발생하는

중국의 유혹 작전

수년 전부터 중국은 남중국해와 미크로네시아에서 시작해 솔로몬 제도와 바누아투를 거쳐 피지에 이르기까지 남태평양을 가로지르는 회랑을 건설하겠다는 야심으로 오세아니아에 진출했다. 또한 대만을 점점 더 고립시키기 위해 이 지역의 대만 우호국들을 자신들의 편으로 돌리려고 여러 시도를 하고 있다. 이에 대응해 미국은 오세아니아에서의 활동을 강화하고 있는데 특히 파푸아 뉴기니에서는 합동 군사기지 건설에도 참여하고 있다.

긴장 상황을 예의 주시하고 있다.

바누아투는 이 지역에서 중국의 영향력이 커지고 있음을 보여주는 또 다른 사례다. 오스트레일리아로부터 세 번째로 많은 원조를 받는 국가임에도 바누아투에 대한 중국의 영향력은 계속 확대되고 있다. 중국은 바누아투에서 군함이 정박할 수 있는 루간빌 심해항을 개보수하는 데 자금을 지원했고 섬을 가로지르는 도로 기반시설 건설 계약도 체결했다. 또한 중국의 국영 기업들이 이 나라의 통신망도 맡아서 운영하고 있다. 이처럼 중국의 원조와 투자가 늘어난 이유는 바누아투의 경제 구조가 매우 취약하기 때문이다. 바누아투 경제는 어업과 GDP의 40퍼센트를 차지하는 관광업, 그리고 조세 회피처 역할 같은 몇 가지 산업에 크게 의존하고 있다. 따라서 이러한 점까지 고려하면 중국의 원조는 더더욱 절실하다.

미국은 중국의 이와 같은 활동을 전략적 도전이자 나아가 위협으로 인식하고 있다. 이에 따라 미국은 이 지역에 대한 관여 의지를 거듭 강조하고 있는데 이를 위해 특히 일본, 필리핀, 대만, 그리고 무엇보다도 오스트레일리아와 같은 주요 동맹국들과의 협력을 강화하고 있다.

섬이 없어질지도 모른다는 위기감

이곳의 작은 섬나라들은 기후변화 때문에 오늘날 큰 위험에 직면해 있는데 이 위기는 오세아니아 전체에 영향을 미친다. 키리바시와 같은 일부 섬에서는 해수면 상승에 따라 섬이 소멸할지도 모른다는 위기의식이 팽배해 있다. 대부분의 환초와 저지대의 섬들은 거대한 밀물 때 갑작스러운 해수면 상승과 해안 침수가 자주 반복되면서 큰 영향을 받고 있다. 이로 인해 식수의 질이 나빠지고 주민들의 주거 환경 또한 크게 위협받고 있다.

이미 경제가 취약하고 생활 수준이 열악한 이들 국가가 기후변화로 인해 치러야 할 대가는 매우 크다. 섬들이 소멸되거나 사람이 살기 어려워진 환초가 생기면 자연스레 배타적 경제수역까지 잃게 되기 때문이다. 오세아니아의 많은 국가 지도자들은 국제 회의에서 지구온난화와 자원 고갈로 인해 태평양 지역의 상태가 매우 위험함을 알리는 동시에 전 세계가 관심을 갖고 함께 대응해 주기를 호소하고 있다.

오세아니아로 향한 인류의 이동

오세아니아에 사람이 살기 시작한 것은 약 5만 년 전으로, 당시 동남아시아에서 오스트레일리아와 파푸아 뉴기니로 이동한 사람들이 정착하면서 시작되었다. 하지만 최근 유전학 연구에 따르면 이들은 원래 아프리카에서 온 사람들이다. 그 뒤 현재의 대만 지역에서 온 사람들이 기원전 4000년에서 2000년 사이에 미크로네시아와 멜라네시아에 정착했다. 이후 사람들은 폴리네시아 삼각지대로 퍼져 나갔는데 북쪽으로는 하와이, 동쪽으로는 이스터섬, 남쪽으로는 뉴질랜드까지 이동하며 오세아니아 전역으로 확산되었다.

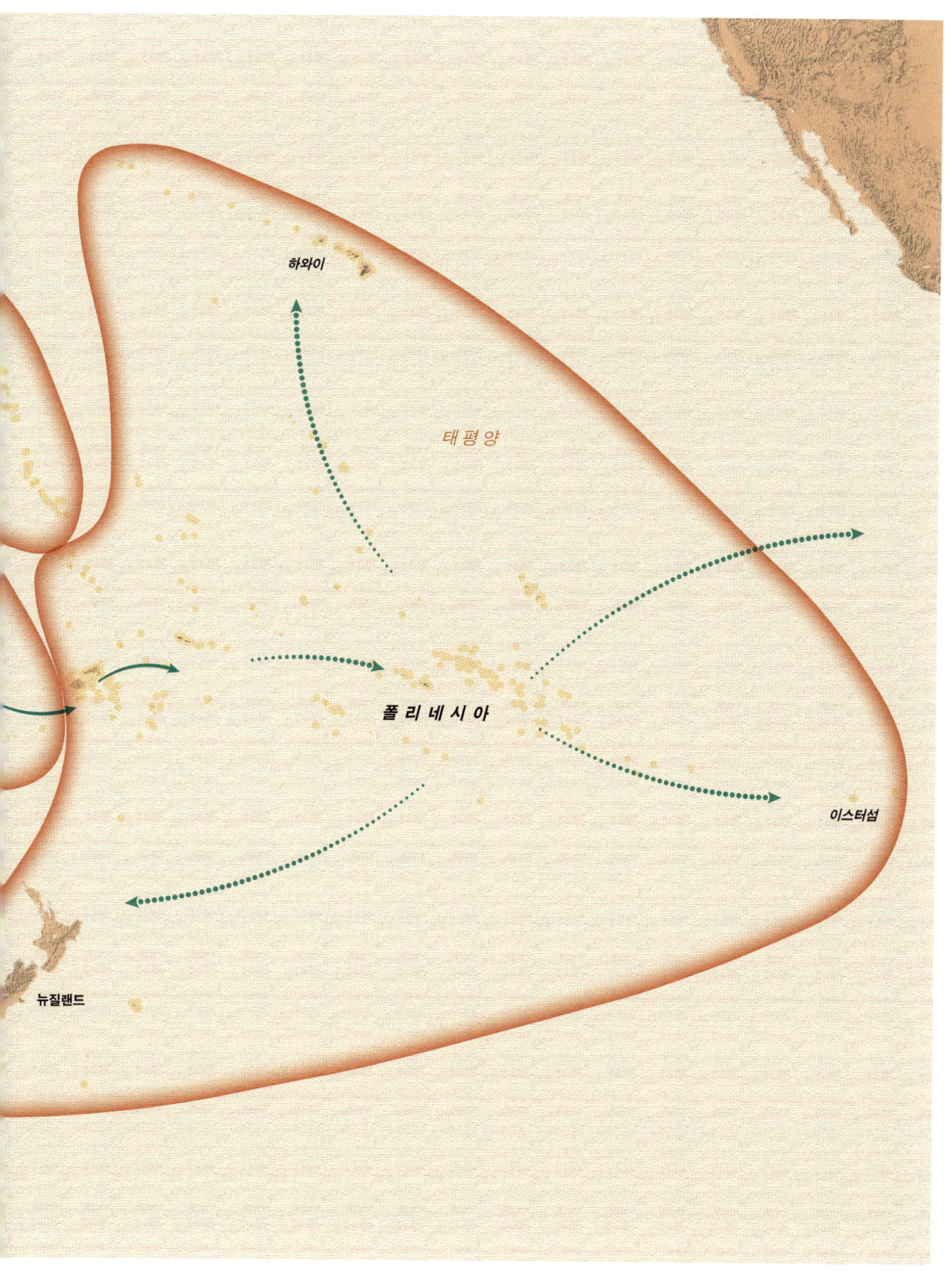
하와이
태평양
폴리네시아
이스터섬
뉴질랜드

FOCUS

오스트레일리아,
지리적 이웃과 동맹국 사이에서

대륙 국가인 오스트레일리아는 760만 제곱킬로미터에 달하는 면적을 지닌 세계에서 여섯 번째로 큰 나라다. 과거에는 영국 식민지였는데 그와 같은 역사적 배경 때문에 유럽과 비슷한 정치와 문화를 가진 나라가 되었다. 유럽에서 보면 지구 반대편에 있고 지리적으로는 아시아와 가까운 위치에 있다.

경제적 측면에서 보면 중국은 오스트레일리아의 주요 교역 파트너 중 하나다. 하지만 오스트레일리아는 제2차 세계대전 이후 자국의 안보를 미국에 의존하고 있다. 중국이 부상하면서 미국과의 이러한 전략적 관계는 한층 더 강화되었다. 2011년 버락 오바마 미국 대통령이 '아시아 회귀 전략'과 함께 미국의 군사적 우선순위를 아시아-태평양 지역에 두겠다고 발표한 곳도 바로 오스트레일리아의 수도 캔버라였다.

게다가 오스트레일리아는 중국을 여전히 국가 안보에 위협이 되는 나라로 인식하고 있다. 1997년부터 2023년 사이에 중국은 국방 예산을 18배나 늘렸고, 남중국해에서 공격적인 영유권 주장을 하고 있으며, 오세아니아에서 영향력을 넓히기 위해 분주히 움직이고 있기 때문이다. 그로 인해 오스트레일리아는 2021년 9월 미국, 영국과 3자 안보 협력체인 오커스를 맺고 미국으로부터 핵추진 잠수함을 구입하기로 했다.

하지만 2023년 11월, 7년 만에 오스트레일리아 지도자가 중국을 방문했다. 그동안 쌓였던 양국 간의 갈등에도 불구하고 앤서니 앨버니지 총리가 시진핑 국가주석 옆에서 환하게 웃고 있는 모습이 포착되었다. 과거 2018년에 오스트레일리아는 보안을 이유로 5G 시장에서 중국 기업 화웨이를 배제했고, 중국은 오스트레일리아가 코로나19 바이러스의 기원 조사를 요구한 일을 두고 강한 불쾌감을 표출했다. 이에 중국은 오스트레일리아산 보리, 소고기, 와인에 관세를 부과하면서 오스트레일리아에 경제적 타격을 가했다. 따라서 2023년 11월의 회동은 중국과 오스트레일리아 관계에 있어 '매우 긍정적인 변화'로 평가된다.

하지만 정치와 안보 측면에서 오스트레일리아는 여전히 서구 진영의 품에 남아 있으며 중국의 야심과 영토 확장주의를 우려하는 역내 모든 국가들과 동맹을 자처하고 있다. 따라서 두 나라 간의 관계는 무엇보다도 경제적 측면에 집중되어 있다고 볼 수 있다.

파푸아 뉴기니
동티모르
다윈
카펜테리아만
태평양
노던 준주
케언스
타나미 사막
타운스빌
그레이트샌디 사막
그레이트 배리어 리프
퀸즐랜드
깁슨 사막
심슨 사막
웨스턴오스트레일리아
그레이트빅토리아 사막
선샤인코스트
브리즈번
골드코스트
사우스오스트레일리아
뉴사우스웨일스
뉴캐슬
퍼스
시드니
캔버라
애들레이드
빅토리아
인도양
멜버른
태즈메이니아
호바트
500 km

#19

열아홉 번째 경유지,
파나마 운하

2023년 9월, 파나마 운하의 갑문을 통과하기 위해 기다리는 컨테이너선들의 행렬이 길게 늘어서 있다. 태평양과 카리브해를 연결하는 전략적 해상 통로인 파나마 운하는 1914년 8월 15일 개통 당시에는 20세기 우리 인간들의 항해에 혁신을 가져다준 커다란 기술적 진보였다. 파나마 운하는 항해 여정을 수천 킬로미터나 줄여주었다. 실제로 미국 동부 해안에서 서부 해안, 나아가 아시아를 오가는 항해 기간을 대폭 단축해 주었다.

하지만 21세기의 인간은 지구온난화로 인한 영향 앞에 무력하다. 특히 2023년 엘니뇨 현상으로 인해 가뭄이 들면서 운하의 수위가 낮아졌고 그로 인해 파나마운하관리청은 하루에 운하를 통과하는 선박 수를 제한해야 했다. 평소에는 하루에 약 40척의 선박이 운하를 통과하지만 이때부터는 단 20여 척만이 가능했고 이는 결국 수천만 유로의 손실을 발생시켰다. 대형 선박들이 운하를 통과하려면 깊은 수심과 다량의 물이 필요하기 때문에 결국 이 지역의 물이 거의 모두 파나마 운하 운영에 쓰이게 된다.

2024년 봄, 파나마운하관리청은 운하의 상황이 거의 정상으로 돌아왔음을 알렸다. 이에 해운업계 종사자들은 크게 안도했다. 무엇보다도 최근 러시아의 우크라이나 침공과 관련해 흑해에서 일어나고 있는 여러 문제들과 예멘의 후티 반군이 홍해에서 일으키고 있는 공격들로 인해 전 세계 해상 운송이 전반적으로 불안정한 시기였기 때문이다.

파나마에서는 이번 가뭄 사태와 비슷한 일이 앞으로도 반복될 가능성이 높다는 점 때문에 건식 운하라는 대안을 검토하고 있다. 이는 평소 파나마 운하를 통해 이동하는 세계 해상 운송량의 약 6퍼센트가 물 부족 등 복합적인 문제가 생겼을 때 운하 대신 도로, 철도, 항만시설, 자유무역 지대 등을 활용해 우회 경로를 이용할 수 있게 하는 것을 의미한다. 멕시코와 온두라스 등 인근 국가들도 대륙 횡단 철도 건설 프로젝트를 추진하며 대체 경로로 거론되고 있다.

한편 카리브해 지역은 극심한 지정학적 변화를 겪고 있다. 특히 중국의 영향력이 커지면서 미국은 오랫동안 자신들의 '뒷마당'처럼 여겨왔던 이 지역에서 중국과 경쟁을 벌이고 있다.

카리브해,
미국의 뒷마당에서
벗어나는 중

카리브해는 북아메리카와 남아메리카가 만나는 지점에 위치해 있다. 동쪽으로는 대서양, 북쪽으로는 멕시코만과 연결되며 파나마 운하를 통해 태평양으로 이어진다. 즉전 세계에서 가장 중요한 해상 항로 중 하나인 파나마 운하가 인접한 해역이다.

반쯤 열린 바다인 카리브해는 세 개의 서로 다른 지역으로 둘러싸여 있다. 북쪽과 동쪽에는 앤틸리스 제도가 길목을 가로막고 있다. 4천 킬로미터에 걸쳐 뻗어 있는 앤틸리스 제도는 크게 둘로 나뉜다. 즉 쿠바, 자메이카, 아이티, 도미니카공화국, 푸에르토리코 등 다섯 곳이 속한 대앤틸리스 제도와 40여 개의 작은 섬들로 구성된 소앤틸리스 제도로 구분된다. 서쪽에는 중앙아메리카 지협의 국가들인 파나마, 코스타리카, 니카라과, 온두라스, 엘살바도르, 과테말라,

정치적으로 잘게 나뉜 지역

서쪽으로는 중앙아메리카 지협, 북쪽과 동쪽으로는 앤틸리스 제도, 남쪽으로는 남아메리카 대륙으로 둘러싸인 카리브해 지역은 정치적으로 매우 복잡하게 나뉘어 있다. 이 지역에는 22개의 독립 국가와 17개의 해외 영토가 있는데 그중에는 프랑스령 마르티니크와 과들루프, 영국령 케이맨 제도와 터크스 케이커스 제도, 네덜란드령 아루바와 퀴라소 및 보네르, 미국령 버진 아일랜드 일부 지역과 푸에르토리코 등이 있다.

이처럼 카리브해 지역이 정치적으로 잘게 나뉘어 있는 점은 여러 경쟁과 분쟁의 원인이 된다. 특히 배타적 경제수역을 구분하는 해상 경계선 대부분은 아직도 공식적으로 확정되지 않아 연안 국가들은 작은 섬들과 그 주변 영해를 두고 여전히 다투고 있다. 일례로 아이티와 미국은 작은 나배사섬에 대한 영유권을 각각 주장하고 있다.

유엔해양법협약에 따른 이론적 배타적 경제수역 경계선
양자 협상에 의해 정해진 해상 경계선
해상 교통
도심 지역
탬파
플로리다
마이애미
대서양
바하마
아바나
쿠바
터크스 케이커스 제도 (영국)
버진 아일랜드 (영국령)
앵귈라 (영국)
생마르탱, 생바르텔레미 (프랑스)
케이맨 제도 (영국)
나배사섬 (미국)
아이티
도미니카 공화국
산토도밍고
앤티가바부다
자메이카
킹스턴
푸에르토리코 (미국)
버진 아일랜드 (미국령)
사바
신트외스타티위스 (네덜란드)
과들루프 (프랑스)
온두라스
카리브 해
세인트키츠 네비스
도미니카
마르티니크 (프랑스)
몬트세랫 (영국)
세인트빈센트 그레나딘
세인트루시아
니카라과
아루바 퀴라소 보네르 (네덜란드)
바베이도스
그레나다
코스타리카
산호세
카라카스
트리니다드토바고
베네수엘라
파나마
콜롬비아
가이아나

미국으로 향하는 이주민 물결

카리브해 지역은 미국의 뒷마당이라고 불릴 정도로 오랫동안 미국의 정치적 영향권에 속해 있었다. 하지만 오늘날 이 지역의 미국에 대한 의존은 무엇보다 경제적인 성격이 강하다. 카리브해 지역과 라틴 아메리카 출신 이주민들이 주로 향하는 목적지는 자신들의 나라보다 훨씬 발전한 미국이다. 이들은 도미니카공화국, 아이티, 자메이카, 쿠바에서 플로리다와 가까운 해상 경로를 따라 미국으로 향하거나 엘살바도르, 과테말라, 온두라스 등 중앙아메리카 지협 인근 국가 이주민들처럼 멕시코를 거치는 육로를 이용해 미국으로 향하기도 한다.

벨리즈가 있고 멕시코의 유카탄 반도도 인접해 있다. 남쪽에는 남아메리카에 속하는 두 국가인 콜롬비아와 베네수엘라가 있다.

카리브해 지역에는 면적도, 인구 구성도, 정치 형태도 다른 22개 국가가 있다. 대표적인 예로 한때는 지역 강국이었으나 현재는 그 역할을 하지 못하는 베네수엘라와 그 동맹국 쿠바, 그리고 이들과 전혀 다른 체제의 바하마 등이 있다. 이 지역에는 1억 7,500만 명의 인구가 거주하고 있는데 대다수는 카리브해 주변보다는 중남미 대륙에 있는 국가들에 거주하고 있다. 이 가운데 4분의 1만 앤틸리스 제도에 거주하는데 그 안에서도 인구 분포는 편중되어 있다. 즉 쿠바에 약 1,100만 명이 거주하는 반면 작은 섬인 사바에는 단 1,900명만이 거주한다.

또 이곳에서는 스페인어, 영어, 프랑스어 등 유럽 계통 언어뿐만 아니라 카리브해 지역 주민들의 다양한 문화가 섞이면서 생긴 여러 크리올 언어(서로 다른 언어가 섞이면서 새롭게 생긴 언어)도 함께 사용되고 있다.

노예와 사탕수수

모든 것은 1492년 탐험가인 크리스토퍼 콜럼버스가 스페인 왕실의 지원을 받아 대서양을 횡단하면서 시작되었다. 10월 12일, 그가 이끄는 쾌속 범선과 선원들이 바하마에 상륙하면서 유럽이 아메리카 대륙을 '발견'하게 된다. 원주민은 대부분 몰살당했고 그 자리를 노예들이 채우게 된다. 17세기부터 카리브해는 대서양 노예무역의 중심지가 되었다. 포르투갈, 네덜란드, 영국, 프랑스 상인들은 아프리카에서 노예들을 대거

사들여와 카리브해 지역의 사탕수수 농장과 커피 농장, 광산 등에서 일하게 했다. 동시에 상인들은 이곳의 향신료, 설탕, 담배, 금 등을 유럽으로 수출했다. 산토도밍고에서는 투생 루베르튀르가 이끈 최초의 대규모 노예 반란을 비롯해 여러 저항 행위가 일어났는데 이는 1804년 아이티의 독립으로 이어졌다. 스페인령이었던 쿠바는 1886년이 되어서야 카리브해에서 마지막으로 노예제를 폐지했다.

미국의 뒷마당

3세기가 넘는 지배 끝에 스페인은 19세기 들어 식민지들을 차례로 잃었다. 그리고 이 지역은 하나씩 독립 국가가 되었다. 영국으로부터 이미 독립을 이룬 미국이 이후 이 지역의 주도권을 잡았고 이러한 구도는 오랫동안 지속되었다. 1817년부터 1825년까지 미국 대통령을 역임한 제임스 먼로의 이름을 딴 '먼로 독트린'은 아메리카 대륙에서 유럽의 추가적인 지배와 간섭을 인정하지 않겠다는 원칙을 내세웠다. 그 결과 카리브해 지역은 '미국의 뒷마당'이 되었고 미국은 이 지역을 전략적 영향권으로 설정한 뒤 20세기 전반에 걸쳐 여러 차례 개입했다.

당시 파나마를 지배하던 콜롬비아 정부와 운하 건설 협상에 실패하자 미국은 1903년 파나마에 반란을 유도했고 이는 결국 파나마공화국의 독립으로 이어졌다. 이후 1914년에 파나마 운하가 개통되면서 미국은 대서양과 태평양을 잇는 주요 해상 무역로를 장악하게 되었고 이를 통해 미국 동부 해안과 서부 해안도 직접 연결할 수 있게 되었다.

산을 깎아 만든 파나마 운하

길이 77킬로미터, 평균 수심 15미터, 갑문 3개를 보유한 파나마 운하는 2016년 현대화 정비 작업을 거쳐 오늘날에는 초대형 선박까지 수용할 수 있게 되었다. 그중 일부 선박은 길이가 400미터 너비가 50미터에 달하기도 한다. 파나마 운하가 개통된 이후로 선박들은 남아메리카 최남단의 혼곶을 돌아 항해하지 않아도 되어 수천 킬로미터의 항해 거리를 단축할 수 있었다. 상선과 대형 크루즈선 같은 선박들은 대서양과 태평양 사이를 오갈 때 이 지름길을 우선적으로 이용하고 있으며 선박의 크기와 종류에 따라 운하의 통행료를 다르게 지불한다.

운하를 만들기 위해서는 먼저 20세기 초에 산이 가로막고 있던 부분을 약 13킬로미터에 걸쳐 깎아내야 했는데 이 구간을 '쿨레브라 컷'이라고 부른다. 초반에는 프랑스가 주관했지만 이후에는 미국이 주관하게 된 파나마 운하 건설 공사에는 전 세계에서 온 8만 명의 인부가 투입되었는데 이들은 매우 열악한 환경에서 일했다. 오랜 기간 카리브해 지역을 장악해온 미국의 통제를 거쳐 1999년 12월 31일부터 파나마 정부 산하의 파나마운하관리청이 운하의 관리 및 운영권을 완전히 넘겨받아 행사하고 있다.

쿠바, 카리브해의 화약고에서 사각지대로

냉전 시기에 카리브해 지역은 소련과 미국

쿠바, 카리브해의 심장

10만 제곱킬로미터가 넘는 면적을 지닌 쿠바는 앤틸리스 제도 중에서 가장 큰 나라다. 또한 플로리다에서 200킬로미터, 아이티에서 100킬로미터, 자메이카에서 약 150킬로미터 떨어진 지리적 위치 덕분에 지정학적으로도 매우 중요한 곳이다. 이 섬에는 설탕, 담배, 커피 재배에 적합한 비옥한 토지와 니켈, 금과 같은 광물을 포함한 다양한 천연자원이 풍부하다. 쿠바의 현대사는 혁명적 사회주의의 쇠퇴, 이전보다 절제된 미국의 개입주의, 그리고 새롭게 등장한 중국의 야욕 등 이 지역의 지정학적 변화를 상징적으로 보여준다.

이 대립하는 주요 충돌의 장이 되었다. 그 중심에는 1959년에 피델 카스트로가 집권한 쿠바가 있었다. 소련은 카스트로의 사회주의 정권을 지원하기 시작했고 카스트로는 쿠바를 라틴 아메리카에서 공산주의 실험실로 만들고자 했다. 그리하여 쿠바는 자본주의 세계, 그중에서도 특히 강력한 이웃인 미국의 적이 되었다. 1962년에 소련의 핵미사일이 쿠바에 배치되면서 소련과 미국 간의 갈등은 최고조에 달했다. 이른바 '쿠바 미사일 위기'라 불리는 이 사건은 당시 새로운 세계대전이 일어날 수도 있다는 두려움까지 불러일으켰다.

냉전이 종식되면서 미국은 이전보다 이 지역에 개입하는 일이 줄어들었다. 그 결과 카리브해 지역은 세계 지정학에서 크게 주목받지 않게 되었다. 큰 분쟁이나 심각한

위기도 발생하지 않았고 대부분의 국가들은 점차 민주화의 길을 걸었다. 2014년 말, 버락 오바마와 라울 카스트로(피델 카스트로 동생)는 심지어 양국 관계의 정상화를 꾀했다. 쿠바의 새로운 지도자가 된 라울 카스트로는 서방 세계를 향해 개방을 확대했고 쿠바는 점차 새로운 관광지로 탈바꿈했다.

2018년 4월 미겔 디아스카넬 베르무데스가 쿠바 공산당 중앙위원회 제1서기로 선출되면서 카스트로 가문의 통치는 막을 내렸다. 그는 새로운 지도자로서 권력의 세대교체는 상징했지만 일당 체제와 제한된 자유라는 기존 정치 체제의 성격을 근본적으로 바꾸지는 않았다. 이후 쿠바는 역사상 가장 심각한 경제 위기를 맞았는데 2020년 쿠바의 GDP는 11퍼센트 급락했고 인플레이션은 200퍼센트에 달했다.

빈곤의 굴레와 자원의 저주

카리브해 지역의 또 다른 특징은 빈부격차가 매우 심하다는 점이다. 2017년 기준 아이티처럼 1인당 국민소득이 5천 달러 미만인 가장 가난한 나라들과 바하마와 푸에르토리코처럼 1인당 국민소득이 2만 달러 이상인 가장 부유한 그룹 간의 소득 격차는 거의 다섯 배에 달했다. 한편 베네수엘라는 막대한 석유 매장량을 보유한 지역 강국에 속하지만 정작 국민들은 그 혜택을 누리지 못하고 있다.

이러한 극심한 빈부격차로 인해 미국으로 향하는 다수의 이주민이 발생하고 있다. 카리브해 지역 출신 이주민의 90퍼센트는 새로운 삶의 기회를 찾아 미국으로 건너간다. 일부 국가들은 이들 이주민 노동자들이 본국의 가족에게 송금하는 자금을 무시할 수 없는 경제적 상황에 처해 있다. 미주개발은행에 따르면 2023년 멕시코를 제외한 카리브해 지역 해외 이민자들의 본국 송금액은 720억 달러에 달했는데 이는 룩셈부르크의 GDP(2022년 780억 달러)와 거의 맞먹는 규모다.

그럼에도 카리브해 지역 국가들의 경제는 여전히 관광업에 의존하고 있다. 2023년에는 총 3,200만 명이 카리브해를 방문했는데 이는 코로나19 팬데믹 이전인 2017년의 4,000만 명보다는 약간 적은 수치이며 그중 절반은 미국인이었다. 플로리다 최남단에 위치하며 바하마와 마주보고 있는 마이애미는 세계 최대 규모의 크루즈 항구로도 유명하다.

합법과 불법이 혼재된 미국의 조세 피난처

따라서 카리브해 지역은 경제적인 측면에서 거대한 이웃인 미국에 여전히 크게 의존하고 있다. 미국과 지리적으로 인접해 있기 때문에 일부 국가에서는 금융 서비스 산업이 발달하기도 했는데 그중에는 세금 회피나 자금 세탁 같은 합법과 불법이 혼재된 경우도 있다.

파나마의 경우는 다국적 기업과 부유층, 특히 미국인들에게 다양한 방식의 세금 회피 수단을 제공하는 자유무역 지대이자 조세 피난처의 역할을 한다. 그들의 세금 회피 방식에는 가장 깔끔한 형태인 합법적인 절세 전략부터 불법적인 마약 자금 세탁에 이르기까지 다양한 수법이 포함된다.

중국에서 불어오는 순풍

카리브해 지역에서 미국이 누려온 우위는 오늘날 거대한 경쟁자 중국에 의해 도전받고 있다. 중국은 지난 15년 동안 미국의 뒷마당인 이곳에 서서히 영향력을 확대하면서 이 지역의 주요 경제 주체로 자리매김했다. 2000년에는 중국과 카리브해 지역 간 교역량 규모가 100억 달러에 불과했지만 2008년 이후부터 급증하여 2017년에는 2,660억 달러에 달했다. 이는 미국과 이 지역 국가들 간의 교역량 규모와 맞먹는 수준이다.

중국의 직접 투자 규모 또한 크게 증가했는데 어떤 나라는 10배, 어떤 나라는 15배 이상 늘어나기도 했다. 이러한 상황은 미중

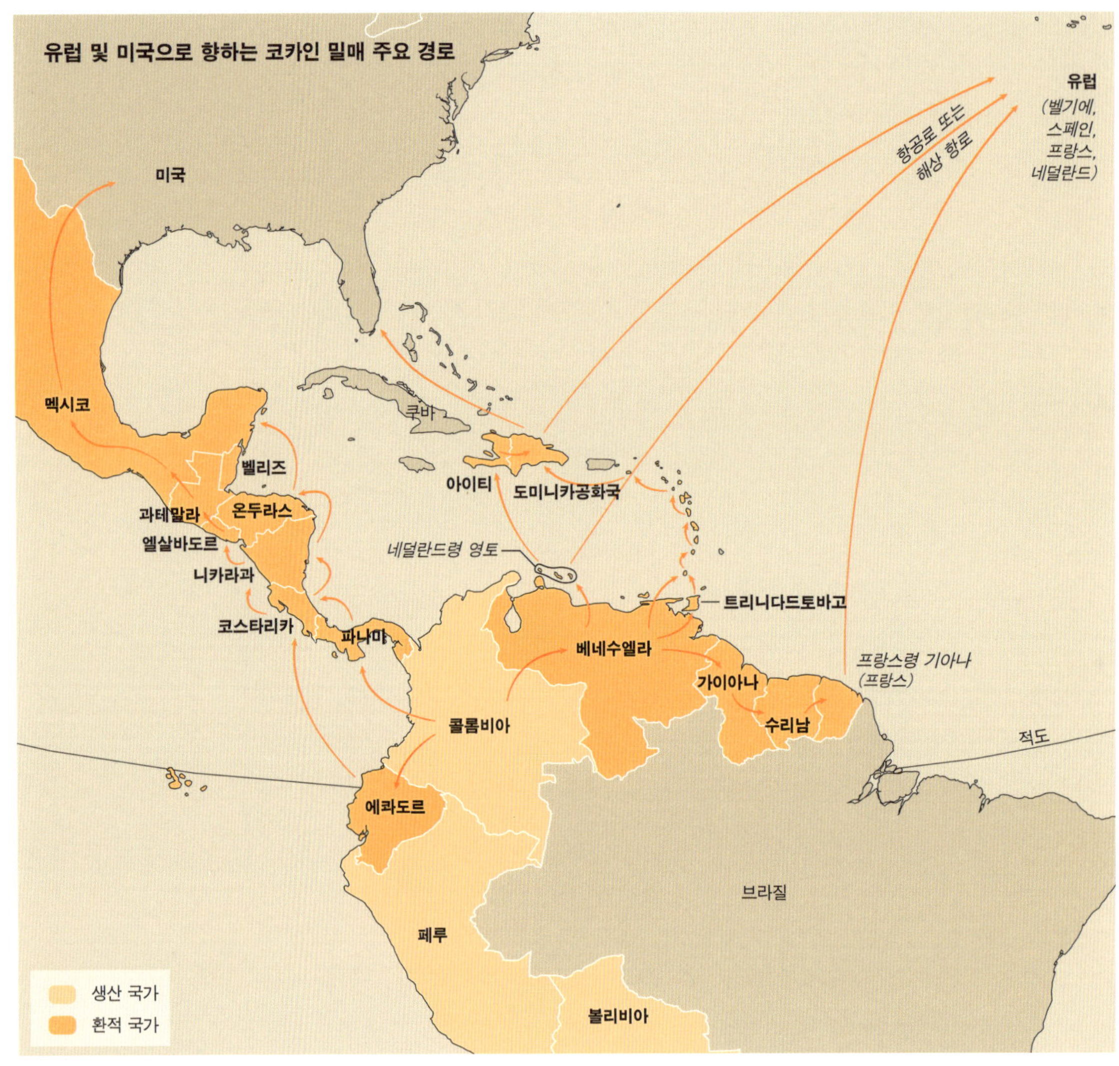

무역전쟁이 한창 진행되는 상황에서 미국의 우려를 불러일으키기에 충분했다. 게다가 중국은 쿠바와 베네수엘라에 이어 이제는 미국의 역사적 동맹국인 파나마로 눈길을 돌리고 있다.

현재 중국과 파나마는 자유무역 협정을 위한 협상을 진행 중이다. 파나마 역시 대만과의 외교 관계를 단절하기로 한 뒤 중국의 일대일로 프로젝트에 참여했다. 2018년 말 시진핑 국가주석은 중국 최고 지도자로는 처음으로 파나마를 공식 방문했다. 미국은 당연히 이를 곱지 않은 시선으로 보았다. 당시 마이크 폼페이오 미 국무장관은 중국을 '포식자'라 표현하며 파나마 대통령에게 경고했다. 하지만 이러한 발언은 중국 수출품의 라틴 아메리카 유통 허브가 되길 원하는 파나마에는 별다른 영향을 미치지 못했다.

현재 카리브해 지역에는 새로운 바람이 불고 있다. 최근 몇 년 간의 상황을 본다면 그것은 중국에서 불어오는 순풍일 가능성이 크다. 2022년 한 해 동안 중국은 사하라

이남 아프리카 국가들에 대한 대출 규모를
65퍼센트 줄이는 대신 라틴 아메리카 국가
들에 대한 지원을 강화했다.

이남 아프리카 국가들에 대한 대출 규모를
65퍼센트 줄이는 대신 라틴 아메리카 국가
들에 대한 지원을 강화했다.

아이티,
빈곤과 정치적 혼란의 대명사

히스파니올라섬은 카리브해 지역 국가들 간의 빈부격차를 보여주는 상징적인 곳이다. 이 섬에는 두 나라가 위치해 있는데 동쪽에는 도미니카공화국이 있고 서쪽에는 아이티가 있다. 도미니카공화국이 아름다운 해변과 휴양지로 관광객들에게 널리 알려진 반면, 아이티는 빈곤과 혼란의 대명사로 통한다. 실제로 아이티는 인간개발지수(HDI, 매년 각국의 교육 수준과 국민소득, 평균수명 등을 조사해 인간개발 성취 정도를 평가하는 지수)에 따르면 전체 191개국 중 163위에 해당할 정도로 세계에서 가장 가난한 나라 중 하나로 손꼽힌다.

벨기에 면적에 준하는 아이티는 카리브해판의 가장자리에 위치한 산악 지형의 국가다. 카리브해판은 현재도 천천히 이동 중이며 여러 다른 지각판에 둘러싸여 있다. 그 결과 아이티는 반복되는 비극을 겪어왔다. 2021년 8월에는 규모 7.2의 강진이 아이티 남서쪽 반도를 강타해 2,200명 이상이 사망하고 13만 채가 넘는 가옥이 파괴되는 등 큰 피해를 남겼다. 2010년 1월에는 수도 포르토프랭스에서 몇 킬로미터 떨어지지 않은 곳에서 일어난 지진으로 무려 28만 명이 목숨을 잃기도 했다. 또 열대 지역에 속하는 아이티에서는 주기적으로 사이클론, 허리케인, 폭풍, 집중호우가 발생해 침수로 인한 피해를 자주 발생시킨다. 특히 무허가의 열악한 주택이 다수를 차지하는 이 나라에서는 이러한 자연재해가 더욱 파괴적이고 치명적인 결과를 초래한다.

2024년 3월, 아이티의 총리 아리엘 앙리가 케냐를 순방 중일 때 무장 갱단이 전국 곳곳을 장악하면서 아이티는 다시 한번 정치적 혼란에 빠졌다. '바비큐'라는 별명이 붙은 지미 셰리지에는 아이티의 정치적 혼란을 상징적으로 보여주는 인물이다. 'G9 패밀리'라는 갱단 연합의 수장인 그는 전직 경찰관 출신으로 반정부적 목소리를 높이며 총리의 사임을 요구했다. 이로 인해 아이티는 위기와 불안정, 치안 불안이 반복되는 상황에 놓이게 되었다. 갱단의 폭력이 좀처럼 수그러들지 않자 2024년 6월 아이티의 치안을 위해 400명의 케냐 경찰이 파견되기도 했다. 결국 2024년 5월 29일에 가리 코닐이 임시 총리로 임명되었지만 2024년 11월 10일부로 해임되었고 현재는 알릭스 디디에 필스-에메가 임시 총리를 맡고 있다.

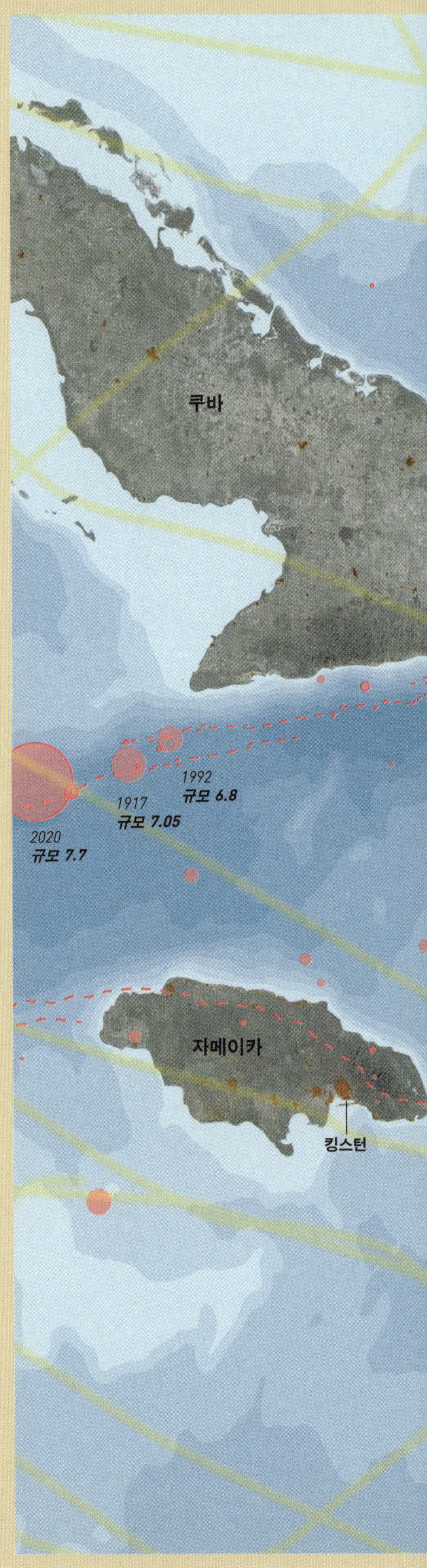

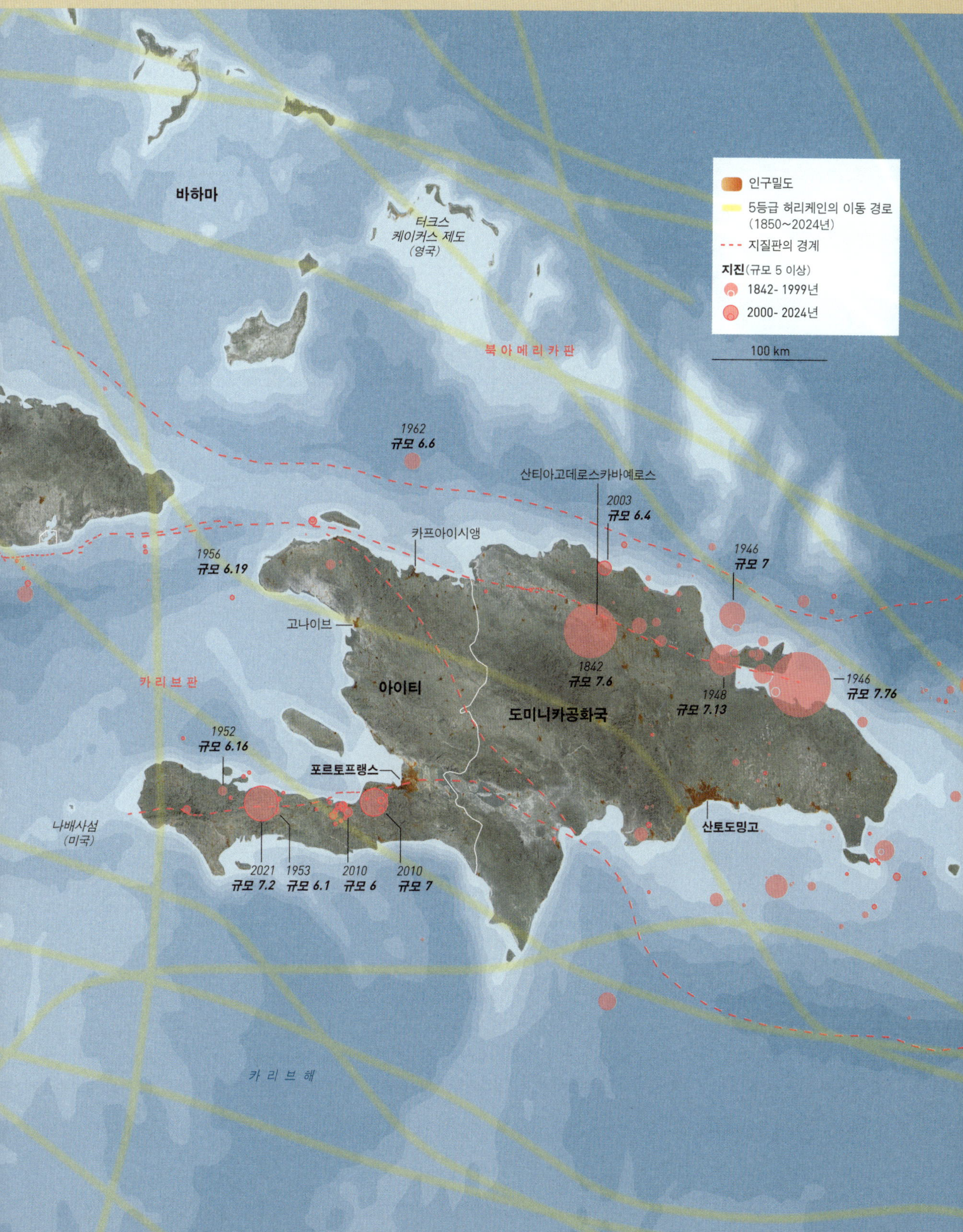
바하마
터크스
케이커스 제도
(영국)
북 아 메 리 카 판
인구밀도
5등급 허리케인의 이동 경로
(1850~2024년)
지질판의 경계
지진(규모 5 이상)
1842- 1999년
2000- 2024년
100 km
1962
규모 6.6
산티아고데로스카바예로스
2003
규모 6.4
1946
규모 7
1956
규모 6.19
카프아이시앵
고나이브
1842
규모 7.6
카 리 브 판
아이티
도미니카공화국
1948
규모 7.13
1946
규모 7.76
1952
규모 6.16
포르토프랭스
나배사섬
(미국)
산토도밍고
2021
규모 7.2
1953
규모 6.1
2010
규모 6
2010
규모 7
카 리 브 해

#20

스무 번째 경유지,
케르겔렌 제도

이곳 케르겔렌 제도는 1772년 프랑스 항해사 이브 조제프 드 케르겔렌 드 트레마레크가 발견했다. 이곳에는 과학자와 군인 외에는 아무도 발을 들여놓지 못했다. 강한 바람이 불고 나무도 없어서 사람이 거주하기에는 적합하지 않기 때문이다. 하지만 이곳의 보물은 바닷속에 있다. 세계적으로 독특한 수중 식물 군락이 분포해 있어 이곳 해양을 보호하는 것은 매우 중요한 과제다.

2022년 2월 프랑스 브레스트에서 개최된 '원 오션(One Ocean)' 정상회의에서 에마뉘엘 마크롱 대통령은 프랑스령 남방 및 남극 지역의 해양 보호구역을 크로제 군도와 케르겔렌 제도, 생폴섬과 암스테르담섬 주변 해역까지 확대한다고 발표했다. 이 결정으로 프랑스는 육지와 바다를 합쳐 전체 면적의 30퍼센트 이상을 보호구역으로 지정한다는 목표를 초과 달성했다. 케르겔렌 제도를 포함한 이 보호구역은 인도양 끝자락에 위치해 있는데 면적이 160만 제곱킬로미터로 프랑스 본토의 3배에 달한다. 이로써 이곳은 프랑스에서 가장 넓은 보호구역이자 전 세계적으로는 남극의 로스해 보호구역에 이어 두 번째로 큰 보호구역이 되었다.

2019년 유네스코 세계유산으로도 지정된 이 해양 지역은 총 47종의 바닷새 5천만 마리 이상이 서식하는 풍부한 생물다양성을 자랑한다. 이 중 14종이 멸종위기에 처해 있다. 프랑스령 남방 및 남극 지역은 세계에서 가장 큰 황제펭귄 서식지이자 세계에서 두 번째로 큰 코끼리바다표범의 서식지다. 또한 남극 대왕고래와 피그미대왕고래들도 이곳을 통해 이동한다. 지구에서 생물이 살아가는 공간의 96퍼센트를 차지하는 해양에 대한 보호는 오염, 남획, 지구온난화라는 위기 앞에서 오늘날 매우 중요한 과제로 떠올랐다.

바로 이런 이유로 1960년대부터 여러 국가들이 해양 보호구역을 지정하기 시작했다. 지난 2023년 6월 유엔은 역사적인 '공해(high seas)'에 관한 조약을 채택해 국제수역에 해양 보호구역을 도입하기로 했다. 여기서 공해란 그 어떤 나라도 주권이나 관리 권한을 갖지 않는 바다를 말한다. 오늘날 전 세계 바다와 대양의 55퍼센트는 공해다. 이러한 해양 지역은 특정 국가의 것이 아니기 때문에 새로운 형태의 거버넌스를 수립해야 한다.

바다를 **구하라**

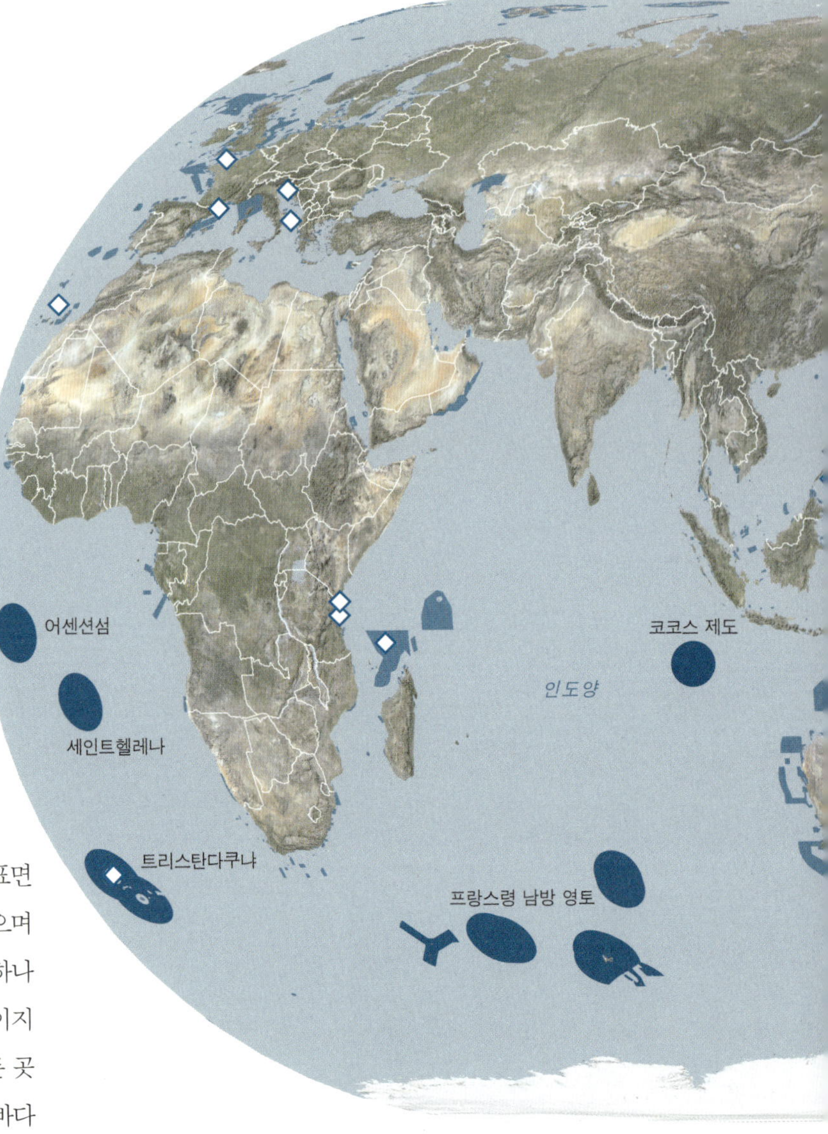

우리가 살고 있는 '푸른 행성' 지구는 표면의 3분의 2 이상이 바닷물로 뒤덮여 있으며 서로 연결된 바다와 대양이 전 세계를 하나로 이어주고 있다. 누구나 아는 사실이지만 바다가 없다면 지구는 살아가기 힘든 곳이 될 것이다. 인간과 모든 생명체는 바다 덕분에 생태계의 균형을 유지하고, 신선한 공기를 마시며, 물고기와 해조류를 먹을 수 있다. 2015년에 세계자연기금이 발표한 연구에서 미국 연구진은 해양에서 발생하는 재화와 서비스의 연간 경제적 가치를 평가한 해양총생산(Gross Marine Product)을 계산한 결과 2조 5천억 달러에 달한다고 발표했다. 이는 프랑스 GDP에 준하는 수치다. 그러나 과학자들에 따르면 이처럼 귀중한 인류 공동의 자산이 오늘날에는 심각한 위험에 처해 있다. 전 세계 해양의 약 40퍼센트가 인간의 활동, 남획, 오염, 지구온난화로 지속적인 피해를 입고 있고 그로 인해 어족 자원이 급감하고 산호초가 사라지고 있다.

질식하는 바다

이러한 현상은 오스트레일리아 동부 연안

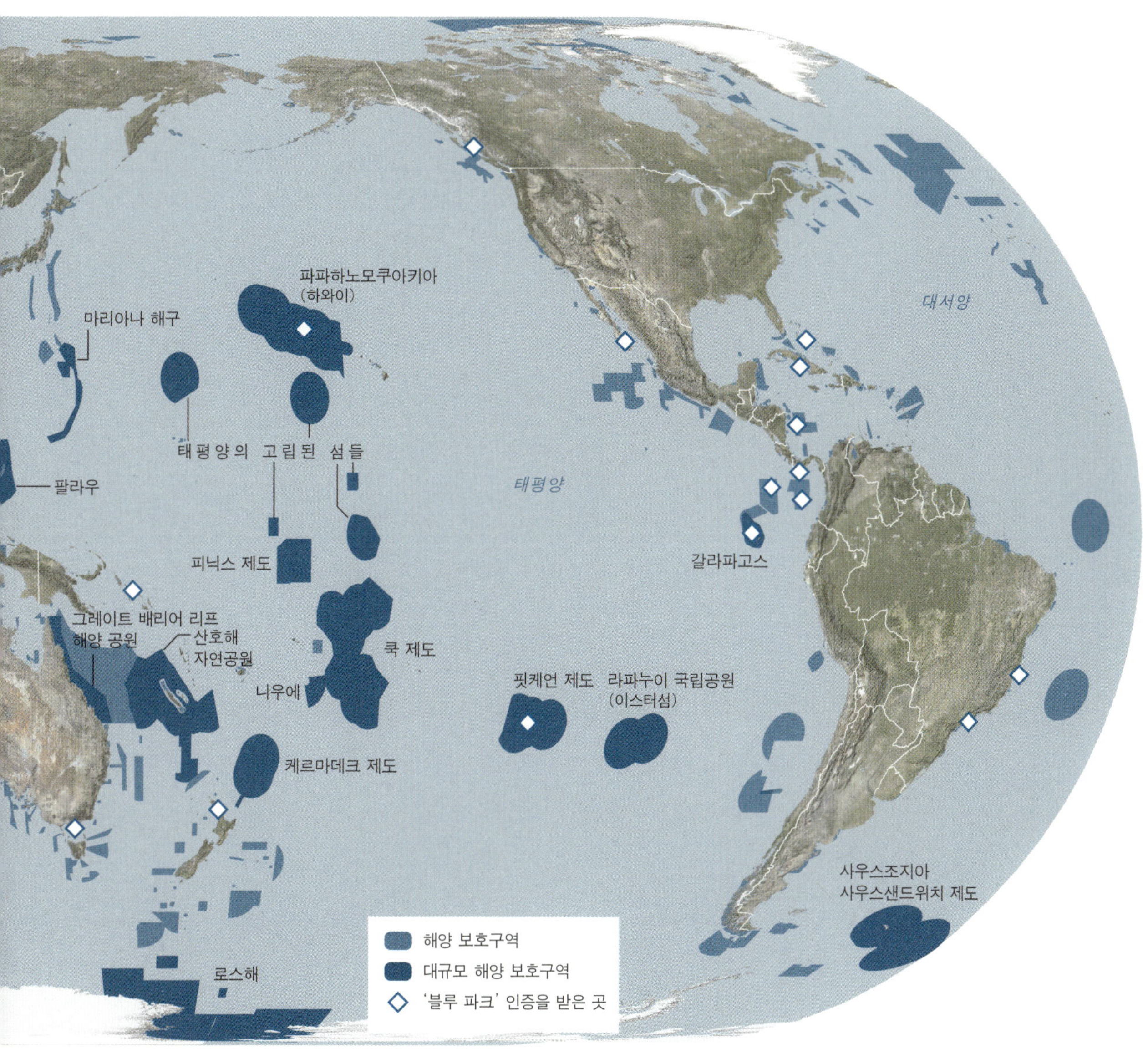

앞바다에 위치한 세계 최대의 산호초 서식지에서 특히 더 뚜렷하게 관찰된다. 이곳에서는 산호가 하얗게 변하는 백화 현상을 겪으며 사라지고 있다. 그 결과 산호초의 면적이 점점 줄어들고 있다. 사실 이것은 바닷속 수온이 너무 높아진 탓에 산호가 서서히 죽어가고 있음을 의미한다. 그렇다면 왜 이런 일이 발생하는 걸까? 바다는 온실가스로 인해 발생한 열을 흡수해 지표면의 과열을 막

1만 5,300개의 해양 보호구역

국제자연보전연맹에 따르면, 해양 보호구역이란 바닷가나 바다에 있는 특정 지역을 정해 두고 그곳의 자연을 오랫동안 보호하기 위해 법이나 기타 효과적인 방법을 통해 관리하는 구역을 말한다. 이런 보호구역은 해양 생태계를 지키는 것뿐만 아니라 바다가 제공하는 다양한 혜택과 그 지역의 문화적 가치도 함께 보존하는 것을 목표로 한다. 현재 전 세계에는 약 1만 5,300개의 해양 보호구역이 있다. 그중 규모가 매우 큰 30개가 전체 보호구역 면적의 80퍼센트를 차지한다. 또한 이 가운데 27개는 보호 효과가 과학적으로 검증된 곳에 주어지는 '블루 파크' 인증을 받았다.

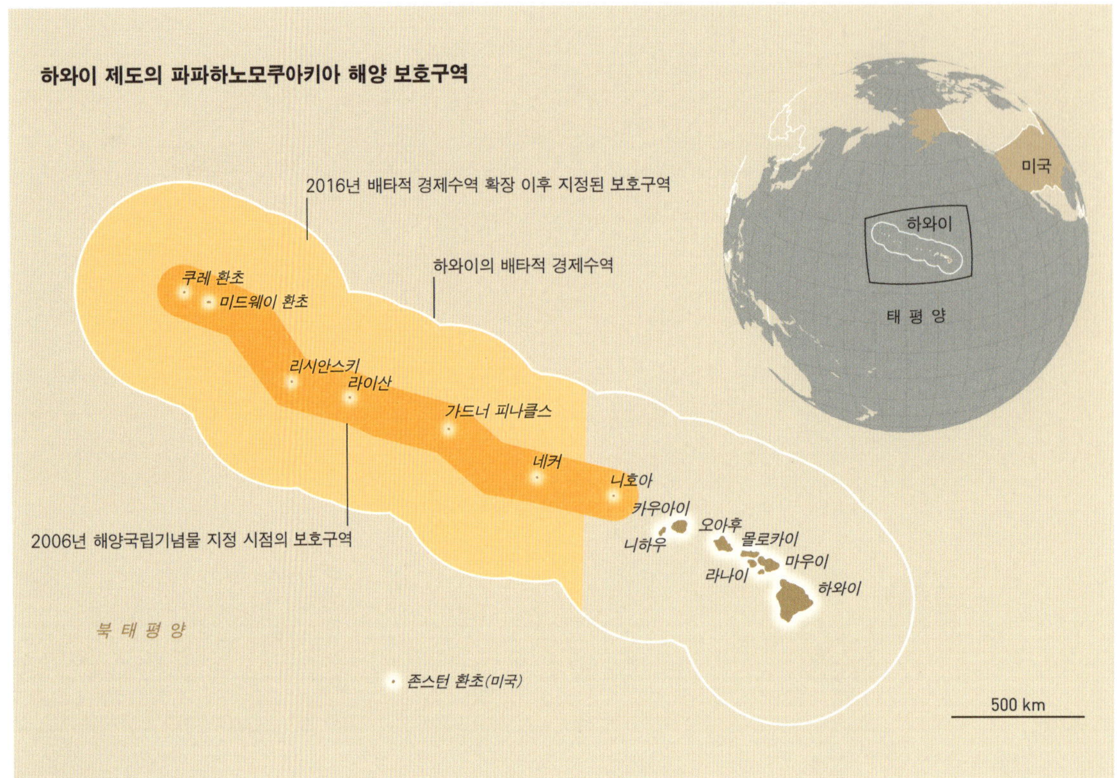

아 주지만 그 대가로 정작 바다 자체는 점점 더 뜨거워지고 있기 때문이다.

숲과 마찬가지로 바다 또한 대표적인 탄소 흡수원 역할을 한다. 바다에는 해양 먹이사슬의 맨 아래에 있는 플랑크톤과 같은 미생물이 많은데 이들 가운데 식물성 플랑크톤이 광합성을 하면서 이산화탄소를 빨아들인다. 이 과정에서 바다와 대양은 우리가 숨 쉬는 산소의 절반 이상을 만들어낸다. 그러나 바다의 이러한 이산화탄소 흡수는 정작 바다 자신에게는 심각한 부작용을 초래한다. 바닷물의 산성도를 높이고 산소 농도를 낮추어 해양 동식물에게 해로운 영향을 끼치는 것이다. 결국 우리가 숨 쉴 수 있게 해주는 바다가 이제는 산소 부족으로 위협받고 있다. 이로 인해 바닷속에 새로운 '데드존'(산소 부족으로 생명체가 살 수 없는 구역)이 생겨날 위험에 처해 있다.

해양 오염의 주범은 인간

유엔 보고서에 따르면 이 데드존은 2003년 150개에서 2019년에는 약 700개로 늘어났다. 발트해에서는 한 세기 만에 이러한 수역이 10배 이상 증가했다. 그 이유는 바로 도시에서, 농업 활동에서, 산업 활동에서 발생하는 오염 때문이다. 산업체와 도시에서 배출된 폐수, 그리고 무엇보다도 농작물 재배에 사용된 비료 찌꺼기가 발트해로 유입된 것이다. 특히 빗물에 섞여 들어온 비료 속 질산염과 인산염은 식물성 플랑크톤의 대량 번식을 불러일으켰다. 그런데 이들은 분해될 때 산소를 소모하는데 그 결과 바닷속은 생명체가 살 수 없는 환경이 된

다. 특히 발트해와 같은 반쯤 폐쇄된 바다
는 바닷물이 완전히 정화되는 데 30년 이상
이 걸린다.

　해양 오염의 80퍼센트는 인간이 버린 쓰
레기에서 기인한다. 이 쓰레기가 바다로 흘
러 들어가 해양을 오염시키고 생물다양성
을 파괴한다. 2024년 기준 지구의 80억 인
구 중 3분의 2가 바다에서 80킬로미터 이내
의 지역에 살고 있다. 그들 대부분이 인구
1천만 명 이상의 거대도시에 거주하고 있
다. 이 과정에서 생활 하수와 산업용 폐수,
플라스틱 쓰레기 같은 오염물질을 배출하
는데 그것이 내륙의 강과 호수를 더럽히고
결국에는 바다로 흘러 들어가 해양 오염을
심화시킨다. 그렇게 해서 바다에 도달하는
플라스틱 쓰레기의 총량은 약 26만 9천 톤
으로 추정되는데 만약 해양 생물이 이 플라
스틱을 섭취하면 먹이사슬 전체를 오염시킬
수 있다. 더구나 커다란 조각들은 덫이 되
어 해양 동물들을 다치게 할 수도 있다. 현
재 바다 한가운데에는 엄청난 양의 플라스
틱 쓰레기가 모여 소용돌이를 이루고 있는
데 이를 '플라스틱 대륙'이라고 부르기도 한
다. 하지만 이는 빙산의 일각에 불과하다.

　이 밖에도 해양 오염은 국경을 넘어 확
산되는데 선박 운항 과정에서 발생하는 폐
수 배출, 유조선 사고로 인한 대규모 기름
유출, 해양 자원 개발 활동 등이 주요 원인
으로 지적된다. 실제로 2010년 4월 멕시코
만에서 영국의 브리티시 페트롤리엄이 소
유한 해상 석유 시추 시설이 폭발하는 사고
가 일어나 11명의 노동자가 사망했는데 이
는 역사상 최악의 기름 유출 사고로도 이어
졌다.

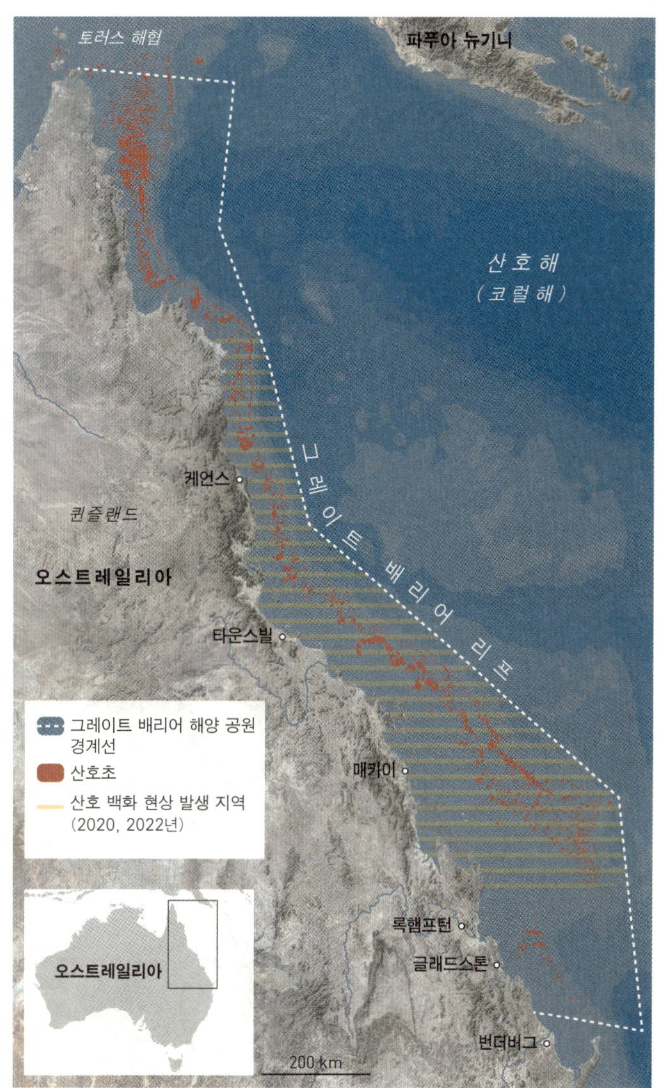

산호의 죽음

2,900개의 산호초와
900개의 섬으로 이루
어진 세계 최대 규모의
산호초 서식지인 **오스트
레일리아의 그레이트 배
리어 리프**는 유네스코
세계유산으로 등재되어
있다. 하지만 지구온난
화로 인한 백화 현상으
로 위험에 처해 있다. 산
호의 백화는 곧 산호의
죽음을 의미한다.

어족 자원의
31퍼센트가 고갈될 위험

마지막으로 해양 자원의 과다한 이용, 그중에서도 특히 무분별한 남획이 중대한 문제로 대두되고 있다. 지난 60년 동안 전 세계적으로 어류 소비가 폭발적으로 증가했다. 급격히 늘어난 이러한 수요를 충당하기 위해 연간 약 8,200만 톤의 어류가 포획되고 있는데 이는 1950년과 비교해 4배 이상 증가한 양이다.

비정부기구인 글로벌 피싱 워치에 따르면, 어선들은 바다 곳곳에서 조업을 하고 있는데 그 활동 범위가 전 세계 바다와 대양의 절반 이상인 55~73퍼센트에 달한다. 이는 육지에서 농업이 이루어지는 면적보다 4배나 넓은 수준이다. 유엔식량농업기구에 따르면 이러한 남획의 결과로 전 세계 어족 자원의 31퍼센트가 고갈될 위험에 놓여 있다.

7.74퍼센트만이 보호구역

앞서 살펴본 여러 문제에 대응하기 위해서는 국가적 차원에서뿐만 아니라 전 지구적 차원에서도 나서야 한다. 1982년에 채택된 유엔해양법협약은 오늘날 국제 사회가 바다를 어떻게 관리하고 이용할지 정하는 중요한 토대가 되고 있다. 이 협약은 연안 국가들에게 자국 해안선에서 200해리까지의 해역에 대해서는 경제적 독점 권리를 갖는 배타적 경제수역을 인정하는 동시에 해양 자원을 이용할 때 지켜야 할 국제적인 기본 원칙도 함께 제시하고 있다. 이는 바다와 대양은 무한한 자원이 아니라 인류의 공동 자산이라는 점을 전제한 것이다. 여기서 한 가지 주목할 사실은 해양 자원 개발에 대한 이견으로 미국은 유엔해양법협약에 서명하지 않았다는 점이다. 한편 1992년 리우데자네이루에서 개최된 유엔환경개발회의에서 채택된 '아젠다 21'에는 해양 환경 보호와 더불어 '해양 생물 자원의 합리적 이용과 개발'을 촉구하는 내용도 포함되어 있다.

지역적, 국가적 차원에서의 다양한 보호 조치와 수단이 이와 같은 국제적 틀을 보완한다. 각 국가는 해양 보호구역을 지정하고 있는데 최초의 해양 보호구역은 1960년대에 오스트레일리아에서 등장했다. 1962년에 시애틀에서 열린 세계 최초의 국립공원 회의에서 해양 보호구역은 효과적인 수단으로 주목받기 시작했다. 실제로 해양 보호구역에서는 어업 활동과 석유 및 가스 같은 자원의 시추가 금지되며 해양 포유류가 특별히 보호받는다. 일례로 1999년 11월 프랑스와 이탈리아 해안을 따라 조성된 펠라고스 보호구역의 경우 해양 포유류들이 오염이나 포획, 화물선이나 크루즈 선박 등과의 충돌로 인한 사고로부터 보호받고 있다.

해양 보호구역을 만들기 위한 하나의 통일된 국제법은 존재하지 않는다. 하지만 여러 국제 협약들은 바다를 보호하기 위해 각국이 해양 보호구역을 지정하도록 독려하고 있다. 2022년에 개최된 유엔생물다양성협약 당사국총회에서 각국은 2030년까지 전 세계 바다의 30퍼센트를 해양 보호구역으로 지정해 보호하기로 약속했다. 2020년에는 규모와 규제 수준이 다양한 1만 5천 개가 넘는 해양 보호구역이 집계되었는데

그중 단 30곳이 전체 보호 면적의 80퍼센트를 차지했다. 당시 해양 보호구역의 면적은 2,810만 제곱킬로미터로 전 세계 바다 면적의 7.74퍼센트에 불과했다. 이는 목표치인 30퍼센트에는 한참 못 미치는 수준이다.

지중해의 눈속임?

최근 여러 연구는 해양 보호구역이 바다 생태계를 살리는 동시에 경제에도 도움이 된다는 사실을 보여준다. 보호구역은 해양 환경이 스스로 회복할 시간을 주고, 어류 자원이 다시 풍부해지도록 하며, 지역 주민의 생활 여건을 개선하는 데도 기여한다.

그러나 이러한 보호구역의 현황과 보호 수준은 지역마다 크게 차이가 난다. 특히 지중해의 여러 해양 보호구역은 허울뿐인 것으로 드러났다. 실제로 약 1,062개의 해양 보호구역이 존재하지만 이들이 차지하는 면적은 지중해 전체 해양 면적의 단 6퍼센트에 불과하다. 무엇보다 관련 규제가 부족해 인간의 활동이 생물다양성에 미치는 영향을 효과적으로 줄이지 못하고 있다. 오로지 해양 보호구역을 인위적으로 늘리기 위해 생물종의 다양성은 고려하지 않은 채 해당 지역을 보호구역으로 지정하는 경향도 보인다. 그 결과 가장 높은 수준의 보호를 받는 해양 보호구역은 지중해 전체 해역의 0.23퍼센트에 지나지 않으며 인간 활동을 전면적으로 금지하는 완전 보호구역은 0.06퍼센트에 불과하다. 프랑스도 마찬가지다. 프랑스 지중해 수역의 60퍼센트가 보호구역으로 지정되어 있지만 그중 단 0.11퍼센트만이 실질적으로 해양 생물다양성에 도움이 되는 완전 또는 고도의 보호를 받고 있다.

푸른 지중해의 역설

지중해는 전 세계 해양 생물다양성의 약 8~10퍼센트를 차지할 만큼 풍부한 생태계를 자랑하며, 해양 동식물만 해도 1만 종 이상이 서식하고 있다. 그중 약 3분의 1은 지중해에만 서식하는 고유한 생물종이다. 하지만 이곳 생태계가 직면한 강한 환경적 압박과 위협에 비추어 볼 때 현재 시행되는 보호 조치들은 그 중요성에도 불구하고 아직 충분한 효과를 내지 못하고 있다.

40년이 걸린 바다의 회복력

정치적 의지가 적절한 감시 수단과 함께 뒷받침된다면 바다는 진정으로 재생될 수 있다. 프랑스 남부 부슈뒤론에 있는 코트블루 해양 공원은 전면적 보호를 시행하는 보호구역 두 곳을 지정했다. 바로 카리르루에와 카프쿠론 보호구역이다. 이곳에서는 조업, 스쿠버 다이빙, 정박과 같은 인간의 모든 활동이 엄격히 금지된다. 이를 확실히 하기 위해 두 지역은 연중 내내 감시를 받는다. 바다에서는 밤에도 불이 켜지는 부표로 경계가 표시되고 육지에서는 해안 접근 지점에 표지판이 설치되어 있다. 인간의 활동에 의한 영향이 줄어드는 순간부터 해양 생태계는 놀라운 회복력을 발휘한다. 실제로 1970년대에 프랑스의 핵실험으로 파괴되었던 태평양 일부 환초의 산호초가 40년 만에 복원되었다. 이것이 바로 진정한 정치적 의지가 그 어느 때보다도 필요한 이유다.

어느 나라의 바다도 아닌 모두의 바다

오늘날 해양 보호구역 대부분은 연안 지역에 집중되어 있다. 하지만 앞서 강조했듯이 세계 해양의 절반 이상이 그 어떤 국가의 주권도 미치지 않는 공해에 해당한다. 따라서 국제적인 협력이 반드시 필요하다.

남극 주변에서는 2017년 12월 1일 로스해가 보호구역으로 지정되었다. 미국과 뉴질랜드의 주도로 조성된 로스해 해양 보호구역은 현재 그 범위가 200만 제곱킬로미터에 이르고 있다. 하지만 보호구역 지정이 현실화되기까지는 무려 4년이 넘는 협상 기간이 필요했고 남극해양생물자원보존위원회에 속한 25개 회원국의 승인도 받아야 했다. 또한 러시아와 중국에는 일부 해역에서 어업을 허용하는 양보안이 제시되기도 했다. 이 보호구역이 해양 생태계 보호에 실제로 얼마나 기여했는지는 2052년에 평가할 계획이다.

인간에게 생명의 원천인 바다

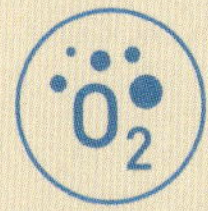

산소 공급원

50%
우리가 마시는 산소의 50퍼센트는 해양 식물과 플랑크톤이 만든다.

기후 조절자

98%
기후변화 때문에 지구가 더워지면서 생긴 열 중 98퍼센트를 바다가 흡수한다.

식량 공급원

35억
35억 명의 사람들이 어류 및 해산물을 주요 식량 자원으로 활용하고 있다.

세계 운송의 중추

90%
전 세계 교역량의 90퍼센트가 해상 항로를 통해 이동한다.

이러한 국가 간 협력은 특히 2023년 6월 19일 채택된 '공해조약(BBNJ 조약)'에 힘입어 앞으로 더욱 촉진될 것으로 기대된다. 이 조약은 어느 나라의 관할에도 속하지 않는 공해를 국제 사회가 함께 관리할 수 있도록 하는 규범을 마련했다. 그 결과 전 세계 해양 생태계를 함께 보호하고 해양 자원을 공동으로 관리하는 데 중요한 진전을 이룬 것으로 평가된다. 또한 이 조약은 국제 사회의 자금 지원을 통해 공해에 더 많은 해양 보호구역을 조성하도록 유도한다. 이를 통해 2030년까지 전 세계 바다와 대양의 30퍼센트를 보호구역으로 지정한다는 목표를 달성할 것으로 기대된다.

법적으로 보면 이 새로운 조약이 해저 광물 채굴을 완전히 막는 것은 아니다. 1994년에 만들어진 별도의 국제 협약에 의해 여전히 채굴이 허용된다. 이 협약은 바닷속 깊은 곳에 있는 광물 채굴에 대한 규칙을 정하고 채굴 허가권을 내주는 국제해저기구를 설립했다. 2023년 7월에 광물 채굴에 대한 규칙이 논의되었지만 결국 채택되지 못하고 2025년으로 미뤄졌다. 그 이유는 유럽과 오세아니아 국가들을 중심으로 한 20여 개 국가가 당분간 채굴을 유예하자며 반대했기 때문이다. 프랑스는 바누아투와 함께 채굴을 아예 전면 금지해야 한다고 주장하고 있다. 반면 나우루 같은 작은 나라와 중국, 노르웨이, 멕시코, 영국 등은 광물 채굴이 빨리 시작되기를 원하며 조급해하고 있다. 이처럼 해저 광물 자원에 대한 보호는 21세기의 주요 과제 중 하나가 되고 있다.

해저,
보이지 않는 전쟁터

수심 200미터 아래 지점부터를 보통 '심해'라고 부른다. 이는 지구 표면적의 약 3분의 2에 해당한다. 하지만 현재 그중 단 20퍼센트만이 지도화되었다. 해저의 4분의 3은 3천 미터 이상 깊이에 위치하는데 그중 4천 미터 이상 깊은 곳은 '심연'이라고 부른다. 전문가들은 인류가 해저보다 달의 표면에 대해 더 많이 알고 있다고 지적한다. 2024년 1월 프랑스 해군 준장 세드릭 슈타이는 이렇게 말했다.

"해저는 불투명의 영역입니다. 경제적으로 중요한 결과를 초래하는 활동들이 그곳에서 일어나고 있지만 정작 누가 무엇을 하는지 그 책임 소재를 파악하기가 매우 어렵습니다. 즉 가설과 불확실성이 지배하는 영역인 것이죠."

오늘날 주요 강대국들은 이 '불투명한 곳'에서 적국의 장비를 감시하고 탐지하는 능력을 유지해야 한다. 미국, 러시아, 중국, 프랑스, 영국은 해저에서 가장 많은 영향력을 가진 나라들로 전문가들은 이들을 '해저 지배 5개국'이라고 부른다. 해저를 지배하기 위해서는 과학적, 경제적, 산업적 역량을 반드시 갖추어야 한다. 실제로 프랑스는 장기적으로 6천 미터 깊이까지 도달할 수 있는 해저 로봇과 수중 드론, 더 나아가 핵추진 공격 잠수함과 기뢰 대응 장비 등 해저 탐사에 꼭 필요한 장비들을 완벽하게 갖추는 것을 목표로 세우고 있다. 여기에 더해 기량이 뛰어난 기뢰 제거 잠수부 확보와 같은 인적 자원의 역량 강화 역시 빼놓을 수 없다.

또한 오늘날 디지털 데이터의 98퍼센트가 해저 케이블을 통해 전송되는 만큼 해저는 새로운 잠재적 갈등의 공간이 되었다. 마찬가지로 해저에 매설된 가스관과 같은 기반시설 문제 또한 언급하지 않을 수 없다. 이는 2022년 9월 노르트 스트림 가스관 폭발 사건 이후 더욱 민감한 문제로 떠올랐다. 따라서 러시아가 우크라이나를 침공한 이후 북해, 발트해, 노르웨이 해역에서는 가스관에 대한 감시가 더더욱 삼엄하게 이루어지고 있다. 또한 해저는 광물 자원과 에너지 자원이 풍부해 여러 국가들의 관심 대상이 되고 있는데 이로 인해 많은 법적 문제들이 제기되고 있기도 하다.

마지막으로, 프랑스 환경운동가 클레르 누비앙과 그녀가 이끄는 단체의 심해 보호 운동은 유럽 차원에서 두 가지 중요한 성과를 거두었다. 바로 2025년까지 수심 800미터 이상 심해에서의 조업 금지와 2012년부터 발효된 전기 충격을 이용한 조업의 금지다.

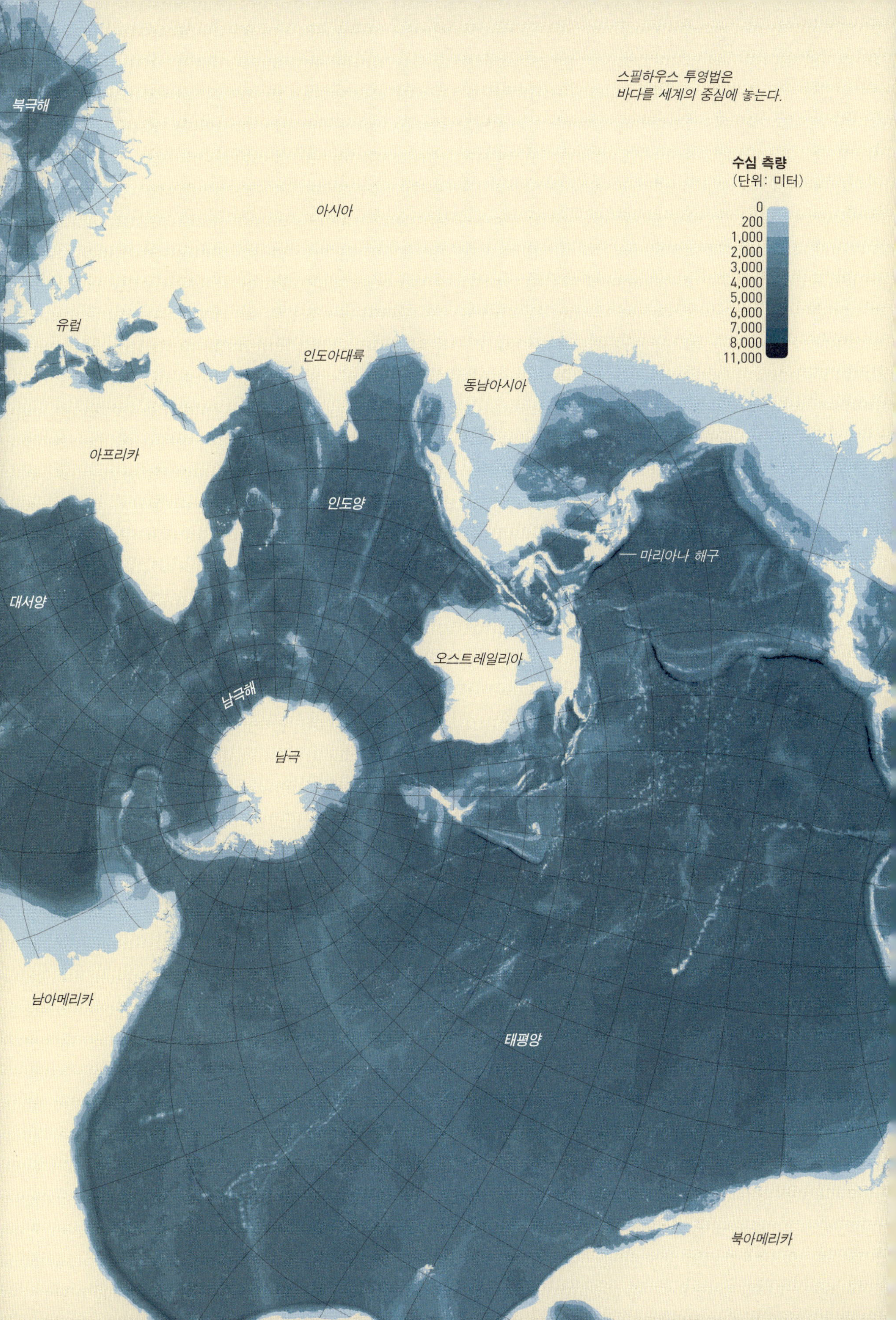

북극해
아시아
스필하우스 투영법은
바다를 세계의 중심에 놓는다.
수심 측량
(단위: 미터)
0
200
1,000
2,000
3,000
4,000
5,000
6,000
7,000
8,000
11,000
유럽
인도아대륙
동남아시아
아프리카
인도양
대서양
마리아나 해구
오스트레일리아
남극해
남극
남아메리카
태평양
북아메리카

#21

스물한 번째 경유지,
러시아 무르만스크

무르만스크는 북극권의 수도 같은 곳이다. 이곳은 핀란드 국경과 가까운 러시아 서부의 콜라 반도에 위치해 있으며 상트페테르부르크에서 약 1,300킬로미터 떨어져 있다. 러시아인들은 북극의 화려한 오로라를 감상하기 위해 이곳을 자주 찾는다. 무르만스크는 러시아가 북극 지대로 진입하는 핵심 관문이다. 오늘날 북극은 에너지 자원과 광물 자원이 풍부할 뿐만 아니라 기후변화로 얼음이 녹고 있고 성능 좋은 쇄빙선이 개발되면서 앞으로 새로운 해상 항로가 열릴 수 있다는 가능성 때문에 전 세계의 관심이 쏠리고 있다.

러시아는 북극권에서 가장 큰 도시인 무르만스크를 매우 자랑스럽게 여기고 있다. 비록 극한의 기온으로 인해 생활환경은 매우 척박하지만 이 도시는 결정적인 장점을 하나 갖고 있다. 바로 자신을 둘러싼 주변 해역이 겨울에도 얼지 않는다는 점이다. 이는 멕시코 만류에서 갈라져 나온 따뜻한 해류인 북대서양 난류가 바렌츠해로 흘러 들어와 바닷물을 따뜻하게 만들기 때문이다. 그 덕분에 무르만스크 항구는 일년 내내 이용이 가능하다. 1941년에 독일이 이곳을 탐내 스탈린그라드에 버금갈 정도로 집중 폭격을 가했던 것도 바로 이런 이유에서였다. 따라서 이 항구의 전략적 중요성을 인식한 블라디미르 푸틴은 21세기 들어 항만 인프라 현대화에 막대한 투자를 쏟아붓고 있다.

러시아는 오래전부터 북극을 자국의 핵심 이익이 걸린 지역으로 간주해왔다. 실제로 소련은 전후 시기부터 핵추진 선박을 포함한 쇄빙선 함대에 막대한 투자를 해왔다. 그 결과 냉전 이후 북극은 소련과 미국 잠수함이 대치하는 새로운 경쟁의 장이 되기도 했다. 북극의 새하얀 얼음 아래 잠수함을 매우 쉽게 감출 수 있기 때문이다.

지구온난화로 북극의 얼음이 녹게 되면서 일부 국가들은 수에즈 운하, 파나마 운하, 말라카 해협 같은 기존 해상 요충지를 경유하지 않고 갈 수 있는 새로운 북극 항로가 열릴 수 있을 것이라 기대하고 있다. 이렇게 되면 항로가 더 짧아져 연료 소비도 줄고 해적 활동으로 인한 피해도 줄어들 수 있다. 이런 상황이기 때문에 이곳 무르만스크는 러시아에게 매우 중요한 전략적 거점이 되고 있다. 러시아의 우호국인 중국은 이미 북극을 통해 두 나라를 잇는 컨테이너선 항로를 상상하고 있다. 이 항로가 현실화되면 두 나라를 약 20일 만에 이동할 수 있게 된다. 이렇게 되면 아시아, 유럽, 북아메리카는 지구 최북단 항로를 통해 서로 연결될 것이며 이는 좋든 나쁘든 중요한 의미를 가질 것이다.

북극해,
아직은 열리지 않은 기회의 문

북극과 남극은 물, 얼음, 해빙으로 이루어진 지역이다. 오늘날 이 두 지역에는 미래 세계의 관심과 야망이 집중되고 있다. 지구 온난화와 강대국들의 탐욕이라는 공통된 과제에 직면해 있으면서도 두 곳이 처한 사회적, 경제적, 법적 상황은 서로 판이하다. 특히 지리적으로 중요한 차이점이 있다. 북극은 육지로 둘러싸인 바다인 반면, 남극은 바다로 둘러싸인 대륙이다.

북극, 육지로 둘러싸인 바다

북극해는 지구상에서 가장 작은 대양으로 그 면적은 약 1,400만 제곱킬로미터에 달하며 대부분 계절에 따라 증가하고 감소하는 해빙으로 덮여 있다. 또한 거의 폐쇄된 바다처럼 보이지만 북쪽에서 대서양과 태평양을 연결하는 역할을 한다. 북극해 연안국들 사이에서는 수면 위로 드러난 육지의 절반을 소유하고 있는 러시아가 독보적인 입지를 점하고 있다. 그로 인해 지역 내에서 러시아의 영향력이 상당히 크다.

북위 66도의 북극권 너머까지 펼쳐진 북극 지역은 북극해보다도 더 넓다. 아메리카, 유럽, 아시아 대륙의 최북단도 북극 지역에 포함된다. 북극의 기후는 매우 혹독하다. 여름에도 평균 기온이 영상 10도에 불과하고 겨울철 평균 기온은 영하 30도로, 러시아의 베르호얀스크는 영하 67도를 기록한 적도 있다.

남극, 바다로 둘러싸인 대륙

남극은 아르헨티나의 우수아이아 연안에서

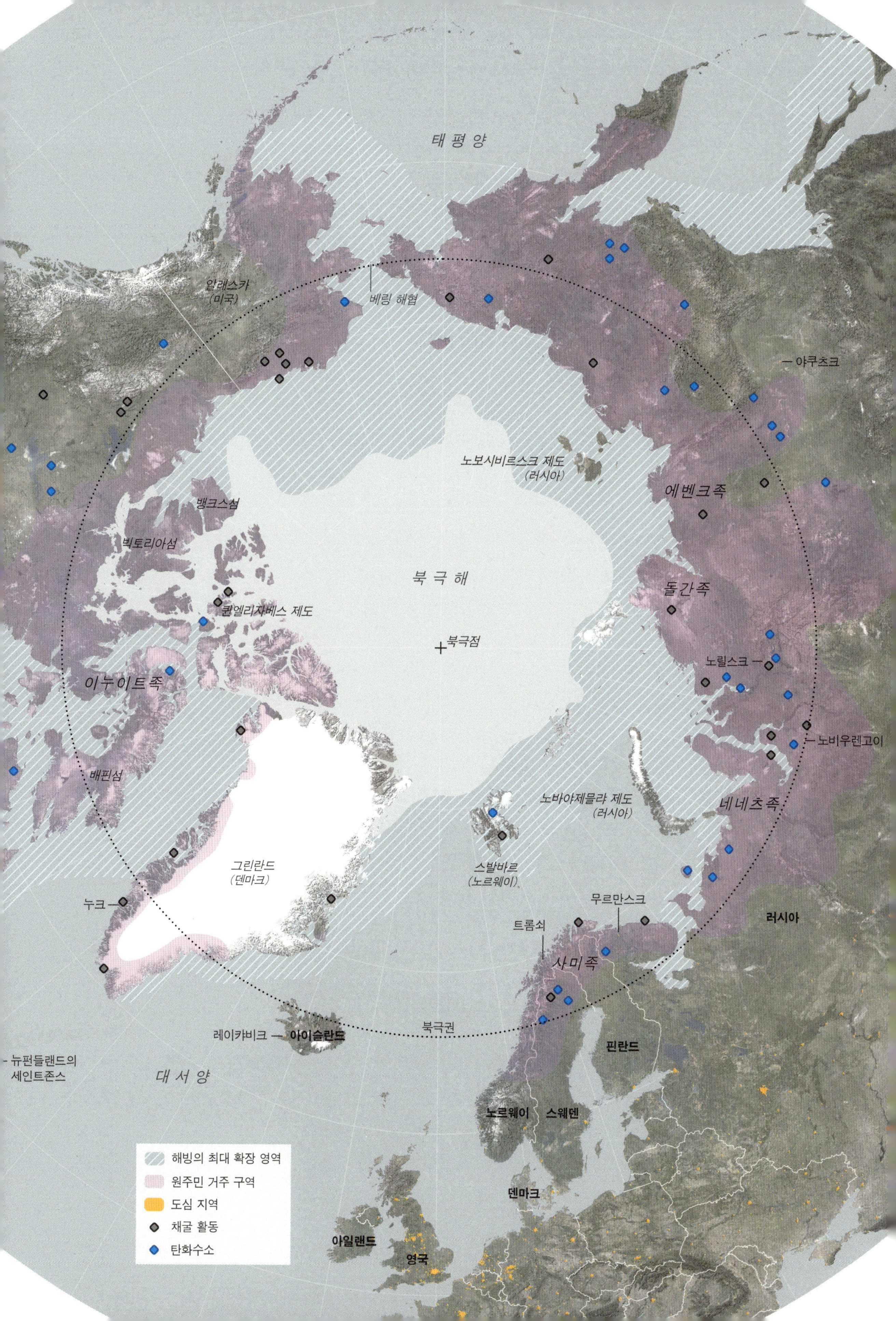
태 평 양
알래스카
(미국)
베링 해협
야쿠츠크
노보시비르스크 제도
(러시아)
에벤크 족
뱅크스섬
빅토리아섬
북 극 해
돌간 족
퀸엘리자베스 제도
북극점
노릴스크
이누이트 족
노비우렌고이
배핀섬
노바야제믈랴 제도
(러시아)
네네츠 족
그린란드
(덴마크)
스발바르
(노르웨이)
무르만스크
누크
트롬쇠
사미 족
레이캬비크
아이슬란드
북극권
뉴펀들랜드의
세인트존스
대 서 양
핀란드
노르웨이
스웨덴
덴마크
아일랜드
영국
해빙의 최대 확장 영역
원주민 거주 구역
도심 지역
채굴 활동
탄화수소
러시아

약 1,200킬로미터 떨어진 곳에 있고 태평양, 대서양, 인도양 등 세 대양이 만나는 지점에 위치해 있다. 주변의 여러 섬들에 둘러싸인 대륙으로 면적은 1,400만 제곱킬로미터 정도다. 또한 두께가 최대 4킬로미터에 이르는 거대한 빙상으로 덮여 있고 해발 5천 미터에 가까운 봉우리들로 이루어진 산맥이 대륙을 가로지르고 있다. 남극의 추위는 북극보다 훨씬 더 혹독하다. 여름 평균 기온은 영하 20도, 겨울 평균 기온은 영하 50도에 육박한다. 2010년에는 남극 한 지점의 기온이 영하 90도를 기록하기도 했다. 3~4월이 되면 남반구의 겨울이 시작되면서 북극처럼 남극의 바다도 얼어붙는다. 그러면 해빙이 형성되면서 해안에서 최대 800킬로미터까지 넓게 퍼지기도 한다.

사람이 사는 북극, 과학자만 머무는 남극

북극과 남극 모두 기록적인 한파와 해빙으로 대표되는 극한의 기후를 지닌다. 이처럼 매우 혹독한 생활 조건에도 불구하고 두 극지방 모두 사람이 거주하고 있는데 그 양상은 확연히 다르다. 북극에는 이누이트족, 에벤크족, 돌간족, 네네츠족, 사미족과 같은 원주민들이 오랫동안 살아 있다. 하지만 오늘날에는 이 지역이 군사, 물류, 자원 측면에서 전략적으로 중요해지자 외부 인구가 유입되었고 이들은 그 영향으로 소수민족이 되었다. 그 결과 누크, 키루나, 무르만스크, 노릴스크와 같은 도시들이 발달했는데, 특히 노릴스크는 과거에는 강제수용소였던 곳이지만 니켈 채굴로 인해 오늘날에는 세계

에서 가장 북쪽에 위치한 대도시가 되었다.

반면 남극의 상황은 이와는 매우 다르다. 남극에는 사람이 살지 않으며 원주민이 살았던 적도 없다. 다만 과학 프로젝트를 수행하기 위해 남극을 찾는 연구원들을 수용하는 100여 개의 기지가 있을 뿐이다. 접근이 매우 어렵고 현지에서 생존에 필요한 식량 등을 구할 수 없기 때문에 남극은 지속적으로 사람이 살 수 있는 곳이 아니다. 그럼에도 인류가 이처럼 극한의 환경을 무릅쓰고 두 극지방을 탐사해온 이유는 그 지역에 묻혀 있는 자원을 확보하기 위해서다. 이 자원은 오늘날 점점 더 많은 국가들의 관심과 경쟁을 불러일으키고 있다.

두 극지방의 자원들

두 극지방의 자원 중 가장 먼저 꼽을 수 있는 것은 해양 생물 자원이다. 북극에서는 많은 원주민들이 생계 수단으로 어업에 의존해 왔는데 20세기 말 이후 어획물의 가공과 처리 시설을 갖춘 대형 어선이 등장하면서 어업 활동이 급격히 확대되었다. 그러자 대구와 같은 주요 어종들은 과도한 어획으로 개체수가 급격히 감소하고 있다. 남극의 경우에는 남극해에 서식하는 일곱 종의 고래가 20세기 초부터 집중적인 포획 대상이 되었다. 오늘날에는 양식업에서 사료로 활용되는 크릴새우가 남획으로 위협받고 있다. 크릴새우가 남극 생태계의 근간을 이루는 만큼 이는 해양 먹이사슬 전체를 위험에 빠트릴 수 있다.

극지방의 또 다른 주요 자원은 바로 담수다. 북극에는 전 세계 담수 매장량의 약 10

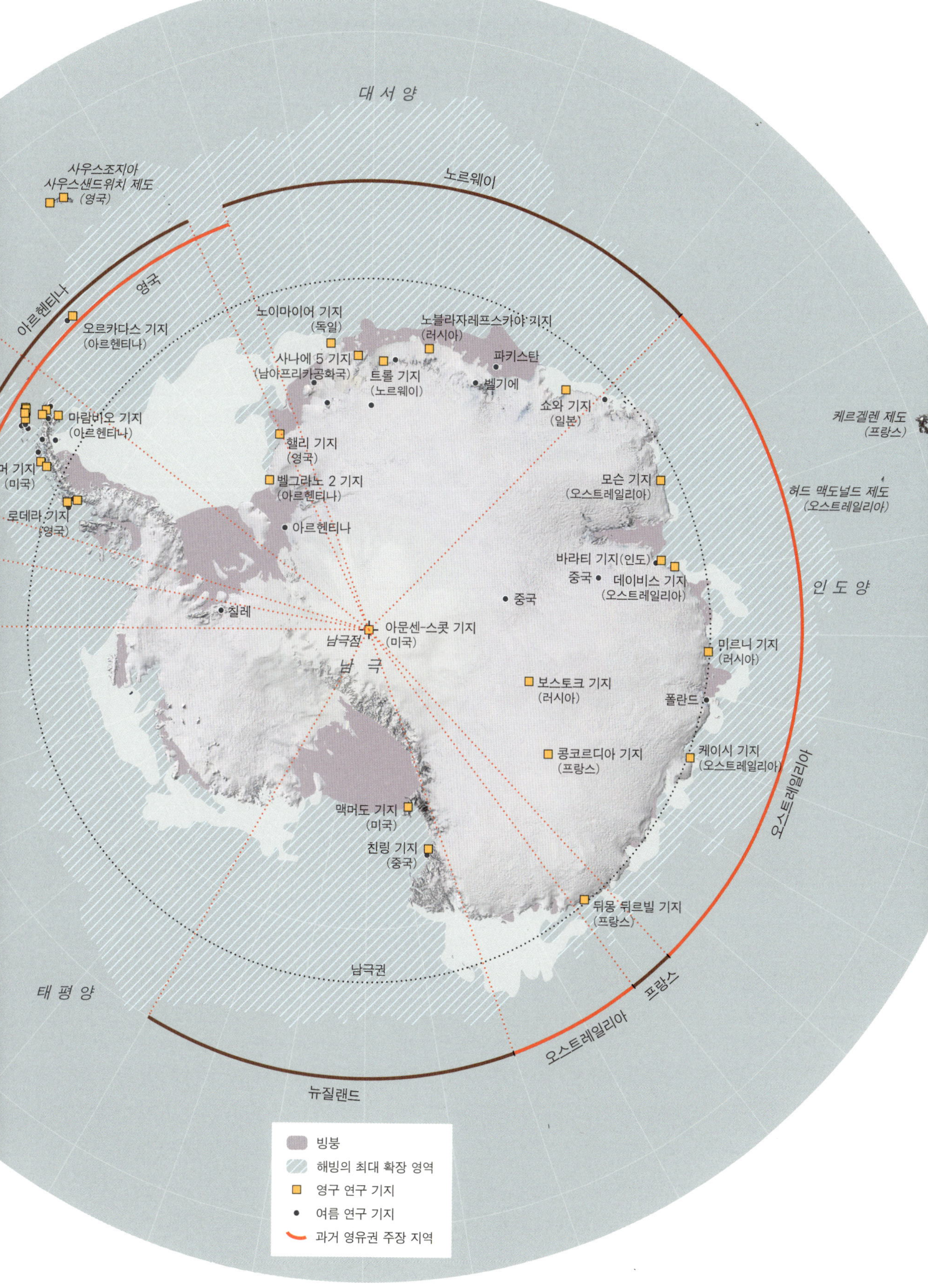

대 서 양
노르웨이
사우스조지아
사우스샌드위치 제도
(영국)
노이마이어 기지
(독일)
노블라자레프스카야 기지
(러시아)
아르헨티나
영국
파키스탄
오르카다스 기지
(아르헨티나)
사나에 5 기지
(남아프리카공화국)
트롤 기지
(노르웨이)
벨기에
케르겔렌 제도
(프랑스)
쇼와 기지
(일본)
마람비오 기지
(아르헨티나)
핼리 기지
(영국)
머 기지
(미국)
벨그라노 2 기지
(아르헨티나)
모슨 기지
(오스트레일리아)
허드 맥도널드 제도
(오스트레일리아)
로데라 기지
(영국)
아르헨티나
바라티 기지(인도)
중국
데이비스 기지
(오스트레일리아)
인 도 양
칠레
중국
미르니 기지
(러시아)
아문센-스콧 기지
(미국)
남극점
남 극
보스토크 기지
(러시아)
폴란드
콩코르디아 기지
(프랑스)
케이시 기지
(오스트레일리아)
맥머도 기지
(미국)
친링 기지
(중국)
뒤몽 뒤르빌 기지
(프랑스)
남극권
태 평 양
프랑스
오스트레일리아
뉴질랜드
빙붕
해빙의 최대 확장 영역
영구 연구 기지
여름 연구 기지
과거 영유권 주장 지역

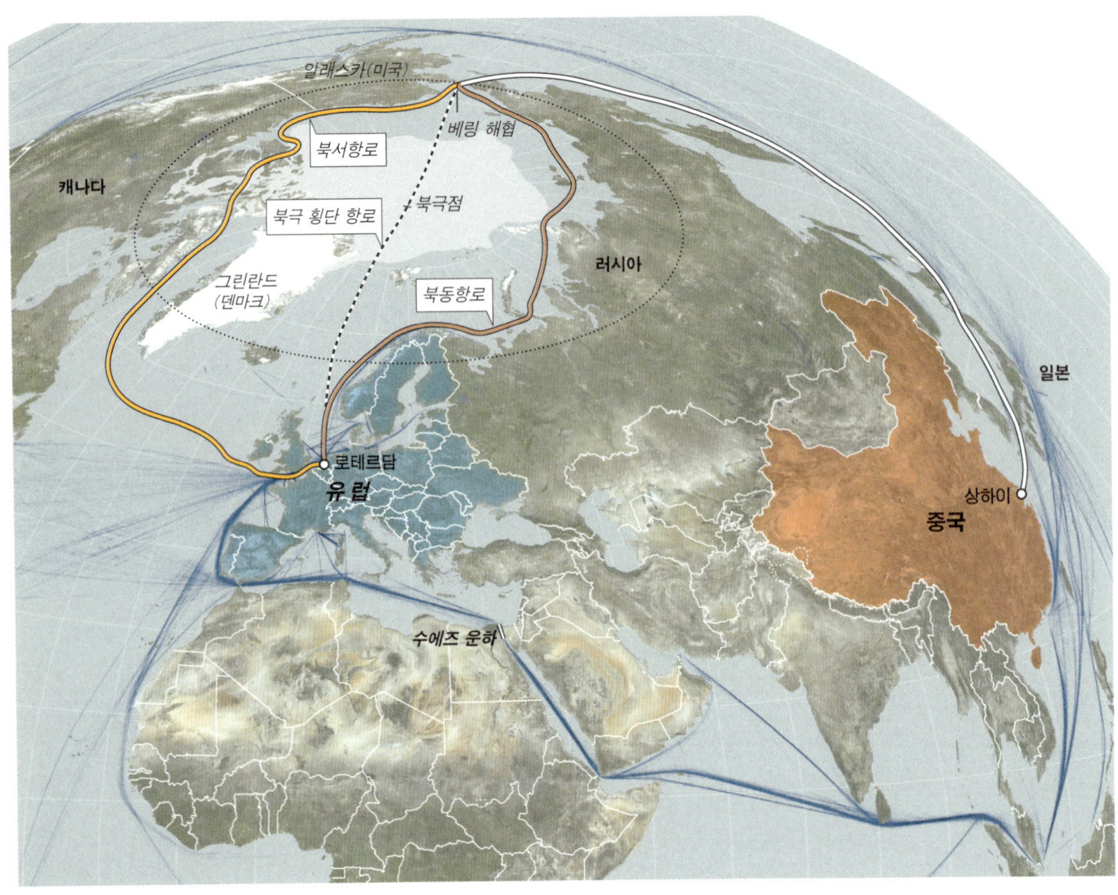

북극 항로, 아직은 열리지 않은 기회의 문

북극해를 경유해 아시아와 유럽을 연결하는 새로운 해상 항로의 개방은 아직은 불확실한 상태다. 이들 항로는 매년 여름 몇 달 동안만 강력한 쇄빙선을 이용해 접근할 수 있기 때문이다. 북동항로는 이미 러시아가 5월부터 10월까지 활용하고 있지만 미국과 캐나다 연안을 따라 위치한 북서항로는 아직 운영되지 않고 있다. 한편 말라카 해협을 거치지 않고 상하이와 유럽을 연결할 수 있는 북극 횡단 항로는 아직 구상 단계에 불과하다.

퍼센트가, 남극에는 거의 80퍼센트가 집중되어 있다. 또한 빼어난 자연 경관과 다양한 야생 동물 덕분에 두 극지방은 관광지로도 각광받고 있다. 2022~2023년 시즌에만 북극은 1천만 명, 남극은 약 10만 명 조금 넘는 관광객들이 방문했다. 이들은 주로 고급 크루즈 여행 형태로 방문한다. 북극에서는 노르웨이 연안을 따라 스발바르 제도까지 이동하고, 남극에서는 아르헨티나의 우수아이아에서 출발해 남극 반도 연안을 따라 항해한다. 이러한 크루즈 관광은 많은 수익을 가져다주지만 한편으로는 두 극지방의 취약한 환경적 균형을 해칠 위험도 있다.

마지막으로 북극과 남극의 지하에는 광물과 에너지 자원이 풍부하게 매장되어 있다. 그래서 북극에서는 다이아몬드, 구리, 니켈, 석탄, 철, 금, 희토류, 석유, 가스, 우라늄 등의 자원이 채굴되고 있다. 하지만 이러한 채굴은 심각한 환경문제를 일으키고 있기도 하다. 반대로 남극에서는 아예 채굴이 금지되어 있다. 이는 1959년에 워싱턴에서 체결된 남극조약 때문인데, 이 조약은 남극 대륙과 남극해에 대해 어느 한 나라의 소유가 아닌 '국제적인 육지와 바다'라는 특별 지위를 부여했다. 따라서 남극에서는 상업적 자원 채굴이 금지되어 있다.

남극 보호는 언제까지 가능할까

1959년에 남극조약에 서명한 12개 나라는

1991년에 전 세계 거의 모든 나라들의 동의를 이끌어내 마드리드 의정서를 공식 채택하는 데 성공했다. 이 의정서에 따르면 남극은 '평화와 과학을 위한 환경 보호구역'으로 모든 광업과 군사 개발로부터 보호된다. 그러나 중국과 러시아처럼 현지에 많은 과학자를 파견하고 있는 국가들의 야망은 장기적으로 이러한 보호 체계를 위협할 가능성이 있다. 왜냐하면 2048년 이후에는 중국과 러시아가 포함된 남극조약 당사국들이 의정서 개정을 위한 회의를 소집할 수 있기 때문이다.

북극을 통과하는 항로

북극해를 통과하는 두 개의 주요 해상 항로인 북동항로와 북서항로는 오늘날 지구온난화로 인해 해빙이 줄어들면서 이전보다 접근성이 개선되고 있다. 하지만 쇄빙선을 이용하더라도 두 항로를 항해하는 것은 여전히 매우 위험하다. 이러한 어려움에도 불구하고 중국은 북동항로를 일대일로 프로젝트에 포함시켰다. 또한 중국은 일명 '북극 횡단 항로'라고 불리는 세 번째 항로에도 관심을 보이고 있다. 이 항로는 상하이와 유럽을 연결해 두 지역 간 화물 운송에 걸리는 시간을 40퍼센트 줄여주고 말라카 해협의 해적 행위와 병목 현상도 피할 수 있게 해줄 것으로 기대된다. 하지만 이 계획은 아직 탐사 단계로 진척은 매우 더딘 상태다.

점점 군사화되어 가는 극지방

냉전 시기에 소련과 미국이 깊이 관여했던 북극은 베를린 장벽 붕괴 이후 관심에서 멀어졌다가 2000년대 이후 다시 군사적 요충지로 부상하고 있다. 2022년 러시아가 우크라이나를 침공한 이후에는 그 속도가 더욱 빨라졌다. 러시아는 특히 자국 잠수함 3분의 2가 주둔하고 대규모 군사 훈련이 실시되는 세베로모르스크 기지를 비롯한 극지방 군사기지를 강화했다. 이에 맞서 NATO 회원국들은 2006년부터 2년마다 '콜드 리스폰스(Cold Response)'라는 이름의 훈련을 북극권에서 실시해 왔는데 2022년에는 최대 3만 명의 병력이 이 훈련에 참여했다. 또한 러시아의 우크라이나 침공은 핀란드와 스웨덴이 NATO에 가입하게 되는 계기가 되었다.

하지만 남극의 상황은 사뭇 다르다. 남극조약에 따라 남극은 '오로지 평화적 활동만 허용되는' 대륙으로 지정되어 있기 때문에 모든 군사화와 핵과 관련된 행위 일체가 금지되어 있다. 하지만 남극을 관리하는 국가들은 이를 강제할 실질적인 수단이 없다. 따라서 중국과 같은 국가가 위성 감시 장비나 고성능 망원경을 남극에 설치하는 것을 제지하기가 어렵다. 그것이 군사용으로 미사일 발사 정확도를 높이는 데 사용될 수 있다 해도 말이다. 중국의 이러한 행보와 러시아와의 밀착, 그리고 오스트레일리아 같은 국가들의 지역적 야심은 결국 남극 생태계를 보호해온 체제를 위협할 가능성이 있다. 다만 마드리드 의정서에 군사화와 무분별한 개발을 막기 위한 강력한 법적 안전장치들이 마련되어 있고, 추후 의정서를 재협상하게 되더라도 이러한 보호 장치는 유지되게끔 해놓았다.

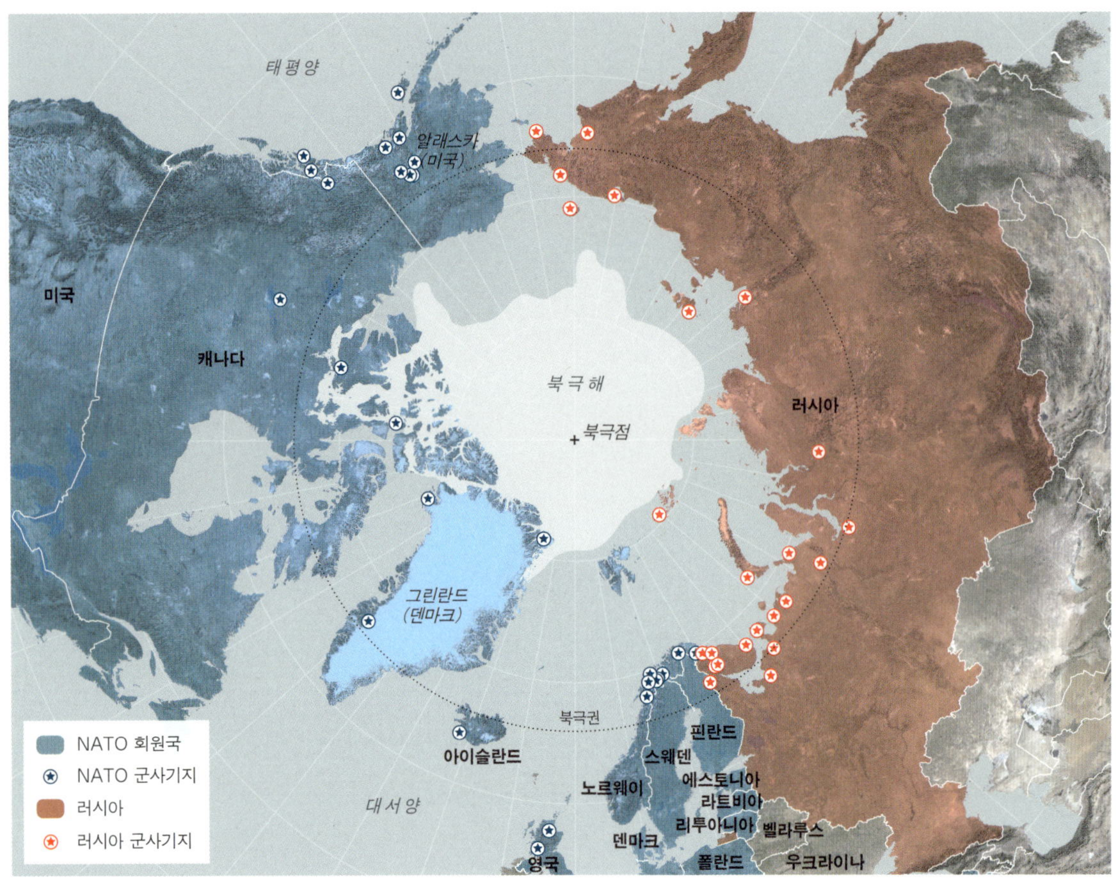

지구상에서
가장 차가운 땅의 변화

북극은 전 세계 평균보다 4배 빠른 속도로 온난화가 진행되고 있다. 세계 다른 지역의 기온이 10년에 0.2도씩 상승하는 동안 북극은 0.7도씩 상승한다. 이처럼 가파른 기온 상승은 수많은 결과를 초래하지만 그중 첫 번째는 빙하가 녹는 것이다. 아이슬란드의 오크요쿨 같은 일부 빙하는 거의 녹아 사실상 자취를 감추었다. 또한 2002년 이후부터 그린란드의 빙상은 총 4조 7천억 톤 이상 감소한 것으로 추정된다. 지구온난화가 계속된다면 2035년 여름에는 북극의 해빙이 완전히 소멸될 수도 있다.

지표면이 연중 얼어붙어 있는 극지방의 토양인 영구동토층 역시 가속화된 지구온난화 때문에 녹고 있다. 문제는 이 과정에서 배출되는 막대한 양의 메탄이다. 온실효과에 크게 기여하는 메탄은 결국 지구온난화를 더욱 부채질한다. 남극 대륙에서는 2002년부터 빙상이 녹으면서 소실된 양이 2조 7천억 톤에 달한다. 2023년에는 여름과 겨울을 막론하고 해빙이 사상 최대로 줄어들었다.

전반적으로 극지방의 빙하가 녹게 되면 그로 인해 해수면이 크게 상승한다. 이는 매우 심각한 결과를 초래한다. 그린란드 빙하만 모두 녹아도 해수면이 3~6미터 상승할 수 있으며 서남극의 빙하까지 녹는다면

10~12미터 상승할 것으로 예측된다. 가장
비관적인 전망치에 따르면, 2300년경 지구
해수면이 13~18미터 상승한다면 대부분의
대도시 지역은 물에 잠길 수 있다.

10~12미터 상승할 것으로 예측된다. 가장
비관적인 전망치에 따르면, 2300년경 지구
해수면이 13~18미터 상승한다면 대부분의
대도시 지역은 물에 잠길 수 있다.

베링 해협,
극한의 바다에서 기회의 바다로

미국과 러시아의 해안이 가장 가까운 곳은 겨우 85킬로미터밖에 떨어져 있지 않다는 사실을 알고 있는 사람이 과연 얼마나 될까? 베링 해협은 마젤란 해협, 지브롤터 해협, 말라카 해협보다 비교적 덜 알려져 있지만 유라시아 대륙과 아메리카 대륙 사이, 알래스카와 시베리아 사이, 태평양(베링해)과 북극해(축치해) 사이에 위치한 매우 전략적인 지점이다. 이 해협은 1728년 러시아 해군 소속으로 탐험에 나선 덴마크 항해사 비투스 베링이 처음 발견했다.

해협의 중앙에는 두 개의 섬이 있다. 하나는 미국령인 리틀 다이오미드이고 다른 하나는 러시아령인 빅 다이오미드다. 두 섬은 불과 3킬로미터밖에 떨어져 있지 않다. 이 섬들은 각각 '어제의 섬'과 '내일의 섬'이라는 별칭으로 불리기도 하는데 이는 바로 이곳에 국제 날짜 변경선이 지나가기 때문이다. 그 결과 두 섬 사이에는 21시간의 시차가 존재한다.

베링 해협은 두 세계를 가르는 하나의 경계선이자 냉전 시대에 라이벌이었던 두 강대국이 실제로 서로 마주보고 대치하는 지구상 유일의 지역이기도 하다. 그래서 이 경계선을 '얼음 장막(Ice Curtain)'이라 부르기도 한다. 유럽을 갈라놓았던 '철의 장막'이나 남북한 사이의 극도로 민감한 지역인 비무장지대(DMZ)와 비견되는 분리선이기 때문이다.

따라서 베링 해협은 미국과 러시아 간의 정세 변화에 민감하다. 냉전 시기에는 극도의 긴장 상태였다가 21세기 초에는 심지어 러시아 축치해 반도와 미국의 알래스카를 연결하는 해저 터널 건설 계획이 논의될 정도로 긴장이 완화되기도 했다. 하지만 이제는 분위기가 완전히 바뀌었다. 이 지역에서 러시아와 중국의 해군 협력이 강화되자 미 해군도 이에 맞서 방어 태세를 강화하고 있다.

한편 수심이 얕은 이 해협에서는 온난화가 진행되면서 해빙이 줄어들고 항해 가능한 기간도 늘어나 선박 통행량이 점점 증가하고 있다. 북극 항로를 이용하면 운항 거리도 대폭 단축되기 때문이다. 예를 들어 뉴욕에서 상하이까지는 파나마 운하를 이용하면 운항 거리가 약 2만 1천 킬로미터지만 북극 항로를 이용하면 약 1만 7천 킬로미터로 줄어든다. 따라서 머지않은 미래에는 세계의 주요 해상 항로가 모두 베링 해협을 지나게 될지도 모른다.

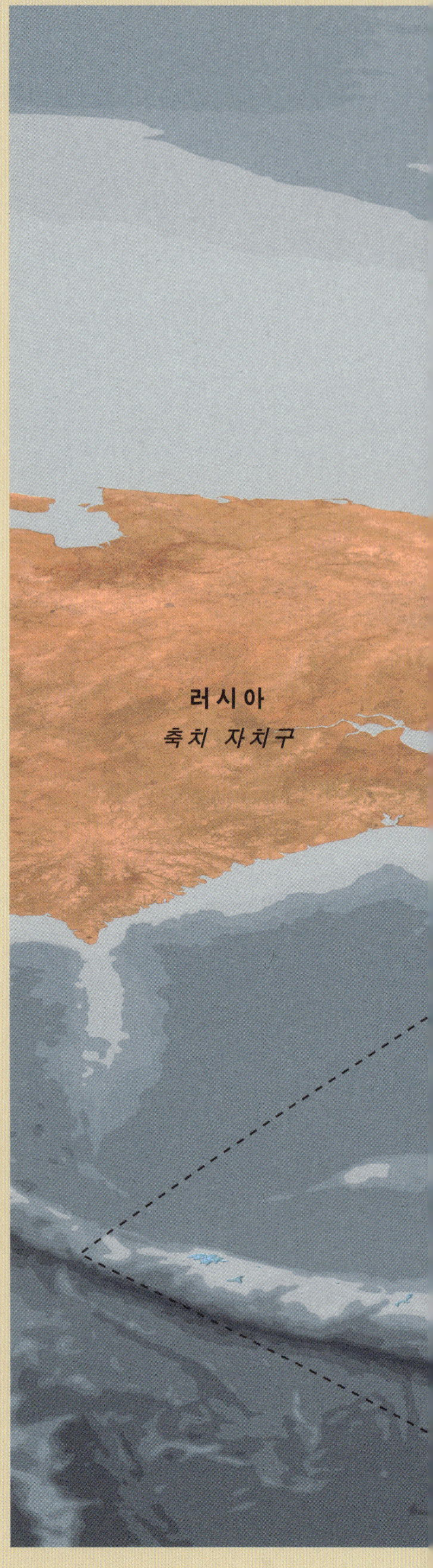

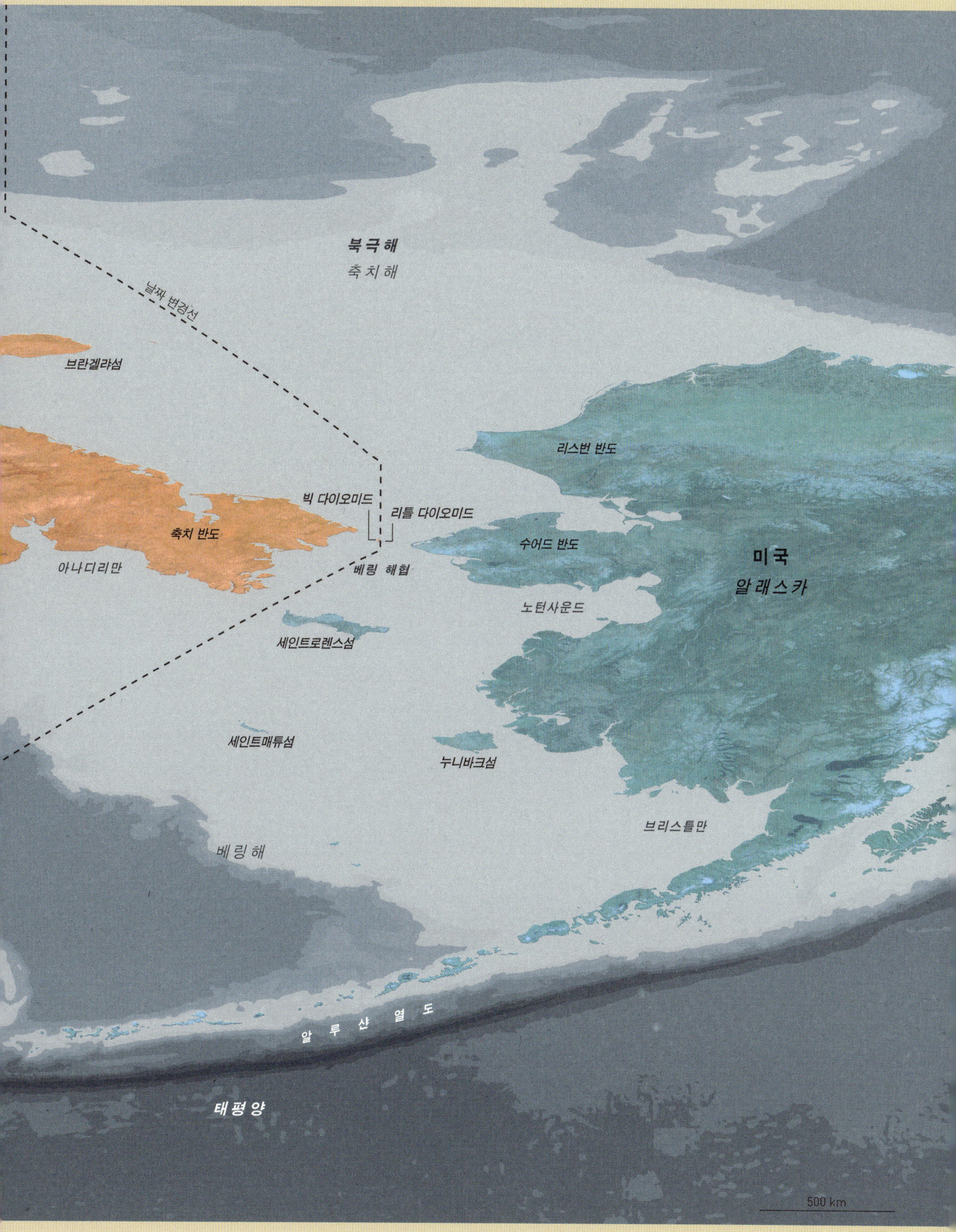
북극해
축치 해
날짜 변경선
브란겔랴섬
리스번 반도
빅 다이오미드
리틀 다이오미드
축치 반도
수어드 반도
미국
알래스카
아나디리만
베링 해협
노턴사운드
세인트로렌스섬
세인트매튜섬
누니바크섬
브리스틀만
베링 해
알 루 샨 열 도
태평양
500 km

감사의 말

여러분께서 읽고 있는 이 책은 우리 팀이 언제나 강점으로 삼아온 협업의 결과물이다. 우선 이 책을 위해 다시 한번 저와 함께해준 지리학자 프랭크 테타르와 지도 제작자 토마 앙사르에게 깊은 감사의 인사를 전한다. 두 사람 모두 결코 쉽지 않았던 집필 기간 동안 든든한 버팀목이 되어주었다.

또한 이 책을 함께 만들어 가며 환상적인 팀워크를 보여준 팀원들에게도 우정과 감사의 마음을 전한다. 저의 콤비인 앙젤 르 네베를 비롯해 줄리엣 드루아야르, 루디 샹바르에게도 고마움을 전하며, 특히 피에르 시몽에게 각별한 감사를 표한다. 그의 철두철미함과 역사와 지리에 대한 해박한 지식은 이 책을 완성하는 데 큰 밑거름이 되었다. 더불어 줄리앵 르 보, 마리옹 르 부르트, 기욤 푸르몽, 크리스티안 슈토너, 라셀 아둘에게도 감사를 전한다.

지난 7년 동안 변함없는 신뢰를 보여준 아르테 방송국 경영진 브뤼노 파티노, 보리스 라종, 파브리스 퓌쇼, 마리-로르 르사주, 안 프라델에게도 감사의 말을 전한다. 우리가 자주 자문을 구하는 프랑스 국제관계연구소 연구원들께도 깊은 감사를 표한다. 아울러 이 책은 우리 팀과 정기적 혹은 비정기적으로 협력하는 재능 있는 연구원, 연출가, 그래픽 디자이너들이 만들어낸 연구 노트와 텍스트, 지도들이 없었다면 세상에 나오지 못했을 것이다.

탈랑디에 출판사 식구들에게도 고마움을 전한다. 시대를 읽는 감각과 에너지를 지닌 친구 같은 자비에 드 바르티야를 비롯해 이자벨 부슈, 클레르 지로, 조안나 마르샹에게 감사의 뜻을 전한다. 또한 나탈리 마예브스키의 정밀함에 무한한 존경과 찬사를 보내며 이자벨 파이에와 아르테 편집팀에게도 감사를 전한다.

더불어 주프랑스 오만 대사인 조르주 사신, 아키텐호의 파브리스 일베르 함장과 승조원 여러분, 대만 외교부 장관 조셉 우, 그리고 스페인 카디스 대학교의 국제관계학 교수인 헤수스 베르두에게도 감사의 마음을 전한다.

마지막으로, 당연하게도 저에게 매일 큰 힘을 주는 장 필립과 아드리앙, 뤼카, 그리고 마리에게 깊은 사랑의 마음을 전한다.

에밀리 오브리

참고문헌

관련 도서

Argounès, Fabrice, Mohamed-Gaillard, Sarah, Vacher, Luc, *Atlas de l'Océanie*, Autrement, 2021.

Bellec, François, Demetz, Jean-Michel, Le Brun, Dominique, *Grands Marins : de Cartier à Charcot, la saga des explorateurs français*, Tallandier, 2023.

Brischoux, Maxence, *Géopolitique des mers*, PUF, 2023.

Coutansais, Cyrille P., *Géopolitique des océans, l'eldorado maritime*, Ellipses, 2012.

Coutansais, Cyrille P., *Histoire des empires maritimes*, Biblis, 2022.

Coutansais, Cyrille P., *Les Hommes et la mer*, CNRS Éditions, 2017.

Coutansais, Cyrille P., Crozet, Guillemette, *La Mer, une infographie*, CNRS Éditions, 2023.

Dugast, Stéphane, *Atlas des grandes découvertes de l'Antiquité à nos jours*, Autrement, 2021.

Louchet, André, *Les Océans, bilan et perspectives*, Armand Colin, 2015.

Louchet, André, *Atlas des mers et océans*, Autrement, 2015.

Mahan, Alfred, *The Influence of Sea Power upon History* (1660-1783), 1890.

Niquet, Valérie, Péron-Doise, Marianne, *L'Indo-Pacifique, nouveau centre du monde*, Tallandier, 2024.

Novosseloff, Alexandra, *Les Enclaves dans le monde. Voyage à travers ces anomalies géographiques*, L'Harmattan, 2023.

Ortolland, Didier, Pirat, Jean-Pierre, *Atlas géopolitique des espaces maritimes*, Éditions Technip., 2010.

Papin, Delphine, *Atlas géopolitique de la Russie*, Les Arènes-Le Monde, 2022.

Royer, Pierre, *Dico Atlas des mers et des océans*, Belin, 2013.

Royer, Pierre, *Géopolitique des mers et des océans : qui tient la mer tient le monde*, PUF, 2012.

Tertrais, Bruno, *Atlas militaire et géostratégique*, Autrement, 2019.

Tétart, Frank, Mounier, Pierre-Alexandre, *Atlas de l'Europe*, Autrement, 2021.

Tétart, Frank, *La Péninsule Arabique, cœur géopolitique du Moyen-Orient*, Armand Colin, 2017.

Tréglodé (de), Benoît, Fau, Nathalie, *Mers d'Asie du Sud-Est*, CNRS Éditions, 2018.

관련 기사

Biaggi, Catherine, Carroué, Laurent, « Affirmer sa puissance : forces sous-marines et dissuasion nucléaire, enjeux géographiques et géostratégiques », *Géoconfluences*, 2020, mis à jour en 2023.

Biaggi, Catherine, Carroué, Laurent, « Les grands détroits et canaux internationaux dans la géopolitique des mers et océans, un système très hiérarchisé sous tensions multiformes », *Géoconfluences*, juin 2024.

Doceul, Marie-Christine, Tabarly, Sylviane, « Le canal de Suez, les nouvelles dimensions d'une voie de passage stratégique », *Géoconfluences*, mars 2018.

Escach, Nicolas, « Partage de la mer et nouveaux conflits géopolitiques en Baltique », *Hérodote*, n° 163, 2016.

Escach, Nicolas, Serry, Arnaud, « Les ports de la mer Baltique entre mondialisation des échanges et régionalisation réticulaire », *Géoconfluences*, disponible en ligne, 2013.

Fau, Nathalie, « Les "États transits maritimes" du détroit de Malacca : vers la création d'un hub énergétique transfrontalier ? », *Hérodote*, vol. 176, n° 1, 2020.

Fau, Nathalie, « Les enjeux économiques et géostratégiques du détroit de Malacca », *Géoéconomie*, vol. 67, n° 4, 2013.

Ferrara, Jean-Jacques, Michel-Kleisbauer, Philippe, « Les enjeux de défense en Méditerranée », rapport d'information de la commission de la défense nationale et des forces armées de l'Assemblée Nationale, 2022.

« Fonds marins », *Études marines*, Centre d'études stratégiques de la Marine, n° 22, octobre 2022.

« Gibraltar. Factice paradis », revue *Visó* de l'Institut de journalisme de Bordeaux, 2022.

Jedaoui, François, « Géopolitique de la mer Rouge », 2015. www.diploweb.com/Geopolitique-de-la-mer-Rouge.html#nb8)

Lasserre, Frédéric, Alexeeva, Olga, « Les enjeux d'interprétation du droit international de la mer : le cas de la mer de Chine du Sud », en ligne sur le site du Conseil québécois d'études géopolitiques, 24 février 2023, université de Laval.

« Maîtrise des fonds marins. Défi majeur du XXIe siècle », revue Cols bleus. *Marine nationale*, n° 3115, décembre 2023-janvier 2024.

Nougayrede, Nathalie, « Odessa retrouve ses esprits », *Le Monde*, 3 août 1996.

Pétiniaud, Louis, « Du "lac russe" au "lac OTAN" ? Enjeux géostratégiques en mer Noire post-Crimée », *Hérodote*, n° 166-167, 3e trimestre 2017.

Prazuck, Christophe, « Mer de Chine et droit de la mer : le paradoxe chinois », note sur le site de l'IFRI.

Racine, Jean-Luc, « La nouvelle géopolitique indienne de la mer : de l'océan Indien à l'Indo-Pacifique », *Hérodote*, n° 163, 4e trimestre 2016.

Samaan, Jean-Loup, « Les rivalités navales dans le Golfe : acteurs et ressources », *Hérodote*, n° 163, 4e trimestre 2016.

Serry, Arnaud, « Transport maritime en Baltique, de la complémentarité à la concurrence », note de synthèse ISEMAR, n° 196, janvier 2018.

Tétart, Frank, « Un avant-poste stratégique, la raison d'être de Kaliningrad », dossier « Géostratégie de mer Baltique » sous la direction de Matthieu Chillaud, *Stratégique*, n° 121-122, 2020.

Touret, Paul, « Panorama actuel des canaux et détroits maritimes », note de synthèse ISEMAR, n° 231, mai 2021.

Tréglodé (de), Benoît, « L'Asie du Sud-Est au défi de l'Indo-Pacifique », *Hérodote*, n° 189, 2e trimestre 2023.

« La Vie : l'eau et les mers en cartes », *Le Monde* (hors série), 2023.

관련 사이트

Atlas de la Caraïbe : https://atlas-caraibe.certic.unicaen.fr/fr/

Géoconfluences, ressources de géographie : http://geoconfluences.ens-lyon.fr/

Geoimage du CNES : https://geoimage.cnes.fr/fr/

GRID-Arendal, ressources et cartes sur l'environnement : https//www.grida.no/

IBM Piracy Report Centre (Centre de rapport sur la piraterie) : https://www.icc-ccs.org/index.php/piracy-reporting-centre

Observation des migrations britanniques : https://migrationobservatory.ox.ac.uk/resources/briefings/people-crossing-the-english-channel-in-small-boats/

ONG Bloom : https://bloomassociation.org

사진 출처

p. 13 : © Shutterstock
p. 27 : © Shutterstock
p. 45 : © Getty Images
p. 55 : © Shutterstock
p. 65 : © Shutterstock
p. 77 : © Shutterstock
p. 89 : © Shutterstock
p. 101 : © Shutterstock
p. 111 : © Getty Images
p. 123 : © Shutterstock
p. 133 : © Shutterstock
p. 143 : © Getty Images
p. 161 : © Shutterstock
p. 171 : © Shutterstock
p. 183 : © Shutterstock
p. 195 : © Shutterstock
p. 207 : © Shutterstock
p. 219 : © Shutterstock
p. 231 : © Shutterstock
p. 243 : © Shutterstock
p. 255 : © Shutterstock

저자 에밀리 오브리
지브롤터 해협(2024년 1월)

대만 가오슝(2023년 7월)

발트해(2023년 1월)

옮긴이

이수진

성신여자대학교에서 불문학과 영문학을 전공하고 이화여자대학교 통역번역대학원 한불번역과를 졸업했다. 주한프랑스대사관, 주한프랑스문화원 등의 공공기관과 교육, 영상, 문학 등 다양한 분야에서의 번역 경험을 바탕으로 현재 바른번역 소속 번역가로 일하고 있다. 옮긴 책으로는 『만화로 보는 결정적 세계사』, 『우편엽서』, 『벨기에 에세이』, 『지도로 보아야 보인다』 등이 있다.

지도로 보아야 보인다 2

1판 1쇄 찍음 2026년 3월 30일
1판 1쇄 펴냄 2026년 4월 10일

지은이 에밀리 오브리, 프랭크 테타르
옮긴이 이수진
펴낸이 권선희
펴낸곳 사이
출판등록 제2020-000153호
주소 03938 서울시 마포구 월드컵로 36길 14 516호
전화 02-3143-3770
팩스 02-3143-3774
email saibook@naver.com

ⓒ 사이, 2026, Printed in Seoul, Korea.

ISBN 978-89-93178-37-1 03300

• 잘못된 책은 구입하신 서점에서 교환해 드립니다.